Heinrich Brückner
**Ein Kind wird erwartet**

Verlag für die Frau
Leipzig

Heinrich Brückner

# Ein Kind wird erwartet

Brückner, Heinrich:
Ein Kind wird erwartet/Heinrich Brückner.
– 5. Aufl., Taschenbuchausg. – Leipzig:
Verlag für die Frau, 1989. – 200 S.:
Ill. (farb.)
ISBN 3-7304-0133-5

Redaktionsschluß: 1. 4. 1987
5. Auflage 1989

Fotos: Heinrich Brückner
Abb. 4.19 aus Lennart Nilsson, »Ein Kind entsteht«,
Albert Bonniers Förlag
Zeichnungen: Horst Schmidt
Grafische Darstellungen: Lutz Hirschmann
Einbandfoto: Gunther Galinsky
Gesamtgestaltung: Hans-Jörg Sittauer
Druckgenehmigung: 126/405/41/89
Lichtsatz: INTERDRUCK
Graphischer Großbetrieb Leipzig – III/18/97
Printed in the German Democratic Republic
LSV 9129
Best.-Nr. 6 722 383
01880

# Inhalt

DIE ZERSCHLAG
FASCHISMU
UNS
BAU
STAEDTE
DIESE WE
STOLZ U
FRIEDEN
UND ALL
WELT D
ERBAUTE

# Zum Geleit

Umgang mit Kindern war für mich persönlich eine lange Entdeckungsreise, faszinierend und voll von schönen Überraschungen. Als ich mich mehr mit den Anfängen des Kindseins oder des Menschwerdens beschäftigte, wußte ich viele Interessenten hinter mir. Nach komplizierten fotografischen Bemühungen um die Vorgänge im Mutterleib legte ich meinen Freunden und Bekannten die Bilder vor, die Sie auf den Seiten 60 bis 63 dieses Buches finden. »Das wirkt ja geradezu kosmisch«, hörte ich wiederholt kommentieren. Ja, die ungewohnten Farben wie Nordlicht, die vielen kleinen Lichtpünktchen durch abgeschilferte Zellen wie ein Sternenhimmel, das mag wohl diesen Eindruck bestimmt haben. Und im Zentrum das unendlich zarte Gebilde, das einmal Mensch werden will und schon von unserer Liebe schützend umgeben ist.

Als Martin Andersen Nexö seine Gedanken um Kosmos und Menschen kreisen ließ, kam er diesem Bilde sehr nahe: »Es gibt Milliarden Sterne im Himmelsraum und Milliarden Menschenwesen auf der Erde. Gleich viele von beiden! Man sollte fast glauben, die Alten hätten recht, die meinten, ein jeder Mensch werde unter seinem Stern geboren. Ringsum in Hunderten von kostbaren Observatorien sitzen hochbegabte Gelehrte, ausgerüstet mit den feinsten Instrumenten, und spähen Nacht auf Nacht in den Himmelsraum hinaus. Sie schauen und fotografieren, ihr ganzes Leben lang beschäftigt mit dem einen: unsterblich zu werden durch die Entdeckung eines neuen Sternes.

Noch ein Himmelskörper – zu den Milliarden, die schon da draußen umherwirbeln.

Jede Sekunde werden mehr als zwei Menschen in die Welt geboren. Ein neues Licht wird angezündet, ein Stern, der vielleicht ungewöhnlich schön brennen wird, der jedenfalls sein eigenes, nie gesehenes Spektrum hat. Ein neues Wesen, das vielleicht Genialität, vielleicht Schönheit um sich ausstreuen wird, küßt die Erde. Das Niegesehene wird Fleisch und Blut. Kein Mensch ist Wiederholung anderer oder wird je selber wiederholt werden. Jedes neue Wesen gleicht den Kometen, die nur einmal in aller Ewigkeit die Bahn der Erde berühren und eine kurze Spanne Zeit ihren leuchtenden Weg über ihr dahinziehen. – Ein Phosphoreszieren zwischen zwei Ewigkeiten von Finsternis.« (aus Ditte Menschenkind)

So stehen viele Eltern bewundernd um das Bettchen eines Neuankömmlings, sich fragend, was er wohl bringen wird. Ihre sorgenden Gedanken erheben sich über das Alltägliche: Wie werden wir für ihn die Brücke in unsere Welt gut und sicher bauen? Früher diente diesem Zweck ein fester Erfahrungsschatz, der von der Großmutter auf die Mutter und dann auf die nächste Generation weitergegeben wurde. Wir glauben, vieles besser zu wissen, und reden auch nicht mehr so viel miteinander, weil wir dafür weniger Zeit erübrigen. Gewiß hätten wir nach neuen wissenschaftlichen Erkenntnissen manches auszusetzen an dem traditionellen Erfahrungsschatz unserer Großmütter. Aber er gab den Müttern ein Gefühl der Sicherheit im Umgang mit ihren Kindern. Sie wußten sich in vielen praktischen Situationen zu helfen und riefen nicht immer gleich nach Arzt, der ja auch seltener erreichbar war. Diese Sicherheit fehlt heute vielen Eltern, wir müssen sie auf anderen Wegen neu suchen.

So hoffen wir mit diesem Buch nachdenklich zu machen und besseres Verständnis anzuregen, was wir den Kindern und was die Kinder uns zu geben haben. Es wendet sich an die Eltern von heute und morgen, die viel fragen und sich auch ansprechen lassen wollen. Es kann und will die individuelle ärztliche Betreuung in Schwangeren- und Mütterberatungsstellen nicht ersetzen. Auch viele technische Einzelheiten der Säuglingspflege oder spezielle medizinische Fragen bei Krankheiten sowie Rechtsprobleme müssen hier unerwähnt bleiben. Das finden Sie in anderen Büchern. Dieses Buch will Ihnen helfen, sich besser auf Ihr Kind einzustellen, seine alterstypischen Entwicklungsbedürfnisse, seine persönliche Note zu verstehen und zu achten. Vielleicht kann es auch für Sie die Entdeckungsreise zu Ihrem Kind und mit ihm interessanter und schöner werden lassen. Vom Kinderwunsch spannt sich der Bogen bis zu den ersten Schritten auf dem Weg ins Leben.

Danken möchte ich besonders den Frauen und Müttern, die mir durch ihre Tagebücher und persönliche Gespräche, auch durch ihr freundliches Entgegenkommen und ihre Geduld beim Fotografieren ermöglichten, manche Freuden und Nöte so lebensnah wie möglich darzustellen. Dankbar bin ich auch den Mitarbeitern beim Verlag für die Frau für das entgegenkommende Verständnis, die ungewöhnlich zahlreichen Farbbilddrucke zu ermöglichen, die den Charakter dieses Buches prägen, und den Zeichnern, welche solche Bildideen umsetzten, die nicht fotografisch darstellbar waren. Und neben manchen ungenannten Mitarbeitern der Kinderklinik und der beiden Frauenkliniken in Frankfurt (Oder) hat meine Frau Helga wieder als guter Geist hinter dieser Arbeit gestanden, obwohl ich ihr eigentlich versprochen hatte, kein Buch wieder neben dem Dienst zu schreiben. Sie hat diese Inkonsequenz in bewährter Verbundenheit mit getragen.

Heinrich Brückner
Frankfurt (Oder), im Juli 1980

# Kapitel 1

# Ein neuer Höhepunkt im Leben

## Das Besondere im Alltäglichen

Im Kreißsaal neigte sich eine recht bewegte Nacht ihrem Ende zu. Fünf kleine Erdenbürger hatten in den letzten Stunden das Licht der Welt erblickt. Alle Mitarbeiter waren etwas abgespannt. Die Aufräumungsarbeiten liefen routinemäßig dahin. Nur wenige, belanglose Worte wurden noch gewechselt, während ich die Untersuchungsbefunde des letzten Kindes zu Papier brachte. Da rief draußen jene Schwester, die gerade eine junge Mutter im Rollenbett auf den Korridor hinausgefahren hatte: »Seht Euch doch mal an, wie *die* sich freut!« Nun ist Freude in einer Entbindungsklinik nahezu am laufenden Band mitzuerleben, ein gewohntes Ereignis, für die Mitarbeiter fast selbstverständlich. Und trotzdem war die Schwester von dem breit ausstrahlenden Glück dieser Mutter so unmittelbar berührt, daß sie sich zu diesem spontanen Ruf hinreißen ließ.

Was war in dieser jungen Mutter vor sich gegangen? Sie und viele andere erklärten sich gern bereit zu einem Gespräch über die Frage:

### Wie ihr Kinderwunsch deutlich wurde

Wir sprachen nur solche Mütter an, die kleinere Kinder haben. Wenden wir uns doch mit diesem Buch an die Eltern von heute und solche, die es werden wollen. Um hierbei keine trockene Statistik entstehen zu lassen, in der viele wesentliche Eigenheiten verloren gehen müssen, wählen wir eine lebensgeschichtliche Darstellung anhand einiger typischer Beispiele. Selbstverständlich erlebt jeder Mensch seine Liebe, seine Kinder und seine Familie anders. Aber die meisten Leser werden sich einem der folgenden Beispiele mehr oder weniger nahe fühlen können. Haben Sie Verständnis dafür, wenn die Gesprächspartnerinnen einfach mit den Buchstaben des Alphabets bezeichnet werden und sonstige persönliche Kennzeichen so verändert wurden, daß keine Rückschlüsse auf die Person möglich sind. Muß doch die Atmosphäre des Vertrauens gewahrt bleiben. Etwaige Ähnlichkeiten mit bestimmten Personen Ihrer Umgebung wären also rein zufällig oder würden durch sehr ähnliche Erfahrungen entstehen, wie sie eben in der Natur der Sache liegen.

## Sehnsucht, Enttäuschung und Stolz

Frau A hatte beruflich mit Kindern zu tun, arbeitete als Kinderschwester mit Freude, versorgte die Patienten gut und korrekt. Mütterliche Empfindungen den Kleinen gegenüber entstanden, wie bei vielen anderen Beschäftigten in dieser Fachrichtung, eigentlich erst im 3. und 4. Berufsjahr. Nach arbeitsfreien Tagen erkundigte man sich dann angelegentlich: »Habt ihr *meine* Kinder gut betreut?« Man teilte richtig ihre Not und freute sich über den Erfolg bei Entlassungen – auch wenn man später noch einmal von diesem oder jenem aufgepäppelten Kind hörte, vielleicht gar ein Foto bekam, das über die weitere Entwicklung Auskunft gab. Kurz, man engagierte sich persönlich, aber auch nicht mit allen gleichermaßen. Ihre Lieblinge waren immer kleine Patienten, besonders hilflose, die zuweilen aus ungünstigen häuslichen Verhältnissen kamen. Sie wieder in Ordnung zu bringen war immer von neuem eine dankbare, begeisternde Aufgabe.

Den konkreten Wunsch nach eigenen Kindern empfand sie erst nach ihrer Eheschließung. Die beiden Partner hatten sich recht gut aufeinander eingestellt. Aber die Liebe in ihrer bisherigen Form genügte ihr einfach nicht mehr: »Dieses Umturteln des Mannes war dann nicht mehr genug. Ich wollte einfach ein Kind.« Leider endete die erste Schwangerschaft mit einer Fehlgeburt im 3. Monat. Sie war sehr niedergeschlagen, denn trotz seiner Kleinheit war es für das junge Paar schon »unser Kind«, und als sie nach diesem Geschehen innerhalb der Frauenklinik in ein anderes Gebäude verlegt wurde, bedrückte sie ein Gefühl, als hätte sie ihr Kind im ersten Hause verlassen.

Der Arzt empfahl ihr noch sachlich nüchtern, jetzt müsse sie mindestens 6 Monate warten, sonst bestünde wieder die Gefahr einer Fehlgeburt – nicht gerade tröstlich.

Ihr Mann war rührend besorgt um sie. Er munterte sie auf: »Gemeinsam müssen wir das bewältigen, und das werden wir auch schaffen!« Nebenbei bemerkt: Ein Kavalierstyp, der vielleicht aus Höflichkeit so spricht, war er nicht. Er war mehr praktisch orientiert, geradezu und von entwaffnender Offenheit und Ehrlichkeit. Von Tasche abnehmen, galant die Tür öffnen und der Frau den Vortritt lassen oder ähnlichen »formalen Mätzchen« hatte er nie viel gehalten. Aber jetzt war er plötzlich auch in Kleinigkeiten so anteilnehmend zuvorkommend, richtig fürsorglich, daß es echt hilfreich war. Mit formaler Höflichkeit hatte das nichts zu tun.

Trotzdem sah Frau A in der nächsten Zeit mit zunehmender Sehnsucht immer wieder in anderer Leute Kinderwagen hinein. Sie gewannen eine nahezu magische Anziehungskraft. Und als die empfohlenen 6 Monate vorbei waren, wurde ganz gezielt der Grundstein für die nächste Schwangerschaft gelegt. Diese verlief nun glatt. Ein lebensfrischer Junge wurde geboren. Die Mutter war nicht nur überglücklich, sondern auch stolz auf ihre Leistung, »daß ich das vollbracht habe!« Nach der vorangegangenen Enttäuschung eine wichtige Selbstbestätigung. Auch der Vater war ganz aus dem Häuschen, mitten in der Nacht brachte er einen großen Rosenstrauß in die Klinik.

Und wie ging es dann zu Hause weiter mit der zusätzlichen Aufgabe unter noch recht bescheidenen Wohnverhältnissen? »Als Familie waren wir erst jetzt richtig harmonisch rund«, berichtete die Mutter. »Das Kind war nichts Störendes, zu Hause lief es noch besser als vorher. Alle Problemchen, über die wir uns früher auch einmal eine halbe Stunde zerstritten hatten, waren jetzt unbedeutend.« Neue Probleme – ganz gleich, ob finanzieller Art, andere materielle Fragen betreffend oder die zeitliche Abstimmung im Tagesablauf – wurden gemeinsam gelöst. Der Vater fühlte sich in gleicher Weise zum Kind hingezogen, was ich nur deshalb erwähne, weil sich manche Männer in ihrer Vaterrolle erst einmal etwas »vernachlässigt« vorkommen, wenn sich anfänglich fast alles nur um Mutter und Kind dreht.

Beim weiteren Aufbau dieser Familie folgte zunächst wieder eine Enttäuschung, eine nächste Fehlgeburt. Diesmal traf es die Mutter nicht ganz so hart. Sie meinte: »Ich hatte ja nun die Sicherheit, wenigstens ein Kind zu haben.« Auch die Zeit, bis sich das gewünschte zweite Kind einstellte, wurde leichter ertragen. »Es war mir jetzt nicht so eilig, ich konnte nun warten.« Schließlich wurde das zweite Kind geboren. Es war lebhafter, unruhiger, brachte gewisse Anpassungsschwierigkeiten an den Rhythmus in der Familie. »Es lief nicht alles gleich glatt.« Dadurch wurde es der Mutter jetzt anfangs etwas viel. Sie empfand zunächst eine deutliche Mehrbelastung. Aber nach zwei bis drei Wochen hatte sich auch das eingeschliffen. Alle vier waren dann in jeder Beziehung harmonisch zu einer Familie zusammengewachsen. Auch die spätere Rückkehr der Mutter ins berufliche Leben wurde von der Familie gut bewältigt.

## Eine persönliche Entscheidung

»Kinderwunsch hat Vorrang vor meiner beruflichen Entwicklung«, so hat sich Frau B entschieden. Ihr war, soweit sie zurückdenken konnte, selbstverständlich und auch wünschenswert, später einmal Kinder zu haben, wie das die meisten Mädchen angeben. Sie hatte die Familie ihrer Eltern als schönes Vorbild erlebt, trotz mancher Reibereien mit ihren Geschwistern. Auch in der Nachbarschaft hatte sie immer wieder gern Kinder betreut, während deren Eltern zeitweilig unterwegs waren. In der Schule hielt sie ein hinreißend sentimentales Referat über Maria Theresia und ihre 16 Kinder. Daraufhin wurde sie in der Abiturzeitung zum Familienminister ernannt, der das 16-Kinder-System einführen sollte. Die Jungen ergänzten spöttisch, daß dann auch die Nervenheilanstalt für die Väter kostenlos zur Verfügung stehe, wie alle Leistungen unseres Gesundheitswesens.

Einen deutlichen persönlichen Kinderwunsch empfand sie zum ersten Mal gegenüber einem sehr sympathischen Tanzstundenfreund, also auch in Widerspiegelung eines Partners. Sie fühlte in ihrer Verliebtheit: »Glücklich wäre ich, wenn ich so einen kleinen Horst hätte.« Eine Ehe ohne Kinder war ihr nie im Sinn. In der ersten überschäumenden Liebe zu ihrem späteren Ehemann Wolfgang konnte sie sich allerdings nicht vorstellen, daß sie ein Kind genauso lieb haben, die Hingabe teilen könnte. Erst nach der Geburt ihrer ältesten Tochter wußte sie, wie Liebe wachsen, Mann und Kind umfassen kann.

Zu dieser Zeit befand sie sich gerade mitten im Medizinstudium. Wie paßt das zusammen, Kind bekommen und Studium? Im Gegensatz zu einigen Lehrern sah sie im Studium keinen Grund, ihren Kinderwunsch zurückzustellen, bis günstigere Zeiten kommen. »Wissen Sie, genaugenommen paßt es eigentlich nie«, sagte sie mit charmantem Lächeln. »Während des Studiums sollte man seine Kraft und Aufmerksamkeit ungeteilt der Ausbildung widmen. Dann folgt die Facharztausbildung – wieder 5 Jahre – und dann steht man aufgrund seiner Qualifikation in einer verantwortlichen Stellung, in der man im Interesse der medizinischen Betreuung unserer Bevölkerung auch nicht ausfallen möchte. Schließlich werden wir bei alledem nicht jünger und die Geburten nicht leichter. Also, wann paßt es richtig? – Zu keiner Zeit. Konflikte wird es mehr oder weniger immer geben. Und in solchem Falle haben meine Kinder zunächst einmal den Vorrang.«

Unser Staat ist mit Schaffung vieler ideeller und materieller Voraussetzungen bemüht, solche Konflikte so klein wie möglich zu halten und dem tief verankerten Mutterbedürfnis Rechnung zu tragen.

Noch einen Schritt weiter führt das nächste Beispiel.

## Sie wählte einen »kinderfreundlichen Beruf«

Frau C war sehr kinderlieb. Sie glaubte, auch ihre Berufswahl schon im Hinblick auf ihre eigene künftige Familie treffen zu müssen und ergriff einen »kinderfreundlichen Beruf«, der – so meinte sie – ihr einen regelmäßigen Feierabend gewährleistete und es ihr ermöglichte, die Arbeitszeit vorübergehend zu verkürzen oder die Berufstätigkeit ohne große Schwierigkeit für eine gewisse Zeit zu unterbrechen. Davon hat sie dann auch Gebrauch gemacht und widmete sich mehrere Jahre fast ausschließlich und mit großer Hingabe und Befriedigung ihren Kindern. Ihr war aber auch der Konflikt nicht fremd: »Ich bin hier nur das Hausmütterchen, und was ich tue, fällt nicht auf.« Sie stellte jedoch ihre beruflichen Interessen bewußt zurück, weil sie ihre Aufgaben in der Familie zunächst einmal für wichtiger hielt: Mutterschaft war für sie auch ein Beruf. Die in mancher Hinsicht durchaus harten Jahre der jungen Mutter sind in dieser Form nur dann zufrieden und frei zu bewältigen, wenn die Väter solche Zusammenhänge in gleicher Weise sehen und anerkennen. Sie werden die Leistungen ihrer Frau um so besser würdigen können, je mehr sie ahnen, welch wesentliche Bedeutung solche intensive Zuwendung für die Persönlichkeitsentwicklung des Kindes hat und daß diese nicht nur der eigenen Familie, sondern darüber hinaus unserer Gesellschaft zugute kommt (1).

Sie finden einige Gesetze und Verordnungen, auf die wir im Rahmen dieses Buches Bezug nehmen, auf der zweiten Umschlagseite als Quellennachweis, falls Sie sich über eine bestimmte Frage eingehender informieren wollen. Im Text wird jeweils durch eine in Klammern stehende Ziffer auf die Quellen verwiesen. Das soll Ihnen helfen, alle Möglichkeiten, die unsere Gesellschaft anbietet, auch für die gesunde Entwicklung Ihres Kindes voll wahrzunehmen.

## Kinder kontra Lebensstandard?

Frau D hatte sich immer drei Kinder gewünscht. Ihrem Mann ging das eigentlich ein bißchen weit. Sie lebten noch unter recht einfachen Verhältnissen, als sich das erste von später drei Kindern anmeldete. Ihnen fehlte eine richtige Wohnung, und die eigene Mutter hätte gern bessere materielle Voraussetzungen gesehen. Aber sie machte ihrer Tochter Mut: »Du bist gesund, und wir haben alle gesunde Kinder zur Welt gebracht ..., und in der ersten Zeit werde ich dir helfen.«

Frau D sagte zurückblickend: »Ich war nie so ausgeglichen und glücklich wie in den Schwangerschaften, und die Geburten waren ein großes Erlebnis. Das ist nicht etwa so daher gesagt. Wenn man das erleben darf, ein Kind zur Welt zu bringen ..., und Karin gleich das Schnäbelchen aufmachte und ein Bändchen am Arm hatte, auf dem unser Name stand ... Dann entdeckte ich die kleinen Haarbüschel auf den etwas spitzen Ohren wie bei meinem Mann ... Beim zweiten und dritten Kind überlegte ich schon in der Entbindungsklinik, was nun zu Hause anders organisiert werden müßte. Aber solche Gedanken hatte ich beim ersten Kind gar nicht. Ich war nur glücklich, unbeschreiblich glücklich. Wenn ich so zurückdenke, wäre manches sicher leichter gewesen, wenn wir anders geplant hätten. Aber so sehe ich es auch nicht immer, sondern nur, wenn ich etwas nervös bin. Damals habe ich überhaupt nicht empfunden, daß es eine schwierige Zeit für mich war. Natürlich hätte das ohne meine Mutter ganz anders ausgesehen ...«

Warme Herzlichkeit, Freude und ursprüngliche Lebenstüchtigkeit strahlte diese sympathische Frau aus. Gewiß hatte sie in ihrem Haushalt manches nicht aufzuweisen, was sich viele andere an Ausstattung und Bequemlichkeit wünschen. Aber sind solche Menschen wirklich glücklicher, die immer nur rechnen und planen, was sie alles erst noch schaffen wollen? Eine einfachere Wohnungseinrichtung kann ebenfalls gemütlich sein und ihre Vorzüge haben: Man hat viel weniger Angst vor Flecken, Kratzern und anderen Verzierungen, die besonders Kinderhände gern anbringen, bis sie gelernt haben, was erlaubt ist und was nicht.

So könnte sich jeder für eine ganze Reihe von schönen Dingen überlegen: Bereichern sie wirklich unseren Lebensinhalt oder beschäftigen sie uns nur? Zwingen sie vielleicht manche dazu, immer mehr verdienen zu wollen durch Überstunden und Nebenbeschäftigungen, daß ihnen kaum noch Zeit bleibt für sich und ihre Familie? Dann können natürlich Kinder im Wege sein, als Hindernis empfunden werden, oder man wartet so lange, um dieses und jenes noch zu erreichen, bis man sich daran gewöhnt hat, schwerer auf etwas verzichten kann und schließlich meint: Jetzt bin ich eigentlich schon zu alt.

Selbstverständlich sollen vernünftige materielle Bedürfnisse zu befriedigen sein! Wer den eigenen Haushalt aufbaut und die eigene Familie gründet, braucht eine ganze Menge und steht meistens am Anfang seiner beruflichen Tätigkeit mit noch niedrigem Einkommen und geringen finanziellen Reserven. Diese wichtige Entwicklungsetappe jüngerer Menschen wird entscheidend erleichtert durch die Möglichkeit, daß junge Eheleute zinslosen Kredit in Anspruch nehmen können (2). Unser Staat stellt jungen Leuten innerhalb von 3 Jahren nach Eheschließung bis zu 7000 Mark zweckgebunden zur Lösung des Wohnungsproblems zur Verfügung, für evtl. notwendige Um- und Ausbauten oder für AWG-Anteile. Unabhängig davon können junge Eheleute in den ersten 18 Monaten nach der Heirat bis zu 7000 Mark zinslosen Kredit für Wohnungsausstattung, also für die Beschaffung von Möbeln, hauswirtschaftlichen und haushalttechnischen Gegenständen sowie Haushaltwäsche aufnehmen. Durch die festgelegte Rückzahlungsfrist von 11 Jahren werden die monatlichen Tilgungsraten so klein, daß sie keine Schwierigkeiten machen, auch wenn noch andere Anschaffungen nötig sind, die nicht mit Kredit bestritten werden können, die Ausbildungszeit lang ist oder der Dienst in der NVA in die ersten Ehejahre fällt.

Die Familien, die in jungen Ehejahren Kinder haben, müssen viel Zeit und Mühe für deren Pflege, Betreuung und Erziehung aufwenden. Außerdem sind sie finanziell stärker beansprucht als kinderlose Ehen.

Diesen familiären Belangen kommt unser Staat entgegen, indem er einen Krediterlaß bei Geburten gewährt. Bei der Geburt des ersten Kindes werden 1 000 Mark erlassen, bei der Geburt des zweiten Kindes innerhalb der Laufzeit des Kredits von 11 Jahren weitere 1 500 Mark und bei der Geburt des dritten Kindes weitere 2 500 Mark. Bei Geburt des dritten Kindes bekommen Eheleute, die mit ihren Rückzahlungen schon weiter sind, als dem sich ergebenden Restbetrag entspricht, in jedem Fall diese Differenz zurückerstattet. Der Krediterlaß wird auch für vor der Ehe geborene Kinder gewährt, wenn einer der Ehepartner erziehungsberechtigt ist. Für adoptierte Kinder gelten gleiche Voraussetzungen.

Diese Kreditregelungen haben nichts zu tun mit einer ganz anderen Verordnung, die bei der Geburt jedes Kindes eine Geburtenbeihilfe von 1000 Mark festlegt (3). Damit ist die Grundausstattung für das Baby gesichert. Zugleich ist auch die Gewähr gegeben, daß der vorgesehene Krediterlaß nicht durch die Anschaffungen für das Kind aufgebraucht wird, sondern der ganzen Familie zugute kommt. Über Einzelheiten erkundigen Sie sich bitte im Bedarfsfalle bei den Sparkassen oder speziellen Beratungsstellen für junge Eheleute beim DFD. Hier sei nur präzisiert, daß der Gesetzgeber unter jungen Eheleuten solche versteht, die beide das 30. Lebensjahr noch nicht vollendet haben. Der Kredit kann nach der Verordnung auch beantragt werden, wenn eine zweite Ehe geschlossen wird. Das gilt selbstverständlich nur dann, wenn er in der ersten Ehe nicht schon in Anspruch genommen wurde. Es spielt dabei keine Rolle mehr, wieviel die Partner monatlich verdienen (2).

Diese Hinweise zeigen, daß Kinder nicht ausschließlich den Lebensstandard der Eltern senken. Es ist eine oberflächliche Rechnung, wenn manche etwa sagen: Beim kinderlosen Ehepaar verteilt sich das Einkommen der Partner auf zwei Köpfe, bei einem Kind auf drei, bei zwei Kindern auf vier usw. Unser Staat steuert aus gesellschaftlichen Fonds zu, beispielsweise durch die genannten Kreditvergünstigungen, das Kindergeld, die Subventionierung der Kinderkleidung, die gesellschaftlichen Kindereinrichtungen usw. Eine vierköpfige Familie erhält und verbraucht auf diese Weise zur Zeit jeden Monat rund 680 Mark, die nicht auf dem Lohnstreifen stehen. Dadurch wird der Mehraufwand für Kinder spürbar gemindert, bei weitem jedoch noch nicht ausgeglichen.

Aber die Frage, wie man lebt, ist nicht nur wirtschaftlich zu beantworten. Was Kinder kosten an Geduld, Zuwendung und Nerven, wieviel sie uns geben an Freude, Glück und Bereicherung, ist nicht in Zahlen auszuweisen. Das zeigen die Menschen, die Kinder haben oder vermissen, in Ihrer Umgebung ebenso wie in den hier erwähnten Beispielen. Im Laufe der persönlichen Entwicklung verschieben sich die Akzente, wie es uns Frau E veranschaulicht.

Kommen Kinder zu früh, womit keine definierte Altersgrenze zu verstehen ist, sondern die Persönlichkeitsreife, dann ist man noch nicht bereit, auf bestimmte Dinge und Möglichkeiten zu verzichten, die im Zusammenhang damit eingeschränkt werden müssen. Über materielle Wünsche hinaus ist vor allem die persönliche Bewegungsfreiheit betroffen. Weniger »angebunden« kann man mehr tun und lassen, was man will. Dieser Bewegungsspielraum ermöglicht unter Umständen auch in den ersten Ehejahren, sich in größerer Ungezwungenheit und Ruhe noch besser aufeinander einzustellen. Schließlich kommt aber der Zeitpunkt, wo man diese Möglichkeiten gern in den Hintergrund schiebt. Die Gewißheit, daß das stärkere Gebundensein an zusätzliche familiäre Aufgaben vorübergehend ist, erleichtert solche Entscheidung. Macht man sich das nicht klar, kann man sich in eine falsche Grundstimmung hineinmanövrieren.

Die Frage, ob Kinder den Lebensstandard der Familie senken, ist also nicht einfach mit Ja zu beantworten, weil eine solche Antwort oberflächlich wäre und die menschlichen Beziehungen in einer Familie außer acht ließe.

### »Alles, was ich tat, war nicht mehr recht befriedigend!«

Frau E war eine tüchtige, fleißige und auch lebensfrohe Frau, ihr Beruf hatte Freude gemacht und sie ganz ausgefüllt. Aber dann kam eine Zeit, da fehlte ihr etwas. Sie empfand eine gewisse Leere, war mit ihrer Arbeit nicht mehr recht zufrieden, hatte das Lernen und Qualifizieren satt. »Beruf ist eben doch nicht alles.« Zu dieser Zeit war sie sich mit ihrem Partner endgültig klar geworden, daß sie heiraten werden. Und von dieser Zeit an wurde der Wunsch nach Familiengründung in ihr immer drängender. Er ließ nach und nach alles andere in den Hintergrund treten. Ihre Wertvorstellungen von dem, was ihr wesentlich oder unwesentlich war, verschoben sich. Jetzt hat sie drei prächtige Buben, vier, sechs und acht Jahre alt, einer so hübsch wie der andere, die ganze Familie ein Urbild von Gesundheit und Lebensfreude.

Eine ihrer Bekannten empfand diese drei Kinder als zuviel. Sie wurde mit einem nicht recht fertig und fühlte sich sehr belastet. Als sie nach reichlich langer Pause etwas überraschend ein zweites Kind bekam, lief entgegen ihren Erwartungen alles glatter. Sie konnte nun gar nicht mehr verstehen, daß sie vorher eine ganz andere Einstellung dazu hatte. Sie verstand jetzt auch Frau E besser, sah, daß drei Kinder nicht als Belastung empfunden werden müssen.

Die vorübergehenden Schwierigkeiten von Frau E lassen manchen Leser vielleicht die innere Not ahnen, die solche Frauen durchmachen, denen Mutterschaft versagt bleibt.

### Kinderlos gebliebene Frauen

Es ist schwer, genügend tiefen Einblick in die Erlebensweise solcher Frauen zu gewinnen. Fällt es doch jedem Menschen viel leichter, über etwas Schönes, Erfüllendes, Beglückendes zu sprechen als über persönlichen Kummer. Auch kommt ja selten jemand auf die Idee, einen solchen Kummer überhaupt zu erfragen.

An Frau F darf ich Ihnen zeigen, was ich damit meine. Sie war Lehrerin, hatte harte Gesichtszüge, war sehr einsatzbereit, aber streng und erschien den Schülern unnahbar und kühl. Daraus ergaben sich mancherlei Konflikte mit Schülern und Eltern, die schließlich mir vorgelegt wurden. Es fielen grobe Bezeichnungen wie »Schreckschraube« und »alte Jungfer«, habe selber keine Kinder gehabt und deshalb auch mangelhaftes Verständnis für andere ... Wir konnten manche Mißverständnisse berichtigen und mit manchen Untersuchungsergebnissen beraten und helfen. Aber erst viel später erzählte Frau F mir beiläufig aus ihrem harten Leben: Ihr Verlobter blieb vermißt im Kriege. Sie blieb allein und sagte stellvertretend für viele Frauen, die ähnliches erlebten: »Das sind unsere Männer, die in den Massengräbern liegen – namenlos ... und dann wird einem noch zum Vorwurf gemacht, daß man allein bleiben mußte.« – Sie sprach nicht weiter. Auch sie, die einen so unmütterlichen Eindruck machte, hatte von eigenen Kindern und einem glücklichen Familienleben geträumt. Auch sie hatte in die Kinderwagen anderer Menschen hineingeschaut und dann die aufkommenden Tränen unterdrückt beim raschen Weitergehen. Sie war bitter geworden: »Wenn man sieht, wie unbeschwert fröhlich kleine Kinder sind, und dann denkt, was für seelisch verkrüppelte Erwachsene später daraus werden können ...«

Aber wir brauchen keineswegs die schwarzen Wolken des Krieges heraufzubeschwören, auch heute gibt es Frauen, die ungewollt kinderlos oder ganz alleinstehend bleiben. Um das 30. Lebensjahr herum kann der unbefriedigte Kinderwunsch so dranghafte Formen annehmen, daß ähnliche innere Not entsteht, wie an Frau F gezeigt. Manche Frauen finden dafür einen Ausgleich in beruflicher Arbeit mit Kindern auf pädagogischem, medizinischem oder sozialem Gebiet. Andere suchen und finden außergewöhnliche Wege, um zu ihrem Ziel zu kommen, falls die Annahme eines fremden Kindes (Adoption) nicht möglich ist (4). Wer will das Recht auf Mutterschaft bestreiten? Die Frauen haben es heute nur leichter als Frau F, da die alleinstehende Mutter – aus welchen Gründen auch immer sie alleinstehend sein mag – in keiner Weise mehr vom Gesetz benachteiligt oder diskriminiert wird, auch nicht mehr in der öffentlichen Meinung.

## Ungewöhnliche Wege führen auch zum Ziel

Frau G, Ende dreißig, recht sympathisch und temperamentvoll, vielseitig interessiert, in einer beruflichen Position, die ihr Freude macht, blieb alleinstehend. Sie reagierte ihre Mutterbedürfnisse an den beiden Sprößlingen ihrer Schwester ab. Wenn sie zu Besuch waren, dann stellte Frau G sonst was mit den Kindern an und beschenkte sie immer reichlich. Die Kleinen waren abends völlig geschafft, was häufiger zu Auseinandersetzungen mit den Eltern führte – der Familienkrach war da.

Sie mag über sich und über ihren unerfüllten Kinderwunsch nachgedacht haben, auch über das spätere Alleinsein, über den tieferen Sinn in ihrem Leben. Jedenfalls erwählte sie einen Bekannten als Vater, von dem sie genau wußte, daß eine Ehe mit ihm nicht möglich war, und ging auf ihr Ziel zu. Ihre eigene Mutter fiel aus allen Wolken und regte sich furchtbar auf. Die Schwester stellte unpassende Fragen. Aber Frau G antwortete freundlich und mit gewissem Stolz: »Ich war auch in der Lage, ein Kind zu bekommen. Du siehst, was du kannst, kann ich auch!« Die Großmutter beruhigte sich wieder, übernahm sogar teilweise die Pflege des Kleinen, fand ihn schließlich reizend und süß. Und nun wurde dieses Kind so verwöhnt, wie vorher die Kinder der Schwester, was auch ihm nicht sehr gut bekommt.

## Ein untaugliches Konzept

Frau H liebte ihren Partner schon mehrere Jahre und wünschte nichts sehnlicher, als ihn zu heiraten. Aber er konnte sich zu einem solchen Entschluß nicht durchringen, weil er dieses und jenes an ihr auszusetzen hatte, vielleicht auch besonders vorsichtig geworden war durch das negative Beispiel einer Ehescheidung in seiner Verwandtschaft. Das hinderte ihn allerdings nicht, mit seiner Freundin trotzdem ein enges Verhältnis weiterhin zu pflegen. Für Frau H wurde diese Unverbindlichkeit nach längerer Zeit schließlich unerträglich. Sie wollte eine Entscheidung erzwingen, indem sie ohne Absprache die »Pille« nicht mehr nahm und ihrem Partner eines Tages mit den strahlenden Augen einer werdenden Mutter von der eingetretenen Schwangerschaft erzählte. Aber sie hatte falsch gerechnet. Er empfand ihr Verhalten als unaufrichtig, als regelrechte Erpressung. So unrecht hatte er nicht: Das Kind war hier nicht Ziel ihrer Wünsche, sondern Mittel zum Zweck. Seine Bereitschaft zur festen Bindung wurde dadurch nicht gefördert, sondern gedämpft, seine Vorbehalte bekräftigt, sein Nein damit begründet. Sie wurde innerlich hin- und hergerissen: Schwangerschaftsabbruch erwogen, von ihr selbst wieder verworfen, Termin dafür erhalten ... (5) Sie ließ ihn ungenutzt verstreichen, weil mütterliches Empfinden in ihr wach wurde, noch sehr unsicher zwar, aber zeitweise recht deutlich. Auch den jungen Vater ließ das nicht gleichgültig. Er wurde sehr verschlossen, grübelnd, sah seine Mitverantwortung für das Kind. Eigentlich mochte er ja seine Partnerin ganz gern, aber zum Heiraten reichte es ihm nicht. »Wenn wir dann in einigen Jahren doch wieder auseinander gehen? Oder können wir uns noch richtig zusammenleben?« – Die noch bevorstehenden Jahre der speziellen Berufsausbildung und keine eigene wirtschaftliche Grundlage ... Und alle möglichen Argumente, die man so zusammensuchen kann, gingen ihm durch den Kopf.

Ihre Eltern wurden dann konkret: »Du hast hier dein eigenes Zimmer, wo du mit dem Kind zunächst wohnen kannst. Wir werden dir helfen ...«

Wegen einer außerplanmäßigen Blutung mußte Frau H ins Krankenhaus. Dort sprach sie mit der Frauenärztin über ihre Zweifel, wie sie sich hin- und hergerissen fühle und ob Schwangerschaftsabbruch nicht doch besser gewesen wäre. Jetzt sei ja sowieso nicht alles in Ordnung mit der Blutung ... »Zunächst bleiben Sie mal bei uns im Bett liegen«, sagte die Frauenärztin ruhig und bestimmt. Sie war kein Freund großer Worte. Aber bei der nächsten Visite wurde ein kleines Gerät auf den Nachttisch gestellt. Es erinnerte in seiner Form an ein Kofferradio. Im Klinik-Jargon wurde vom Udop (Ultraschall-Dopplergerät) gesprochen. Die Mitpatientinnen folgten interessiert der Vorbereitung. Frau Doktor schloß ein »Mikrofon« an und drückte es Frau H sanft ganz unten auf den Leib. Bald hörte man in flottem Rhythmus die Herztöne des Kleinen mit regelmäßigem Poch-Poch-Poch aus dem Lautsprecher des Tonverstärkers, als wollte er sagen: »Hier bin ich, mir geht es gut, vergeßt mich nicht bei all Euren Überlegungen; ich bin nämlich nun die Hauptperson!« Alle Frauen im Zimmer waren ergriffen. »Das ist mein Kind«, ging es Frau H durch den Sinn. Die Signale der modernen Technik halfen ihr, das zu akzeptieren. Die Zeit des Zweifelns war zu Ende.

Nach Krankenhausentlassung bemühte sie sich um eine Wohnung, um sich zielstrebig ihre eigene Welt aufzubauen. Man merkte ihr die bessere Stimmung an: Sie sah gut aus, wieder rosig und gesund, fühlte sich wohl und meisterte die Geburt gut. »Es ist alles ganz anders, als ich vorher dachte«, berichtete sie. »Ein Kind ist wie ein Motor. Man ist immer da, aber eigentlich gar nicht müde. Freunde und Bekannte, von denen ich schon lange nichts mehr gehört hatte, kommen alle zu Besuch. Das ist richtig schön, ich bin wirklich glücklich. Mein Vater (er ist sonst ein sehr selbstbewußter Mann) ist überängstlich besorgt, es könnte was falsch sein oder passieren. Der Kleine hat schon gut zugenommen«, erzählte sie mir jetzt.

## Ungewollte Überraschung

Manche Leser mögen einwenden, daß die Beispiele bisher recht einseitig den Wunsch nach Kindern und die Freude an ihnen dargestellt haben. Gibt es nicht auch heute noch ungewollte Kinder und unbewältigte Probleme, die mit ihnen zusammenhängen? Wer wollte das leugnen! Aber schauen wir uns einige solcher Frauen an, um besser zu verstehen, wo ihre Probleme liegen und wie ihnen geholfen werden könnte.

Frau I zum Beispiel war kein »mütterlicher Typ«. Sie arbeitete beruflich auch mit Kindern, sauber und akkurat zwar, aber es fehlte an menschlicher Wärme und Bindung – auch zum eigenen Kind. Sie sagte glatt heraus: »Das war eine Schikane von meinem Mann, damit ich nicht studieren kann wie er.« Diese krasse Ablehnung gab sich natürlich nach der Geburt, aber der stille Vorwurf blieb, daß ihr Mann sie durch das Kind in ihrer persönlichen Entwicklung gehemmt habe. Dieser Vorwurf wurde noch fleißig geschürt von ihrer Mutter, die selbst geschieden und recht verbittert war. Sie hatte »größere Pläne« mit ihrer Tochter: »Der hat dir das nur angehängt, damit du nicht mehr wirst als er!« So hatte sie nun einen Mann mit regelmäßiger Dienstzeit und gutem Einkommen, gemeinsam hatten sie genug Geld, eine schöne Wohnung und schließlich auch ein Kind. Wie viele Menschen, die zunächst unter schwierigeren Bedingungen leben und ihre Familie aufbauen, würden sich über solche Voraussetzungen freuen und weit mehr aus ihnen machen. Frau I war das bisher nicht gelungen. Glauben Sie auch, daß das Kind daran schuld hatte? Sicher nicht. Aber solch mehr oder weniger unbewußte Ablehnung des Kindes kann sich gegenüber guten Vorsätzen recht häufig durchsetzen. Solche Kinder können infolge »Liebesmangels« auf ihrem eigenen Lebensweg wieder Kontakt- und Vertrauensstörungen entwickeln. Sie sind dann oft schwer zu ertragen, werden zu »Nervensägen« für ihre Mitmenschen. Die halten lieber Abstand, was wiederum Minderwertigkeitsgefühle bei den Betroffenen, Zweifel an sich selbst hervorruft, bis hin zu Störungen der Partnerfindung. Der Kreis schließt sich, wenn nicht neben der Mutter andere Personen dem heranwachsenden Menschen helfen können. Deshalb lassen sich manchmal gestörte Familienverhältnisse wie eine Kette von einer Generation zur anderen verfolgen. Auch das deutet uns das Beispiel von Frau I an.

## Die jugendliche Mutter

Formal werden solche Mütter darunter verstanden, die vor dem vollendeten 18. Lebensjahr ein Kind zur Welt bringen. In der Regel war der Nachwuchs zu diesem Zeitpunkt nicht im Lebensplan vorgesehen. Ich brauche das hier nicht weiter zu begründen, denn die theoretische Beschäftigung mit dem Für und Wider dieses Fragenkomplexes gehört in eine Zeit weit vor der Schwangerschaft. Jeder frage sich selbst, wie weit Eltern, Schule und andere Erziehungsträger der Vorbereitung junger Menschen auf Liebe, Ehe und Familie gerecht werden.

Trotz vieler Bemühungen auf diesem Gebiet, ausgewiesen im Bildungsgesetz und im Familiengesetz der DDR sowie in zahlreichen Publikationen in Jugendzeitschriften, in Zeitungen und Büchern, kann das Ergebnis noch nicht voll befriedigen. Kritische Hinweise zu entsprechenden Sozialproblemen wären eher an die Erzieher zu richten und nicht in erster Linie an die betroffenen Jugendlichen selbst. Besonders problematisch erscheinen deshalb Vorwürfe der eigenen Eltern bis zum angedrohten Ausschluß ihrer Tochter aus der familiären Wohngemeinschaft, was wir immer noch hin und wieder hören.

## Ein aufgeregter Großvater

Herr K erschien in unserer Frauenklinik, lautstark schimpfend, und verlangte Schwangerschaftsabbruch bei seiner 16jährigen Tochter, die diesen Eingriff ablehnte. Selbstverständlich wird diese Entscheidung der jungen Mutter respektiert, auch wenn sie minderjährig ist (5). Aufgeregt gestikulierend, polternd und fluchend verließ der junge Großvater scheinbar erfolglos die Klinik. Sieben Monate später erschien er zur Besuchszeit wieder in der Frauenklinik mit einem schönen neuen Kinderwagen. Der war auf seinen Rücken gebunden, damit er nicht schmutzig wurde, denn der Mann hatte einen weiten Anmarsch durch Wald und Feld hinter sich. »Wie geht es meiner Tochter, und was macht das Kleine? Wann können beide voraussichtlich nach Hause kommen? Bloß gut, daß alles glatt gegangen ist ... Wissen Sie, Frau Doktor, man bangt doch um seine Kinder ... Und nichts für ungut wegen damals, ja? ... Darf ich den Kinderwagen hier lassen? Vielleicht kann sie schon vor der Entlassung mit dem Kleinen eine Runde drehen, frische Luft ist doch immer gut ...« Viel wichtiger als der Kinderwagen, der im Klinikbetrieb natürlich störte, war die veränderte Einstellung des Großvaters. Jetzt begann die notwendige Hilfe, welche die junge Mutter in ihrer etwas schwierigen Lage brauchte, und dafür nahmen wir den Kinderwagen gern in Kauf (6, 7 und 11).

## Schweres Geständnis

Besonders beeindruckt hat mich Frau L. Sie wohnte damals zur Berufsausbildung in einem Internat. Im 2. Ausbildungsjahr, noch nicht ganz 17 Jahre alt, wurde sie von einer Schwangerschaft überrascht. Sie hatte Angst, nach Hause zu fahren. Klangen ihr doch noch die drohenden Worte im Ohr: »Wenn du jetzt mit einem Kind ankommst, mußt du sehen, wo es bleibt, wir nehmen es nicht!« Sie schlenderte im Städtchen hin und her. Aus Verlegenheit kaufte sie ein paar Schuhe. Sie mußte einfach etwas tun, um auf andere Gedanken zu kommen. Schließlich deutete sie in stockenden Worten der Mutter ihr Problem an. »Da holen wir gleich den Vater dazu ...« Vor versammelter Mannschaft mußte sie nun »beichten«. Man hatte es schon geahnt. Ein großes Donnerwetter entlud sich. Sie schien sich in Tränen aufzulösen. »So kommen wir ja nicht weiter«, lenkten dann die Eltern ein. »Da ist nun nichts zu ändern, laß es dir jedenfalls nicht nehmen, und sorge dich jetzt nicht um die spätere Unterbringung.« Bei ruhigerem Überlegen fand der Familienrat schließlich heraus, daß die Großmutter ihre Arbeitszeit erst einmal verkürzen und das Kind jeweils ab Mittag übernehmen könnte, während die Schwester sich für die Betreuung in der ersten Tageshälfte bereit erklärte, bis ein Krippenplatz gefunden sein würde (8). Zwei Tage lang war noch miese Stimmung zu Hause, dann stellten sich alle darauf ein und freuten sich schließlich auf das Kind. Der Kindesvater, sechs Jahre älter, stand fest zu seiner Partnerin. Ihr Bruder ging etwas später auch außer Haus zum Studium. So sah die werdende Großmutter dann in ihrem Enkelkind eine neue Aufgabe.

## Das Seminargruppenbaby

Die Lehrer kommentierten sehr zurückhaltend: »Nicht so übereilen, erst Ausbildung fertig machen und materielle Basis schaffen, damit Sie alle Verantwortung übernehmen können ...« Der Mathematiklehrer äußerte herablassend: »Wenn schon Kinder Kinder kriegen ..., werdet erst mal selbst erwachsen!«

Für die Mitschüler wurde das Ereignis für eine Zeitlang Thema Nummer eins. Dann handelten sie sehr konkret: In der Zeit des Schwangeren- und Wochenurlaubs fertigte jede Internatszimmerbesatzung wochenweise Aufzeichnungen zu den Unterrichtsstunden für sie an und schickte sie ihr nach Hause. Eines Abends kam das Telegramm: »Seminargruppenbaby geboren.« Ihre Freundin schrie es laut heraus, als sie mit dem Zettel winkend den Korridor entlanglief, um den Seminargruppenleiter (einen Lehrer) zu benachrichtigen. Spontan versammelten sich alle im größten Internatsraum der Seminargruppe. Manche waren schon im Nachthemd, eine hatte Lockenwickel im Haar, niemand wollte sich ausschließen. Der Raum faßte gar nicht alle, einige setzten sich vor die breit offene Tür. Dabei störte sich auch niemand daran, daß der Lehrer als einziger Mann in dieser aufgelösten Mädchengemeinschaft war, obwohl laut Heimordnung männliche Wesen nach 20.00 Uhr nicht mehr im Internat zu dulden sind. Eine Schülerin streifte mit ihrem Blick die Getränke, die für das bevorstehende Elterntreffen schon bereit standen. »Dürfen wir von diesen Flaschen eine köpfen?« – »Na, bei der großen Runde brauchen wir zwei, die können wir schon abzweigen«, meinte der Lehrer großzügig. Es entstand eine ganz tolle Stimmung. Späße über die Zukunft wurden gemacht, und alles gipfelte in der Frage: Wer wird die nächste sein?

14 Tage nach der Entbindung heiratete Frau L. Eine Delegation von 2 Mädchen überbrachte die Grüße und ein Geschenk der Seminargruppe. Und 2 Wochen vor Ende des gesetzlichen Wochenurlaubs kam sie ins Internat zurück. Eigentlich hatte sie auch den Schwangerenurlaub erst 4 Wochen später antreten wollen, aber das erlaubte der Arzt nicht. Sie hat dann in 4 Wochen die schriftlichen Arbeiten und Prüfungen eines halben Studienjahres nachgeholt. Für jedes Unterrichtsfach fühlte sich die jeweils Beste für die Prüfungsvorbereitung verantwortlich und übte mit ihr. So erreichte sie in allen Fächern gute Noten und schloß mit den anderen gemeinsam das Studienjahr ab. Dann ging es ins Praktikum. Die FDJ-Leitung in Zusammenarbeit mit dem Seminargruppenleiter legte die Einsatzorte fest. Ohne jede Diskussion wurde für Frau L die Bezirksstadt festgelegt, weil es von dort aus die besten Bahnverbindungen gab. So konnte sie jedes Wochenende nach Hause fahren.

## Wie sich die junge Mutti veränderte

Und wie hat Frau L das alles selbst verarbeitet? Sie hatte sich sehr verändert, wie die Mitschülerinnen feststellten. Vorher war sie ziemlich launisch und verschlossen, sie ließ sich leicht zu etwas überreden, was sie eigentlich nicht vorhatte. Von ihrem Stipendium kaufte sie sich relativ häufig Kleidung und Süßigkeiten. Nach der Schwangerschaft war sie aufgeschlossener und freundlich zu allen, sie war selbstbewußter und konsequent geworden. Was sie sich in den Kopf setzte, verwirklichte sie auch zielstrebig. Obwohl nun mehr Stipendium und außerdem das Kindergeld durch ihre Hände ging, war sie sparsamer geworden. Nur bei der Kinderkleidung konnte sie nicht widerstehen. Das Kind brauchte natürlich gar nicht so viel, aber ihre Schwester fragte wiederholt: »Hast Du nichts mitgebracht für unseren Schnurzel-Purzel?« Das wollte sie dann doch nicht auf sich sitzen lassen.

## Zwischenbilanz

Ein neuer Höhepunkt im Leben, so ist dieses einleitende Kapitel überschrieben. Vielleicht erscheint manchem Leser eine solche Formulierung etwas einseitig, überspitzt, praxisfremd oder theoretisch. Bringen doch Kinder auch weniger angenehme Pflichten, Einschränkungen und Sorgen mit sich.

## Der Wunsch nach Kindern

Er hat, das zeigen die aus dem Leben gegriffenen Beispiele, mit theoretischen Überlegungen in der Regel sehr wenig zu tun. Gesunde erwachsene Menschen – Frauen stärker als Männer – erleben ihn so ursprünglich, ungebrochen und nachdrücklich – mitunter auch für Außenstehende richtig beeindruckend –, daß abwägende, kalkulierende Überlegungen erst in zweiter Linie auftauchen. Frau A »wollte einfach ein Kind«, die Liebe zu ihrem Mann allein genügte ihr nicht mehr. Frau B fühlte sich schon glücklich in der Vorstellung, »so einen kleinen Horst zu haben«, und eine solche Vorstellung auch verwirklichen zu können. Man wünscht ja nichts Unerreichbares. Frau C stellt berufliche Interessen zeitweilig zurück, so wie Frau D nicht auf bessere materielle Voraussetzungen wartete. Die Wertverschiebungen bei Frau E, der tiefe Kummer bei Frau F und die unkonventionellen Initiativen von Frau G und H beleuchten diese Tatsache von verschiedenen Seiten. Frau L, K und I deuten an, wie entscheidend die Bereitschaft und Zuwendung von der sozialen Umwelt abhängen, speziell von der Einstellung der eigenen Familie. Sie kann die Entwicklung einer Mutter entscheidend fördern oder behindern.

## Freude an Kindern

Sie scheint als selbstverständlich vorausgesetzt zu werden, das sei »ganz natürlich« sagen viele. Gewiß sind andere Stimmungen nicht unbekannt. Eine unerwartet bestätigte oder sogar ungewollte Schwangerschaft löst nicht immer gleich Freude aus. Bange Beklemmung, wie die neue Situation mit all ihren Konsequenzen und zusätzlichen Aufgaben wohl zu bewältigen sein wird, kann zunächst auch alles überschatten. In bestimmten persönlichen Situationen mag es einem schwer, ja ganz unmöglich erscheinen, sich mit der bevorstehenden Geburt des Kindes zu befreunden. Das Hin- und Hergerissensein zwischen Annahme und Ablehnung wurde deshalb in den Beispielen mit angedeutet. Aber es kommt doch relativ selten vor. Heutzutage, wo weitgehend sichere Empfängnisregelung möglich ist, sind Kinder kein bloßes biologisches Schicksal: Bewußte Wahl und verantworteter Entschluß sind mit im Spiele neben vielen Unwägbarkeiten. Es gibt die unterschiedlichsten Gründe, Kinder haben zu wollen, ebenso auch Gründe, keine Kinder oder keine weiteren Kinder mehr haben zu wollen, – stichhaltige und weniger stichhaltige Gründe. Und wo die Freude auf Kinder und an Kindern fehlt, dort ist etwas nicht in Ordnung: Die Einstellung zu sich selbst, die Einstellung zu anderen Menschen um uns oder die der Mitmenschen zu den jungen Eltern oder solchen, die es werden wollen. Das Gefühl der Sicherheit und Geborgenheit, das Freisein von Angst und Not, braucht nicht nur ein Kind gegenüber seinen Eltern für eine gesunde Entwicklung – und diese beinhaltet immer irgendwie Lebensfreude –, sondern brauchen auch die Eltern gegenüber ihrer Umwelt, ihrer weiteren Familie und Nachbarschaft, letztlich gegenüber der Gesellschaft. Freude an Kindern ist also nicht »ganz natürlich« oder selbstverständlich, sondern in hohem Maße von sozialen Voraussetzungen abhängig. Diese lassen sich aber weitgehend gestalten, bewußt ordnen und auch verbessern. Wir kommen darauf noch zu sprechen.

## Glück durch Kinder

Man kann lange darüber philosophieren, was Glück ist. Wir verstehen es jedenfalls nicht im Sinne eines Zufallstreffers im Lotto, obwohl man darüber zunächst recht froh sein kann.

Wesentlicher für ein glückliches Leben ist zweifellos eine unbehinderte Persönlichkeitsentfaltung. Die allseitig entwickelte Persönlichkeit ist deshalb ein humanistisches Grundanliegen unserer sozialistischen Gesellschaft. Eine umfassende Bildung und Erziehung gehören zur Entfaltung des einzelnen genauso dazu wie Bewährung und Mitverantwortung in der Arbeitswelt und die vernünftige Befriedigung materieller Bedürfnisse.

Liebe und Partnerwahl erschließen weitere neue Erlebnismöglichkeiten, die auch entscheidende Bausteine für persönliches Glück werden können. Aber die Familienbildung ist doch ein Höhepunkt besonderer Art. Gewiß gibt es viele Höhepunkte im Leben, und glücklich, wer sich immer neue schaffen kann. Wir mögen in unserer Erinnerung zurückblättern und denken vielleicht an Geburtstage, Einschulung, Jugendweihe, Schulabschluß, schöne Ferienerlebnisse, Beginn und Ende der Berufsausbildung, die erste Arbeitsstelle mit eigenem Verdienst, die erste Liebe, Verlobung, Heirat,

an die erste eigene Wohnung. Alles Markierungspunkte im Leben, an denen etwas abgeschlossen und etwas Neues begonnen wird. Schritt für Schritt Entfaltung der Persönlichkeit, falls die jeweiligen Möglichkeiten wahrgenommen und ausgeschöpft werden.

Jedoch ein Kind zu erwarten oder zu haben ist ein Höhepunkt besonderer Art. Manche der aufgezählten Möglichkeiten kann man wiederholen und vielleicht bessere Ansätze finden. Man mag als Erwachsener schulische Versäumnisse nachholen, seine berufliche Stellung ändern oder gar den Beruf wechseln. Man kann sich von Freunden oder schlimmstenfalls auch von seinem Lebenspartner trennen und eine andere Wahl treffen. Solche Änderungen sind mehr oder weniger schwer, und was zurückbleibt an Enttäuschung in uns, erinnert an Schwierigkeiten und Unglück wie Narben an überstandene Unfälle.

Ein Kind zu haben aber ist ein Schritt, den man nicht zurückgehen kann, als wäre nichts gewesen. Er führt uns von einem Lebensabschnitt, den wir als Kinder von Eltern begannen, in einen anderen, der uns als Eltern von Kindern sieht. Ein neues, erweitertes Verständnis vom Leben entsteht, selbstverständlich nicht von einem Tag zum anderen, aber nicht zu übersehen und nicht zu überhören, wenn das Neugeborene mit lautem Schreien als neuer Mensch, als ein Stück von uns die Welt »begrüßt«.

Gewiß, man kann ein Kind auch wieder verlieren, vielleicht sogar weggeben zur Adoption oder die Schwangerschaft abbrechen lassen – aber damit ist man nicht mehr wie vorher, und manche Eltern können sehr an solchen Erfahrungen leiden, auch wenn sie leicht darüber hinwegreden oder – mehr noch – darüber nicht sprechen.

Was tragen nun Kinder zum persönlichen Glück, zu unserer Persönlichkeitsentfaltung bei? Zunächst sind sie ein Stück Selbstbestätigung für jede Frau, die »das vollbracht hat«, und für jeden Mann, auch wenn er seinen Vaterstolz nicht immer so deutlich zeigt. Sie sehen sich im Spiegel ihrer Kinder (Die guten Eigenschaften hat man natürlich selbst »vererbt«, die schlechten kommen vom anderen Elternteil.), sehen sich eingereiht in die Kette der Generationen als Mittler zwischen Vergangenheit und Zukunft. Kinder werden im Sinne der Familie erzogen und geformt und tragen deren Geist weiter in die nächste Generation.

Aber auch für die Eltern ist die Familie eine unerschöpfliche Quelle von Anregung, ein Erziehungs- und Bewährungsfeld, das sie tiefgreifend verändert. Kinder verlangen ihr Recht auf Zuwendung und Versorgung. Eltern müssen dafür da sein, Rücksicht nehmen und bestimmte eigene Wünsche zurückstellen, Kinder müssen erzogen werden, Eltern müssen darüber nachdenken, belehren, durch Lob und Tadel Verhaltensnormen setzen, sich selbst als Vorbild benehmen (was mitunter richtig schwierig sein kann).

Kinder wollen lernen, fragen und fragen. Man wird manchmal in Verlegenheit gebracht und merkt, wieviel Unbedachtes man einfach als Tatsache übernommen hat. Besonders deutlich wird das bei gesellschaftlichen Regeln, wie »Das macht man nicht! ...« Warum eigentlich? Es ist gar nicht alles so leicht zu beantworten, wenn unsere Kinder die Schulklassenleiter emporklettern. Eltern lernen mit ihnen, zum Teil holen sie sich das Rüstzeug noch aus Büchern, aus Elternversammlungen.

Kinder wollen spielen. Werden sie nicht sinnvoll angeleitet, beschäftigen sie sich selber, räumen Schränke aus, matschen mit Wasser, bemalen die Wände ... Solche Kinderinitiativen entsprechen nicht immer den Vorstellungen der Eltern. Dann gibt es Auseinandersetzungen, Ärger, zusätzliche Arbeit und vielleicht auch Unkosten. Eltern müssen sich also immer wieder etwas einfallen lassen!

Kinder bringen Erfolge nach Hause aus Kindergarten, Schule, Beruf oder Sport. Eltern freuen sich mit ihnen und fühlen sich in ihren Bemühungen um die Kinder bestätigt.

Kinder bringen Sorgen durch dumme Streiche oder Krankheit. Vielleicht klappt in der Schule nicht alles wie gewünscht. Eltern müssen trösten, helfen und neue Wege suchen.

Diese wenigen Beispiele sollen veranschaulichen, wie immer wieder neue Aufgaben gemeinsam zu lösen sind. Man spricht miteinander darüber und denkt nach, berät sich mit anderen, muß sich auch einmal gegenseitig in Schutz nehmen, muß Geduld üben. Gemeinsame Aufgaben und Erfahrungen führen enger zusammen, binden fester aneinander. So entwickeln sich Eltern anders als Erwachsene ohne Kinder. Sie haben meist mehr Verständnis für andere, mehr Wärme und Erfahrung im Umgang mit Menschen, mehr Toleranz. Sie sind reifer geworden.

Aus dieser kurzen und zweifellos unvollständigen Übersicht ergibt sich die Berechtigung, ja sogar die Notwendigkeit, die Entscheidung und Bereitschaft Erwachsener für Kinder zu fördern.

## Mut zu Kindern

Es sind eine ganze Menge neue Aufgaben, Verantwortung und Pflichten damit verbunden. Die Freude von Eltern auf ihre Kinder oder über sie ist nicht Ausdruck einer Art natürlichen Elterninstinkts, der sich mit Selbstverständlichkeit einstellt, sie braucht vielmehr eine wohlwollende Geborgenheit in Familie und Gesellschaft. Wenn auch manchen Frauen ein Kind geradezu in den Schoß fällt und darum für ihre eigene Persönlichkeitsentwicklung zunächst gar nicht gewichtig empfunden wird, so müssen andere darum mehr oder weniger lange ringen mit sich und um ihren Partner oder um die Einordnung in ihren persönlichen Lebensplan. Und dann braucht es schon eine gute Portion persönlichen Mutes, je mehr man darüber nachdenkt. Gerade bei der ersten Schwangerschaft ist ja die werdende Mutter in jedem Falle unerfahren, also wesentlich auf das angewiesen, was sie von anderen hört oder liest. Aber wer nichts wagt, kann nichts gewinnen! Diesen Mut bringt man selbstverständlich leichter auf, wenn sich Eltern gegenseitig als Paar beistehen und ihre Lebensprobleme gemeinsam anpacken und lösen. Alleinstehende Mütter, auch alleinstehende Väter, die ihre Rolle ernst nehmen, haben es dabei schwerer. Aber sie sind in unserer sozialistischen Gesellschaft nicht allein, wenn uns auch manche Mutti in ihrer Sorge um ein krankes Kind sagt: »Ich habe niemanden ...«

Wer so spricht und doch in einer Gemeinde

oder sogar größeren Stadt wohnt, sollte sich auch einmal fragen, ob er sich selbst genügend um Kontakt bemüht hat. Natürlich fällt das einzelnen Menschen schwerer als anderen, aber man darf sich nicht nur auf Bedientwerden einstellen, sondern muß persönlich etwas dafür tun. Sonst langt es nicht zum Glücklichwerden, und man bleibt trotz aller Hilfe von außen unzufrieden.

### Gesellschaftliche Unterstützung

Die Sorge unseres Staates für Kinder und Familien findet in zahlreichen sozialpolitischen Maßnahmen Ausdruck. In der Verfassung der DDR wird der allgemeine Rahmen dafür abgesteckt. Artikel 38, Abs. 3 legt fest: »Mutter und Kind genießen den besonderen Schutz des sozialistischen Staates.«

Auf dieser Grundlage entstanden gesetzliche Regelungen, die auf dem Gesetz über den Mutter- und Kinderschutz und die Rechte der Frau vom 27. 9. 1950 aufbauen (9). Es wurde bereits im ersten Jahre nach Gründung unseres Staates geschaffen. Sein Anliegen ist unverändert geblieben, die konkreten Vergünstigungen für Mutter und Kind aber sind entsprechend unseren gestiegenen wirtschaftlichen Möglichkeiten durch viele ergänzende Durchführungsbestimmungen und Nachfolgegesetze erheblich erweitert worden, besonders nach dem VIII. und IX. Parteitag der SED.

Als jüngstes Beispiel sei hier der Gemeinsame Beschluß des ZK der SED, des Bundesvorstandes des FDGB und des Ministerrates der DDR vom 22. April 1986 erwähnt (2, 11 und 12). Danach können seit 1. Mai 1986 werktätige Mütter bereits bei Geburt ihres ersten Kindes nach dem Wochenurlaub eine bezahlte Freistellung bis zum Ende des ersten Lebensjahres des Kindes beanspruchen. In Familien mit zwei Kindern wird der werktätigen Mutter bei Pflege eines erkrankten Kindes nunmehr bezahlte Freistellung gewährt, und zwar für insgesamt sechs Wochen im Jahr. Je Krankheitsfall erhält die Mutter an den ersten beiden Arbeitstagen 90 % ihres Netto-Durchschnittverdienstes und ab dritten Tag eine Unterstützung in Höhe des Krankengeldes, auf das sie bei eigener Krankheit ab 7. Woche Anspruch hat. – Verbessert wurden auch die Arbeits- und Lebensbedingungen von Familien mit schwerstgeschädigten Kindern.

Weiter vergünstigt wurden die Kreditbedingungen für junge Eheleute (s. S. 14/15). Und schließlich erhalten seit 1. Mai 1987 Eltern mehr Kindergeld: 50 Mark monatlich für das erste, 100 Mark für das zweite und 150 Mark für das dritte sowie jedes weitere Kind.

Die Mütter heute haben es also in vieler Hinsicht leichter als die Mütter vor 20 oder 25 Jahren, und ihre Kinder wachsen sicherer auf. Viele halten das für selbstverständlich und sehen darin kaum noch Probleme. Das ist auch ganz gut so. Aber wenn man einige Jahrzehnte selbst miterlebt hat, wie sich mit der Zeit unter großen Mühen Stein für Stein zu dem ansehnlichen »Gebäude« unseres Gesundheits- und Sozialwesens zusammenfügte, dann darf man doch recht stolz auf dieses Ergebnis sein.

Für die verantwortlichen Staatsorgane ergaben sich zunächst zwei Ziele, denen sie mit den sozialpolitischen Maßnahmen dienen wollten. Die möglichst sichere und unbehinderte Entwicklung jedes einzelnen Kindes und hinsichtlich der Bevölkerungsentwicklung ein ausgewogenes Verhältnis zwischen Geburten- und Sterberate. Müssen doch die Bürger im arbeitsfähigen Alter jeweils für den Lebensunterhalt der anderen Altersgruppen – der Kinder und Jugendlichen, aber ebenso der alten Menschen – mit aufkommen. Für die DDR errechnet sich dafür die erforderliche Durchschnittsfamilie mit 2 bis 3 Kindern. Alle Maßnahmen, die Bereitschaft und Willen zum Kinde fördern, sind also eine Investition in die Zukunft!

Diese sachlichen bevölkerungspolitischen Überlegungen sehen das Kind sozusagen von außen. Vielleicht interessiert Sie das persönlich überhaupt nicht, weil Sie unmittelbar die Bereicherung ahnen oder erleben, die von solch kleinem Partner ausgeht, den Sie versorgen, mit Liebe umgeben und einfühlsam auf seinem Weg ins Leben geleiten. Auch gut – elementare menschliche Bedürfnisse. Erwachsenen, denen solche Erfahrungen versagt bleiben, geht viel an ergreifenden und bereichernden Eindrücken verloren, die dem persönlichen Leben zusätzlich Sinn und Fülle geben können.

# Kapitel 2

# Warum nicht jeder Kinderwunsch gleich in Erfüllung geht

Wissenschaftliche Einsichten haben Licht in Zusammenhänge gebracht, die vorher unbekannt waren oder nur mehr geahnt wurden und deshalb geheimnisvoll erschienen. Dadurch ist vieles in unserem Leben besser gestaltungsfähig und planbar geworden. Aber auf der anderen Seite hat jede neue Erkenntnis auch immer mehr neue Fragen aufgeworfen als beantwortet, und vielfach können nur noch hochspezialisierte Fachleute einzelnen Problemen nachgehen. So ist das natürlich auch bei den Fragen um das Kinderkriegen, um die menschliche Reproduktion, wie man wissenschaftlich sagt. Jeder Heranwachsende erwirbt sich zunächst eine mehr oder weniger gediegene Vorstellung darüber, nach der eigentlich alles klar ist. Man hat von Gebärmutter und Keimdrüsen erfahren, von Samen- und Eizellen und wie diese zusammenkommen. Im Grunde sieht alles ganz einfach aus. Ja, es scheint sogar schwieriger zu sein, im Sinne der Geburtenregelung eine Befruchtung sicher zu vermeiden, als eine Schwangerschaft zu erreichen. In diese sehr vereinfachte Vorstellungswelt paßt aber gar nicht hinein, daß manche Ehepaare vergeblich auf Nachwuchs warten. Das ist nicht einmal selten; denn etwa jede 7. Ehe in der DDR bleibt ungewollt kinderlos. Viele Partner empfinden diese Tatsache als Mangel, häufig wie einen persönlichen Makel, ein Versagen, ja geradezu als Schuld, die mitunter einer dem anderen vorwirft. Sie können sehr darunter leiden und werden selten oder nie Außenstehenden von diesen persönlichen Problemen erzählen. Bei den seelischen Begleitumständen des Kinderwunsches, wie wir sie im ersten Kapitel beschrieben haben, ist das sicher auch Ihnen nachfühlbar. Die Ursachen dafür lassen sich zu 45 bis 50 Prozent der Paare bei der Frau, mit 35 bis 40 Prozent beim Manne finden und bei 10 bis 20 Prozent nicht klären.

Die Entwicklungsgeschichte eines Menschen ist immer wieder ein faszinierendes Ereignis. Aufgeschlossene Eltern sind in der Zeit ihrer Familiengründung oder im Hinblick darauf besonders anteilnehmend interessiert, möglichst viel von dem zu sehen und umfassender zu verstehen, was normalerweise im Verborgenen geschieht. Vertieftes Wissen kann vertiefte Freude bringen. Wir wollen deshalb diese Geschichte von Anfang an erzählen, ab ovo (von der Eizelle an), wie ein lateinischer Fachausdruck sagt. Bei dieser Gelegenheit mögen einige Tatsachen mit anklingen, die manchen Mißerfolg in den Bemühungen um eigene Kinder verständlich machen und vielleicht davon betroffene Partner ermutigen, entsprechende Fachberatungen aufzusuchen (Kinderwunschsprechstunden und Sterilitätssprechstunden).

### Blick in die Welt des »Unsichtbaren«

Der niederländische Tuchmacher Anton van Leeuwenhoek hatte aus Liebhaberei in »Feierabendbeschäftigung« Glaslinsen geschliffen und sie probierend in verschiedenster Weise zu Vergrößerungsgeräten zusammengesetzt. Er war gerade 33 Jahre alt, als ihm 1665 erstmals ein Instrument gelang, mit dem eine 200fache Vergrößerung möglich gewesen sein soll. Eine für die damalige Zeit ganz erstaunliche Leistung. In seiner Freizeit betrachtete er nun alles mögliche durch dieses Mikroskop und begann eine Welt des sehr Kleinen zu entdecken, die bis dahin einfach unsichtbar war: Insekten und Pflanzenteile wurden angesehen, die Blutkörperchen beschrieben. Im klaren Wassertropfen entdeckte er »mikroskopische Wesen«, nämlich die Einzeller.

Als er dann im August 1677 gemeinsam mit dem Medizinstudenten Johan Ham einen Tropfen Samenflüssigkeit untersuchte, sahen beide erstmalig die sich lebhaft bewegenden »Samentierchen«. Sie wurden zum Gegenstand des Staunens, der Spekulation und des Meinungsaustausches. Wenn sie auch noch lange nicht zu klaren naturwissenschaftlichen Vorstellungen über die Zeugung führten, so lag doch in jenem August 1677 die Geburtsstunde des medizinischen Wissenschaftszweiges Andrologie (Lehre von der Zeugungsfähigkeit des Mannes). Bis in unsere Gegenwart hinein, also über rund 300 Jahre hinweg, lernte man nach und nach immer mehr Rätsel zu lösen, neue Fragen zu stellen und zu beantworten. Die volle Bedeutung der Geschlechtszellen wurde aber erst in der zweiten Hälfte des vorigen Jahrhunderts erkannt, als der Botaniker Mathias Schleiden und der Physiologe Theodor Schwann entdeckt hatten, daß jeder lebende Körper aus Zellen aufgebaut ist (lat. cella = kleiner Raum). Daraufhin konnten bald auch Ei und Spermium als Zellen angesprochen werden.

### Unglaublicher Überfluß

Wer heute Gelegenheit hat, durch ein modernes Mikroskop in solche Samenflüssigkeit hineinzusehen, wie sich die Spermien mit ihren quicklebendigen Ruderschwänzen kaulquappenartig kreuz und quer durch das Blickfeld arbeiten, kann das überraschte Staunen des niederländischen Erstbeschreibers vor 300 Jahren sicher nachfühlen. Verfolgen wir nun das Woher und Wohin.

In den männlichen Keimdrüsen (Hoden) werden von den ersten Jugendjahren an bis ins hohe Alter hinein fortwährend, wenn auch in wechselnder Intensität, Geschlechtshormone und Spermien gebildet. Im Gegensatz zu den weiblichen Keimdrüsen sind die Hoden aus der Bauchhöhle durch den Leistenkanal hinabgewandert in den Hodensack, weil sie zu ihrer normalen Entwicklung und Funktion eine gegenüber dem Körperinneren 2 bis 3° C niedrigere Temperatur brauchen. Ob das nun das einzig Wichtige ist, mag dahingestellt bleiben, jedenfalls bei gestörter Hodenwanderung werden sie nicht voll funktionsfähig, wenn das nicht rechtzeitig durch ärztliche Behandlung in Ordnung gebracht wird. Sie muß am Ende des zweiten Lebensjahres beginnen!

Im Innern des Hodens befinden sich dicht gepackt die *Samenkanälchen*, in denen die Spermien entstehen. Sie sind so fein, daß eine Gesamtlänge von etwa 300 Meter in jedem Hoden Platz findet. Abb. 2.1 läßt uns in ein solches Kanälchen hineinschauen. An seiner Wandung finden sich sogenannte Ursamenzellen. Sie teilen sich von der Pubertät an fortwährend in dem Sinne, daß nach der Kanälchenmitte hin in mehreren Zwischenstufen einschließlich zwei Reifeteilungen (s. S. 46) immer reifere Formen entstehen. Schließlich bildet jede werdende Keimzelle einen fadenförmigen Schwanz als Fortbewegungsorgan. Das Zellplasma wird stark vermindert, auch der Kern für die vorgesehene lange Reise verdichtet und damit verkleinert, solange die Keimzellen noch an den Sertoli-Zellen ernährt werden. Der so kurz beschriebene Reifeprozeß dauert etwa 65 bis 75 Tage, ist recht kompliziert und somit auch störanfällig.

In ausgereifter Form gelangen die Spermien dann frei schwimmend in den Flüssigkeitsstrom des Samenkanälchens, der sie weiter über die größeren Sammelröhren des Hodennetzes in den *Nebenhoden* bringt.

Hier werden die beweglichen Keimzellen durch eine leichte Ansäuerung der Flüssigkeit ruhiggestellt (Säurestarre), damit sie ihre Energie nicht verbrauchen, bevor sie ausgestoßen werden (Ejakulation).

Zwischen den Samenkanälchen liegen wie kleine Inseln die nach dem Anatomen Leydig benannten Zwischenzellen. Sie bilden das Hodenhormon Testosteron, das verantwortlich ist für die Ausbildung der männlichen Geschlechtsmerkmale.

2.1 Schnittbild eines Samenkanälchens
1 Ursamenzellen, 2 reife Keimzellen, 3 Sertolische Stütz- und Nährzellen, 4 Leydigsche Zwischenzellen für Hormonbildung

Für das Zustandekommen einer Befruchtung ist im allgemeinen das regelrechte Funktionieren der männlichen Begattungsreflexe (Gliedsteifung und Samenausstoßung) Voraussetzung. Auch diese sind störanfällig, häufiger durch seelische Ursachen (beispielsweise berufliche Überbelastung, Konflikte oder Ängste) als durch organische Ursachen.

Beim Verkehr werden diese Begattungsreflexe durch entsprechende Reizsummierung ausgelöst. Der Spermienvorrat im Nebenhoden wird durch den Samenleiter in die hintere Harnröhre gedrückt. Dabei mischen Bläschendrüse und Vorsteherdrüse reflektorisch noch rasch ihre Sekrete zu. Die *Bläschendrüse* beendet mit ihrem alkalischen Sekret die erwähnte Säurestarre der Spermien, auf daß sie mit voller Beweglichkeit auf die Reise gehen können, und gibt ihnen dabei in Form des Fruchtzukkers einen rasch verwertbaren Energiespender als Reiseproviant mit. Die *Vorsteherdrüse* produziert die Hauptmasse der ausgestoßenen Samenflüssigkeit von 2 bis 5 ml und schafft damit das nötige Transportmittel, in dem die 100 bis 600 Millionen Spermien (40 bis 120 Mill. pro ml) aufgeschwemmt und durch kräftige Zusammenziehung der Beckenbodenmuskeln hinausgeschleudert werden.

Während dieses Vorgangs wird die Harnröhre am oberen Ende unwillkürlich fest verschlossen, so daß weder Spermien rückläufig in die Harnblase gedrückt werden, noch Urin sich ihnen beimischen und sie schädigen kann. Selbst geringe Reste des meist sauren Urins an der Harnröhrenwand werden vorher durch die schleimige Absonderung der *Cowperschen Drüsen* unschädlich gemacht.

### Störungsmöglichkeiten für die männliche Zeugungsfähigkeit

Sie werden summarisch an Abb. 2.2 veranschaulicht. Auf diese Störungsmöglichkeiten gründen sich eine ganze Reihe von Untersuchungs- und Behandlungsmethoden, mit denen sich in erster Linie interessierte Hautärzte, aber auch einige Urologen und Frauenärzte beschäftigen. Wenn gewünschte Kinder länger auf sich warten lassen, dann sollten sich beide Partner untersuchen und beraten lassen, falls erste frauenärztliche Untersuchungen nicht schon handfeste Hinweise ergeben. Genauere Untersuchungen sind jedenfalls bei der Frau viel eingreifender als beim Mann. Und da in einem Untersuchungs- und Behandlungsplan immer mit den für die Betroffenen einfacheren Untersuchungen begonnen und erst im Bedarfsfalle schrittweise zu eingreifenderen Methoden übergegangen wird, steht die Untersuchung der Zeugungsfähigkeit des Mannes in der Reihenfolge ziemlich weit vorn.

Der andrologisch tätige Arzt wird sich nach früheren Erkrankungen erkundigen, eine allgemeine Untersuchung sowie eine spezielle Untersuchung der Geschlechtsorgane vornehmen. Er kann die Menge der ausgestoßenen Samenflüssigkeit messen, Zahl, Aussehen und Beweglichkeit der Spermien kontrollieren, bakteriologische und chemische Analysen sowie Hormonanalysen vornehmen. Schließlich läßt sich sogar in örtlicher Betäubung mit einer Hohlnadel ein ganz kleines Stück Hodengewebe gewinnen, was den Patienten in keiner Weise beeinträchtigt. Darin kann man Größe und Zahl der Samenkanälchen beurteilen, die Spermienreifung überprüfen, die Sertoli- und Leydig-Zellen ansehen. In einzelnen Fällen kann auch eine Chromosomenanalyse das Bild ergänzen. Es sind also recht detaillierte Einblicke möglich. Sie reichen heute noch nicht aus, um die Zeugungsfähigkeit eines Mannes ganz sicher zu beurteilen, denn auch Männer mit »Mängeln« oder Abweichungen von durchschnittlichen Normalwerten können mitunter Väter gesunder Kinder werden. Aber deren Aussichten lassen sich mit zielgerichteter Behandlung wesentlich verbessern. Wenn dann ein bisher unerfüllter Kinderwunsch Wirklichkeit wird, ist man doch sehr dankbar.

### Eine Gelegenheit im Monat

Obwohl eine menschliche Eizelle mit $\frac{1}{10}$ mm Durchmesser so groß ist, daß man sie gerade noch mit bloßem Auge erkennen könnte, wurde sie erst rund 150 Jahre nach den Spermien von dem Biologen Carl Ernst v. Baer in den weiblichen Keimdrüsen, den Eierstöcken, entdeckt. Wir wissen heute recht genau, daß diese Eierstöcke von einer Art biologischer Uhr im Zwischenhirn über die Hirnanhangdrüse als Vermittler gesteuert werden. Diese biologische Uhr schaltet die Eireifung mit Beginn der Pubertät ein und um das 50. Lebensjahr wieder aus. In der Zwischenzeit gelangt ziemlich regelmäßig jeden Monat ein Ei aus dem vorhandenen Vorrat zur Reife. Es muß sich für den Fall einer Befruchtung vorsorglich in der Gebärmutter ein Eibett für die weitere Entwicklung vorbereiten lassen. Deshalb steht der ununterbrochenen Spermienbildung beim Manne ein periodisches, sich in regelmäßigem Takt wiederholendes Geschehen bei der Frau gegenüber.

### Eireifung

Die Abb. 2.3 zeigt Ihnen ein Schnittbild des Eierstocks, auf dem die verschiedenen Reifungsstadien eingezeichnet sind und nacheinander im Uhrzeigersinne verfolgt werden können. Die ruhenden Eizellen, mit einem

2.2 Störungsmöglichkeiten männlicher Zeugungsfähigkeit

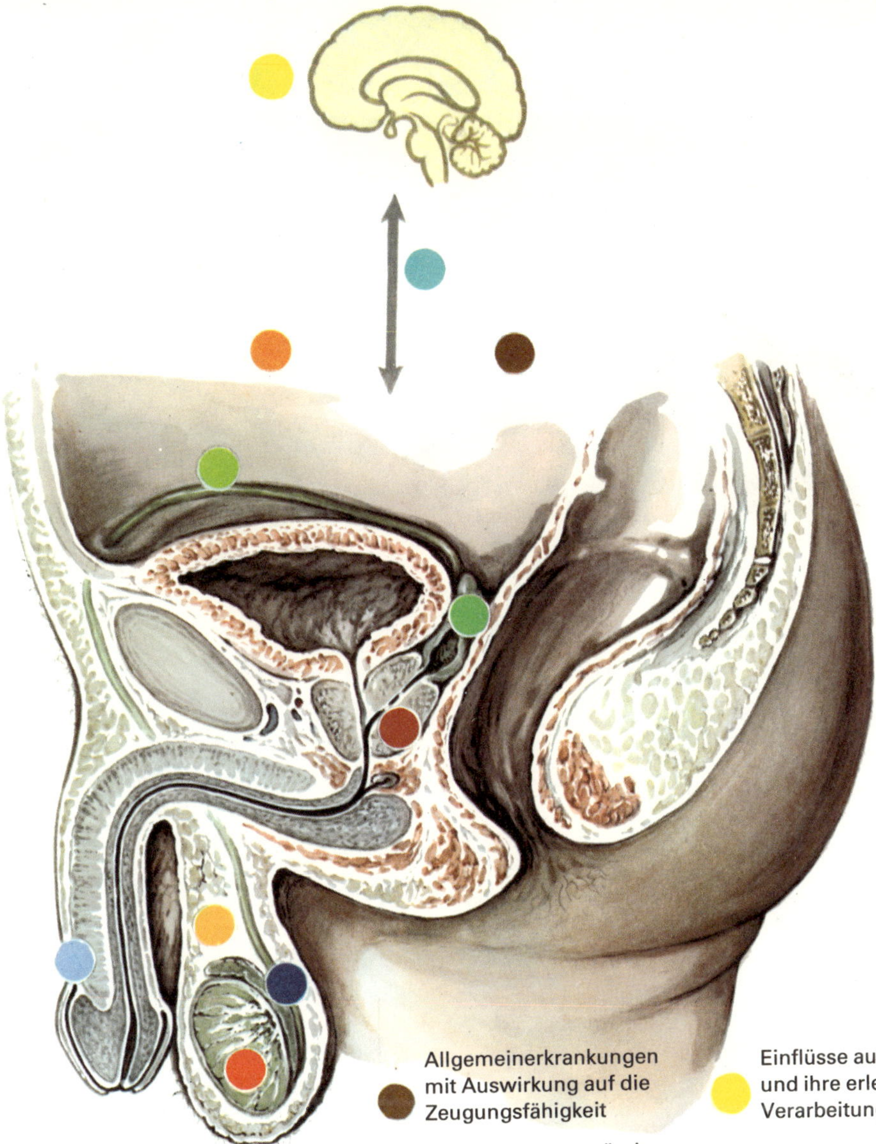

Allgemeinerkrankungen mit Auswirkung auf die Zeugungsfähigkeit

Chromosomenveränderungen mit Auswirkung auf die Zeugungsfähigkeit

Störung der Spermienbildung oder der Hormonproduktion im Hoden

Abweichungen in der Zusammensetzung der Samenflüssigkeit

Nervale und hormonale Wechselbeziehungen zum Zentralnervensystem

Durchblutungsstörungen des Hodens bei Erweiterung und Stauung der Venen

Einflüsse aus der Umwelt und ihre erlebnismäßige Verarbeitung

Erkrankung der Vorsteherdrüse

Erkrankung der Bläschendrüse

Verschluß der ableitenden Samenwege im Bereich des Nebenhodens oder Samenleiters

Störung des Begattungsreflexes

Verspätete Herabwanderung des Hodens durch den Leistenkanal nach außen

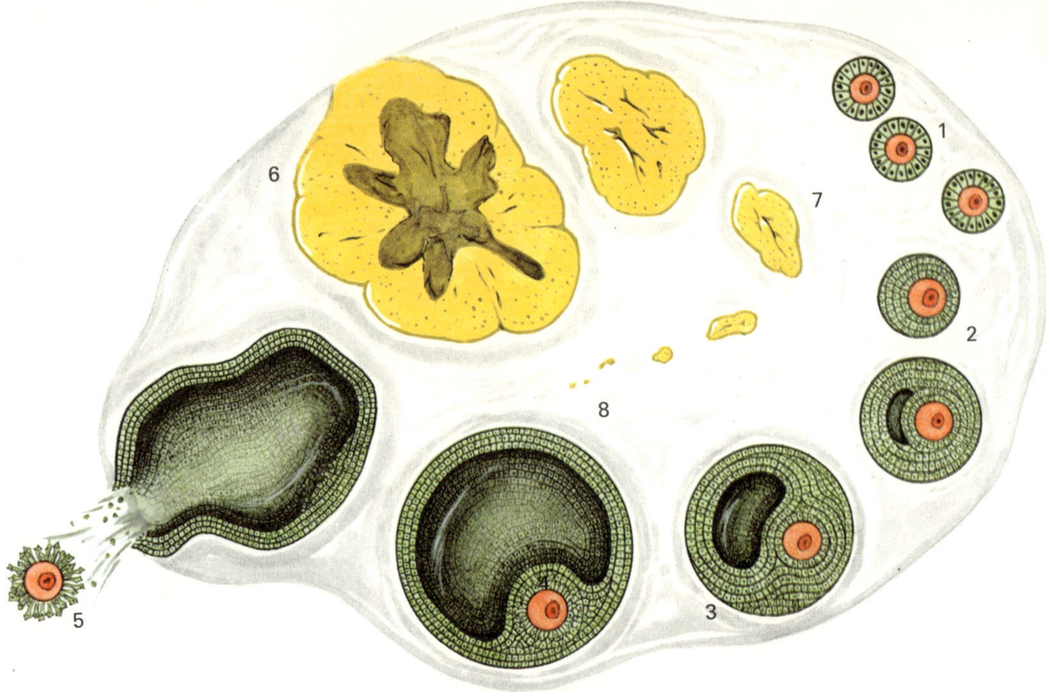


2.3 Schnittbild des Eierstocks
1 ruhende Eizelle, 2 beginnende Eireifung, 3 Eibläschen, 4 Eihügel, 5 Eisprung, 6 Gelbkörper, 7 Gelbkörper in Rückbildung, 8 kleine Narbe als Endzustand dieser Rückbildung

dünnen Ring von Bläschenzellen umgeben, beginnen ihre Entwicklung damit, daß unter Einfluß des Eireifungshormons der Hirnanhangdrüse (FSH) die Umrandung mehrschichtig wird und sich darin schließlich eine flüssigkeitsgefüllte Höhle bildet. Nun haben wir ein Eibläschen (Follikel) vor uns, das immer größer wird und schließlich sogar die Oberfläche des Eierstocks vorwölbt. Mit diesem Follikel schafft sich das Ei seine eigene Hormondrüse, die das sogenannte Follikelhormon bildet und ihm damit die Gebärmutterschleimhaut als Eibett vorbereitet. Kreist eine bestimmte Menge Follikelhormon im Blut, dann bringt ein Signal mit luteinisierendem (gelbkörperbildendem) Hormon (= LH) aus der Hirnanhangdrüse das Eibläschen zum Platzen (Follikelsprung = Eisprung = Ovulation). Empfindsame Frauen spüren das gelegentlich als sogenannten »Mittelschmerz«, »mitten« zwischen zwei Regelblutungen, im Unterleib. Der Eileiter hat sich vorher so eingestellt, daß die Eizelle mit der Follikelflüssigkeit in seinen weiten Auffangtrichter hineingestrudelt wird. Feine Flimmerhärchen und Muskelbewegungen des Eileiters sorgen dann dafür, daß sie in einem leichten Flüssigkeitsstrom in die Gebärmutter transportiert wird (Abb. 2.7 und 4.2).

Wenn nach dem Eisprung die Flüssigkeit ausgelaufen, die Bläschenwand zusammengefallen und typisch gefaltet ist, lagern die Follikelzellen einen gelben Farbstoff (Lutein) ein. Er hat dem neuen Gebilde seinen Namen gegeben: Gelbkörper. Dieser bildet nun Gelbkörperhormon (Progesteron), welches die vorbereitete Gebärmutterschleimhaut durch Nährstoffanreicherung und verbesserte Durchblutung endgültig für die Aufnahme des befruchteten Eies umwandelt.

Ist das Ei durch den Eileiter bis in die Gebärmutterhöhle gekommen, würden inzwischen hier ideale Lebensbedingungen für seine Einnistung entstanden sein. Darüber hinaus sorgt der Gelbkörper mit seinem Hormon dafür, daß der gesamte Organismus dieser Frau auf Schwangerschaft vorbereitet wird, die Schwangerschaft durch Ruhigstellen der Gebärmuttermuskulatur geschützt wird und daß in dieser Zeit keine neuen Eibläschen reif werden können.

Bleibt aber die Befruchtung aus, wie das ja für die meisten der 400 Eizellen der Fall ist, die zwischen Pubertät und 45. bis 50. Lebensjahr heranreifen, dann war die ganze Vorbereitung umsonst. Die Eizelle stirbt ab und wird aufgelöst. Der zugehörige Gelbkörper ist nun überflüssig geworden und bildet sich zurück bis zu einer unbedeutenden kleinen Narbe. Das Eibett, dessen Schutz er bewirkte, wird nicht mehr gebraucht und abgestoßen, was zur Regelblutung führt.

Dabei ruft aber die Hirnanhangdrüse mit einer neuen kräftigen Portion Eireifungshormon das nächste Eibläschen auf, die Regie zu übernehmen und sich auf eine mögliche Befruchtung vorzubereiten. Unter seinem Follikelhormon überwächst eine neue Schleimhaut die Wundfläche in der Gebärmutter. Die Blutung hört auf, und der ganze Kreislauf (Zyklus) beginnt von neuem im Warten auf eine Gelegenheit.

Nun gingen wir in diesem Kapitel davon aus, daß auch nicht jede angebotene Gelegenheit zum erwünschten Ziel einer Schwangerschaft führt und jede 7. Ehe ungewollt kinderlos bleibt. Zum Verständnis dafür müssen wir auch auf der weiblichen Seite nach möglichen Schwachstellen suchen, aus denen sich Verhaltensweisen oder auch Behandlungsmöglichkeiten ergeben, die eine Empfängnis begünstigen (Abb. 2.4).

Jede Frau sollte sich selbst durch Aufzeichnung ihrer »Tage« einen gewissen Einblick verschaffen, wie das in den vorangegangenen Abschnitten beschriebene Zyklusgeschehen in ihr abläuft.

### Der Regelkalender

Frauenärzte danken es Ihnen, wenn Sie gleich einen solchen Kalender vorlegen können. Er ist die einfachste und selbstverständlichste Aufzeichnung, die Auskunft über die Stabilität des beschriebenen hormonellen Wechselspieles gibt, und ist in jedem Falle nötig für eine umfassende medizinische Beurteilung und Beratung. Auch die Tage der Fruchtbarkeit gestat-

2.4 Eireifung und damit zusammenhängende Abläufe im weiblichen Körper

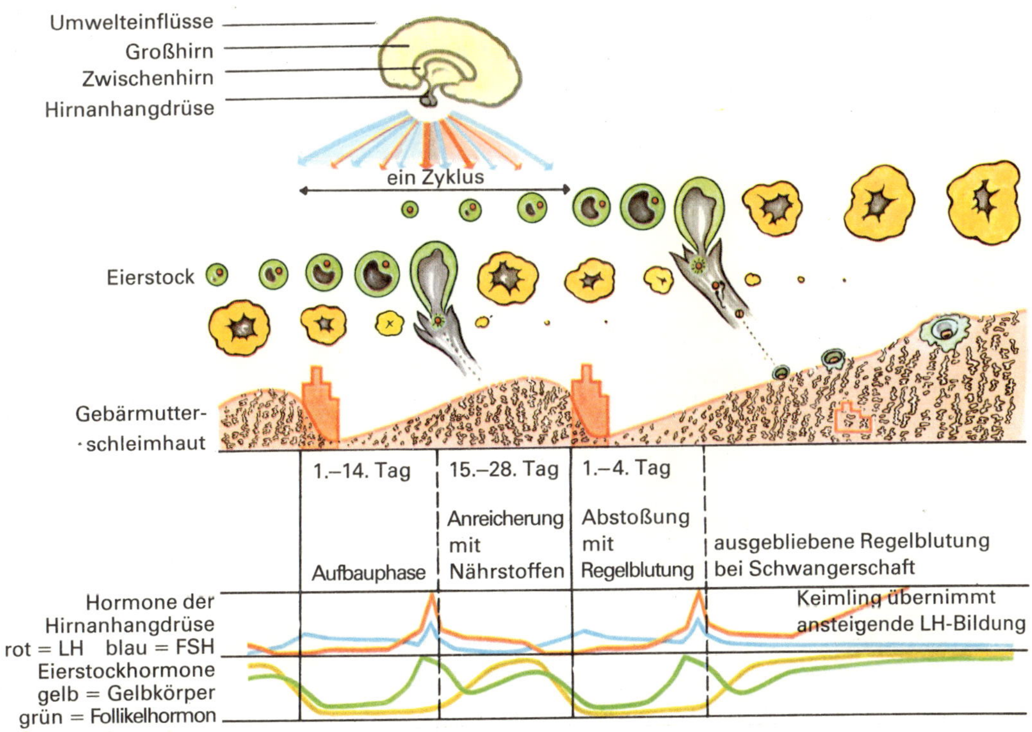

tet er einzugrenzen. Diese Information kann noch wesentlich präzisiert werden:

### Kontrolle der Aufwachtemperatur

Damit ist die Temperatur gemeint, die sich jeden Tag morgens unmittelbar nach dem Erwachen vor jeder Aktivität in Körperhöhlen messen läßt. Stets mit dem gleichen Fieberthermometer wird täglich etwa zur selben Zeit unter der Zunge, in Darm oder Scheide mindestens 5 Minuten lang gemessen und der gefundene Wert (Aufwach- oder Basaltemperatur) in ein Kurvenblatt wie in Abb. 2.5 eingetragen. Verbindet man alle diese Punkte miteinander, dann entsteht meist eine charakteristische Kurve in dem Sinne, daß in der zweiten Zyklushälfte die Temperatur 0,3 bis 0,6° C höher liegt als in der ersten. Natürlich kann diese Kurve durch banalen Schnupfen oder andere fieberhafte Erkrankungen, durch Rauchen und Alkoholgenuß, auch durch Medikamente entstellt und dadurch unbrauchbar werden. Aber für etwa 85 Prozent aller Frauen ist diese Basaltemperaturmessung ein einfaches und wertvolles Verfahren zur Prüfung der Eierstockfunktion. Der Körper reagiert auf die Ausscheidung von Gelbkörperhormon mit einem Temperaturanstieg. So kann man also Eireifungsphase und Gelbkörperphase gut unterscheiden. Und da der Eisprung meist 1 bis 2 Tage vor dem Temperaturanstieg liegt, läßt sich die günstigste Zeit für eine Befruchtung (Konzeptionsoptimum) mit diesem einfachen Mittel recht genau bestimmen, wenn man über mehrere Monate solche Aufzeichnungen gemacht hat und daraus sieht, mit welcher Regelmäßigkeit sich der persönliche Rhythmus wiederholt. Intimes Zusammensein läßt sich dann in der aussichtsreichsten Zeit ermöglichen, indem man von dem Zyklustag, an dem der Temperaturanstieg am häufigsten erfolgt, 5 Tage abzieht und von diesem Tage an, entsprechend der durchschnittlichen Lebensfähigkeit der Spermien von 48 Stunden, jeden 2. Tag die Voraussetzungen für eine Befruchtung schafft, bis die Basaltemperatur angestiegen ist. Später ist keine

2.5 Aufwachtemperatur

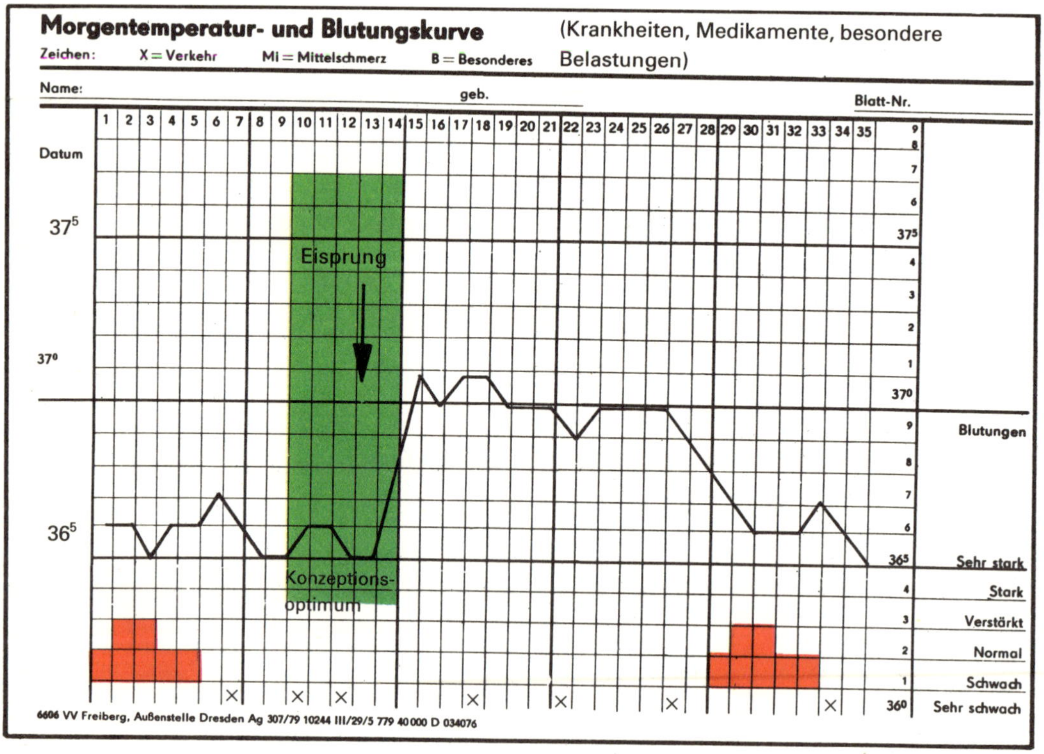

Empfängnis mehr zu erwarten, weil die Eizelle nur 12 bis 18 Stunden befruchtungsfähig bleibt. Wenn dann der zu erwartende Temperaturabfall am Zyklusende nicht erfolgt, kann das schon eine recht verläßliche Bestätigung für eingetretene Schwangerschaft sein. Dabei würde ja der Gelbkörper produktiv bleiben.

Fehlender Temperaturanstieg läßt dementsprechend erkennen, daß kein Eisprung stattgefunden hat (anovulatorischer Zyklus) und somit keine Schwangerschaft erwartet werden kann. Das kommt hin und wieder vor. Bei mangelhafter Gelbkörperfunktion findet sich ein träger Temperaturanstieg und auch früherer Wiederabfall. Die so ausgedrückte zu kurze Gelbkörperphase ermöglicht die Einnistung des Eies nicht.

Damit seien nur einige Informationsmöglichkeiten angedeutet. Ein Frauenarzt kann gegebenenfalls durch Hormonzufuhr einen Mangel ausgleichen und den regelrechten Takt des Eierstocks wieder in Gang bringen.

### Interessanter Verschluß der Gebärmutter

Schleimdrüsen in der Wand des Gebärmutterhalskanals sorgen dafür, daß die Gebärmutterhöhle möglichst sorgfältig gegen die Scheide abgeschlossen wird. Die Scheide ist sozusagen schon ein Stück Außenwelt mit entsprechender Möglichkeit der Keimbesiedlung von außen her. Aber die normale, reife Scheide hat eine Art Leibwache herangezüchtet: Ihre Hautzellen bilden eine Speicherform des Zuckers, der dann mit den normalen Zellabschilferungen, wie sie jede Haut zeigt, frei wird und von Mikroben in Milchsäure umgewandelt wird. Am besten können das Bazillen, die als Döderleinsche Stäbchen bekannt wurden, benannt nach dem Frauenarzt, der diesen recht wirksamen Schutzmechanismus entdeckte. Die relativ starke Milchsäure hält nämlich die meisten anderen Bakterien aus dem Vorfeld der Gebärmutter fern. In den alkalisch reagierenden Schleimpfropf des Gebärmutterhalskanals dringen diese Stäbchen nicht ein, weil ihnen, wie den meisten anderen Bakterien, Alkali nicht zusagt. Deshalb ist dieser Schleimpfropf und alles, was hinter ihm liegt, bakteriell absolut sauber (steril), sofern das biologische Gleichgewicht dieser »Leibwache« nicht gestört wird.

Im Laufe eines Zyklus macht dieser Schleimpfropf ganz bemerkenswerte Veränderungen durch. Als zähe und trübe, für kleinste Eindringlinge unpassierbare Masse verschließt er den Gebärmuttereingang so zuverlässig, daß er die meiste Zeit auch für Spermien undurchdringlich ist. Das könnte direkt widersinnig erscheinen. Aber die Schleimzellen, die ihn produzieren, reagieren sehr prompt auf Follikelhormon. Besonders viel liefert das Eibläschen kurz vor dem Eisprung (wie aus Abb. 2.4 ersichtlich). Zu dieser Zeit verändert sich deshalb dieser Schleim. Er wird klar, wasserreicher und geschmeidiger, weil die langkettigen Schleimmoleküle jetzt durch viel weniger Querverbindungen vernetzt sind, besser aneinander gleiten und sich deshalb zu längeren Fäden ausziehen lassen, wenn der Frauenarzt die »Spinnbarkeit« prüft. Auf kleine Glasscheiben ausgestrichen, ergeben sich jetzt, durch ein Mikroskop betrachtet, wunderschöne Kristallisationsbilder wie Farnkrautwedel (Abb. 2.6).

Mit diesen Veränderungen wird den Spermien gewissermaßen für 3 bis 4 Tage der Zugang ermöglicht, gerade zu der Zeit, da ein Eibläschen sehr bald oder gerade eben eine Eizelle freigibt. Jetzt können sich Samenfäden zwischen den langgestreckten, locker liegenden Schleimmolekülen hindurchschlängeln, wie die Abb. 4.1 ahnen läßt. Unmittelbar nach dem Eisprung bilden sich diese Veränderungen rasch zurück. Die Schleimmenge wird wieder geringer, zäh und trüb. Ihre Moleküle werden mit vielen Querverbindungen erneut zu einem festen, engmaschigen Netz verknüpft, das als Schleimpfropf die Gebärmutter wieder dicht abschließt bis zur nächsten Regelblutung, falls eine Schwangerschaft ausbleibt.

### Am eigenen Körper deuten lernen

So wie uns die Basaltemperaturkurve eine einfache und meist recht klare Auskunft über die Arbeit des Gelbkörpers gibt, so informieren uns die beschriebenen Schleimveränderungen über den Entwicklungsstand des Eibläschens, speziell über einen unmittelbar bevorstehen-

2.6 Farnkrautkristallisation

den Eisprung. Das ist nicht nur für den Frauenarzt interessant, der sich bei seinen Untersuchungen den Muttermund direkt betrachten kann. Der vermehrt gebildete, glasklare und dünnflüssige Schleim in den Tagen der Fruchtbarkeit (unmittelbar vor dem Eisprung) fließt auch an den Scheidenwänden abwärts, was viele Frauen, die darauf achten und sonst gesunde Geschlechtsorgane haben, als Feuchtigkeit und Glätte an den Schamlippen fühlen. Außerhalb dieser Zeit können sie deutlich unterschieden davon ein Gefühl »sauberer Trokkenheit« angeben oder etwas trüben, klebrigen Schleim bemerken.

Auf diesen Tatsachen hat Dr. John Billings in langjährigen Studien eine wirksame Methode der Geburtenregelung aufgebaut und gelehrt. Sie wurde 1976 von der Weltgesundheitsorganisation als »Eisprungmethode Billings« benannt, ist aber bei uns bisher kaum bekanntgeworden. Es gehört auch nicht in diesen Rahmen, sie als Methode der Empfängnisverhütung zu erläutern und einzuschätzen. Aber sie kann auf jeden Fall solchen Paaren ihre Tage der Fruchtbarkeit verdeutlichen, die nur schwer eine Empfängnis erreichen.

Eine Frau lernt sicherer, die diskreten Zeichen ihres eigenen Körpers zu deuten, wenn sie das Schleimzeichen zunächst einige Monate mit ihren Aufzeichnungen der Basaltemperatur vergleicht. Später weiß sie dann auch ohne solch zusätzlichen Aufwand, wann ein Eibläschen zur Reife kommt, oder kann auch sagen, wenn ein Eisprung ausbleibt (anovulatorischer Zyklus). Ihr Fruchtbarkeitsoptimum läßt sich so ganz gut eingrenzen, selbst bei stärkeren Zyklusunregelmäßigkeiten.

## Spermien als Fremdkörper?

Bakterien und andere kleinste Eindringlinge werden von unserem Organismus als körperfremdes Material (Antigen) identifiziert und mit Abwehrstoffen (Antikörpern) inaktiviert oder vernichtet. Sie werden auf den jeweiligen

Fremdstoff ganz speziell passend produziert. Beispielsweise erkrankt ein Mensch, der sich mit Masern auseinandersetzen mußte, kein zweites Mal an Masern, ist aber dadurch nicht gegen Keuchhusten oder Windpocken geschützt. Das ist mit der ganz speziellen Anpassung der Antikörper gemeint. Auch körpereigene Substanz kann durch Entzündung oder durch unbekannte Ursachen so verändert werden, daß sie in diesem immunologischen Sinne plötzlich körperfremd erscheint. Auf diese Weise geht unser Körper unter Umständen gegen sich selbst vor, gegen seine Blutkörperchen, gegen seine Gelenke (wie bei bestimmten rheumatischen Erkrankungen) – oder auch gegen Spermien. Das kann schon in den Hoden geschehen, aber auch in den weiblichen Geschlechtswegen. Dort ist eine bevorzugte Stelle für immunologische Auseinandersetzung der gerade besprochene Schleimpfropf im Gebärmutterhals. Er ist also nicht nur zeitweise ein mechanisches Hindernis, sondern bei einzelnen Paaren auch eine immunologische Barriere, wo Spermien unbeweglich gemacht werden können. Die praktische Erfahrung zeigt mitunter, daß bei einzelnen Paaren trotz Kinderwunsches keine Schwangerschaft entsteht, beide Teile sich unter Umständen aber später mit anderen Partnern als fruchtbar erweisen. Man braucht jedoch nicht auseinanderzugehen, um solchen Nachweis zu führen. Derartige Situationen lassen sich im Labor »durchspielen«.

Wenn der Frauenarzt 6 bis 8 Stunden nach einem Verkehr den Schleimpfropf absaugt, kann untersucht werden, ob darin viele oder wenige, bewegliche oder unbewegliche Spermien zu finden sind oder ob überhaupt keine eindringen konnten. Oder man entnimmt zur Zeit des Eisprungs etwas Schleim aus dem Muttermund und setzt auf einem Glasscheibchen Samenflüssigkeit des Partners daneben. Dann ist durch ein Mikroskop zu beobachten, wie die Spermien in den Gebärmutterschleim hineinwandern – oder auch nicht. Im letzteren Fall kann man den Versuch wiederholen mit Spermien eines anderen gesunden Mannes, oder man bietet den nicht eindringfähigen Spermien des zu untersuchenden Partners Schleim aus dem Muttermund einer anderen gesunden Frau als »Versuchsstrecke« an. Daraus können sich unterschiedliche Verhaltensweisen der Samenfäden ergeben, die dem Fachmann manche Rückschlüsse gestatten.

## Viel Geduld

Solche Untersuchungen und Sterilitätsbehandlungen erfordern nicht nur Geduld, sondern auch viel Verständnis und Bereitschaft. Um das ein bißchen zu verdeutlichen, haben wir hier nur einige Tatsachen aus der Fortpflanzungsbiologie herausgreifen können. Vielleicht ermutigen sie enttäuschte Möchte-gern-Eltern, natürliche Möglichkeiten und fachärztliche Unterstützung zu suchen. Das müssen immer beide Partner gemeinsam tun. Nicht die sterile Frau ist zu behandeln – wie irrtümlich oft noch angenommen wird –, sondern die sterile Ehe. So, wie wir das für die männlichen Geschlechtsorgane bereits gezeigt haben (s. Abb. 2.2), kann man auch die weiblichen Geschlechtswege einschließlich der zugehörigen Steuerungsvorgänge Abschnitt für Abschnitt prüfen. Die Abb. 2.7 gibt dazu eine Übersicht. Der Frauenarzt wird mit einfachen Methoden beginnen und je nach Bedarf zu immer aufwendigeren und eingreifenderen Untersuchungen übergehen, um darauf seine Beurteilung zu gründen. Er kann die unterschiedlichsten krankhaften Veränderungen behandeln, mit künstlichen Hormonen Gebärmutter und Eierstock beeinflussen, ja sogar Eisprünge auslösen. Behinderungen des Eitransports sind sichtbar zu machen. Durchblasen oder Durchspülen der Eileiter kann manche Passagestörung überwinden. Je nach persönlichen Voraussetzungen führt unter Umständen künstliche Übertragung von Samen des Ehemannes oder auch eines gesunden unbekannten Spenders doch noch zur ersehnten Schwangerschaft. Nach jahrelangen intensiven Forschungen gelang es sogar erstmalig in England, doppelseitigen Eileiterverschluß dadurch zu umgehen, daß einer Frau auf operativem Wege eine reife Eizelle aus ihrem Eierstock entnommen, außerhalb des Körpers mit Spermien des Ehemannes befruchtet und zum geeigneten Zeitpunkt in die Gebärmutter eingebracht

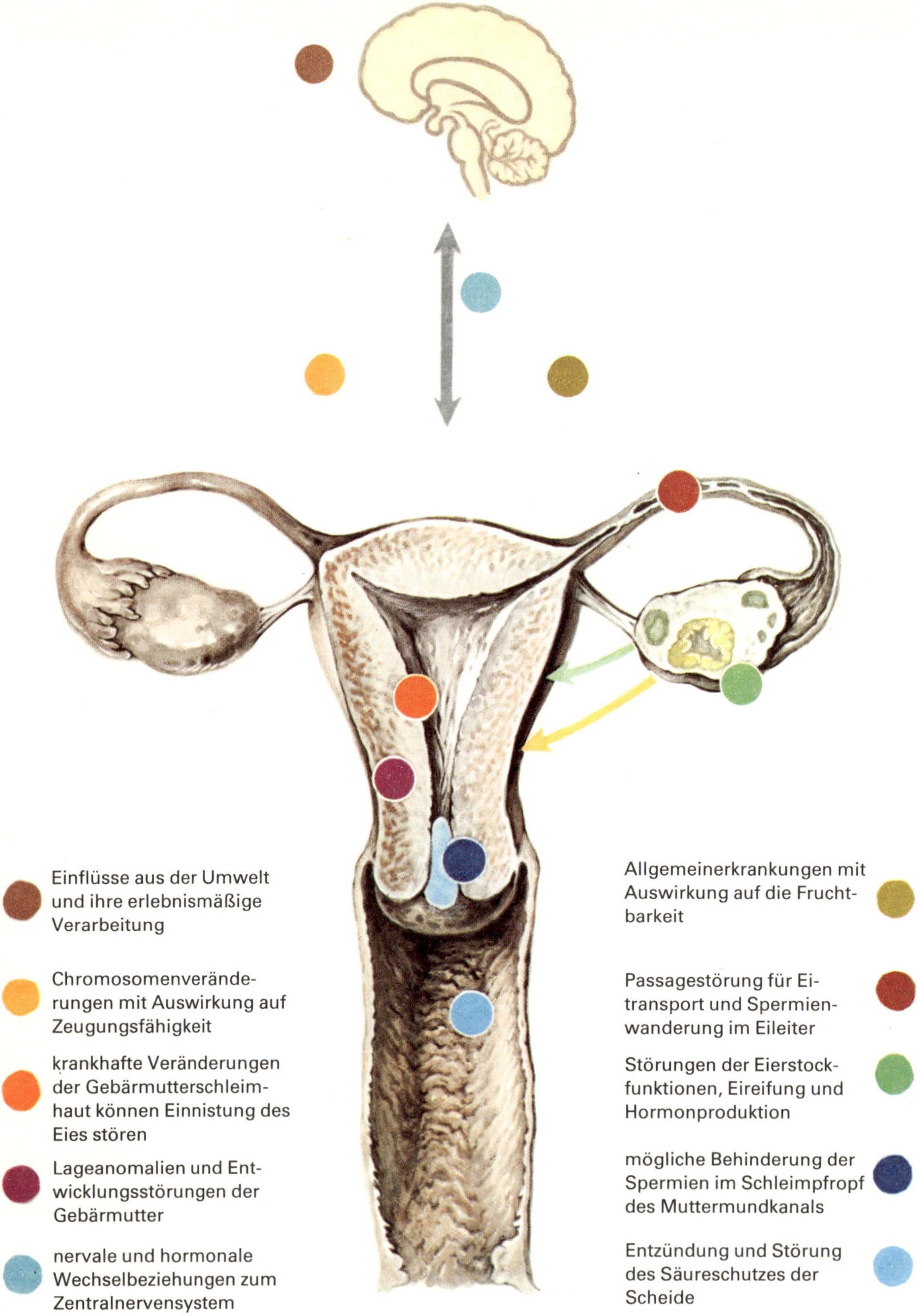


2.7 Behinderungen für die Fruchtbarkeit der Frau

wurde. Als das so entstandene Mädchen im Juli 1978 in Oldham bei Manchester geboren wurde, ging es als »Retortenbaby« durch einige Massenmedien. Das klang ein bißchen reißerisch nach künstlicher Menschenherstellung im Labor, obwohl es damit natürlich gar nichts zu tun hatte. Es ist eigentlich nichts weiter als die Umgehung einer gesperrten Straße. »Künstlich« ist dabei nur die Unterbrechung der Eiwanderung für zwei Tage, bis es als Vier-Zellen-Embryo durch einen dünnen Kunststoffschlauch in die Gebärmutter eingebracht werden kann. Bis Mitte 1984 hat man auf diese Weise weltweit 600 kinderlosen Ehepaaren zur Erfüllung ihres Kinderwunsches verhelfen können, eine Chance, die es vorher nie gab.

Gewiß können die angedeuteten Möglichkeiten zu tieferem Nachdenken über Sinn oder Unsinn mancher Bemühungen und damit in weltanschauliche Auseinandersetzungen hinführen. Jedes kritische Abwägen muß sich aber auf sachlich richtige Informationen gründen können.

Falls Sie aus diesen Hinweisen für sich persönlich Anregungen entnehmen, möchten wir Sie der Korrektheit halber noch auf gewisse praktische Schwierigkeiten hinweisen. Leider werden zuweilen einschlägige Berichte in Zeitungen oder Funk von Betroffenen so verstanden, als wären diese publizierten interessanten wissenschaftlichen Erkenntnisse überall auch in der Praxis schon anwendbar. Manche Aufgaben mit hohem technischem und personellem Aufwand sind aber nur in hochspezialisierten Kliniken lösbar. Würden sich die etwa 200 000 kinderlosen Ehepaare in der DDR an diese doch relativ wenigen Sterilitätsbehandlungszentren wenden, dann müßte es schon aus reinen Kapazitätsgründen zu Enttäuschungen kommen, die für beide Seiten unangenehm wären. Solche Behandlungszentren lassen sich nicht beliebig schnell ausbauen, weil ja andere Probleme medizinischer Versorgung deshalb nicht vernachlässigt werden können. Das gilt sinngemäß auch für die im nächsten Kapitel besprochenen genetischen Fragen. Aber keiner soll sich deshalb entmutigen lassen. Der Weg führt in jedem Falle über Ihren Frauenarzt im Heimatkreis oder Ihre regionale Kinderwunschsprechstunde. Dort sind viele Fragen befriedigend zu klären und die Patienten herauszufinden, die gegebenenfalls weiter überwiesen werden müssen.

Der Weg, ein Kind zu adoptieren, es an Kindes Statt anzunehmen, wurde bisher kaum erwähnt (4). Er würde nicht nur den adoptionsbereiten Eltern, sondern auch dem »elternlosen« Kind helfen. Aber da bei erfolgreicher Geburtenregelung relativ selten noch ungewünschte Kinder geboren werden, gibt es viel weniger Angebote als adoptionswillige Eltern. Entsprechende Fragen sind an das Referat Jugendhilfe beim Rat des Kreises bzw. Stadtbezirkes zu richten.

Es ist beeindruckend, was Ärzte mit den Möglichkeiten moderner Medizin erreichen können, es ist auch bewundernswert, was manche Menschen um ihres unerfüllten Kinderwunsches willen alles auf sich nehmen. Mancher persönliche Kummer dieser Art wäre vermeidbar, wenn entzündliche Veränderungen im Bereich der Geschlechtsorgane durch bessere persönliche Hygiene und Ersparen von Eingriffen in die Gebärmutter seltener werden könnte. Engen wir jedoch die Aufmerksamkeit nicht zu ausschließlich auf die Unterleibsorgane ein. Die lange bekannte Tatsache, daß Schwangerschaften auf Grund eines Beratungseffektes der Kinderwunschsprechstunde eintreten können, auch wenn das Paar vorher länger als ein Jahr ungeschützt Verkehr hatte, mag andeuten, wie die Lebensumstände insgesamt und seelische Ausgeglichenheit, die ja durch vertrauensvolle Gespräche gefördert werden kann, manche Hindernisse überwinden helfen.

### Wie alt sollte eine Mutter sein?

Nach einer gewissen Faustregel sei die erste Geburt um so leichter, je jünger die Mutter ist. Anders ausgedrückt, würde sie zunehmend schwieriger, wenn eine Frau bei ihrem ersten Kinde das soundsovielte Lebensjahr überschritten habe. Und hier gehen die Meinungen erheblich auseinander. Über 25 sei es schon nicht mehr ganz einfach, sagen die einen, über 30 meinen andere. Die geburtshilfliche Erfahrung besagt, daß die erste Entbindung bis Mitte der dreißiger Jahre im allgemeinen wesentlich besser verläuft, als viele Frauen erwarten. Trotzdem sprechen die Geburtshelfer wegen eines allmählich zunehmenden Risikos bei Schwangeren, die älter als 30 Jahre erstmals Mutter werden, von einer »späten Erstgebärenden«. Auch genetische Gründe, die im folgenden Kapitel erwähnt werden, legen nahe, gewünschte Kinder möglichst vor dem 35. Lebensjahr einzuplanen. Das Risiko für das 1. Kind jenseits des 35. Lebensjahres ist dreimal größer als im Optimalzeitraum zwischen 20 und 24 Jahren; für zweite und dritte Kinder allerdings besteht kein wesentlicher Einfluß.

Gewiß kann man sagen, daß der weibliche Körper zwischen 18 und 25 Jahren am besten auf die Geburt des ersten Kindes eingestellt ist. Mit zunehmendem Alter läßt nicht nur die Empfängnisfähigkeit, sondern auch die Elastizität der Geburtswege nach, was die Geburtsarbeit einer Erstgebärenden erschweren kann. Bei weiteren Kindern spielt das nicht mehr diese Rolle, die Geburtswege sind dann gewissermaßen eingefahren.

Aber stellen Sie sich das bitte nicht zu mechanisch vor. Wie sehr die seelische Einstellung der Gebärenden mitspielt, ihre Bereitschaft zu Lockerung, Entspannung und Mitarbeit, kann jeder Erfahrene bestätigen. So kann eine ältere, aber auch menschlich reifere Erstgebärende in einer aufgeschlossenen, gelösten Grundeinstellung durchaus eine leichtere Geburt haben als eine wesentlich jüngere, die vielleicht verkrampft und angsterfüllt ihr Schicksal erduldet oder gar sich innerlich noch dagegen wehrt.

Mütter unter 18 Jahren haben zwar im allgemeinen weniger geburtsmechanische Schwierigkeiten – sofern sie körperlich voll entwikkelt sind –, neigen aber stärker zu sogenannten Schwangerschaftsunverträglichkeiten und zu Frühgeburten. Dementsprechend ist auch die Frühsterblichkeit ihrer Kinder etwas höher. Mitunter bringt eine noch ungenügende seelische und soziale Reife der jugendlichen Mutter weitere Anpassungsschwierigkeiten. Sie fanden im 1. Kapitel solche Zusammenhänge angedeutet. Jedenfalls hat das empfehlenswerte Alter für die erste Geburt auch nach unten hin eine Grenze bei etwa 18 Jahren, die nicht als moralisierend mißverstanden werden möchte.

# Kapitel 3 Genetische Familienberatung

### Neue Bedürfnisse medizinischer Vorsorge sind aktuell geworden

Die Kenntnisse über biologische Grundtatsachen der Zeugung und Geburtenregelung gehören heute weitgehend zum gesicherten Bestand des Allgemeinwissens in unserer Bevölkerung. Man kann zwar im Gespräch mit jungen Menschen auch immer wieder erstaunlichen Vorstellungen begegnen, die in ihrer Naivität geradezu verblüffen. Sie führen dann mitunter zu falschem Sicherheitsgefühl oder zu Sorglosigkeit und unerwarteten Schwangerschaften. Aber das kann nicht darüber hinwegtäuschen, daß Familienplanung weitgehend beherrscht wird in dem Sinne, daß die meisten Eltern Zahl und Zeitpunkt der Geburten mehr oder weniger bewußt in ihren persönlichen Lebensplan einordnen. Mit zunehmender gedanklicher Durchdringung dieses Geschehens und bewußter persönlicher Anteilnahme am werdenden Kinde stellen nun im Zuge unserer gesellschaftlichen Entwicklung immer mehr Eltern eine dritte Frage, nämlich die nach der Gesundheit eines zu erwartenden Kindes. Es soll mit größtmöglicher Sicherheit gesund sein!

Das wünschten natürlich unsere Eltern und Großeltern und Urgroßeltern auch. Aber sie ahnten noch nicht so viele konkrete Einflüsse auf ein werdendes Kind, wie sie wissenschaftliche Untersuchungsergebnisse von heute zeigen. Sie nahmen Kinder selbstverständlicher, als etwas Gegebenes, Schicksalhaftes, das man zwar annehmen oder ablehnen konnte – was zuweilen auch in grausamer Weise geschah –, woran aber sonst nicht viel herumzudeuteln war. Das erscheint heute manchen Eltern nicht mehr so unkompliziert. Es gab zu ihrer Zeit auch noch nicht so viele Journalisten, Massenmedien und populärwissenschaftliche Autoren, die neue wissenschaftliche Entdeckungen ins Allgemeinverständliche übersetzen und breiten Bevölkerungskreisen zugänglich machen. Dadurch hören unsere Bürger heute recht viel auch von Mißbildungen, Erbkrankheiten, geschädigten Kindern, so daß diese Problematik in ihren Vorstellungen unverhältnismäßig große Bedeutung gewinnt, ja manche direkt ängstlich werden, das »Risiko« eines Kindes überhaupt einzugehen.

Um dieser modernen Entwicklung besser gerecht zu werden, das wissenschaftlich-technisch Mögliche auch praktisch zugänglich zu machen, wird seit einer Reihe von Jahren in der DDR wie in einigen anderen Staaten systematisch ein Netz von genetischen Beratungsstellen aufgebaut. Dorthin können sich ratsuchende Bürger und behandelnde Ärzte verschiedener Fachrichtungen wenden, wenn sie genetische Überlegungen mehr als bisher in ihre Behandlungskonzepte aufnehmen. Hierfür trifft zunächst noch in ähnlicher Weise zu, was auf Seite 37 über Sterilitätsbehandlungszentren gesagt wurde. Für das relative Neuland der genetischen Beratung muß in unserer Bevölkerung noch ein besseres Verständnis dafür geschaffen werden, was solche Stellen wollen und bieten können.

### Sollten wir weitere eigene Kinder haben?

Mit dieser Frage hatten die Eltern M lange gerungen. Sie hatten sich auch wie viele Elternpaare auf ihre Kinder gefreut und dann Zwillinge bekommen, die mehrere Wochen zu früh geboren wurden, also recht klein und unreif waren. Sie machten viele Anfangsschwierigkeiten, die zwar erfolgreich überwunden wurden, zeigten später aber immer deutlicher die Zeichen eines ausgeprägten Hirnschadens. Über mehrere Jahre eines zunehmenden Siechtums ließen sie fast alles vermissen, was Kinder so anziehend macht: Kein Lächeln, kein Lernen, keine Gesten der Zuneigung oder Freude, kein Versuch zu sprechen ... Sie konnten sich in ihrem Bett nicht einmal selbst auf die andere Seite drehen. Ihr ganzes Leben von 3 und 4 Jahren verbrachten sie in unserer Klinik, weil sie zu Hause nicht einmal zu ernähren waren.

Nun kam der Vater schüchtern und bedrückt, um sich Rat zu holen. Er hatte sich schwer überwinden müssen, seine familiäre Situation zu schildern: Da hatten sie nun zwei Kinder und hatten doch keins. Seine Frau empfand ihre gegenwärtige Unzufriedenheit und Leere und den Wunsch nach einem Kind so stark, wie in einigen Abschnitten des 1. Kapitels beschrieben. Auch der Beruf machte ihr keinen Spaß mehr. Aber, ihre kleinen Schwerstbehinderten ständig vor Augen, wagte sie keine neue Schwangerschaft. »Was sollen wir tun? Welche Aussichten hätte unser nächstes Kind? Können wir das noch einmal riskieren?«

Kinder und Eltern haben wir daraufhin nach allen Möglichkeiten durchuntersucht, die das Bild eines solchen Hirnschadens verursachen können. Wir haben in speziellen Fragen die freundliche Unterstützung mehrerer anderer Kliniken und Institute in Anspruch genommen. Im Ergebnis fand sich keinerlei Anhalt für ein Erbleiden, so daß der Hirnschaden dieser Kinder auf ihr Frühgeborensein zurückgeführt wurde, auf die damit zusammenhängende größere Verletzlichkeit während der Geburt und in der folgenden Zeit der Anpassungsschwierigkeiten an das Leben außerhalb der Mutter. Im abschließenden Gespräch mit den Eltern konnten wir ihnen grünes Licht für eine neue Grundsteinlegung geben. Dazu bekamen sie schriftliche Befunde und Empfehlungen in die Hand, die auf die Vermeidung einer Frühgeburt orientierten. Dort waren aber vorsorglich auch alle kleinen Randverzierungen mit in Erwägung gezogen, die sich bei den umfassenden Stoffwechseluntersuchungen im Sinne einer persönlichen Note ergeben hatten und ohne Krankheitswert waren. Diesen Brief sollte die Frau dann der Ärztin in ihrer Schwangerenberatung übergeben. Scheinbar guter Dinge und sichtlich erleichtert durch dieses Ergebnis gingen beide davon.

Als dann Frau M diese detaillierten Befunde und Empfehlungen ihrer Frauenärztin vorlegte, sagte diese nach dem Lesen mit krauser Stirn: »Das ist ja sehr viel.« Diese lapidaren fünf Worte machten die Bemühungen vieler Wochen zunichte. Frau M fühlte sich verunsichert und war nicht wieder zu einem eigenen Kind zu bewegen. Ihr wurde später ein Adoptivkind vermittelt, was sich recht gut entwikkelte und Freude machte, so daß die familiäre Situation auf diese Weise zwar ins Gleichgewicht kam, aber sie hätte durchaus ihr eigenes Kind haben können.

## Von Vorbehalten, Angst und Sorgen befreien

So könnte eine der Hauptaufgaben für gründliche genetische Familienberatung kurz umschrieben werden. Tatsächlich ist ein solches Ergebnis häufiger erreichbar, als zunächst unter der Vorstellung von »Erbkrankheiten« bei vielen erwartet wird. Wenn das bei Frau M nicht gelang, so erkennen Sie sicher unschwer, daß es anders hätte laufen können.

Wenn wir weiter unten einen Blick in die »genetische Werkstatt« werfen, dann werden Sie vielleicht verstehen können, daß es in absehbarer Zeit kein »biologisches Ingenieurwesen« geben wird, welches gestatten könnte, irgendwelche Reparaturen an fehlerhaften Erbinformationen des einzelnen Menschen vorzunehmen. In diesem Sinne kann es also keine ursächliche Heilung geben. Die beabsichtigte Unterdrückung oder Betonung bestimmter Erbmerkmale wäre nur durch Elternauswahl über viele Generationen möglich. Das ist in Tier- und Pflanzenzucht gebräuchliche und bewährte Methode, kommt aber für den Menschen nicht in Frage, weil hier nicht züchterische Gesichtspunkte einer übergeordneten Instanz, sondern partnerschaftliche Persönlichkeitsbeziehungen im Sinne gegenseitiger Wertschätzung und Liebe zu der Gemeinschaftsform führen, die auch optimale Bedingungen für die Entwicklung von Kindern bringen kann. Und das geht weit über biologische Probleme hinaus; es setzt vielmehr die freie persönliche Entscheidung für eine Partnerschaft voraus.

Häufig ist es nicht leicht, bei irgendwie behinderten Menschen eindeutig zu unterscheiden, ob ihr Leiden auf erbliche Defekte zurückzuführen ist oder durch Umwelteinflüsse hervorgerufen wurde. Schon für den ganz kleinen Embryo gibt es diese Umwelt in seiner Mutter. Und wenn dort beispielsweise Krankheiten, Medikamente oder Alkoholeinfluß der Mutter (s. S. 71) zu Entwicklungsstörungen führen, die sich dann als Mißbildung oder Hirnleistungsschwäche zeigen, dann braucht dem keineswegs ein erblicher Defekt zugrunde zu liegen. Deshalb kann es keine pauschale Empfehlung zur Verhütung von Nachwuchs geben, wenn bei ratsuchenden Eltern oder ihrem Kind Besonderheiten oder Mängel vorliegen. Das Beispiel der Familie M sollte das veranschaulichen. Kann man nach klinischen und genetischen Untersuchungen einem Elternpaar sagen, daß es mit einem gesunden Kind rechnen kann, dann ist das weit mehr als eine ärztliche Mitteilung im Hinblick auf das zu erwartende Kind.

Es ist für manche Partner eine richtige Befreiung von drückender Sorge, eröffnet eine Vision auf zukünftiges Glück. Haben diese Gedanken doch nicht nur das eigene Selbstwertgefühl herabgesetzt, sondern vielfach auch zu immer wiederkehrenden und sinnlosen gegenseitigen Vorwürfen geführt: Du bist schuld ... ich bin schuld ... am Unglück unserer Ehe. Dabei kann die menschlich-partnerschaftliche Basis zermürbt werden, für manche sogar der Sinn in ihrem Leben zunehmend fraglich erscheinen. Diese Probleme reichen also in ganz zentrale Persönlichkeitsbereiche hinein.

Ist es aus medizinischer Sicht möglich zu sagen, daß mit einem gesunden Kind zu rechnen ist, dann bedeutet das natürlich keine 100prozentige Garantie. Es heißt nur, daß das Risiko nicht höher ist als in der Durchschnittsbevölkerung. Alle, die wir uns für gesund halten, tragen auch Erbinformationen in uns, die nicht optimal sind, aber meist nicht in Erscheinung treten. Nur bei bestimmten Kombinationen aus beiden Keimzellen kann sich auch einmal eine Überraschung ergeben. Das hat kein Mensch in der Hand. Deshalb bleibt jedes Kind ein »genetisches Würfelspiel«. Wie immer, wenn der Zufall seine Hand im Spiele hat, ist der Ausgang ungewiß. Die praktische Erfahrung zeigt jedoch, daß dieses »genetische Würfelspiel« in der Regel zu einem glücklichen Ergebnis führt, denn die weitaus meisten Kinder (95 Prozent) werden gesund geboren. Alle Eltern wissen darum und sind sichtlich beruhigt und dankbar, wenn ihnen nach der Geburt verkündet wird, daß das Kind gesund und »alles dran ist«. Diese normale Spannung kann selbstverständlich auch keine genetische Familienberatung ausräumen.

### Ärztliches Geleit bei erhöhtem Risiko

Besteht tatsächlich erhöhtes Risiko, ein geschädigtes Kind erwarten zu müssen, dann ist das noch kein Grund, pauschal den Verzicht auf leibliche Kinder zu empfehlen. Im Einzelfall kann nach Wegen gesucht werden, auch solchen Eltern zu einem gesunden Kind zu verhelfen. Das sei an einem weiteren Beispiel erläutert, der Downschen Krankheit, dem sogenannten Mongolismus.

Es handelt sich dabei um Kinder, die unter anderem durch die schräge Stellung ihrer Augenlider auffallen. Sie zeigen durch eine ganze Reihe von Fehlbildungen eine stark herabgesetzte Widerstandsfähigkeit (mit verkürzter Lebenserwartung) sowie stark geminderte körperliche und geistige Leistungsfähigkeit. Diese Krankheit benannte man nach dem Arzt Down, der sie 1844 und 1846 als erster beschrieb, genau definierte und gegen andere Schwachsinnsformen abgrenzte.

Die eigentliche Ursache der Downschen Krankheit blieb lange verborgen. Es fiel jedoch auf, daß derart behinderte Kinder bei den Geburten älterer Mütter wesentlich häufiger vorkamen (Abb. 3.1). Erst 1959 entdeckte Lejeune,

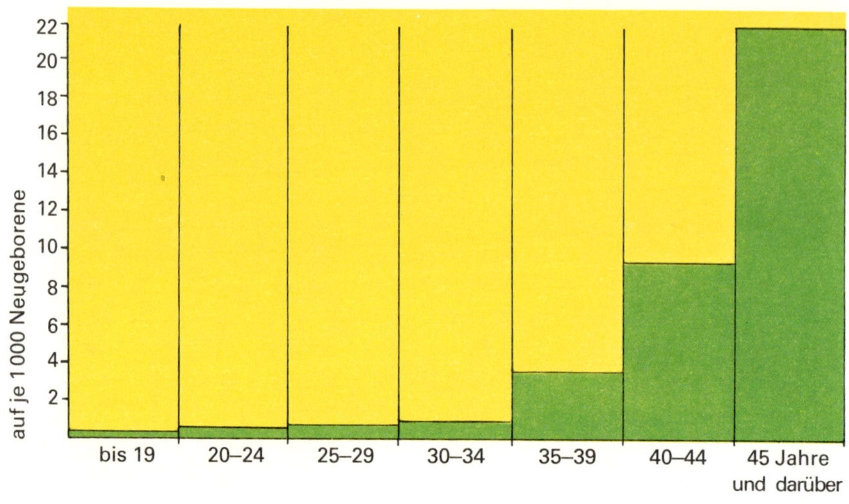


3.1 Alter der Mutter und Häufigkeit der Downschen Krankheit unter den Neugeborenen

daß diese Kinder ein Chromosom zuviel in ihren Zellen haben. Das Chromosom Nr. 21 (s. Abb. 3.2) ist nicht paarig, also nicht zweimal in ihrer Chromosomenausstattung vorhanden, wie sich das gehört, sondern dreimal. Er fand damit die erste zahlenmäßige Chromosomenabweichung beim Menschen überhaupt und nannte sie nun rein sachbezogen Trisomie 21. Bei der zweiten Reifeteilung der Eizelle – die Sie auf S. 46 nachlesen können – wird nicht ganz korrekt je ein Chromosom in Eizelle und Polkörperchen sortiert, sondern das Paar Nr. 21 trennt sich nicht, und beide geraten in die Eizelle. Weil aber die väterliche Keimzelle in ihrer Ausstattung natürlich auch ein Chromosom Nr. 21 mitbringt, ergibt das nach der Befruchtung den Bestand von dreimal Nr. 21 im Embryo und damit die Fehlentwicklung in Richtung Downsche Krankheit (Abb. 3.2).

Später lernte man auf Grund der Chromosomenuntersuchung drei verschiedene Formen zu unterscheiden, die zwar das gleiche Erscheinungsbild beim Kinde hervorrufen, aber unterschiedliche Schlußfolgerungen für die genetische Familienberatung ergeben. Im ersten Fall ist das Risiko für weitere Kinder unter Berücksichtigung des mütterlichen Alters kaum größer als in der Durchschnittsbevölkerung. Wenn eine solche Mutter etwa zwischen 20 und 30 Jahre alt ist, warum sollte sie nach der sehr seltenen, aber traurigen Erfahrung mit einem zufällig kranken Kind nicht noch die Freude an gesunden eigenen Kindern erleben können? Im zweiten Fall würde das Risiko um 10 Prozent Wahrscheinlichkeit liegen, und im dritten Fall ist jedes weitere Kind belastet zu erwarten. Mit Prozentzahlen des Wiederholungsrisikos von genetischen Störungen ist zunächst noch keinem Ratsuchenden geholfen. Sie erwarten vom Arzt eine für ihre Situation angepaßte Entscheidungshilfe, die sehr viele Gesichtspunkte zu berücksichtigen hat. Ob die Eltern solchen Rat befolgen, bleibt aber wieder ihre eigene Entscheidung.

## Untersuchung des Kleinen im Mutterleib

Wird eine Frau in einem Alter schwanger, das nach Abb. 3.1 ein höheres Risiko für ein Kind mit sich bringt, dann kann sie mit ihrem

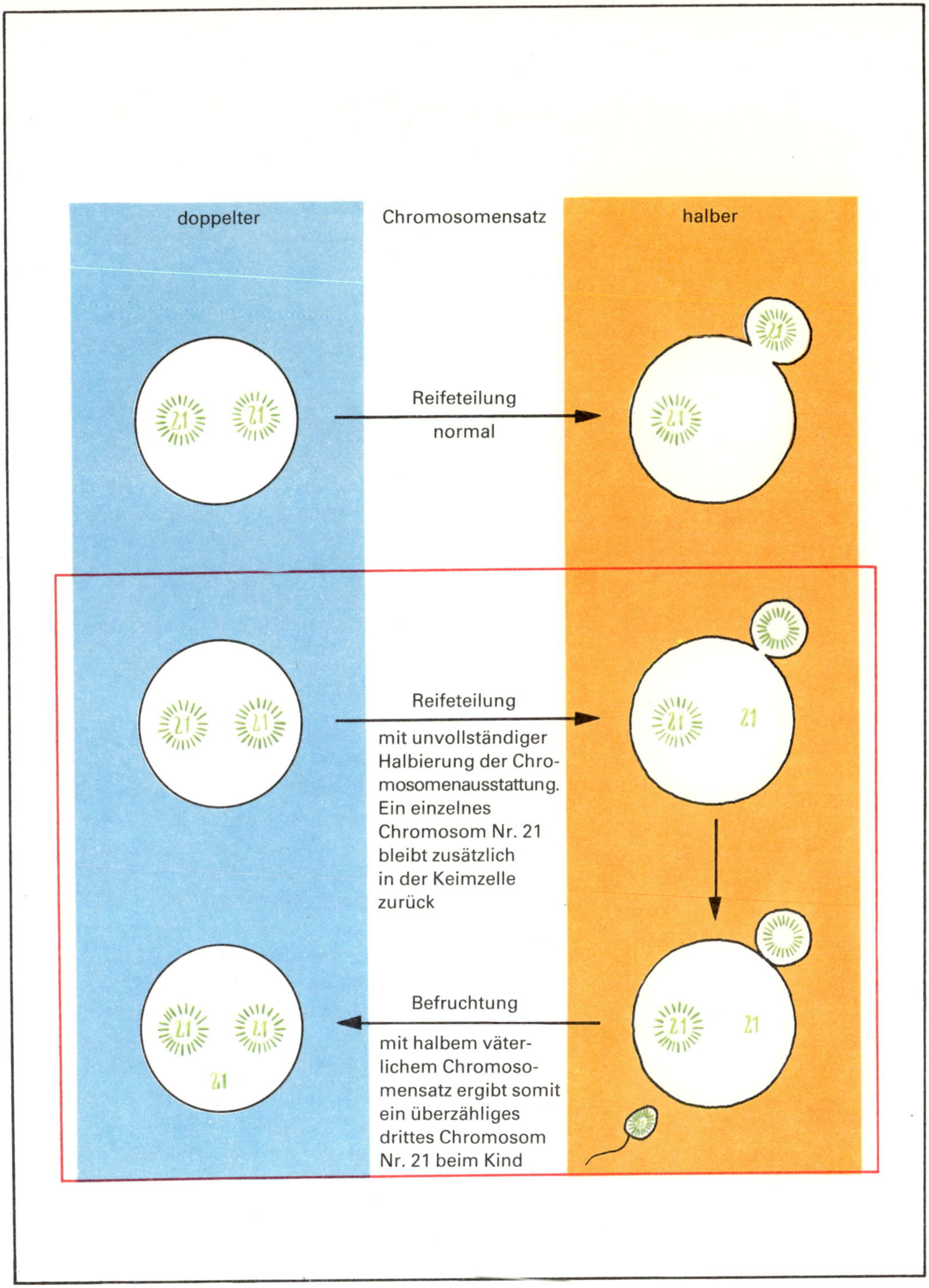


3.2 Chromosomenverteilungsstörung in der Keimzelle, am Beispiel der Downschen Krankheit gezeigt

Frauenarzt die Möglichkeit einer Fruchtwasseruntersuchung besprechen. Er wird ihr die Einrichtung nennen, die solche Untersuchungen durchführen kann. Unter bestimmten Voraussetzungen kann man durch die Bauchdecke hindurch mit einer dünnen Hohlnadel die Fruchtblase erreichen und etwas Flüssigkeit daraus entnehmen. Die darin schwimmenden einzelnen Zellen stammen vom Keimling und nicht von der Mutter. Man kann sie mit Zell-Züchtungsmethoden bearbeiten und auf diese Weise kindliche Chromosomen darstellen. Damit wird die Entscheidung gesundes oder krankes Kind schon zu einem Zeitpunkt möglich (16. bis 18. Woche), wo man im Kankheitsfall gerade noch einen Schwangerschaftsabbruch vornehmen kann. Solche Mutter müßte dann nicht ein unheilbar krankes Kind zur Welt bringen. Andernfalls wüßte sie schon im 5. Monat, daß sie kein so betroffenes Kind zu erwarten hat und kann ihre Schwangerschaft ohne Erwartungsangst austragen. Es ist leicht, sich vorzustellen, wieviel das für eine werdende Mutter bedeuten kann. Es sollte *vor* der Fruchtwasserentnahme und -untersuchung im Beratungsgespräch Klarheit darüber erreicht werden, ob die betroffene Frau auch die eventuellen Konsequenzen wünscht, die sich aus solchen Untersuchungen ergeben. Gibt es doch durchaus unterschiedliche Auffassungen zum Schwangerschaftsabbruch, die voll und ganz geachtet werden. Aber man kann solche Untersuchungen nicht machen, um »mal nachzusehen«; dazu sind die Methoden zu aufwendig und kompliziert. Die beschränkten Untersuchungsmöglichkeiten sollten wirklich den Müttern zugute kommen, die sich daraus ergebenden Rat auch befolgen wollen.

Die am Beispiel der Downschen Krankheit beschriebene Verfahrensweise ist im Prinzip auch für eine Reihe anderer Krankheitsbilder brauchbar. Sie nützt auch für solche, die keine zahlenmäßigen oder strukturellen Chromosomenabweichungen zeigen, aber geschlechtsgebunden vererbt werden, wie etwa die Bluterkrankheit. Hierunter leiden nur Knaben, während Mädchen gesund erscheinen und nur das Erbmerkmal weitergeben können. Das Geschlecht eines zu erwartenden Kindes läßt sich wieder eindeutig aus der Chromosomenanalyse feststellen und damit seine Chance, erheblich behindert zu werden oder relativ gesund zu sein.

## Größere Sicherheit durch Suchtests

Für eine Reihe von genetischen Defekten sind die kankhaften Folgen zu vermeiden, wenn die betroffenen Menschen frühzeitig behandelt werden können. Deshalb werden Suchtests schon bei allen Neugeborenen durchgeführt. Sie schaffen die Voraussetzung, auch diesen Kranken eine weitgehend normale Entwicklung zu ermöglichen und sie in der Gesellschaft eine gleichberechtigte Rolle spielen zu lassen. Damit wird natürlich nicht ihre genetische Information geändert, die sie dann als wohlentwickelte Menschen auch weitergeben können, während sie früher meist vorher starben. So ergibt sich die Frage, ob nun mehr fehlerhafte genetische Informationen in die Bevölkerung hineinkommen, weil die »natürliche Auslese« gestört würde.

## Nehmen genetische Defekte zu?

Durch die straffe und alle Bürger in gleicher Weise erfassende Organisation unseres Gesundheitswesens sowie verfeinerte Erkennungsmethoden werden natürlich mehr Besonderheiten gefunden als früher. Insofern nehmen manche Behindertengruppen scheinbar zu. Ein Teil dieser Patienten wurde eben früher kaum diagnostiziert oder gar erfaßt und systematisch betreut. So konnte die Statistik nicht von ihnen berichten.

Einige genetische Besonderheiten korrigieren sich selbst dadurch, daß die meisten Merkmalsträger unfruchtbar bleiben. Für andere Gendefekte hat man komplizierte Berechnungen angestellt, wonach sich die Häufigkeit bestimmter, ohnehin sehr seltener Erkrankungen nach 80 bis 100 Generationen, also nach 2000 bis 2500 Jahren verdoppeln könnte. Dieser Effekt wäre aber mit zunehmender Einsicht der Betroffenen in die Erbbedingtheit solcher Leiden, entsprechende Partnerwahl und Geburtenregelung mehr als auszugleichen. Überhaupt ist die Furcht vor erheblicher Zunahme genetischer Defekte infolge der Errungenschaften moderner Medizin nie überzeugend begründet worden. Wir dürfen auch bei unserem berechtigten Stolz auf diese neuen Einsichten und Möglichkeiten nicht vergessen, daß ungünstige Genkombinationen immer wieder neu entstehen, selbst wenn bekanntermaßen belastete Menschen keine Nachkommen hätten. Die mögliche Beeinflussung der erblichen Qualität einer Bevölkerung ist in ihrer Bedeutung früher oft überschätzt worden, führte sogar unter dem Begriff »Rassenhygiene« auf schlimme und zutiefst inhumane Abwege, die uns heute im historischen Rückblick als gewisse Tabuierung der ganzen Problematik noch belasten.

Wir besprechen heute die Frage, ob ein Ehepaar auf leibliche Kinder verzichten soll oder nicht, im Interesse der betroffenen Familie und nicht als unkritische, eingebildete »Menschenzüchter«.

### Wenn zu leiblichen Kindern nicht geraten werden kann

Keiner, der vielleicht von einem solchen ärztlichen Rat betroffen wird, sollte das als Einmischung in die persönliche Intimsphäre, als Bevormundung mißverstehen. Die Beachtung dieses Neins erspart solchen Paaren mit hoher Wahrscheinlichkeit viel Kummer mit geschädigten Kindern. Kein Mensch hat sich sein Erbmaterial selbst geformt. Deshalb kann es keine Vorwürfe geben im Sinne einer persönlichen Schuld. Aber auch hier sollte man gemeinsam nach Wegen zu eigener gesunder Familie suchen. Wenn eine Ehe menschlich stabil ist und vielleicht nur der Ehemann eindeutig als Merkmalsträger für einen genetischen Defekt zu diagnostizieren ist, dann kann man die Frage besprechen, ob das Ehepaar eine künstliche Befruchtung mit Sperma eines nach bestem Wissen gesunden Spenders als hilfreich empfinden würde. Auch dieser Weg ist nicht ohne Probleme, würde aber die Möglichkeit einer gesunden Familienbildung eröffnen mit all ihren bereichernden Auswirkungen für die Eltern. Die biologische Seite macht ja nicht allein den Vater aus. Auch die selten gewordene Möglichkeit der Annahme an Kindes Statt könnte beantragt werden (s. Seite 37). Ab und zu gibt es doch noch Kinder, die liebevolle Eltern suchen.

### Wenn eigene Kinder nicht kommen wollen

Über zahlreiche Ursachen der Sterilität hatten wir im 2. Kapitel gesprochen. Dafür kann es auch genetische Gründe geben, die beispielsweise in einer fehlerhaften Anzahl der Geschlechtschromosomen zu finden sind. Hier passieren Sortierfehler bei der Reifeteilung im gleichen Sinne des »Nicht-Trennens«, wie wir das für die Trisomie 21 besprochen haben. Sie können eine Fortpflanzungsfähigkeit völlig ausschließen. Interessierte Ehepaare brauchen dann nicht unnötige Zeit zu verlieren mit ergebnislosem Warten, sondern können gleichartige Überlegungen anstellen, wie im vorangegangenen Abschnitt erwähnt. Deshalb sieht der Gynäkologe und Androloge an geeigneter Stelle seines Untersuchungsprogramms auch eine genetische Beurteilung mit vor, falls er die Möglichkeit dafür organisieren kann.

### Einblick in die genetische Werkstatt

Wenn sich Ei und Samenzellen zu einem neuen Organismus vereinigen, der später einmal Ähnlichkeiten mit seinen Eltern zeigt, dann müssen sie entsprechende Informationen von Mutter und Vater mitgebracht haben. Diese sind gespeichert im Zellkern. Er zeigt im Ruhezustand eine unregelmäßig gefärbte wolkige oder netzartige Struktur (Abb. 3.3). Als die Zusammensetzung dieser anfärbbaren Substanz noch unbekannt war, nannte man sie nach dem griechischen Wort für Farbe Chromatin. Will sich eine Zelle teilen, so ballt sich diese über den ganzen Kern verteilte Substanz zu fadenförmigen Gebilden zusammen, den Chromosomen. Der Mensch besitzt davon in jeder Zelle 46 (Abb. 3.4). Ordnet man sie nach Größe und Form, so ergeben sich 23 Paare, von denen je ein Teil vom Vater und einer von der Mutter stammt (Abb. 3.5). Während des Tei-

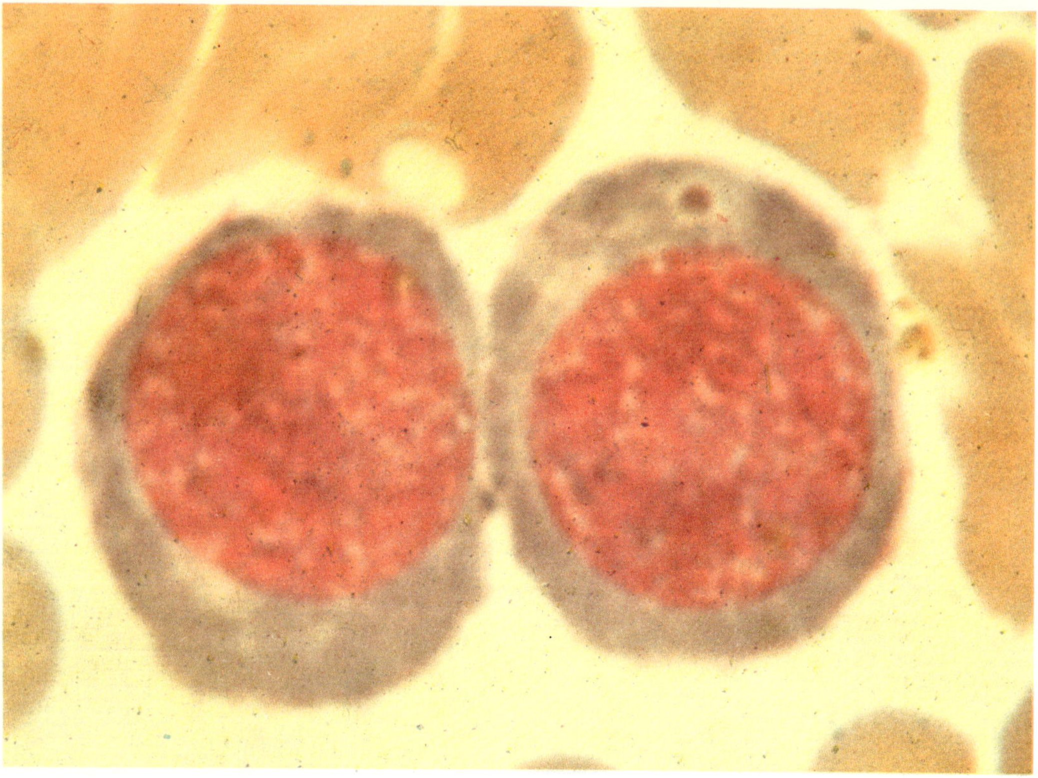

3.3 Blutzelle mit Zellkern im Ruhezustand (etwa 1500fache Vergrößerung)

lungsvorganges ordnen sich alle Chromosomen in der Mittelebene der Zelle an, teilen sich der Länge nach, und je eine Hälfte wird vom sogenannten Spindelapparat wie an dünnen Fäden nach rechts oder links gezogen. Der besseren Übersicht halber ist in der Abb. 3.7 nur 1 Chromosomenpaar im Zellkern anstatt der 23 Paare gezeichnet. Nach dieser Chromosomenteilung schnürt sich der Zelleib durch, und 2 Zellen mit der gleichen Chromosomenausstattung sind das Ergebnis. Bei Beobachtung dieser außerordentlich sorgfältigen Teilung der Chromosomensubstanz im Rahmen der Zellteilung (Mitose) überzeugte man sich sehr bald, daß in ihr die Information enthalten sein muß, die von einer Zelle an die andere weitergegeben wird. Die Chromosomenzahl bleibt so auch immer gleich.

## Reifeteilung der Keimzellen

Hier liegen die Verhältnisse anders: Würde zur Befruchtung jede elterliche Keimzelle ebenfalls 46 Chromosomen mitbringen, dann ergäbe das in jeder Zelle beim Kind die doppelte, bei den Enkeln die vierfache Anzahl usw. Das ist also nicht möglich. Deshalb machen männliche wie weibliche Keimzellen während der Entwicklung stets eine Reifeteilung (Meiose) durch, bei der eine Längsteilung (Verdoppelung) der Chromosomen unterbleibt und nur die vorhandenen Chromosomenpaare getrennt werden. So verbleibt dann in der Keimzelle von jedem Chromosomenpaar der Nummern 1 bis 23 nur je 1 Partner, also die halbe Ausstattung (Abb. 3.6). Welche Partner der 23 Chromosomenpaare durch die Reifeteilung der einen oder anderen Keimzelle zugeteilt werden, mit anderen Worten, welche Eigenschaften das Kind von Mutter oder Vater

3.5 Die Chromosomen einer männlichen Person mit spezieller Bänderfärbung, für genauere Untersuchung vorbereitet und geordnet

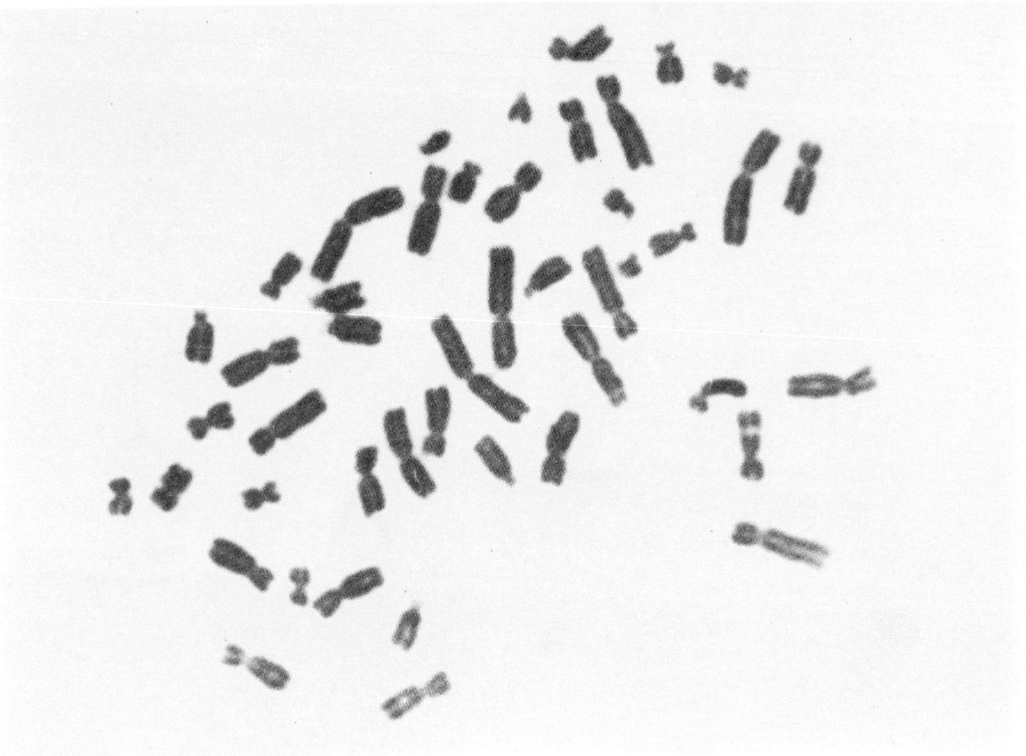

3.4 Die Chromosomen aus einer menschlichen Lymphzelle (etwa 3000fache Vergrößerung)

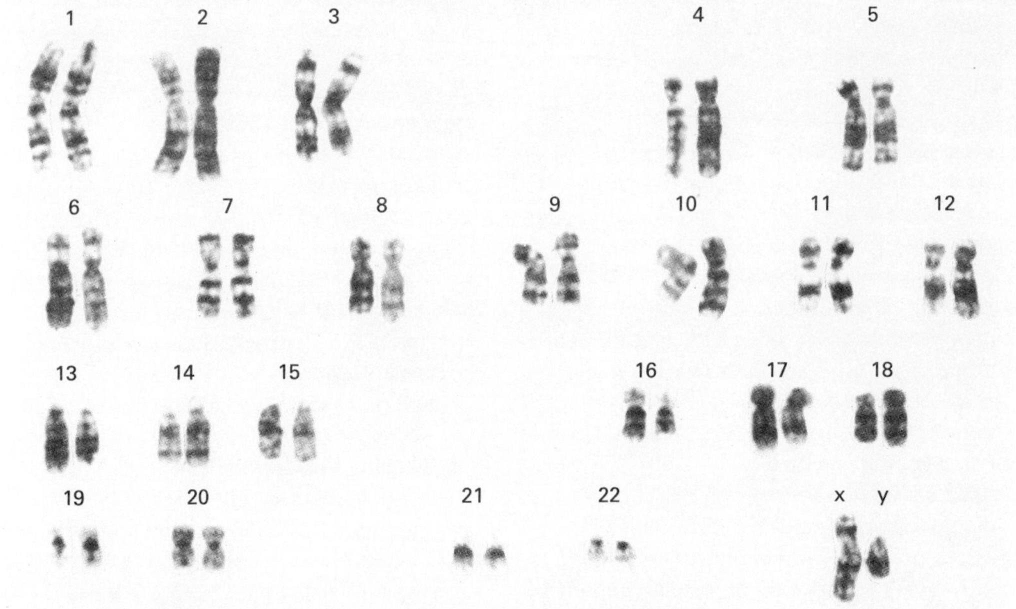

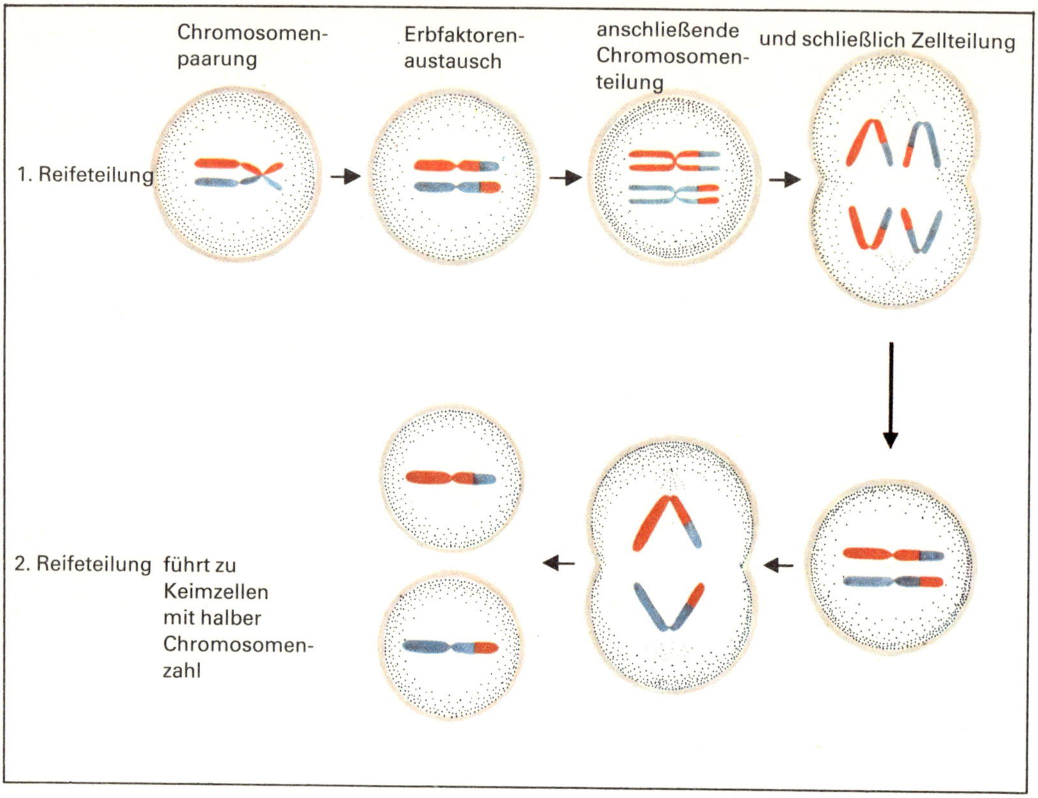


3.6 Reifeteilung der Keimzellen

erbt, scheint weitgehend eine Sache des Zufalls zu sein. Dies erklärt die häufig erstaunlichen Unterschiede bei verschiedenen Kindern des gleichen Elternpaares.

Vor dieser Reduktionsteilung, die eigentlich als zweite Reifeteilung abläuft, lagern sich in einer ersten Reifeteilung die zusammengehörigen Chromosomen eines Paares so dicht aneinander, daß es zu einem Austausch von Teilen, das heißt also von Erbfaktoren zwischen ihnen kommt (Abb. 3.6). Durch solche »Überkreuzung« werden sogar innerhalb des einzelnen Chromosoms die Erbinformationen neu kombiniert. Anschließend verdoppeln sich die neu kombinierten Chromosomen noch wie bei einer regulären Zellteilung.

Durch diese komplizierten Mischungs- und Kombinationsvorgänge bei Reifeteilungen und Befruchtung wird dem neu entstehenden Menschen nicht nur das Erbgut seiner direkten Eltern mitgegeben, sondern eine Auswahl aus einer unendlich langen Ahnenreihe in immer wieder neuen Zusammenstellungen. Das heißt auch mit immer wieder neuen Entwicklungsmöglichkeiten. Nur aus dieser weiten Sicht werden manche Fragen und Überlegungen in der genetischen Familienberatung verständlich. Und aus dieser weiten Sicht wird auch unsere Verantwortung deutlich, die wir gewissermaßen als gegenwärtige genetische Treuhandverwalter nicht nur gegenüber unseren unmittelbaren Kindern haben, sondern wiederum gegenüber einer unendlich langen Nachkommenreihe in der Zukunft. Das führt dann weit über genetische Familienberatung hinaus und wird immer nachdrücklicher ein Aufruf zur verantwortungsbewußten Unduldsamkeit gegen genetisch gefährdende Umweltverschmutzung, wie sie durch moderne Technologien vom Umgang mit der Radioaktivität bis zu entsprechend wirksamen chemischen Substanzen unseren Alltag nicht nur zunehmend bereichern, sondern auch gefährden können. Der Bogen spannt sich weit – vom Medikament bis zur Nuklearwaffe – dazwischen liegt vieles, was wir noch nicht kennen. Die letzten Jahre

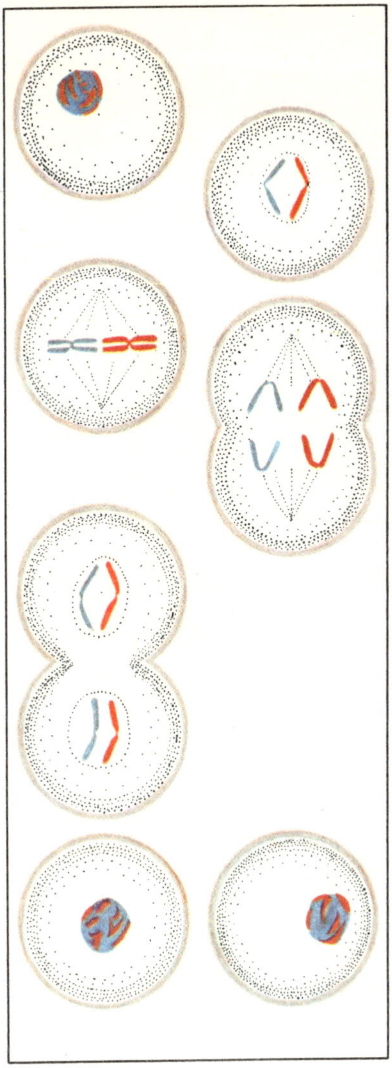

3.7 Die sorgfältige Teilung der Chromosomensubstanz im Rahmen einer normalen Zellteilung

haben jedenfalls immer wieder neue wissenschaftliche Überraschungen gebracht, die zur Vorsicht mahnen.

## Was sind Erbanlagen?

Trotz Kenntnis der beschriebenen Chromosomenteilung blieben natürlich noch viele Probleme ungelöst. Schon jedes noch so einfach gebaute Lebewesen wie Bakterien oder Viren trägt Tausende von Erbmerkmalen in sich. Wenn nur 46 Chromosomen die ganze Erbinformation des menschlichen Körpers von einer Zelle zur anderen tragen, muß bereits jedes einzelne Chromosom für sehr viele Anlagen verantwortlich sein. So kam man zu der Überzeugung, daß die Chromosomen nicht einheitliche Körper sind, sondern eher den aufgefädelten Perlen einer Kette entsprechen müssen, von denen tatsächlich viele Tausende auf einem Chromosom vorhanden sind. Diese wurden nun als eigentliche Träger der Erbinformation angesehen. Man nannte sie Gene, und die Wissenschaft von der Vererbung hieß von da an Genetik. Die einzelnen Gene konnte man zunächst natürlich nicht sehen, sondern nur formal annehmen nach dem Merkmal, das sie zur Ausbildung brachten. Es ergaben sich daraus schon sehr viele Einsichten in die Vererbungsgesetze; aber wie die biologische Information von Zelle zu Zelle und auch innerhalb einer Zelle vor sich geht, blieb lange ein Rätsel, bis intensive Arbeit vieler Forscher zu aufregenden Ergebnissen führte.

## Eine Geheimschrift der Natur wurde entdeckt

In der **D**esoxyribo**n**uklein**s**äure (DNS) fand man den Schlüssel für die Weitergabe lebendiger Information in all ihrer Vielfalt. Der Nordamerikaner Watson und der Engländer Crick waren die ersten, die zu dieser Erkenntnis kamen. Sie arbeiteten so lange an einem großen Modell des DNS-Moleküls, bis sie alle seinerzeit zusammengetragenen naturwissenschaftlichen Kenntnisse darin berücksichtigt hatten. 1953 gelang ihnen der große Wurf, den Bau des DNS-Moleküls aufzuklären. Damit gewann man zum ersten Mal klare Vorstellungen über die materiellen Grundlagen der Vererbung und ein tieferes Verständnis für die Fortpflanzung.

Die langen DNS-Moleküle in jeder Zelle enthalten in chemisch verschlüsselter Form Milliarden von Kombinations- und damit Informationsmöglichkeiten wie ein Morsealphabet des Lebens. Man hat geschätzt, daß der ganze Bauplan unseres Organismus in etwa 7 Millionen Genen ausgedrückt wird. Dabei wiegt die gesamte DNS-Botschaft einer menschlichen Spermazelle nach Muller 3,1 billionstel Gramm. Wir lernten daraus auch verstehen, daß Mißbildungen und Erbkrankheiten (oder besser genetische Defekte) verstümmelte DNS-Botschaften sind, auch daß die Natur für manche Schäden über erstaunliche Reparaturmechanismen verfügt. Man kann dabei sogar verschiedene Methoden unterscheiden, wie wir sie vergleichsweise in der Technik anwenden: Entweder eine ganze Baugruppe wird entfernt und durch eine neue normal funktionierende ersetzt, oder der Defekt wird bis zum entscheidenden einzelnen Schräubchen gesucht und repariert. Glückt das nicht, so bleibt die Information verändert.

Mutation nennt man das dann. Je nachdem, welche Bedeutung diese Stelle hatte, kann die Wirkung der Mutation unterschiedlich sein. Sie kann unbemerkt bleiben oder etwas Unbedeutendes bewirken, wie etwa eine kleine Stupsnase oder einen grünen Fleck in der blauen Regenbogenhaut des Auges. Manchmal sind aber mehr oder weniger ausgeprägte Fehlleistungen in Bau und Funktion des Organismus die Folge, wie wir einige als genetische Defekte erwähnt haben.

Es wäre auch vorstellbar, daß genetische Veränderungen im Sinne einer Mutation zu Verbesserungen führen könnten. Veränderung müßte doch nicht unbedingt Verschlechterung heißen! Aber die hochentwickelte Erbinformation in unseren Körper- und Keimzellen hat etwa 3 Milliarden Jahre gebraucht – so lange gibt es Leben auf unserer Erde –, bis sie ihre heutige Menschenstruktur erreichte. Wird sie von radioaktiver Strahlung oder von chemischen Zellgiften getroffen und verändert, dann kann das nur Nachteile in diesem extrem komplizierten Aufbau bringen.

Durch solche Eingriffe Verbesserungen zu erwarten, wäre noch unwahrscheinlicher, als daß schöne Gedichte durch Druckfehler noch schöner würden.

Vielleicht waren Ihnen manche biologischen Begriffe schon vertraut. In diesem Zusammenhang möchte Ihnen der Blick in die genetische Werkstatt helfen, hinter den biologischen Strukturen die Freuden und Sorgen, Bedürfnisse und Ansprüche gesunder und kranker Menschen zu sehen. Gesunde mit schaffenskräftigen Händen und Köpfen, Behinderte, die vieles nicht können und deshalb mehr Hilfen brauchen als andere, um ihre begrenzten Entwicklungsmöglichkeiten zu verwirklichen und nicht auf eine »Schattenseite des Lebens« zu geraten. Dies würde ihnen zusätzlich zum genetischen Defekt noch ein soziales und seelisches Mangelmilieu bescheren, das die Entwicklungsmöglichkeiten dann als Umweltschaden noch zusätzlich einschränkt. Genetische Beratung wird so zu einem neuen Eckpfeiler der vorbeugenden Medizin.

# Kapitel 4

# Von der Eizelle zum Neugeborenen

## Ein neuer Anfang

Irgendwann ist es so weit. Ein mehr oder weniger langer Weg des Kennenlernens und Liebens, der Sehnsucht nach Partnerschaft und Geborgenheit, des verständnisvollen zärtlichen Herantastens an menschliche Gemeinsamkeit und Bindung hat schließlich die Grenzen zwischen Du und Ich verschwimmen lassen. Gleichsam ein neuer Organismus ist entstanden: ein Paar. Diese Gemeinsamkeit auch im eigenen Kind ausgedrückt zu sehen, wird dann zu einem Höhepunkt im Leben. Daß der Weg dorthin nicht immer einfach ist, welche Tücken, Hindernisse und Probleme sich mitunter dabei zeigen, haben wir in den ersten Kapiteln angedeutet. Wer in dieser Weise seine eigene Liebesgeschichte wie das Vorspiel zu einem neuen Menschen erlebt hat, der möchte in die verborgene kleine Welt im eigenen Leib hineinblikken, daran Anteil nehmen, sie bewundern. Viele Eltern haben mir erzählt, wie sie nach Bildern in ihrer Hausbibliothek suchten, – allerdings meist nur einfache Strichzeichnungen fanden – und sich danach vorzustellen suchten, wie das jüngste Familienmitglied zur Zeit wohl etwa aussehen würde. Sie sahen darin nicht biologische Sachinformation, sondern die ersten Seiten einer Bildgeschichte ihres Kindes. Wir haben Ihnen deshalb diese Geschichte mit Pinsel und Kamera dargestellt, und sicher werden Sie später die Reportage mit Ihrem eigenen Tagebuch und Fotoalbum fortsetzen.

Abb. 4.1 beschreibt uns den Aufstieg der ungezählten Spermien. Zwischen den um die Zeit des Eisprungs locker liegenden langkettigen Schleimmolekülen arbeiten sie sich durch den Muttermundkanal nach oben. Mit ihren langen Ruderschwänzen schwimmen sie gegen den Flüssigkeitsstrom, der ständig als dünner Feuchtigkeitsfilm von den Eileiterenden nach abwärts fließt. Aus eigener Kraft kommen sie pro Minute 2 mm voran.

Auf ihrer langen Wanderung durch Gebärmutter und Eileiter geht der größte Teil der Spermien zugrunde. Millionen von ihnen sind schon im Säuregehalt der Scheide umgekommen, ehe sie den gastlicheren Muttermundkanal erreichten. Weitere Schwärme gelangen in den Eileiter, in dem vielleicht gerade kein Ei wartet. Andere schwimmen auf das richtige Ziel zu. Im Eileitersekret finden sie günstige Bedingungen, in denen sie bis zu 48 Stunden befruchtungsfähig bleiben können. Ja, Spermien brauchen diese Bedingungen sogar, um überhaupt befruchtungsfähig zu werden. Diese Befähigung (Capacitation) bedeutet, daß vorn am Spermienkopf Lösungsmittel in Form von Enzymen frei werden, welche die Eihülle aufweichen und das Hineinschlüpfen des Spermium ermöglichen (Abb. 4.4). Ohne diese Enzymbildung kann die Eihülle nicht durchdrungen werden. Ohne Eihülle dagegen könnten sogar artfremde Spermien befruchten. Das zu verhindern, dürfte ein biologischer Sinn dieser genau abgestimmten biochemischen Sicherung sein.

Abb. 4.2. Von der mütterlichen Seite her war ein Eibläschen reif geworden. Der Eileiter hatte sich mit seiner weit gefächerten Trichteröffnung darüber eingestellt und die Eizelle aufgefangen. Genaugenommen ist es noch gar keine Eizelle, sondern eine eiproduzierende

Zelle, ein Vorei. Sie muß erst noch ihre zweite Reifeteilung (s. S. 46) durchmachen. Dabei teilt sie sich nicht in gleiche Hälften, sondern zweigt ihren halben Chromosomensatz nur in einem kleinen Kügelchen, dem sogenannten Polkörperchen, ab (Abb. 4.3), was dann weiter keine Rolle spielt. So bleiben die wertvollen Nährstoffvorräte ungeteilt erhalten, die für die ersten Tage der Keimentwicklung nötig sind und die Eizelle so groß machen wie keine andere Zelle in unserem Körper. Der halbe mütterliche Chromosomensatz wird bei der Befruchtung durch den halben väterlichen Chromosomensatz wieder ergänzt in der nunmehr ersten Körperzelle eines neuen Menschenkeims (Abb. 4.6).

**Bis zur Einnistung**

Die Vereinigung von Ei- und Samenzelle geschieht im oberen Teil des Eileiters. Nun beginnt mit erstaunlicher Präzision und enormer Geschwindigkeit eine Entwicklung, die wir wenigstens in ganz groben Zügen verfolgen wollen. Während die winzige Zellkugel durch Bewegungen des Eileiters und den zarten Feuchtigkeitsstrom in Richtung Gebärmutter transportiert wird, beginnt sie sich in mehr und mehr Zellen zu unterteilen, erst 2, dann 4, 8, 16, 32 usw., ohne daß sie dabei zunächst größer wird (Abb. 4.2). Alles spielt sich noch in der gelb gezeichneten, zähen Schutzhülle (Zona pellucida) ab, die unter anderem auch

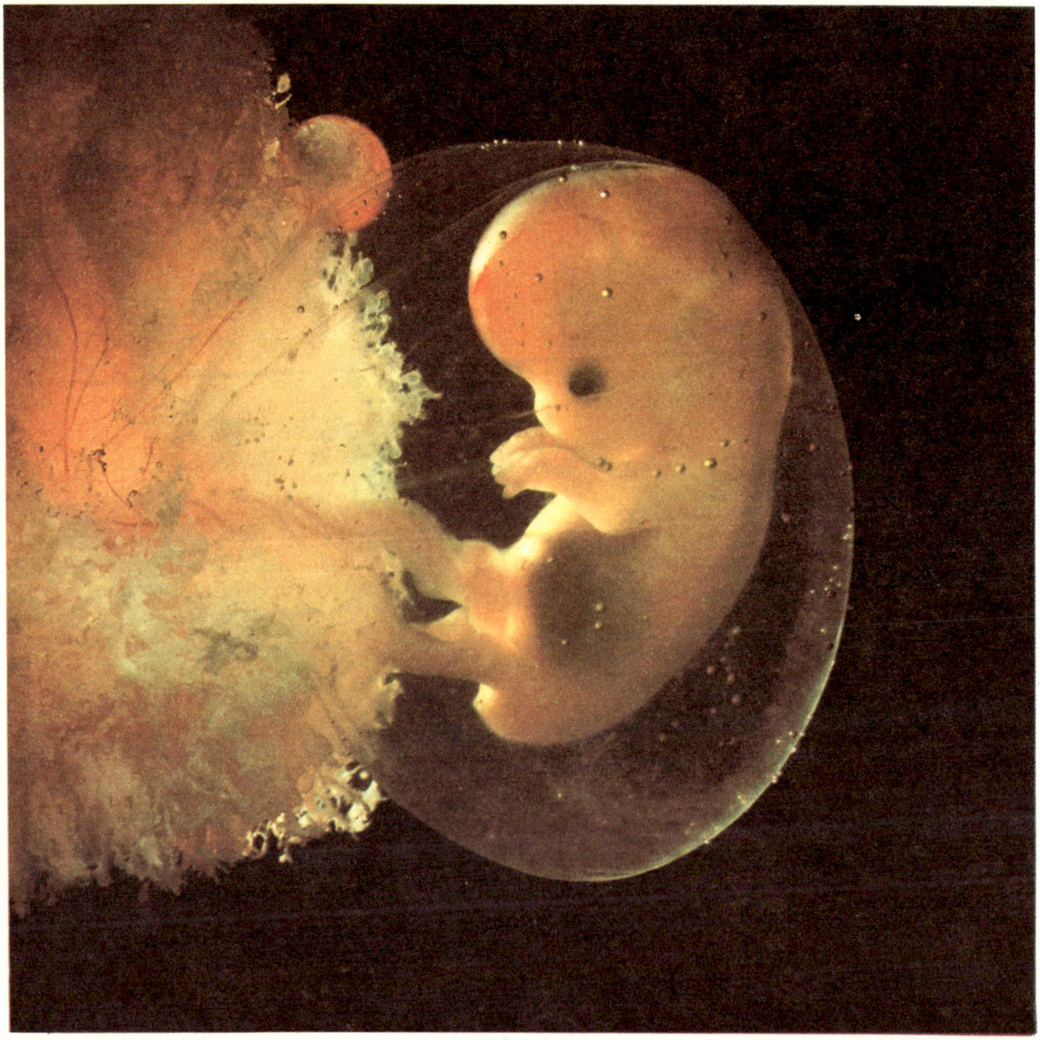

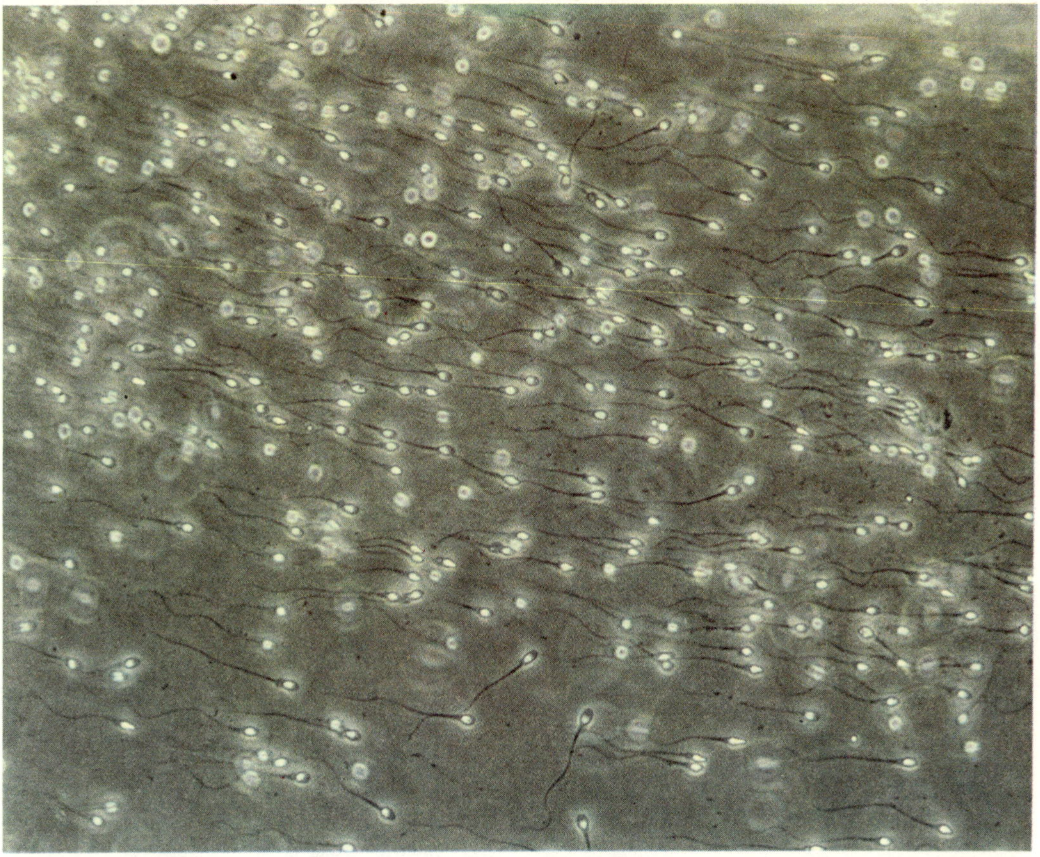

4.1 Spermien auf der Wanderung

eine vorzeitige Einnistung an falscher Stelle verhindert. Schon bald aber wird deutlich, daß die zunehmende Unterteilung in immer kleiner werdende Zellen auch schon eine Spezialisierung zum Ziel hat. In dem scheinbar ungeordneten Zellhaufen, seiner Form nach an eine Himbeere oder Maulbeere erinnernd (Maulbeerstadium, Abb. 4.10), sind schon die nächsten Aufgaben verteilt. Dazu gehört vor allem die Bildung eines leistungsfähigen Versorgungsorgans, um den rasch wachsenden Bedarf an Bau- und Energiestoffen decken zu können. Während durch Hohlraumbildung ein Keimbläschen entsteht (Abb. 4.11), übernehmen die äußeren – grün gezeichneten – Zellen die Aufgabe, das Versorgungsorgan (später Plazenta) herzustellen. Nur aus dem orange gezeichneten Zellgrüppchen wird der Keimling (Embryo) mit seinen Schutzhüllen. Gegen Ende der 1. Woche ist es dann soweit, daß er sich einnisten könnte. Zu diesem Zeitraum hat er auch die Gebärmutterhöhle erreicht, und dort ist gerade jetzt die Schleimhaut optimal für die Aufnahme des Keimlings vorbereitet, schön durchsaftet und nährstoffreich. Das Versorgungsorgan vervollkommnet sich, daut die Schleimhautoberfläche an, bildet erst andeutungsweise Fortsätze, die sich schließlich wie kleine Wurzeln (Zotten, Abb. 4.13) in die Tiefe senken, Anschluß an mütterliche Bluträume gewinnen und den Keimling verankern. Das wurde schon höchste Zeit, denn der Nahrungs- und Sauerstoffbedarf wächst rasch, und die Stoffwechselschlacken müssen abtransportiert werden. Aber damit nicht genug.

## Gefahren müssen abgewendet werden

In wenigen Tagen würde der Gelbkörper degenerieren. Kurz danach würde die gesamte Gebärmutterschleimhaut mit der nächsten Regel-

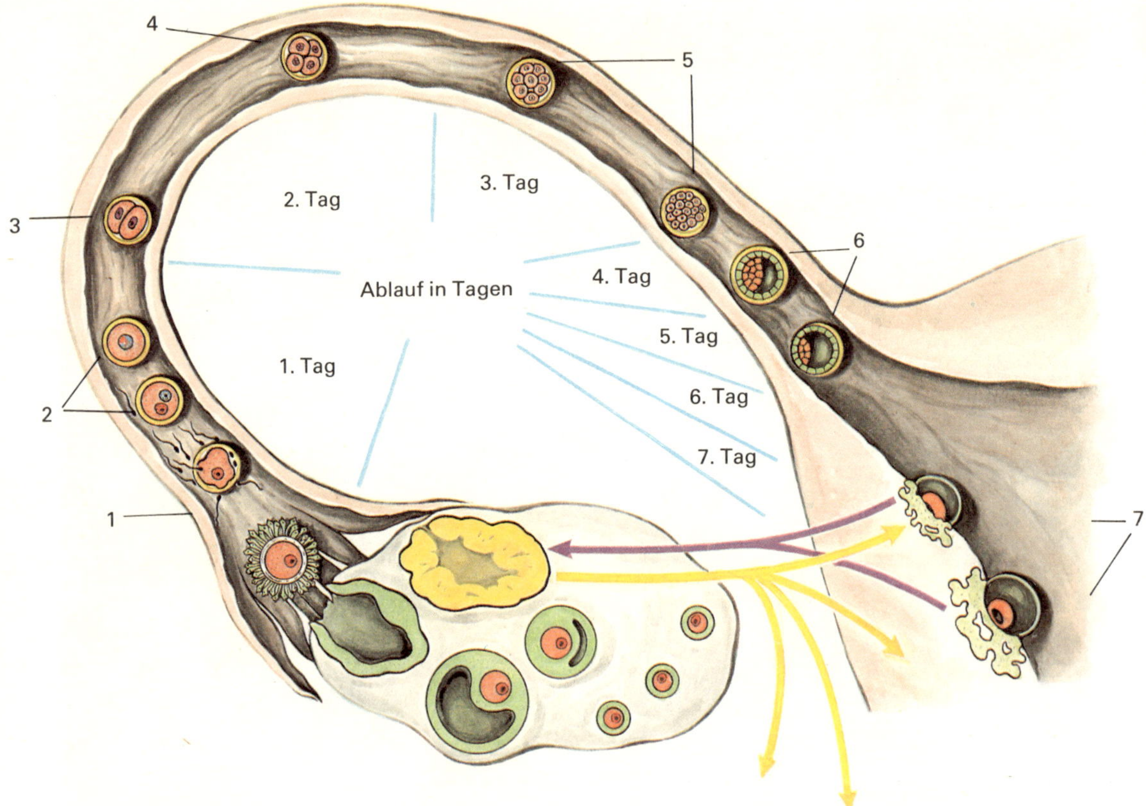


4.2 Der Weg vom Eisprung bis zur Einnistung
1 Befruchtung innerhalb 12 bis 18 Stunden und 2. Reifeteilung, 2 Kernverschmelzung, Befruchtung abgeschlossen, 3 2-Zellen-Stadium, 4 4-Zellen-Stadium, 5 Maulbeerstadium, 6 Keimbläschen, 7 Einnistung, 8 Brustdrüsenwachstum; Blockierung weiterer Eireifungen

blutung abgestoßen. Das wäre also ein sehr unsicheres, ja geradezu lebensgefährliches Bett für das Ei, wenn es nicht schnell chemische Boten (das Hormon Choriongonadotropin) produzieren und über den Blutweg auf Reisen schicken würde (Abb. 4.2). Damit veranlaßt es im Eierstock, daß der Gelbkörper nicht zugrunde geht. Er wird nach dieser Information sogar größer als sonst und produziert noch mehr Gelbkörperhormon. Das wiederum fördert Wachstum und Erhaltung des Eibettes. Es kann also nicht zum Abstoßen mit Regelblutung kommen. Auch das Wachstum der Brustdrüsen wird von ihm angeregt, was später als gewisse Spannung in der Brust bemerkt wird. Schließlich blockiert er über Zwischenhirn und Hirnanhangdrüse die Eierstöcke. So können nicht weitere Eibläschen reif werden, und die Gebärmuttermuskulatur wird locker und ruhiggestellt.

Das Keimbläschen mit seiner Versorgungseinrichtung mißt noch nicht einmal 0,5 mm im Durchmesser. Sein »Bewohner« ist nur mikroskopisch als winzige Scheibe erkennbar. Aber er schaltet schon am Organismus seiner Mutter herum und beginnt, sie auf sich und seine Bedürfnisse einzustellen, obwohl sie noch gar nichts von ihm spürt.

## Bis der 1. Monat zu Ende geht

Die erwähnte Keimscheibe entsteht aus dem orange dargestellten Zellhäufchen. Sie gliedert sich (Abb. 4.13) in ein – rot abgebildetes – äußeres Keimblatt an der künftigen Rückenseite des Kindes und ein – gelb gemaltes – inneres Keimblatt an der künftigen Bauchseite. Wenig später schiebt sich – blau gezeichnet – noch ein mittleres Keimblatt dazwischen. Aus jedem dieser Keimblätter gehen in der weiteren Ent-

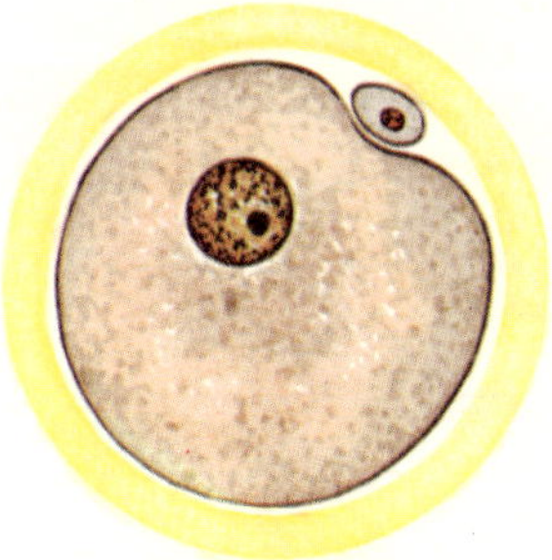

4.3 Erste Reifeteilung

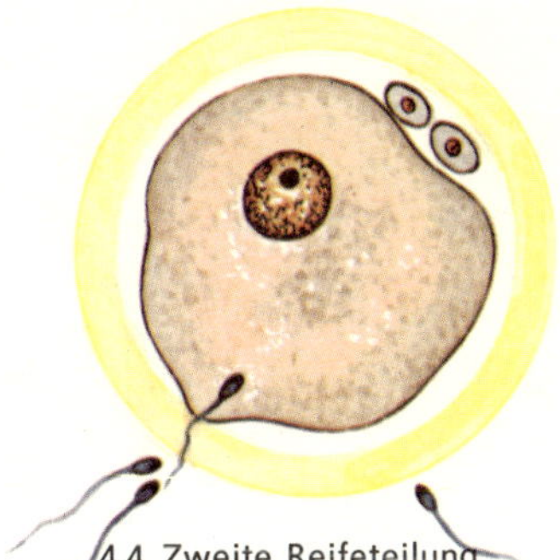

4.4 Zweite Reifeteilung während der Befruchtung

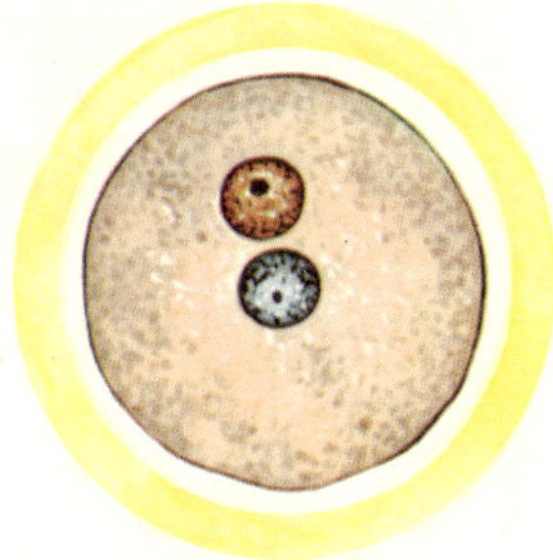

4.5 Mütterlicher und väterlicher Vorkern verschmelzen ...

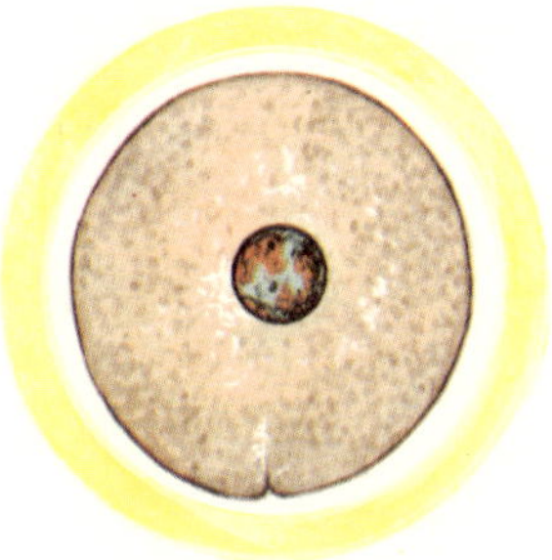

4.6 ... und ergeben damit die erste Zelle eines neuen Menschenkeims

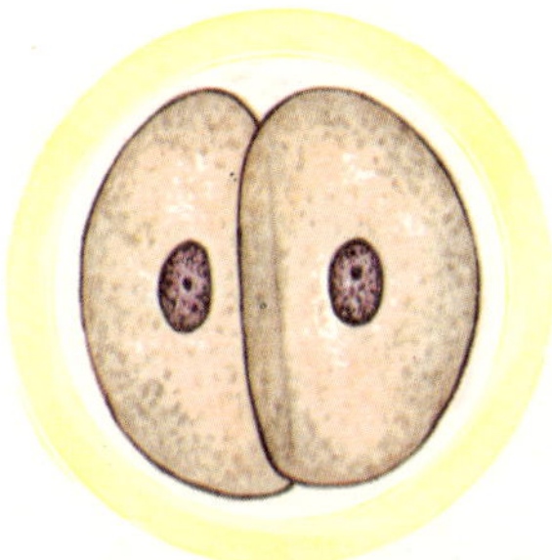

4.7 Zwei-Zellen-Stadium

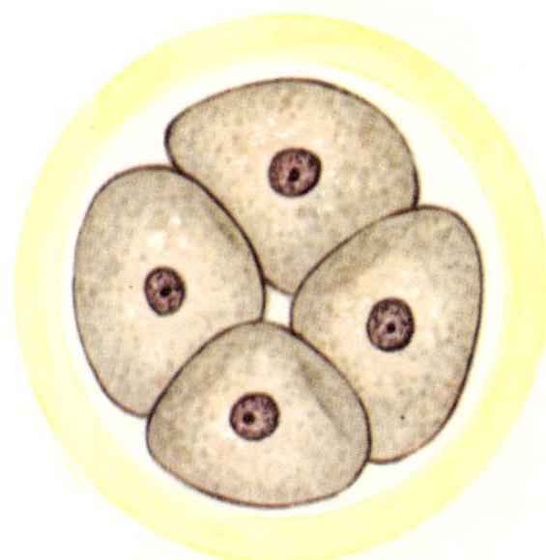

4.8 Vier-Zellen-Stadium

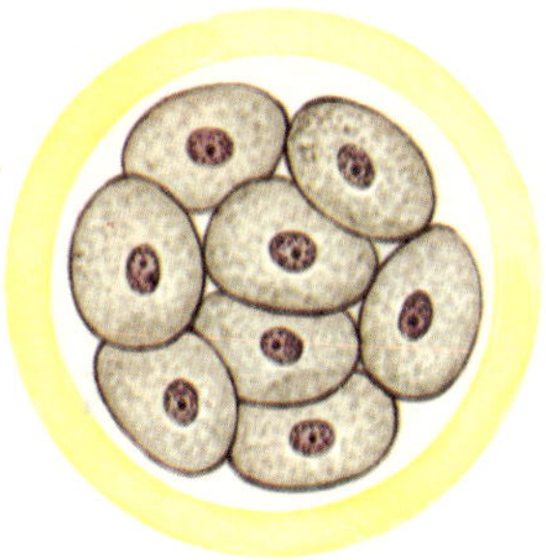

4.9 Acht-Zellen-Stadium

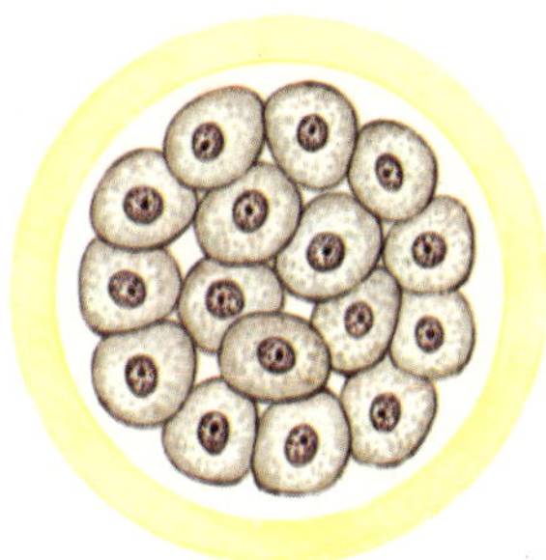

4.10 Maulbeerstadium

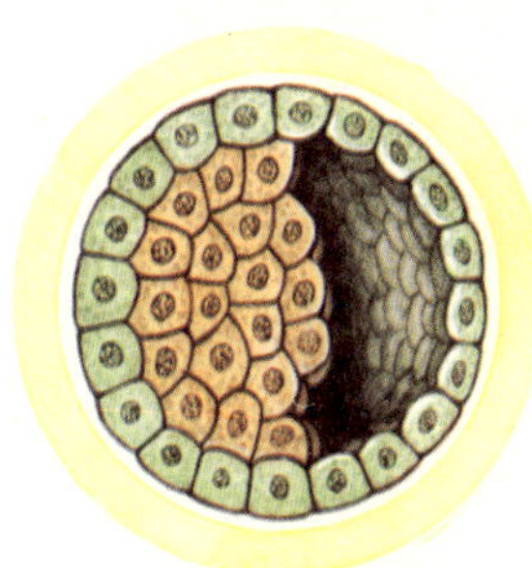

4.11 Das Keimbläschen entsteht

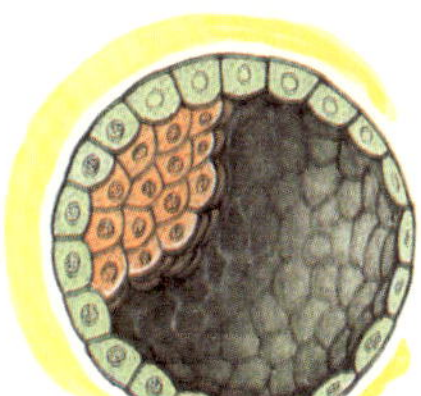

4.12 Die Schutzhülle löst sich auf

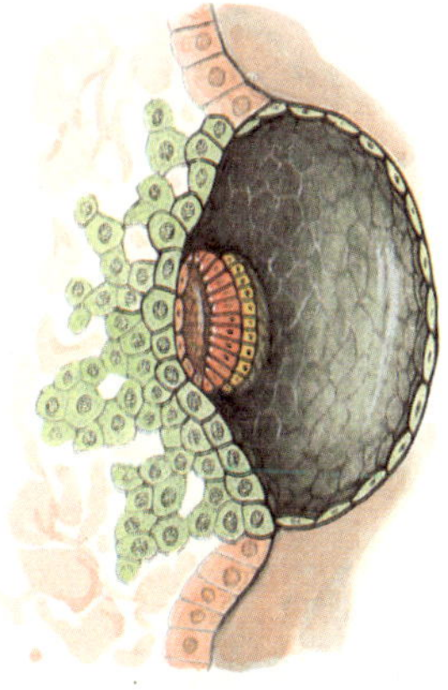

4.13 Äußeres und inneres Keimblatt

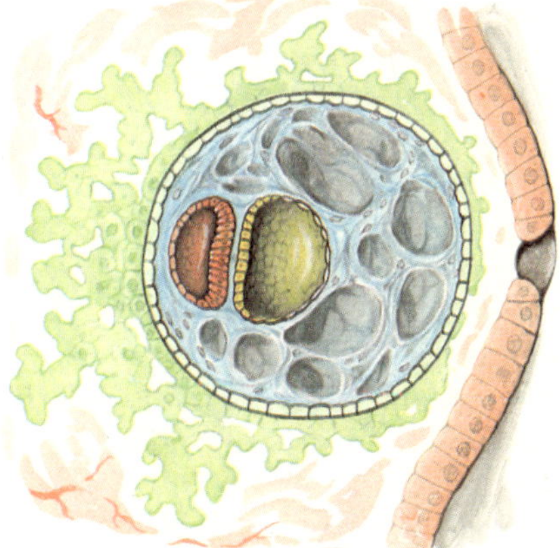

4.14 Zehn Tage alt

4.15 Haftstiel

4.16 Etwa drei Wochen alt

wicklung des Organismus ganz bestimmte Gewebe und Organe hervor.

In Abb. 4.14 sind von den Scheibenrändern her die Schichten weiter gewachsen, bis geschlossene, flüssigkeitsgefüllte Hohlräume entstanden: gelb der Dottersack, rot die Amnionhöhle, die Innenauskleidung der künftigen Fruchtblase.

Durch unterschiedlich schnelles Wachstum in einzelnen Gewebspartien entstehen die verschiedensten Krümmungen des kleinen Körpers. Er löst sich von der Wand so weit ab, daß er schließlich nur noch durch den Haftstiel mit ihr verbunden bleibt. Daraus wird später die Nabelschnur (Abb. 4.15). Bis zum Ende der 4. Woche hat sich ein Körperchen entwickelt, an dem man schon Kopf, Rumpf und Nabelschnur ahnen kann. Aus dem inneren Keimblatt hat sich ein einfacher Darmkanal gebildet, der an seinen Enden Ein- und Ausgangsöffnungen bekommt (Abb. 4.16). Die Hohlraumverbindung zum Dottersack wird geschlossen. In seiner Wand werden die ersten Blutkörperchen gebildet. Ein einfaches Blutgefäßsystem nimmt sie auf, und Anfang der 4. Woche beginnen die Zellen der noch primitiven Herzanlage zu pulsieren, zuerst jede für sich. Bald kommen sie auf einen gemeinsamen Rhythmus: Das Herz fängt an zu schlagen. Genau zum notwendigen Zeitpunkt, denn es genügt nun nicht mehr, daß Nährstoffe und Ausscheidungen nur in Form der selbsttätigen Vermischung (Diffusion) zwischen Plazenta und Keimling hin- und herwandern. Ein Blutkreislauf schafft viel mehr und darf das ganze Leben lang nicht wieder aus dem Takt kommen.

Der Keimling ist zwischen 3 bis 4 mm lang geworden und zart wie Gelee. Nur mit Mühe sind Einzelheiten seiner Struktur zu erkennen, weshalb wir diese Entwicklung in Zeichnungen verdeutlicht haben. Wenn man das winzige Herz mit der Körperlänge vergleicht, so ist es jetzt etwa neunmal so groß wie beim Erwachsenen. Deshalb führt es zu einer verhältnismäßig großen Vorwölbung im Brustbereich. Liegt doch der weitaus größte Teil des zu versorgenden Blutgefäßnetzes außerhalb des kleinen Körpers in der Plazenta, dem Umschlagplatz für Energie-, Bau- und Abfallstoffe. Genauso stürmisch entwickelt sich das Zentralnervensystem und führt zu mächtiger Vergrößerung des Keimlings in der Kopfregion. Es muß ja als Gehirn und Rückenmark rechtzeitig funktionstüchtig sein, wenn in dem immer differenzierter werdenden Organismus viele Vorgänge aufeinander abgestimmt, gesteuert und geregelt werden sollen (Abb. 4.17).

Endlos ließen sich interessante Einzelheiten von diesem eindrucksvollen Geschehen berichten. Aber denken wir erst einmal an die Mutter, die ihre Schwangerschaft nun ahnt, vielleicht wünscht und hofft oder auch bangt. Wie es auch sei, sie möchte Gewißheit haben. Der Frauenarzt versteht die diskreten ersten Signale des Kleinen zu lesen, der sich da anmelden will. Er kann sogar dessen »eigene Handschrift« nutzen. Der oben erwähnte Informationsstoff, das Hormon Choriongonadotropin, aus der kleinen Plazenta wird nämlich auch im Urin der Mutter ausgeschieden und kann dort als Schwangerschaftstest Auskunft über seinen Urheber geben. Frühestens 2 Wochen nach der ausgebliebenen Regel wird der Test positiv, also beim 4 Wochen alten Keimling, wie wir ihn gerade kennenlernten.

## Im 2. Monat

Jetzt entstehen Formen, die Ihnen schon vertrauter werden. Abb. 4.18 zeigt einen etwa 6 Wochen alten Keimling. Aus kleinen Arm- und Beinknospen, die sich aus der Körperoberfläche vorwölben, wachsen deutlich erkennbar, wenn auch zunächst recht plump geformte Glieder hervor. Aus Falten und Wülsten am

4.17 Vier Wochen alter Keimling
1 Nervensystem, 2 Herzanlage, 3 Darmanlage, 4 Kloake, 5 spätere Harnblase, 6 Dottersack

Kopfende bildet sich allmählich ein menschliches Gesicht heraus. Alles fügt sich nach perfekten Organisationsgesetzen zusammen. Jede Zellart muß zur rechten Zeit am rechten Ort erscheinen. Dazu genügt nicht allein die genetische Information aus der DNS, die wir im 3. Kapitel kennengelernt haben. Die Zellen und Gewebe beeinflussen sich gegenseitig (Organisatoreffekt). So werden Zellen gleicher Art zusammengehalten, und unterschiedliche Gewebe wirken aufeinander ein, daß ein sinnvolles Ganzes entsteht.

4.18 Etwa sechs Wochen alt

Abb. 4.19 zeigt einen 8 Wochen alten Keimling in seinen Hüllen. Mit Tausenden von kleinen Zotten ist er in der Gebärmutter verwurzelt. Sie schaffen ihm die große Kontaktfläche, die für den Stoffaustausch zwischen Mutter und Kind nötig ist. An ihrer Außenseite werden sie vom sauerstoff- und nährstoffreichen mütterlichen Blut umspült. In ihrem Inneren verlaufen dichte Netze feinster Blutgefäße des Embryos. Durch die trennende Grenzschicht nehmen sie das auf, was gebraucht wird, und geben das ab, was ausgeschieden werden muß, die späteren Funktionen von Lungen, Darm, Leber, Nieren usw. in einem einzigen Organ.

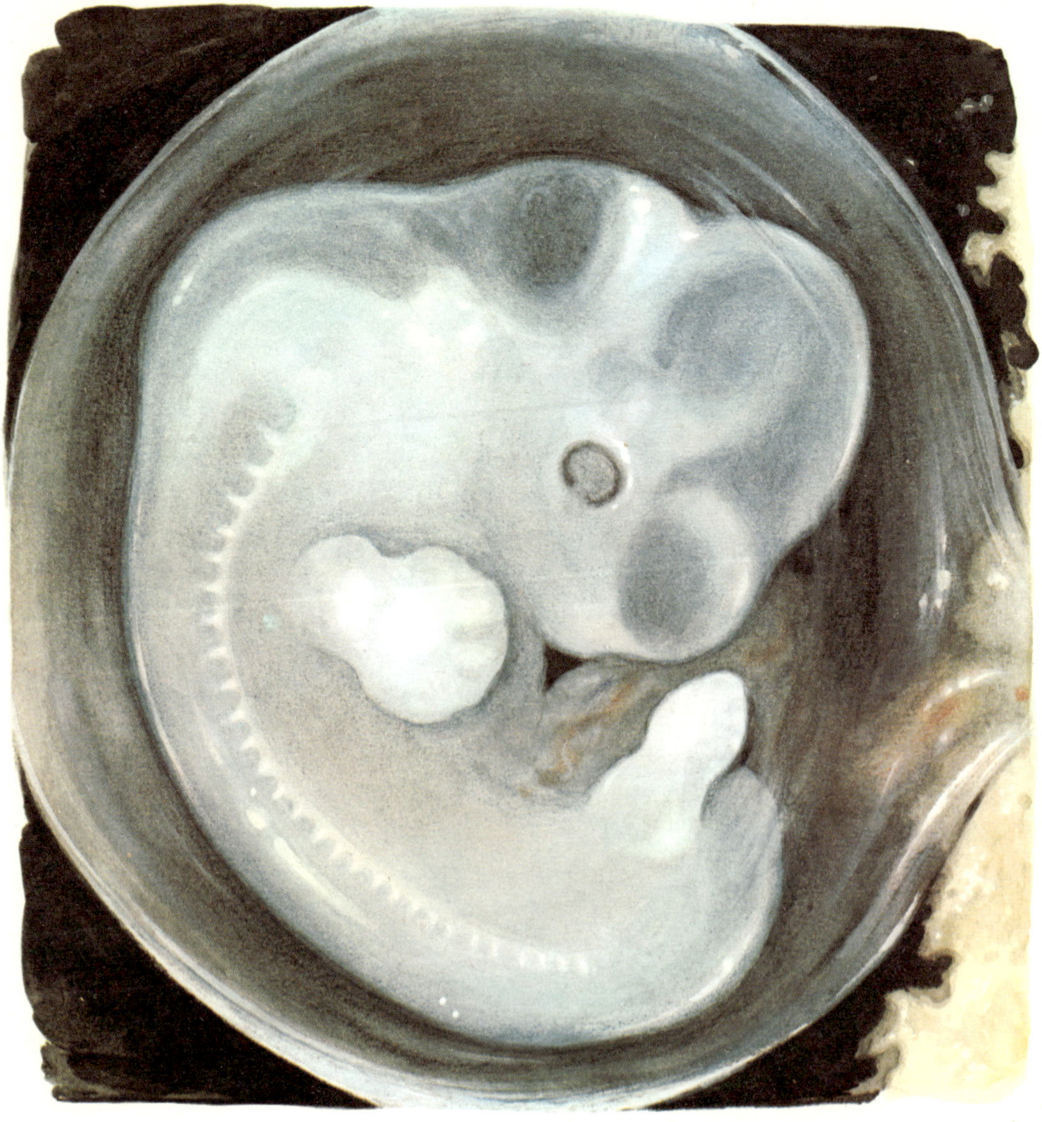

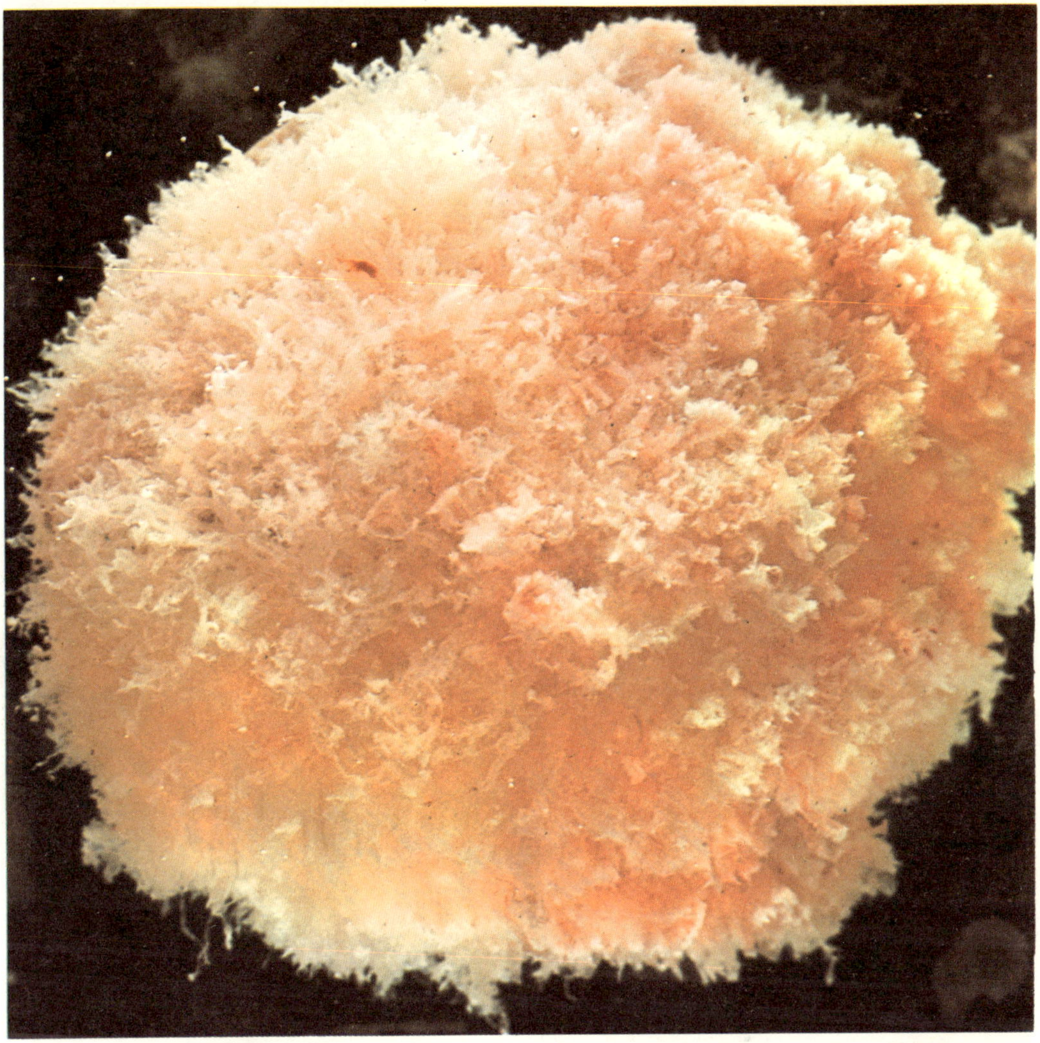

4.19 Acht Wochen alter Keimling von außen

Abb. 4.20. Nachdem die Zotten von einem Teil der Hülle weggenommen wurden, können Sie den Embryo in seiner kleinen Welt liegen sehen. Fruchtwasser füllt als ideale Polsterung die Amnionhöhle aus, so daß dieses zarte Gebilde frei beweglich schwimmt, nicht durch Zwangsstellungen deformiert und nicht gedrückt werden kann.

Wenn man in früheren Zeiten in märchenhafter Bildersprache den Kindern in völlig unpädagogischer Weise erzählt hat, daß die Babys aus dem Teich kommen, so ist das in seiner vorwissenschaftlichen Symbolik gar nicht so abwegig. Nur befindet sich das Wasser nicht irgendwo in der freien Natur.

Abb. 4.21. Das »Fenster« ist noch weiter geöffnet. Beine und Arme sind jetzt nicht nur zu ahnen, sondern klar zu erkennen. Durch die dünne Bauchwand schimmert dunkel die große Leber. Das Auge erscheint durch Farbstoffeinlagerung als dunkler Fleck. Das durch den Kopf strahlende Licht macht sogar Umrisse des werdenden Gehirns sichtbar.

Abb. 4.22. Hier ist die innerste Schicht der Fruchtblase, das Amnion, von allem anderen sorgfältig befreit. Durch das »blank geputzte Fenster« sind nun alle Einzelheiten unbehindert anzuschauen. In der Nabelschnur aus durchsichtigem, gallertigem Material sind deutlich die drei Gefäße für die Versorgung des Kleinen zu erkennen. Sie wachsen schneller in der Länge als der umhüllende Gewebsschlauch, wodurch die kordelartige Drehung zustande kommt. Damit entsteht eine zusätzliche Sicherung gegen Abknickung der Gefäße oder Kreislaufstörung durch Zug an der Nabelschnur. Würde doch jede Beengung oder Unterbrechung des Blutdurchflusses sofort »Atemnot« für den Embryo bedeuten. Auf der Innenseite der Plazenta verteilen sich schön sichtbar die winzigen »großen« Blutgefäße, verästeln sich immer mehr, bis sie als feinste Kapillaren das Blut in den Zotten nahe an die äußere Oberfläche bringen und in einem entsprechenden »Lebensbaum« wieder zum Nabel zurückführen. Die vordere Bauchwand ist zu dieser Zeit häufiger noch nicht ganz geschlossen, so daß sich in unserem Bild sogar vor dem Bauch einige Dünndarmschlingen in der Nabelschnur zeigen, also ein nicht krankhafter Nabelschnurbruch. Wie ein kleiner »Luftballon« oben auf der Amnionblase wirkt der Dottersack mit seinem jetzt dünnen langen Stiel, durch den er frisch gebildete Blutkörperchen in den Kreislauf abgab. Er wird hier schon nicht mehr gebraucht, ist nur noch eine Erinnerung an »jüngere Tage«, denen unser Kleiner schon entwachsen ist, obwohl er noch auf einem 10-Pfennig-Stück unterzubringen wäre.

4.20 Embryo in seiner kleinen Welt

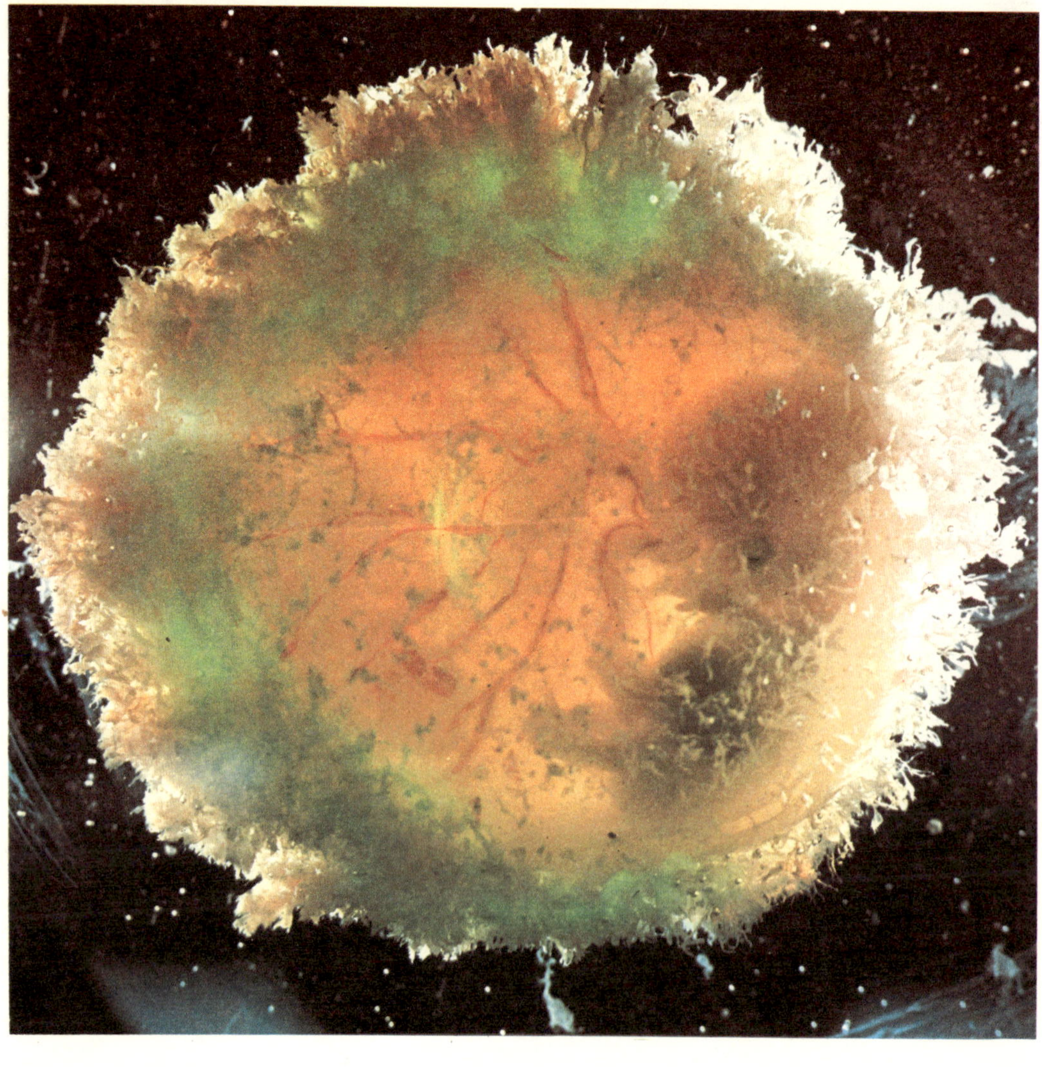

Abb. 4.23. Die Porträtaufnahme unseres Embryos zeigt besonders deutlich Kopfform und gebeugte Kopfhaltung, welche durch die enorme Entwicklung der verschiedenen Hirnabschnitte herausgebildet wird. Das Gehirn formt sich seinen Schädel und nicht umgekehrt.

## Endlich Gewißheit

»Ein Baby haben wir uns schon lange gewünscht«, schrieb Frau N in ihrem Tagebuch. »Bisher hatte ich die Pille genommen, und nun hatte ich plötzlich Angst, daß es deshalb nicht ›klappte‹. Seit mehreren Monaten wartete ich darauf, daß die Periode ausblieb. War ich einen Tag über die Zeit, hoffte ich schon, schwanger zu sein, und freute mich auf jeden weiteren Tag – bis ich wieder enttäuscht wurde. Genau genommen mußte es nicht unbedingt jetzt sein. Wir sind beide Anfang 20. Aber ich hatte mich so in den Kinderwunsch hineingeträumt, daß ich auf einmal Sorge hatte, vielleicht überhaupt keine Kinder zu bekommen – eine schreckliche Vorstellung. Diesmal jedoch dauerte es an. Jeder weitere Tag brachte mehr Hoffnung. Sicher war es noch zu früh, zum Arzt zu gehen, so viel glaubte ich schon zu übersehen. Deshalb bat ich ganz inoffiziell

4.21 Einblick in die Fruchtblase

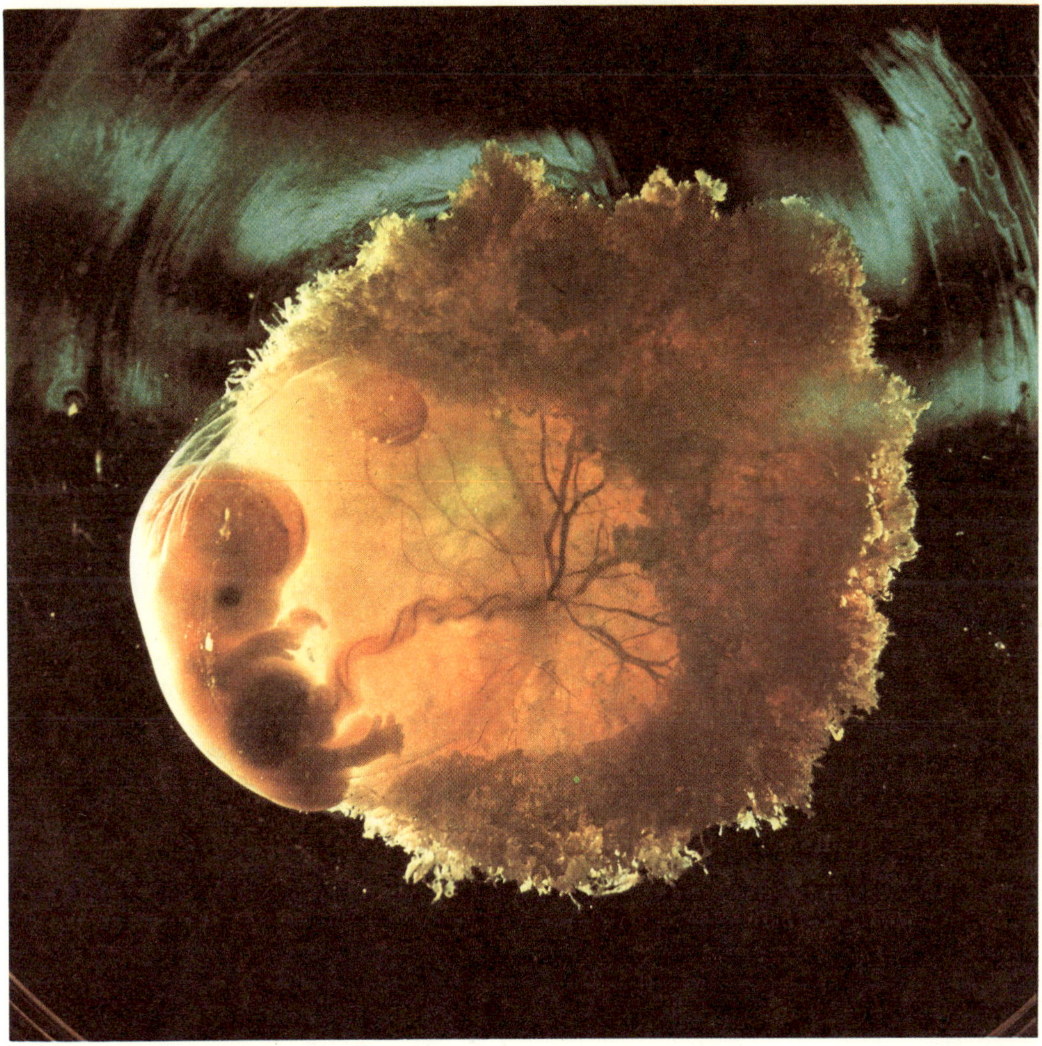

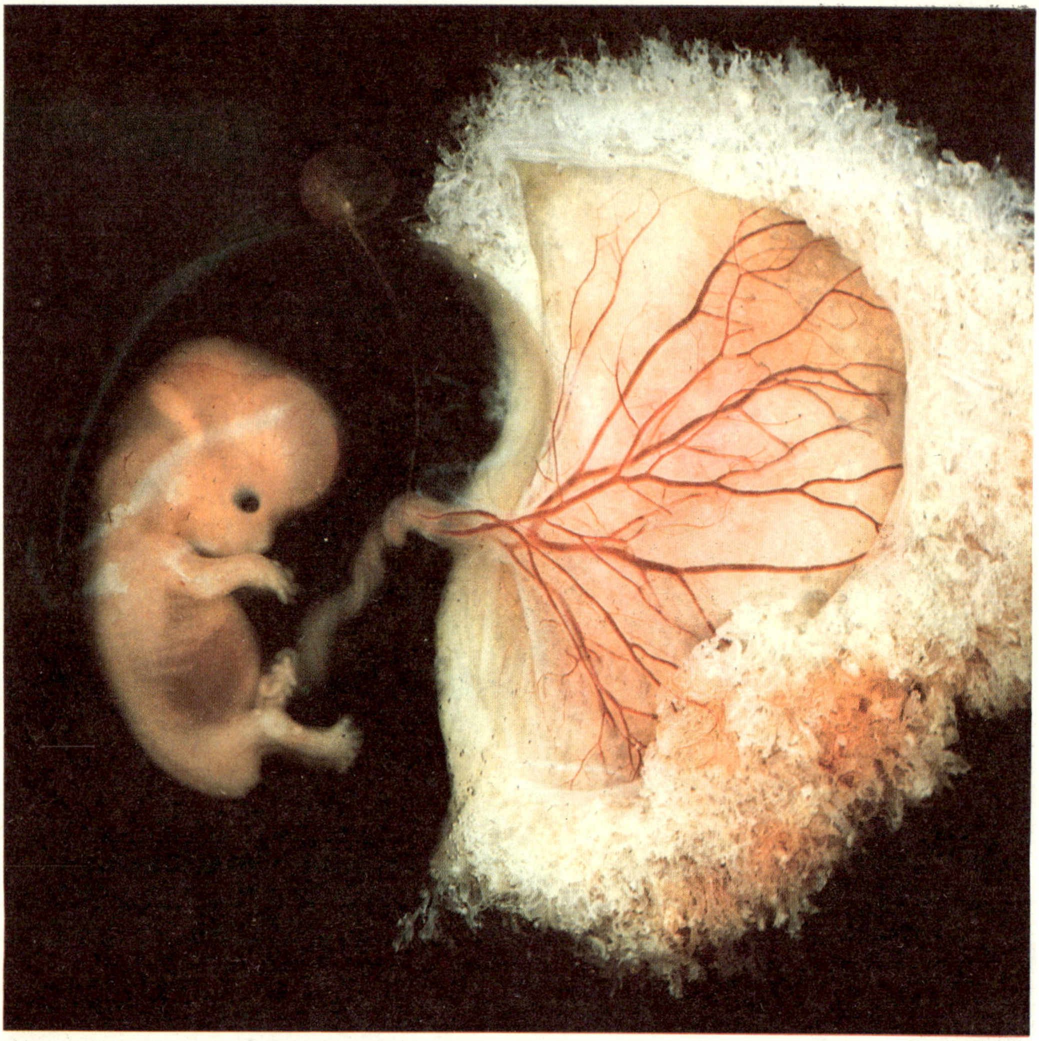

4.22 Glasklare Amnionhülle

meine Freundin, die zufällig in einem medizinischen Labor arbeitete, für mich einen Schwangerschaftstest zu machen. Als sie mir prompt telefonisch durchsagte, daß der Test positiv sei, war ich natürlich die Allerglücklichste. Weiß gar nicht mehr, an was ich zuerst gedacht habe, konnte es zunächst kaum fassen – ein Kind, unser Kind, ich werde Mutter, eigene Familie ... Am liebsten hätte ich allen Menschen, denen ich auf dem Heimweg begegnete, zugerufen: Ich bekomme ein Baby ... Haben Sie verstanden? Ich bekomme ein Baby ... Mein Mann hat sich auch riesig gefreut, als ich ihm das sagen konnte. Gemeinsam malten wir uns aus, wo das Bettchen stehen sollte, wie der kleine Muckel wohl aussehen wird ... Und damit hatten wir uns gleich auf einen Arbeitstitel geeinigt. ›Muckel‹ fanden wir niedlich und passend. Das ist nicht mehr irgendein Kind, das ist unser Kind, das nun seinen Namen in unseren Gesprächen hat und mit persönlicher Aufmerksamkeit und Zärtlichkeit von uns bedacht wird. Dabei ist auch nicht vorweggenommen, ob es ein Junge oder Mädchen werden wird, was mir eigentlich ganz egal ist.

Aber ein Test allein muß ja kein ganz sicheres Ergebnis bringen. Auch merkte ich gar nicht, daß ich schwanger bin. Fühle mich wie sonst auch.

Gestern war ich nun beim Arzt, und es

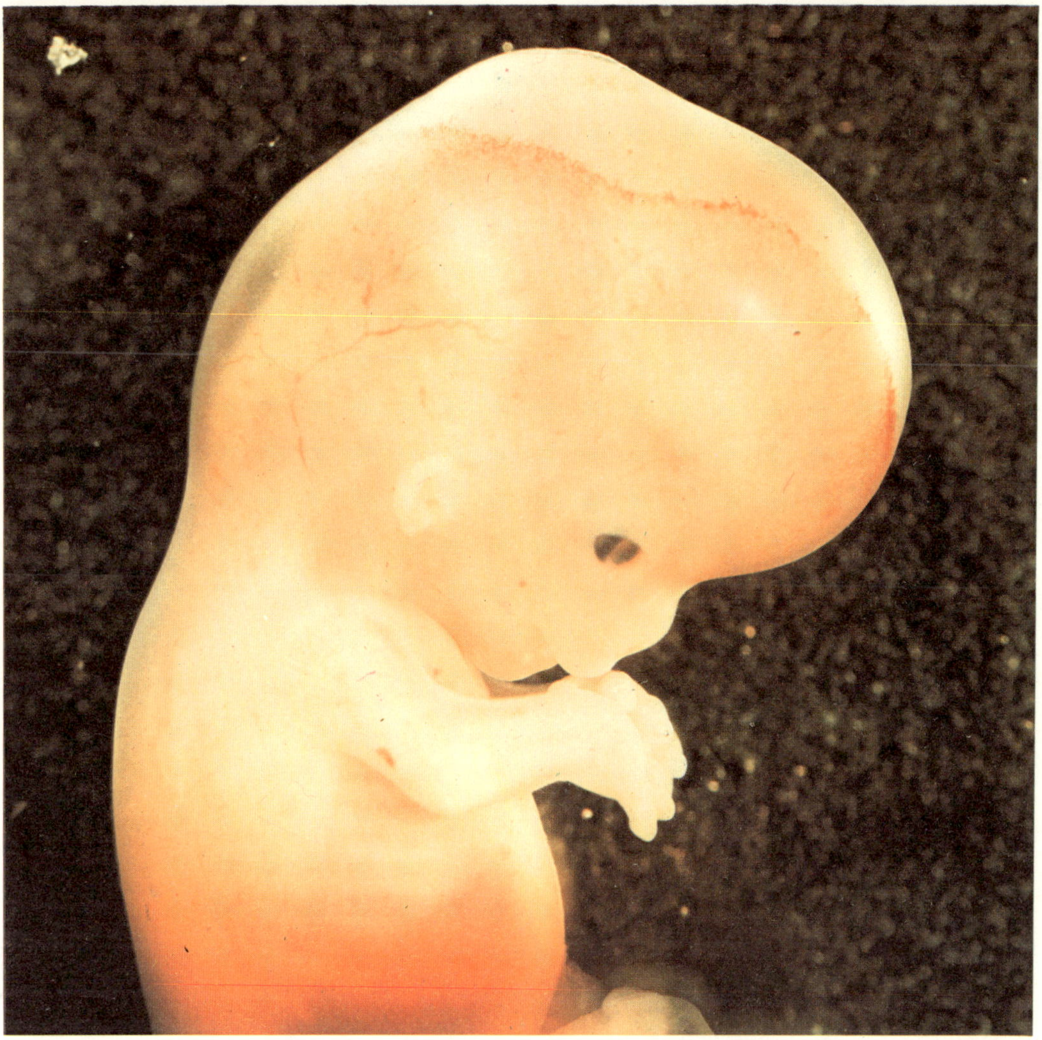

4.23 Ein außergewöhnliches Porträt

stimmt wirklich. Wir sollen ein Baby bekommen. Es ist alles normal bei mir. Ich wurde auch gleich zur Fürsorgerin geschickt. Die war sehr nett und hat mir die nötigen Papiere ausgeschrieben.«

## Es ist passiert – was nun?

Ganz anders klingt das bei Frau O: »Es fing ganz unscheinbar an. Die Periode blieb aus, wie sonst auch gelegentlich. Ich ahnte aber Schlimmes. Und Dr. M bestätigte, daß ich recht hatte. Seinen herzlichen Glückwunsch nahm ich bedeppert entgegen und gab ihn abends an Martin weiter: ›Na, Väterchen, was nun?‹ Er wußte nicht recht, was er sagen sollte, und war etwas verlegen. Aber schließlich hat er sich damit abgefunden und tut manchmal direkt begeistert. Für ihn ist das ja auch einfacher. Sein Lebens- und Entwicklungsweg wird weniger beeinflußt als meiner. Ich mußte manche Zukunftspläne ändern oder aufgeben. Gewünscht hätte ich mir noch kein Kind. Deshalb fällt es mir auch schwer, mich richtig zu freuen. Ich hatte mir das einst ganz anders vorgestellt. Von Hochstimmung kann keine Rede sein. Ich bin eigentlich recht launisch, überempfindlich und immer gleich ›auf Hundert‹. Martin hat es wahrscheinlich nicht leicht mit mir, erträgt es aber mit Fassung. Das rechne ich ihm hoch an! Liebe und Zärtlichkeit kann man jetzt nicht genug bekommen!«

## Wann wird mein Kind geboren?

So fragt sich selbstverständlich jede Mutter, sobald sie vermutet oder weiß, daß sie schwanger ist. Andere fragen sich vorher, wann die Geburt wohl am besten in den persönlichen Lebensablauf paßt, und versuchen, den Schwangerschaftsbeginn entsprechend einzurichten. Die einfachste Berechnung sieht so aus:

Vom 1. Tag der letzten Regelblutung rechnet man 3 Monate zurück und dann 7 Tage dazu. Setzen Sie in das folgende Beispiel Ihre persönlichen Daten ein:

| | | |
|---|---|---|
| 1. Tag der letzten Regel | = 2.6.1985 | ........................ |
| 3 Monate zurückgerechnet | = 2.3.1985 | ........................ |
| 7 Tage hinzugezählt | = 9.3.1985 | ........................ |
| voraussichtlicher Geburtstermin: | = 9.3.1986 | ........................ |

So kann man mit hinreichender Genauigkeit die Schwangerschaftsdauer von rund 9 Monaten oder durchschnittlich 281 Tagen ab letzter Periode in den Kalender einordnen.

Ihr Frauenarzt wird das genauer machen, wenn Sie ihm Ihren Regelkalender vorlegen können. Er hat auch noch andere Anhaltspunkte, wie die Größe und Auflockerung der Gebärmutter oder die Farbe und Auflockerung der Scheide. Es gibt mitunter werdende Mütter, die trotz eintretender Schwangerschaft noch ein- oder zweimal schwächere »Regelblutungen« erleben oder in einer Zeit schwanger werden, wo sie aus anderen Gründen keine Regelblutung haben (z. B. während der Stillzeit).

Die eleganteste und genaueste Untersuchungsmethode – allerdings an entsprechende technische Ausrüstung gebunden – ist das Ultraschall-Bild. Es gestattet recht genaue Ausmessung und damit Altersbestimmung des Feten. Die neuesten Geräte ergeben so schöne Bilder, daß sie selbst der medizinische Laie deuten und als erstes Foto seines ungeborenen Kindes ins Babyalbum kleben kann (Abb. 4.24).

## Schwangerenbetreuung

Sie geht weit über die ärztliche Hilfe zur genauen Bestimmung des Geburtstermins hinaus. Sie will der werdenden Mutter und dem zu erwartenden Kind größtmögliche Sicherheit geben. Dazu gehören nicht nur medizinische Maßnahmen zur Verhütung, Früherkennung und Beseitigung von Störungen im Schwangerschaftsverlauf, sondern auch die Beratung über einschlägige Rechtsfragen, soziale Probleme und die Gewährleistung, daß soziale und finanzielle Leistungen, die zum Wohl der werdenden Mutter gesetzlich festgelegt wurden, für die Betroffene auch voll wirksam werden. Das ist ein breites Angebot (3, 6, 7). »Pech, daß wir unsere Kinder schon vor 20 Jahren bekommen haben«, sagen manche älteren Mütter, die das vergleichen können. »Wir hatten es viel schwerer.«

Noch niemals zuvor gab es für werdende Mütter in der DDR so viel staatliche Hilfe wie heute. Sie müssen diese Möglichkeit nur nutzen und Ihre zuständige Schwangerenbetreuungsstelle aufsuchen. Diesen Weg gehen Sie bitte spätestens bis zur 10. Schwangerschaftswoche, möglichst aber noch früher. Melden Sie sich, sobald Sie Ihre Schwangerschaft vermuten, das heißt, 2 bis 4 Wochen nach der ersten ausgebliebenen Regel. Dabei gilt jede Beratung beim Frauenarzt, der eine Schwangerschaft feststellt, als erste Beratung in der Schwangerenbetreuung. Er überweist weiter an die zuständige Schwangerenbetreuungsstelle, falls erforderlich. Wenn nicht besondere Beschwerden oder Krankheiten auftreten, erfolgen weitere ärztliche Kontrollen alle 4 Wochen bis zur 28. Schwangerschaftswoche, dann alle 3 Wochen zwischen 29. und 36. Schwangerschaftswoche und in der letzten Zeit (37. bis 40. Schwangerschaftswoche) in 1- bis 2wöchentlichen Abständen. Dadurch wird die

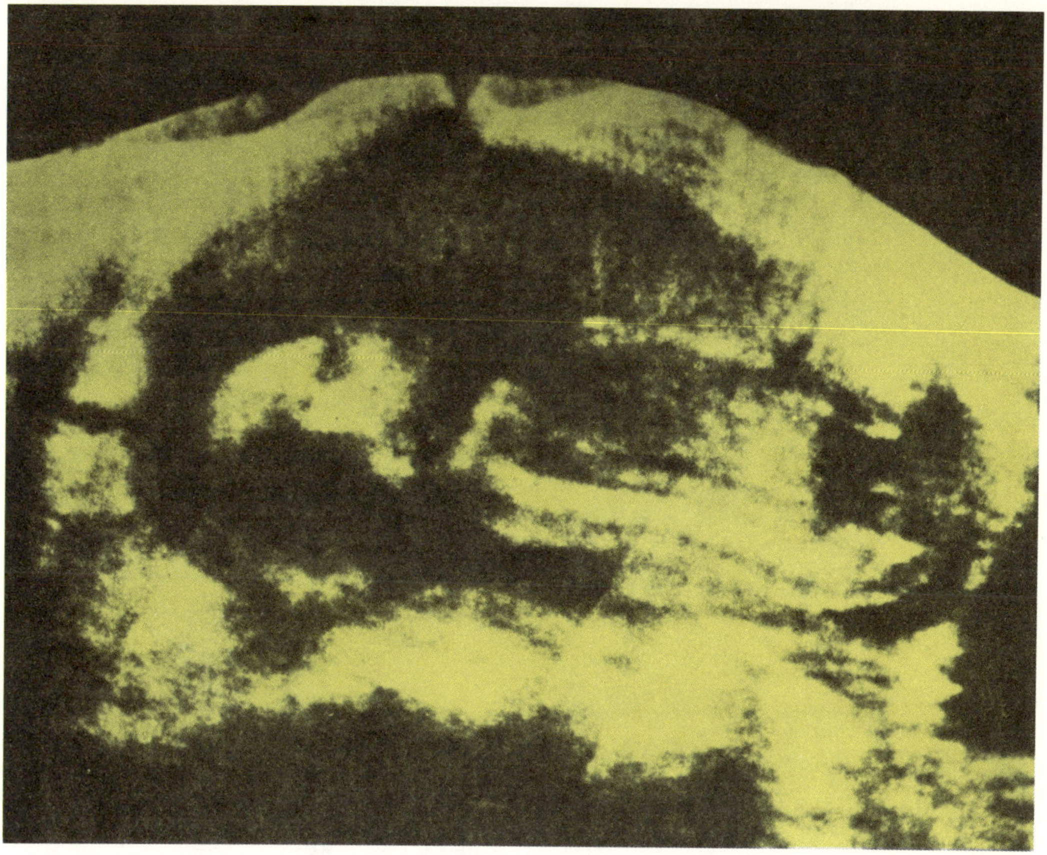

4.24 Ein Ultraschall-Bild als erstes Foto des zu erwartenden Kindes (mit freundlicher Genehmigung von Prof. Jack Boag, Royal Mariden Hospital, London)

Kontrolle immer engmaschiger, der errechnete Geburtstermin ist noch genauer einzugrenzen. Sollte die Geburt nicht wie erwartet in Gang kommen, dann auf jeden Fall 6 Tage später nochmals beim Frauenarzt vorstellen, auch wenn versehentlich in Erwartung der Geburt kein neuer Bestelltermin festgelegt wurde!

### Viele Fragen

Der Frauenarzt wird Sie gründlich untersuchen. Außerdem muß er eine ganze Menge über Ihre eigene Vorgeschichte und Ihre Familie, über frühere Erkrankungen, Schwangerschaften, Normal- und Fehlgeburten wissen. Jede gestellte Frage hat ihren ganz bestimmten Sinn. Verschiedene Blut- und Urinuntersuchungen ergänzen die medizinische Bestandsaufnahme, woraus sich auch Hinweise auf weitere zu klärende Fragestellungen ergeben können. Auch über die berufliche Arbeit muß er sich erkundigen, weil manche Tätigkeiten für werdende Mütter zum Schutz ihres Kindes anders organisiert werden müssen (10). Deshalb informieren Sie bitte auch Ihren Betrieb, wenn Sie ein Kind erwarten, damit eventuell nötige Gesundheits- und Arbeitsschutzmaßnahmen rechtzeitig festgelegt und durchgeführt werden können.

Unter den Papieren, die Sie ausgehändigt bekommen, findet sich neben dem Ausweis für Schwangere und Wöchnerinnen die Mütter- und Stillkarte. Sie wird – weil 1 000 Mark Geburtenbeihilfe damit verbunden sind – im Ausweis für Arbeit und Sozialversicherung eingetragen. Vergessen Sie also nicht, ihn mitzunehmen.

Eine Überweisung zum Zahnarzt erhalten Sie auch.

## Kostet jedes Kind der Mutter einen Zahn?

Diese Überlieferung ist falsch. Der Zahnarzt soll hauptsächlich dafür sorgen, daß Sie mit ordnungsgemäß behandelten (sanierten) Zähnen der Geburt entgegengehen. Es ist manchmal erstaunlich, mit was für »Zahnruinen« Menschen herumlaufen. Wenn entzündliche Komplikationen dann im hochschwangeren Zustand oder im Wochenbett zu Zahnschmerzen oder »dicker Backe« führen, wäre das natürlich die unpassendste Zeit. Der Zahnarzt kann unter solch erschwerten Umständen nicht so gut behandeln, und die Mutter hat mit sich und später mit ihrem jungen Säugling ganz andere Probleme.

Deshalb vorbeugen! Sie ermöglichen damit Ihrem Zahnarzt die Behandlung kleiner Schäden mit geringem Zeitaufwand und einfachen Mitteln. Sie selbst haben weniger Unannehmlichkeiten, weniger Schmerzen und Angst.

Für die Mundpflege entstehen höhere Anforderungen. Wie viele Körpergewebe wird auch das Zahnfleisch während der Schwangerschaft durch die Plazentahormone stärker aufgelockert, erscheint etwas geschwollen, kann leichter bluten als sonst. Durch eventuelles Schwangerschaftserbrechen kommt Magensäure in den Mund, welche die Zahnhartsubstanz angreift, was mitunter kleine schadhafte Stellen rasch größer werden läßt. Auch Zucker kann das sehr schön. Er löst sich gut im Speichel der Mundhöhle und dringt in die mehr oder weniger unscheinbaren Zahnbeläge ein, die sich besonders an den schwer zugänglichen Stellen zwischen den Zähnen und in Vertiefungen halten können. In diesen Belägen leben in großer Zahl Bakterien, sie vergären eingesikkerte Zuckerlösung an der Zahnoberfläche zu Säuren. Jedem Genuß auch kleiner Zuckermengen folgt deshalb ein entkalkender Säureangriff auf den Zahn für mindestens 20 Minuten. Und was essen viele Frauen gerade in dieser Zeit besonders wechselnden Appetits alles durcheinander! So entstehen mit der Zeit »aufgeweichte« Stellen der Zahnhartsubstanz, in die Keime aus der Mundhöhle eindringen und ihr Zerstörungswerk langsam, aber sicher vorantreiben. Die sogenannte Zahnfäule (Karies) ist das Ergebnis.

Die erwähnten Zahnbeläge bilden sich immer wieder neu – nach jeder Mahlzeit! Werden sie nicht durch kräftiges Kauen grober Speisen (z. B. Vollkornbrot, rohes Gemüse) und gründliche Mundpflege beseitigt, können sie sich zersetzen. Durch diese Fäulnisvorgänge entsteht übler Mundgeruch, den man zwar selbst nicht bemerkt, zumindest aber der Partner. Deshalb gewissenhaftes Zähneputzen wenigstens früh und abends nach dem Essen, besser nach jeder Mahlzeit. Nicht nur hin- und herbürsten in horizontaler Richtung, weil man damit nicht in die senkrechten Zwischenräume hineinkommt. Bürsten Sie auch kräftig das Zahnfleisch in Richtung Schneide- oder Kaufläche, »von Rot nach Weiß« würde der Lehrer in der Schule sagen. Dabei braucht gelegentliches Zahnfleischbluten niemanden zu stören (sollte es stärker werden, verschreibt Ihnen Ihr Zahnarzt Parodontal F 5 zum Spülen oder Pinseln). Am wirksamsten für die Reinigung sind Kurzkopfzahnbürsten, mit denen man überall hinkommen kann, wenn man ihnen jedesmal 2 Minuten Anwendungszeit zubilligt. Der frische Geruch und Geschmack der Zahnpasta allein machen es nämlich nicht. Alle diese Binsenweisheiten von Mund- und Zahnpflege gelten immer, nicht nur in der Schwangerschaft; aber gerade während dieser Zeit entstehen einige zusätzliche Belastungen für Zähne und Zahnfleisch, und manche Schwangere werden etwas gleichgültiger gegenüber sich selbst. So können vermeidbare Nachteile für das Gebiß entstehen.

## Und die Zähne des Kindes?

Mit Recht sagt man: »Das Kind nimmt sich, was es braucht.« Wird sein Kalk- und Fluorbedarf für Knochenbau und Zähne nicht durch zweckmäßige Ernährung der Mutter gedeckt, dann werden nicht mütterliche Zähne entkalkt, sondern die benötigten Bausteine aus dem Skelett der Mutter entnommen. Ihre Knochen werden deshalb nicht gleich weich. Sie haben auch sonst die Funktion eines Mineraldepots, das in Zeiten geringen Bedarfs oder besserer Zufuhr wieder aufgefüllt wird. Wer die empfohlene Menge an Milch oder Milchprodukten nicht zu sich nehmen kann, ergänzt notfalls seine Ernährung durch täglich eine Tablette Calcipot F. In der Regel ist das nicht erforderlich, aber Ihr Zahnarzt wird Sie gern beraten. Ein Vitamin-D-Stoß im 4. und 8. Schwangerschaftsmonat kann ebenfalls helfen, einen normalen Kalkstoffwechsel zu sichern, also gute Verfestigung der Knochen und Zähne zu fördern, ist aber in der Regel nicht nötig. Vielleicht staunen Sie, wenn Sie aus Abb. 4.25 entnehmen, wie weit die erst viel später zum Vorschein kommenden Milchzähne bei Geburt schon »verkalkt« oder mineralisiert sind (roter Bereich). Der blau gekennzeichnete Bereich veranschaulicht gleich mit, wie rasch diese Mineralisation im 1. Lebensjahr, also in der Säuglingszeit, weiter voranschreitet. Störungen der Kalkeinlagerungen, die schon im 5. Schwangerschaftsmonat ihren Anfang nehmen, schaffen Zahnschmelzdefekte und damit anfällige Stellen für spätere Zahnfäule. Die Vorsorge für ein gesundes, kariesfreies Gebiß Ihres Kindes beginnt also schon in der Schwangerschaft!

## Gehören Übelkeit und Erbrechen dazu?

Bei weitem nicht alle, aber etwa zwei Drittel aller Schwangeren zeigen mehr oder weniger ausgeprägt solche Beschwerden innerhalb der ersten 3 Monate. Manche beschreiben nur eine Änderung ihrer Geschmacksempfindung, zeitweilig herabgesetzten Appetit, bisweilen auch ausgesprochene Übelkeit. Etwa ein Drittel der werdenden Mütter erbrechen dann. Bevorzugt werden sie früh nach dem Aufstehen davon überrascht. Noch nüchtern »opfern« sie nur etwas schleimigen Magensaft, manchmal auch zwei- oder dreimal, so daß sie keinen Frühstücksappetit haben. Später fühlen sie sich dann wieder völlig wohl, können ausreichend und mit Appetit essen und ihrer Arbeit nachgehen. Nur selten, einmal unter 200 Schwangerschaften, sind werdende Mütter so schlecht dran, daß sie bei häufigem Erbrechen an Gewicht abnehmen, matt und schließlich sogar apathisch werden, sich also richtig krank fühlen und ärztlich behandelt werden müssen.

Die Ursachen für Übelkeit und Erbrechen können recht unterschiedlich sein. Eine große Rolle spielen die Umstellungen im Hormonhaushalt, die in den ersten 3 Monaten der Schwangerschaft besonders ausgeprägt sind. Dabei stellt das Gelbkörperhormon nicht nur die Gebärmuttermuskulatur ruhig, worin ja eine seiner Schutzaufgaben liegt, sondern setzt auch die Muskelspannung an anderen Organen mit glatter Muskulatur herab, was besonders am Darm auffällig wird. Er arbeitet träger. Daraus erklärt sich die stärkere Neigung zu Verstopfung während der Schwangerschaft. Aber auch der Mageneingang ist gegen die Speiseröhre nicht mehr so straff verschlossen, so daß Mageninhalt leichter in die Speiseröhre zurückfließen kann. Dort reizt er die Schleimhaut, was man als Sodbrennen oder Übelkeit

4.25 Wann und wie die kindlichen Zähne mit Kalksalzen erhärtet werden (modif. nach Weyers)
rot = vorgeburtliche Zeit, blau = Säuglingszeit

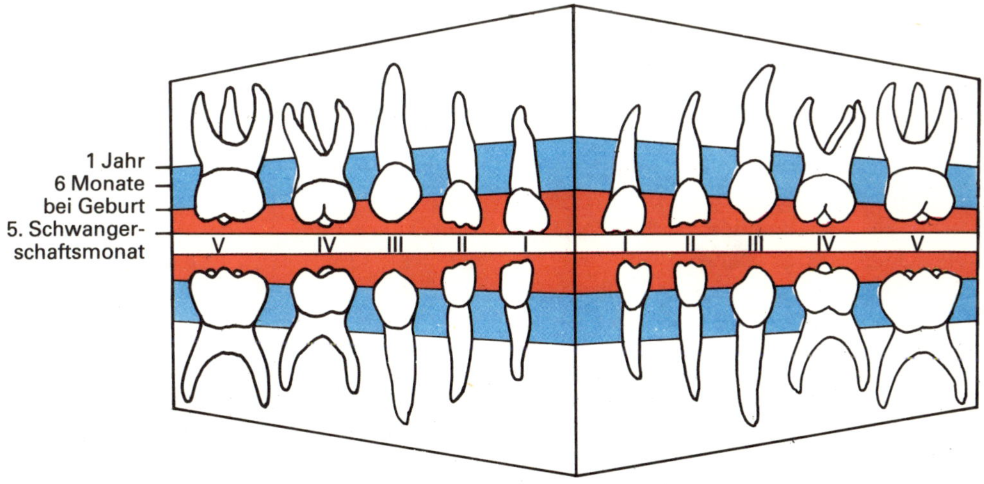

empfindet. Manche Frauen haben deshalb im Liegen ein zusätzliches Kissen unter Kopf und Schultern gern, damit sie weniger flach liegen und so dem Rücklauf von Mageninhalt entgegenwirken. Mehr Magensäure als sonst produzieren schwangere Frauen jedenfalls nicht.

Auch andere Veränderungen, die sich aus dem Wechselspiel zwischen kindlichem und mütterlichem Organismus ergeben, schaffen Bedingungen, die zu einer leichteren Erregbarkeit der Eingeweidenerven einschließlich ihrer Regulationszentren im Zwischenhirn führen (erniedrigte Reizschwelle des Brechzentrums). Da aber die einzelnen Menschen von ihrem Körperbautyp her und »mit den Nerven« sehr unterschiedlich stabil oder labil sind, ist wohl verständlich, daß auch die Mütter in ihren »anderen Umständen« sehr unterschiedlich reagieren. Manche fühlen sich ausgeglichen und merken kaum Nachteile, andere möchten sich fast umkrempeln. Die meisten können sich irgendwo dazwischen einordnen. Sind echte Krankheitsursachen ausgeschlossen, kann man sich mit einigen einfachen »Tricks« helfen: zum Beispiel im Bett frühstücken – auch anschließend noch eine Viertelstunde liegen bleiben. Häufigere kleine Mahlzeiten anstelle einer großen Mittags- und Abendmahlzeit mit kurzer Liegepause nach dem Essen bringen auch Erleichterung. Feste Nahrung bleibt besser »drin« als flüssige.

## Es ist nicht nur der Magen

Die seelische Reaktion der Mutter auf die Schwangerschaft spielt ebenfalls eine wesentliche Rolle. Eine Mutter in glücklich erwartender Stimmung hat in der Regel weniger Beschwerden als eine Mutter mit innerer Ablehnung. Dabei braucht sich die Abwehr nicht direkt gegen das Kind zu richten, das sogar erwünscht sein kann, sondern mehr gegen Begleitumstände der Schwangerschaft, wie zusätzliche Belastung, Umorientierung in Berufsfragen, Angst vor Geburts- und Erziehungsschwierigkeiten, mitunter Abneigung gegen den Kindesvater oder den Ehemann, der ja eigentlich »daran schuld war«.

Es mag einer werdenden Mutter auch ganz plötzlich hochkommen, wenn sie auf etwas verzichten muß. Wenn ihr beispielsweise ein turbulenter Tanzabend zu anstrengend erscheint, der sonst immer viel Freude machte, dann kann die vorher so erwünschte Schwangerschaft plötzlich im Wege sein. Der sonst so lebenslustigen Frau ist auf einmal »zum Kotzen« zumute. Der »Krankheitsgewinn« ist erheblich: Sie hat nicht nur einen triftigen Grund, den Tanzkreis zu meiden, sondern auch ihr Mann muß zu Hause bleiben, um sie zu »bemuttern«. Andere zweckgerichtete Tendenzen seien am Rande erwähnt: Die Befreiung von einer unangenehmen Arbeit wird gewünscht; die im Haushalt der Schwiegermutter vielleicht nicht harmonisch lebende Frau erzwingt deren Aufmerksamkeit und Zuwendung oder ähnliches. Solch demonstratives Erbrechen ist meist nicht voll bewußt – also nicht gemacht im negativen Sinne –, was seine Wirksamkeit aber eher erhöht als schmälert.

Um das Ende des 3. Monats hören in der Regel Übelkeit und Erbrechen auf, nicht selten sogar ganz abrupt. Der mütterliche Körper hat sich an die Umstellung im Hormonhaushalt und im Stoffwechsel angepaßt, und die Einstellung zum Kind hat sich im Falle anfänglicher Überraschung oder Ablehnung zu dieser Zeit meist in positiver Richtung stabilisiert.

## Medikamente?

Wer die dargelegten Zusammenhänge sieht und versteht, wird leichter mit den neuen Problemen fertig. Ihm wird auch deutlich, daß Medikamente dabei wenig ausrichten können. Außerdem sind Ärzte mit vielen Medikamenten in der Frühschwangerschaft besonders zurückhaltend. Nehmen Sie vor allem nicht eigenmächtig Tabletten ein! Eine Reihe von Substanzen, die für Erwachsene völlig harmlos sind, können nämlich den Embryo in den ersten 8 bis 12 Wochen ganz schwerwiegend treffen. Wenn eine werdende Mutter erkrankt und behandlungsbedürftig wird, dann soll sie den behandelnden Arzt unbedingt auf ihre Schwangerschaft hinweisen, damit er diesen Gesichtspunkt in seinen Behandlungsplan einbeziehen kann. Das gilt übrigens auch, wenn

Sie zu einer Impfung oder Röntgenuntersuchung aufgefordert werden, selbst wenn Sie zu dieser Zeit eine Schwangerschaft nur vermuten. Bei ausgebliebener Regel wäre ein Embryo mindestens 2 Wochen alt, und wir sahen ja, was sich da alles schon abgespielt hat. Das heißt bei aller Konsequenz: keine Röntgenuntersuchung in der 2. Zyklushälfte.

### Ausgefallene Wünsche – zweckmäßige Ernährung

»Ich habe warme Würstchen immer ausgesprochen gern gegessen. Aber seit ich mich beim ersten Kind zum ersten Mal übergeben mußte und ausgerechnet die geschätzten Würstchen mit herauskamen, war es aus damit. Ich brauchte sie nur zu sehen, da hob es mich schon. Später habe ich meine Lieblingsspeise wieder gern gegessen, weiß aber noch sehr genau, mit welcher Vorsicht ich mich wieder an Würstchen heranpirschte – und dann waren sie wieder wunderbar. Jetzt bei meiner zweiten Schwangerschaft esse ich gern rohe grüne Gurken. Die tun mir gut bei Sodbrennen. Das kann ich auch von ganz fein zerkauten Nüssen sagen. Gestern Abend habe ich mir köstliche Klopse gebraten und so viel gegessen, daß ich Magenschmerzen bekam. Scheußlich, aber geschah mit ganz recht ...« Es ist kein Geheimnis, daß der Appetit werdender Mütter oft erstaunliche Wege geht. Ganz unvermittelt können ausgefallene Wünsche aufkommen, Abneigungen gegen bestimmte Nahrungsmittel oder eine Vorliebe für andere. Ist das aber immer eine zweckmäßige Ernährung?

### Was ist zu beachten?

Essen Sie nicht für zwei, sondern zweckmäßig für eine Person. Die Gewohnheit, zu viel zu essen, hat sich ohnehin auch in der DDR recht weit verbreitet. Bei normaler Ernährung bekommt ein Kind, was es braucht. Schwangerschaft erfordert kaum zusätzliche Nahrungsenergie. Der mütterliche Körper stellt sich auf rationelle Nahrungsverwertung ein. Deshalb nützt es weder Ihrem Kind noch Ihnen selbst, wenn Sie mehr als sonst essen. Sie müßten dann mit jedem Schritt nur überflüssiges Fett herumtragen. Überflüssige Fettablagerung kann außerdem zu Störungen in der Schwangerschaft und bei der Geburt führen, die auch erhebliche Gefahren für Mutter und Kind in sich bergen können. Schließlich haben Sie es nach der Entbindung schwerer, Ihre frühere Figur wiederzugewinnen. Deshalb werden Sie in der Schwangerenbetreuungsstelle regelmäßig gewogen, und vielleicht lohnt sich sogar die Anschaffung einer Waage für zu Hause.

### Die Waage, ein unbestechlicher Ratgeber

Wir wollen hier nicht auf Normgewichtstabellen eingehen. Ihr Beratungsarzt wird das am Anfang der Schwangerschaft ermittelte Körpergewicht in Zusammenhang mit Ihrem Körpertyp und Ihrer Größe übersetzen in

normalgewichtig (dann kann alles so bleiben),
übergewichtig (dann müssen Sie zurückhaltender essen) oder
untergewichtig (dann etwas zulegen).

Je öfter Sie Ihr Gewicht kontrollieren, um so besser können Sie es beeinflussen. Natürlich möchte man dabei möglichst immer die gleiche Waage zur gleichen Tageszeit und mit der gleichen Kleidung benutzen. Sonst gehen zu viele Fehler in die Kontrolle ein.

Während der Schwangerschaft nehmen normalgewichtige Frauen rund 11 kg ± 2 kg zu (nach Hüter). Diese Gewichtszunahme ist bedingt durch:

| | |
|---|---|
| das Kind | 3,0–3,5 kg |
| Vergrößerung der Gebärmutter | 1,0–1,5 kg |
| Plazenta | 0,5 kg |
| Fruchtwasser | 0,5–1,0 kg |
| Vergrößerung der mütterlichen Blutmenge | 0,5 kg |
| Vermehrte Wassereinlagerung im mütterlichen Körper | 1,0–2,0 kg |
| Vergrößerung der Brust | 0,5 kg |
| Allgemeine Vermehrung des Fettgewebes | 1,0–1,5 kg |
| | 8,0–11,0 kg |

Gingen Sie mit Übergewicht in die Schwangerschaft hinein, dann sollten Sie sich an der unteren Grenze der Zahlen halten. Gingen Sie mit Untergewicht in die Schwangerschaft hinein, dann dürfen Sie bis zur Entbindung mehr als 11 kg zunehmen, maximal bis 11 kg über ihr Normalgewicht.

Diese Gewichtszunahme verteilt sich etwa in folgender Weise auf die 10 Schwangerschaftsmonate:

| | | |
|---|---|---|
| 1.–3. Monat | wenig oder keine | .......,.. kg |
| 4. Monat | 1,0 kg | .......,.. kg |
| 5. Monat | 1,5 kg | .......,.. kg |
| 6. Monat | 1,5 kg | .......,.. kg |
| 7. Monat | 2,0 kg | .......,.. kg |
| 8. Monat | 2,0 kg | .......,.. kg |
| 9. Monat | 2,0 kg | .......,.. kg |
| 10. Monat | 1,0 kg | .......,.. kg |
| | 11,0 kg | |

Wenn Sie Ihre persönlichen Daten in die vorbereitete rechte Spalte eintragen, haben Sie einen ganz guten Überblick zur eigenen Situation. Was ist außerdem zu beachten?

## Schwangerschaftsdiät?

Die gibt es eigentlich nicht. Es bedarf nur einer sinnvollen Auswahl der Lebensmittel im Sinne gesunder Ernährung. Aber leider werden deren Grundsätze so häufig mißachtet, daß Sie mir bitte erlauben, an einige Gesichtspunkte zu erinnern.

Die meisten Menschen verzehren zuviel Zucker- und Stärkeprodukte. Dabei sind die bevorzugten weißen Auszugsmehle besonders arm an Vitaminen, Mineral- und Ballaststoffen. Diese sitzen bekanntlich vorwiegend in der Rinde des Getreidekorns, die beim Ausmahlen abgesiebt wird und als Kleie das Viehfutter entscheidend verbessert. Natürlich gönnen wir den Schweinen solch hochwertiges Futter, aber hier geht es ja um Ihr Baby. Weißbrot, Brötchen, Kuchen, Kekse und Pudding sehen schön aus, schmecken auch gut. Aber ernährungswissenschaftlich sind sie recht einseitig und inhaltsarm – »leere Energieträger«. Deshalb essen Sie so etwas nur ausnahmsweise.

Dafür verzehren Sie dunkleres Brot, möglichst Vollkornbrot. Auch Schrotbrötchen finden sich teilweise im Angebot. In solchem Vollkorngebäck – mag es manchem auch weniger ansehnlich erscheinen – sind viele Stoffe enthalten, die Sie für Ihre Gesundheit und Ihr Kind zum Aufbau brauchen. Fett wird von unserer Bevölkerung ebenfalls zu viel gegessen, werdende Mütter machen da keine Ausnahme. Hier darf ich vielleicht doch eine Zahl zur Verdeutlichung nennen: Etwa 80 g beträgt der mittlere tägliche Fettbedarf. Davon ist fast die Hälfte schon in anderen Nahrungsmitteln versteckt, so daß nur noch 40 bis 50 g für Brotaufstrich oder küchentechnische Verarbeitung bleiben! Besonders günstig sind pflanzliche Fette (Margarine) und Öle (Sonnenblumen- oder Rapsöl). Von tierischen Fetten ist Butter für den Organismus wertvoller als alle Arten von Schlachtfetten (fettes Fleisch, fette Wurst, Speck und Schmalz), deren Verbrauch je nach der Entwicklung Ihres Körpergewichtes einzuschränken ist.

Alle Nahrungsmittel mit hohem Eiweißgehalt spielen in der Schwangerschaft eine größere Rolle als vorher. Eiweiße sind die wichtigsten Bausteine für die lebendige Körpersubstanz, werden also zusätzlich für den Aufbau des kindlichen Organismus gebraucht samt allem, was dazu gehört (enormes Wachstum der Gebärmutter, der Plazenta, Vermehrung der mütterlichen Blutmenge usw.). Sparen Sie deshalb auch nicht mit Milch! Trinken Sie täglich ½ l in der ersten Schwangerschaftshälfte, ¾ l in den letzten 5 Monaten. Neben ihrem hochwertigen Eiweiß deckt Milch im wesentlichen unseren Bedarf an Kalksalzen. Und wenn Sie frische Milch nicht mögen, dann nehmen Sie mehr Milchprodukte zu sich, wie Magerquark, Magerkäse, Joghurt, Buttermilch. Auch Fleisch, Fisch, Wurst sind mit dem Eigenschaftswort mager zu ergänzen, damit Sie nicht die bewußt eingesparte Fettmenge durch die Hintertür wieder hereinholen. Täglich 1 bis 2 Eier ordnen sich gut in den Speiseplan ein.

Und besonders wichtig: Essen Sie regelmäßig frisches Obst und Gemüse je nach jahreszeitlichem Angebot. Knabbern Sie es roh, oder

machen Sie Rohkostsalate. So erhalten Sie sich nicht nur den vollen Vitamin- und Mineralstoffgehalt, sondern muntern mit den Pflanzenfasern auch den in der Schwangerschaft zur Trägheit neigenden Darm etwas auf. Auch die Zähne sind dankbar für solches Kauen.

Mit einfachen Zutaten lassen sich viele Gerichte zaubern. Und falls die Kost eintönig würde, wäre es wirklich Ihre eigene Schuld. Wenn Sie auf einen abwechslungsreichen Küchenzettel achten, haben Sie die besten Aussichten, dem Körper alle Nahrungsbestandteile anzubieten, die er braucht.

Man merkt auch, daß Erbsen, Linsen, weiße Bohnen oder manche Kohlarten wegen ihrer darmblähenden Wirkung in den letzten Schwangerschaftsmonaten, wenn der Platz im Bauch ohnehin knapp wird, ungemütlich werden können. Fühlbare Erleichterung läßt sich in den letzten Wochen schaffen, wenn man die Nahrung auf häufige kleinere Mahlzeiten verteilt.

Die tägliche Trinkmenge soll 1½ Liter nicht übersteigen (Milch, Suppen und wasserreiches Obst eingerechnet). Während der Schwangerschaft kann es nämlich leichter zu Wasserablagerungen im Körper kommen als sonst. Sie möchten doch sicher helfen, das zu vermeiden. Deshalb benutzen Sie auch weniger Kochsalz als gewohnt. Man kann sich viele Gerichte mit Gewürzkräutern ebenso schmackhaft machen.

Bitte prüfen Sie im recht verstandenen eigenen Interesse Ihre Gewohnheiten, ergänzen Sie sinnvoll Ihr Betriebsküchenessen und richten Sie sich nach hier Gesagten.

## Ungeborene trinken und rauchen mit!

»Gestern hatte ich Geburtstag. Nette Freunde waren zu Besuch gekommen, und inzwischen hatte sich ja auch herumgesprochen, daß wir ein Baby erwarten. So gab es gleich mehrere Gründe zum Feiern. Es wurde jedenfalls ein herrlicher beschwipster Abend. Aber nun habe ich Gewissensbisse. Der arme Kleine hat den Alkohol sicher nicht gemocht. Hätte ich das überhaupt tun dürfen? Die Bedenken kommen jetzt vielleicht zu spät? Durch die Vorstellung, daß vieles, was man tut, dem Baby schaden könnte, fühlt man sich verantwortlich ...«

Wie weit sind die Bedenken dieser jungen Frau berechtigt? Ein Zusammenhang zwischen Alkoholmißbrauch und degenerativen Veränderungen bei den Nachkommen wurde schon seit langem immer wieder vermutet. Der griechische Philosoph Platon schrieb vor rund 2350 Jahren: »Die Zeugung im Rausch ergibt Kinder, die schwachsinnig, ungehorsam, ungerecht und kränklich sind.« Über die Jahrhunderte hinweg ließen sich beliebig viele derartige Behauptungen zitieren. Aber die wissenschaftliche Sicherheit solcher Aussagen blieb unbefriedigend. Hinzu kommt eine zweite Schwierigkeit: Werden Genußmittel in irgendeiner Form durch medizinische Aufklärung oder Gesundheitserziehung in Frage gestellt, ist bei vielen Menschen die Neigung, solche Hinweise »gewisser Gesundheitsapostel« ins Lächerliche zu ziehen, beträchtlich größer, als sie ernst zu nehmen. Verstehen Sie deshalb, daß ich Ihnen hier nicht einfach sagen kann »Sie dürfen« oder »Sie sollten nicht«.

### Alkoholkrankheit des Embryos

Erst in neuerer Zeit – wahrscheinlich im Zusammenhang mit der erheblichen Zunahme des Alkoholverbrauchs auch bei gebärfähigen jungen Frauen in den hochzivilisierten Ländern – wird mehr und mehr deutlich, daß es eine typische Alkoholkrankheit des Embryos gibt. Der französische Arzt Lemoine und seine Mitarbeiter (1968) sowie die englischen Ärzte Jones und Smith (1973) haben als erste dieses Krankheitsbild genauer beschrieben und mit ihren Arbeiten zahlreiche Forscher und praktisch tätige Kinderärzte aufmerksam gemacht. Die wissenschaftlichen Untersuchungen ergaben bisher folgendes Erscheinungsbild: Die Neugeborenen sind erheblich untergewichtig und kleiner als gesunde Kinder, ohne daß die Schwangerschaftsdauer im Sinne der Frühgeburt verkürzt wäre. Mehr oder weniger ausgeprägte Schwachsinnsformen werden mit zunehmendem Alter deutlicher. Als Ausdruck der Hirnschädigung bleibt der Kopf kleiner, die Muskulatur ist schlaffer, die Kinder sind übererregbar, übermobil und entwicklungsrückständig. Ein relativ charakteristischer Gesichtsausdruck (Abb. 4.26), Anomalien der Gelenke und Handfurchen weisen den Arzt auf die Möglichkeit des Alkoholschadens hin.

Versucht man taktvoll die Mütter nach ihren Trinkgewohnheiten zu fragen, wird ein übermäßiger Alkoholgenuß oft geleugnet oder zumindest verharmlost. Mehr zufällig stellt sich dann gelegentlich heraus, welch erhebliche Mengen Schnaps, Wein oder Bier über längere Zeit getrunken wurden. Die Art des Getränks spielt eine untergeordnete Rolle, auf die Alkoholmenge kommt es an. Diese schlimmen Formen von alkoholbedingten Fehlbildungen bei Kindern sind bei alkoholkranken Müttern beschrieben worden, also bei übermäßigem Alkoholverbrauch, und viele Leser werden sich an die Brust klopfen und sagen: Das trifft für mich natürlich nicht zu.

4.26 Im Embryoalter erworbene Alkoholkrankheit eines Kleinkindes

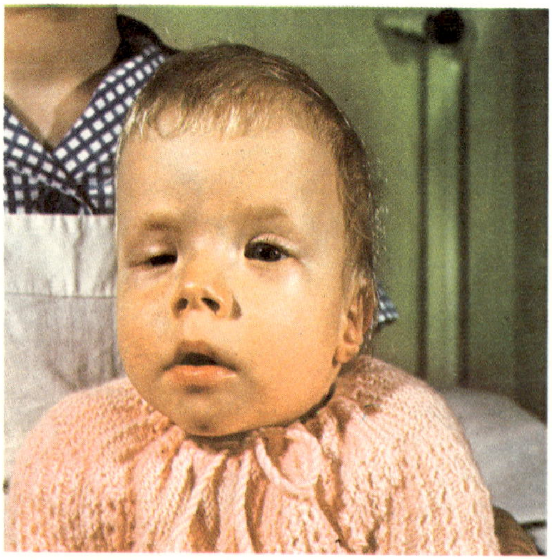

## Eine durchlässige Grenze

Abgesehen davon wissen wir aber, daß Alkohol ungehindert die Grenze zwischen Mutter und Kind an der Plazenta passiert. Sie ist leider keine sichere Barriere, die alle unerwünschten Substanzen vom Kleinen fernhält, wie man früher annahm. Trinkt die Mutter einen Wodka, bekommt das Kind etwa 20 Minuten später seinen Anteil davon. Die Mutter kann den Alkohol in ihrer Leber abbauben (entgiften), der Embryo und auch der etwas ältere Fet kann das nicht. Ihm fehlt noch das entsprechende Ferment (Alkoholdehydrogenase) dazu. Er ist dem also hilflos ausgeliefert. Sicher werden Sie nicht flaschenweise Schnaps trinken, und von einem Gläschen Wein muß ich Ihnen nicht unbedingt abraten – falls es dabei bleibt. Aber vielleicht wird es Ihnen nicht mehr recht schmecken nach dem, was ich Ihnen beschreiben mußte. »Harte Sachen« sollten selbstverständlich tabu bleiben. Mit alkoholfreien Getränken kann man in einer fröhlichen Gesellschaft auch sehr lustig sein, und eine Schwangerschaft ist doch keine lange Zeit.

Ebenso durchlässig ist die Plazenta für Nikotin, einen der wesentlichen Giftstoffe, die der Körper beim Rauchen aufnimmt. Nikotin stellt die Blutgefäße enger, verschlechtert also auch die Durchblutung der Plazenta und damit die Ernährung und Sauerstoffversorgung des heranwachsenden Kindes. Deshalb sind bei Raucherinnen Fehlgeburten reichlich doppelt so häufig, Früh- und Mangelgeburten 2- bis 6mal so häufig wie bei Nichtraucherinnen. Untergewichtige Kinder haben natürlich schlechtere Startbedingungen und wesentlich höhere Sterblichkeit schon innerhalb der ersten Lebenstage. Ohne Zweifel können sich Raucherinnen je nach täglich verbrauchter Zigarettenzahl wesentlich voneinander unterscheiden.

Deshalb sind auch die angegebenen Zahlen verschiedener Untersucher recht unterschiedlich. Einheitlich aber ist die Auffassung über den geschilderten Wirkungsmechanismus. Die Mangelzustände erhöhen immer das Risiko für ein Kind, selbst wenn sie vorübergehend sind. Deshalb kann es eigentlich keine Diskussion darüber geben, ob vielleicht 1, 3 oder 5 Zigaretten am Tage noch tragbar sind. Rauchen Sie besser überhaupt nicht während der Schwangerschaft und Stillzeit!

Das kleine Herz des Ungeborenen schlägt schon nach einer Zigarette deutlich schneller. Wenige Minuten nach dem ersten Zug steigen die Herzschläge von 140 auf 180 pro Minute. Das ist gewissermaßen die bescheidene Antwort unseres Kleinen auf die Frage: »Gestattest du, daß ich rauche?« – »Bitte nicht«, heißt sie übersetzt in unsere Umgangssprache. Aber die meisten Mütter können das leise, schnelle Pochen nicht hören – und Kinder werden in der Regel leider auch nicht gefragt. Wer als Raucherin nicht nur an sein Kind denkt, sondern auch an sich und andere, kann in der Schwangerschaft eine günstige Gelegenheit sehen, sich das Rauchen gleich für immer abzugewöhnen.

4.27 Etwa zwölf Wochen alt ist dieser Kleine hier, 9 cm lang und 33 g schwer

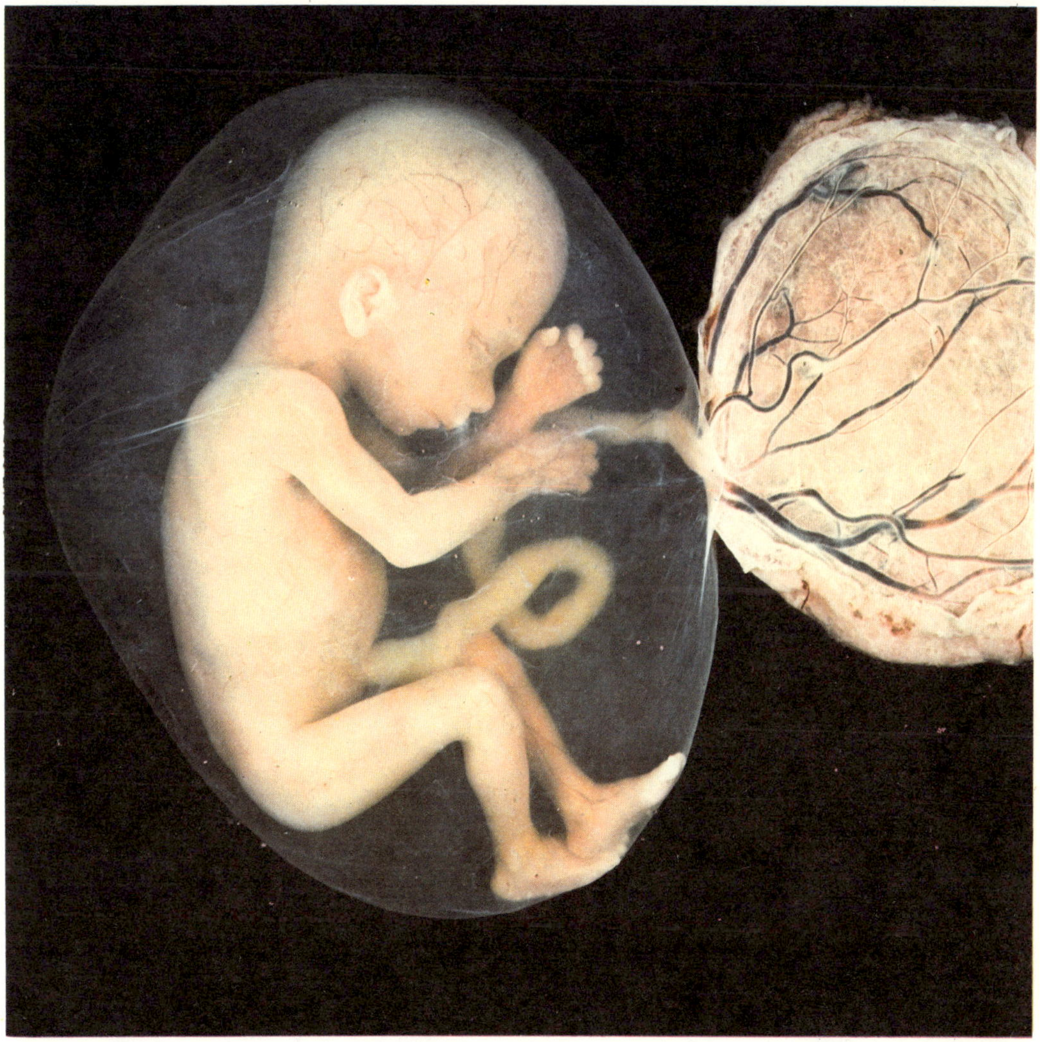

Abb. 4. 27. Etwa 12 Wochen alt ist der Kleine hier, 9 cm lang und 33 g schwer. Er fände noch in einem großen Hühnerei Platz, und das wiegt doppelt so viel. Ganz unscheinbar mögen diese Zahlen anmuten. Aber die äußere Form zeigt schon einen kleinen Menschen, der nicht mehr keimlingshaft wirkt, seine Gestalt erst herausbildet, jemand werden will. Nein, er ist schon jemand und kann sogar schon allerhand. Die eingehenden Untersuchungen des amerikanischen Embryologen Hooker und anderer Wissenschaftler an zu früh Ausgestoßenen (Fehlgeburten), die noch kurze Zeit außerhalb der Mutter lebten, brachten uns eine Menge Einsichten darüber:

Der Kleine bewegt sich spontan, kann mit den Beinen gegen die Fruchtblasenwand stoßen, die Füße drehen, ja selbst die Zehen beugen und spreizen. Wird die Fußsohle mit einem Haar gekitzelt, zieht der Kleine ein Bein zurück und streckt das andere. Berührt man die Handfläche mit einem Haar, können die Finger zwar noch nicht greifen (das wird erst mit 23 Wochen möglich), schließen sich aber etwas zur halben Faust. Werden Fußsohle und Handfläche gleichzeitig gekitzelt, dann wird unser Kleiner überfordert. Nur die Hand reagiert, weil zwei getrennte Reize noch nicht gleichzeitig beantwortet werden können und die obere Körperhälfte besser anspricht. Dafür wirkt es aber besonders niedlich, wenn die Stirn des Kleinen berührt wird, worauf er die Augenbrauen hebt, mit den entstandenen kleinen Runzelfalten auf der Stirn beinahe ärgerlich aussieht und den Kopf etwas zur Seite dreht.

Die Augenlider haben sich in der 9. Woche geschlossen, so daß unser Bild eine tiefe Ruhe ausstrahlt. Aber dann kommen wieder aktive Phasen. Die kräftiger werdenden Bewegungen der Arme wirken jetzt nicht mehr so mechanisch marionettenartig, sondern anmutig und graziös, weil Ellenbogen und Handgelenke unabhängig voneinander bewegt werden können. Bei Berührung der Lippen kann der Kleine den Mund fest verschließen oder die Oberlippe anheben und zu einem »Lächeln« verziehen, was eine Vorstufe des Saugreflexes ist.

Tatsächlich beginnt er jetzt auch Fruchtwasser zu schlucken und mit seinem Mini-Magen-Darm-Kanal aufzunehmen. Selbst die Niere beginnt in der 9. Woche bescheiden zu funktionieren, so daß von Zeit zu Zeit kleine Harnportionen ins Fruchtwasser entleert werden. Das ist kein »stehendes Gewässer«, sondern pro Stunde wird etwa ein Drittel des Fruchtwassers gegen neues ausgetauscht, wobei die ausgeschiedenen Stoffe mit beseitigt werden. Diese Harnproduktion ist nur eine Funktionseinübung. Der Kleine ist noch nicht auf seine Nieren angewiesen, weil diese Aufgaben seine Plazenta mit besorgt.

## Kein Embryo mehr

Was Ihnen die Abb. 4. 27 über die Entwicklung der äußeren Formen zeigte, das soll die Abb. 4. 28 zur Entwicklung der inneren Organe veranschaulichen. Sie zeigt die Längen- und Gewichtsentwicklung des Kleinen während der Schwangerschaft und wann einzelne Organe angelegt werden. Das sind für die jeweiligen Körperregionen besonders empfindliche und störanfällige Perioden. So sehen Sie beispielsweise, daß eine Lippenspalte in der 4. und 5. Woche entsteht, eine Gaumenspalte in der 10. und 11. Woche, falls sich die beiden Gaumenhälften nicht in der Mitte zum Mundhöhlendach verbinden, ein Herzfehler zwischen 3. und 8. Woche.

Man kann nach solchen Tabellen recht gut einordnen, wann irgendwelche schädigenden Einflüsse die normale Entwicklung des Embryos gestört und eventuell zu Mißbildungen geführt haben. Der Zeitpunkt der Schädigung ist für das Krankheitsbild viel bedeutsamer als ihre Ursache, die sich später sowieso nur bei einem Teil der betroffenen Kinder wahrscheinlich machen oder gar nachweisen läßt.

Gegen Ende des 1. Vierteljahres sind jedenfalls alle Organe angelegt; der Kleine ist innerlich genauso vollständig wie äußerlich. Deshalb spricht man nun nicht mehr vom Embryo, sondern nennt ihn Fet (oder Föt). Das ist schon ein recht vollkommenes kleines Wesen, das seine Organe nur noch ausdifferenzieren und ausreifen muß.

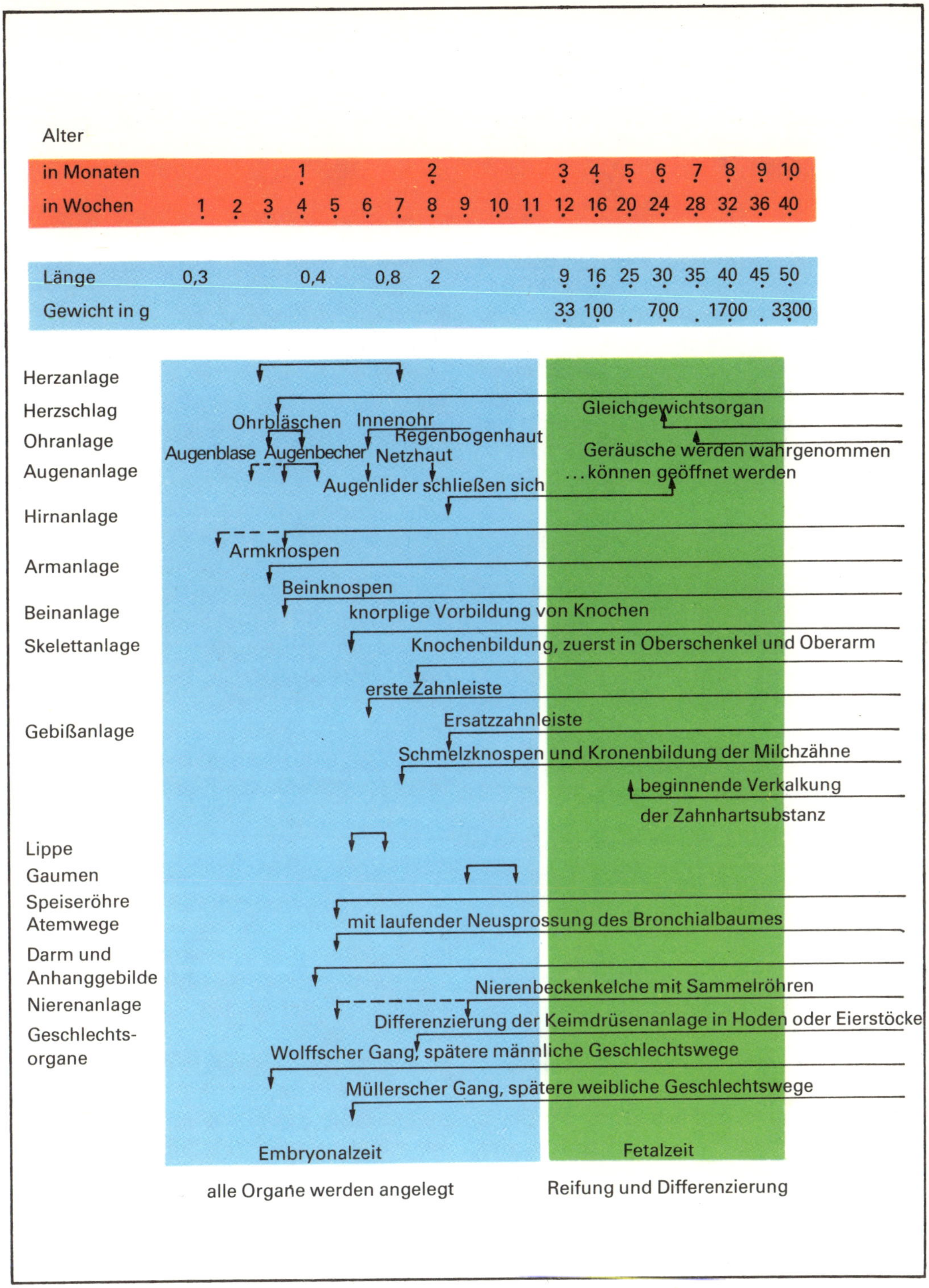


4.28 Wachstum und Entwicklung

## Infektionen in der Frühschwangerschaft

Nach einer ausgedehnten Röteln-Epidemie 1941 in Australien beobachtete der Augenarzt N. Gregg eine auffällige Häufung bestimmter Fehlbildungen an Augenlinse, Herz und Innenohr. Eine bisher harmlose Kinderkrankheit bekam ein neues Gewicht im Hinblick auf die mögliche Gefahr, die sie für den menschlichen Embryo bedeuten konnte. Es dauerte dann zwar noch rund 20 Jahre, bis man die Einzelheiten genauer übersah. Dabei ergab sich auch, daß viele andere Virusinfektionen den Embryo schädigen können, aber trotzdem beunruhigen die Röteln unsere werdenden Mütter am meisten. Das hat wohl zwei Gründe: Diese Krankheit war das erste und anschaulichste Modell, welche das Schädigungsrisiko in der Frühschwangerschaft in die öffentliche Diskussion brachte. Obwohl bei weitem nicht die häufigste Infektion, die für solche Auswirkungen in Frage kommt, ergibt sie aber die höchste Defektrate bei solchen Müttern, die noch keine Röteln durchgemacht haben und deshalb nicht geschützt sind. So melden sich immer wieder erschrockene Schwangere, besonders aus dem Personal von Kindereinrichtungen, wenn das Signalwort Röteln ins Gespräch kommt.

Aber bei allem Ernst dieser Frage sei auf folgende Tatsachen hingewiesen: Röteln sind zwar in einer Epidemie mit hoher Sicherheit zu diagnostizieren, im Einzelfall aber nur mit großer Zurückhaltung, wenn man keine Blutuntersuchungen macht. So wird mitunter etwas voreilig von Röteln gesprochen, wenn rote Flecken auf der Haut erscheinen. Im gebärfähigen Alter sind nur noch etwa 15 Prozent der Frauen für Röteln empfänglich, über 30 Jahre noch weniger, weil sie Röteln durchgemacht und damit Schutz erworben haben – bemerkt oder unbemerkt. Weiterhin bedeuten Röteln in der Umgebung noch keineswegs eine Infektion der betroffenen werdenden Mutter. Die Wahrscheinlichkeit liegt innerhalb der Familie bei 60 bis 80 Prozent, beim Pflegekontakt einer Kinderkrankenschwester oder Kinderpflegerin bei 40 bis 60 Prozent, bei Lehrerinnen in der Schulklasse bei 20 bis 30 Prozent und bei zufälligem Kontakt unter 20 Prozent – vorausgesetzt, daß die werdende Mutter überhaupt noch schutzlos ist. Schon das trifft ja, wie oben gesagt, nur für etwa 15 Prozent von ihnen zu. Werdende Mütter nach dem 4. Monat haben keine Nachteile zu erwarten. In den ersten 6 Wochen ist das Risiko am höchsten, so daß bei gesicherter Diagnose zum Schwangerschaftsabbruch geraten wird.

Ich habe Ihnen deshalb hier so einige Wenn und Aber berichtet, um Ihnen zu zeigen, daß in der Praxis selten ernsthafte Schlußfolgerungen gezogen werden müssen. Zudem kann man einen vorübergehenden Schutz durch Antikörpereinspritzung unmittelbar nach Bekanntwerden eines Rötelnkontaktes vermitteln.

Da in unserer Republik eine Rötelnimpfung für Frauen ohne natürlich erworbenen Rötelnschutz z. Zt. noch nicht allgemein empfohlen wird, haben wir in unserer Kinderklinik alle jungen Schwestern und Fachschulstudentinnen auf Röteln-Antikörper untersuchen lassen und diejenigen geimpft, die offensichtlich noch keinen Rötelnkontakt hatten. Sie müssen allerdings nach der Impfung 3 Monate lang für strikte Empfängnisverhütung sorgen. Seitdem gibt es bei Röteln auf Station keine Unruhe, keine Diskussion und keine Sorgen mehr bei schwangeren Mitarbeiterinnen: Sicherheit statt Wahrscheinlichkeit.

## Fehlgeburten

Bei der angedeuteten stürmischen Entwicklung müssen zahllose Wachstums- und Regelungsvorgänge ganz präzis ablaufen und ineinandergreifen. Verständlich, daß nicht immer alles so klappt, wie es zur Lebensfähigkeit notwendig ist. Die Schwangerschaft wird dann beendet, die Frucht als Fehlgeburt (Abort) ausgestoßen. Das passiert meistens innerhalb der ersten 3 Monate und kann für Eltern, die sich inzwischen auf ihr Kind eingestellt haben, recht enttäuschend sein. Ein schöner Traum findet plötzlich ein unerwartetes Ende. Solche Eltern tröstet vielleicht die Vorstellung, daß die Fehlgeburt nicht nur ein Unglück ist, sondern zum Teil auch ein Regulativ der Natur zur Beseitigung falsch programmierter Ansätze. Bei etwa 60 Prozent der auf natürliche

Weise zustandegekommenen Fehlgeburten finden sich Chromosomenanomalien, für die selbstverständlich keiner etwas kann. Auch die Plazenta weist manchmal Besonderheiten auf, die eine unzureichende Versorgung des Kleinen bedingen.

Aber auch gesunde Embryonen können in den ersten 3 Monaten noch relativ »locker sitzen«. Man wird deshalb nicht gerade Motorrad fahren, Treppen hinunterspringen oder anderen Tätigkeiten und Sportarten nachgehen, die den Leib stärker erschüttern. Heiße Bäder über 37 °C, Massagen oder drastische Abführmittel können die Eingeweide ebenfalls ganz schön mobilisieren.

Blutungen mit oder ohne Schmerzen in der Kreuzgegend oder im Unterleib können Warnzeichen einer drohenden Fehlgeburt sein. Die Plazenta hat sich dann etwas von der Gebärmutterwand abgelöst. Selbst wenn es nur geringfügig oder kurzzeitig blutet, müssen Sie unbedingt Ihren Arzt aufsuchen, der Sie beraten und behandeln wird. Bei stärkeren Blutungen direkt in die nächste Frauenklinik – ohne Umweg! Zunächst ist strikte Bettruhe nötig, und zusätzliche Gaben künstlichen Gelbkörperhormons sollen die Gebärmutter noch sicherer ruhigstellen. Das ist natürlich die Ausnahme, mag aber den Frauen Mut machen, die schon wiederholt Fehlgeburten hatten.

Frau P hatte mit wiederholten Fehlgeburten besonderes Pech, schaffte es aber trotzdem: »Viele Monate mußte ich in der Klinik zubringen. Zuerst war ich recht grillig. Wenn man aber weiß, daß man mit strengem Liegen sehr viel erreichen kann, dann spielt die Zeit keine Rolle. Das große Ziel läßt geduldig werden, auch wenn man bloß so herumliegt. Viele andere werdende Mütter lernte ich in dieser Klinik kennen, die ihre Schwangerschaft nicht austragen wollten. Sie sprachen von den verschiedensten Gründen, die ich zum Teil verstand, zum Teil auch nicht, und keiner hätte ich in ihre Entscheidung hineinreden wollen. Aber in meiner Situation fand ich es so ungerecht, daß viele Kinder nicht geboren werden, die sicher ganz glatt hätten geboren werden können – und andere Mütter haben es so schwer.«

Entwickelt sich jedoch aus den erwähnten Warnzeichen wirklich eine Fehlgeburt, dann wird die Blutung stärker, verbunden mit rhythmischen Zusammenziehungen der Gebärmutter, die den nicht lebensfähigen Embryo ausstößt.

## Wie kann Liebe Ausdruck finden?

Manche Frauen empfinden während der Schwangerschaft stärkeres sexuelles Verlangen als sonst, andere sind unglücklich darüber, daß sie kaum noch Freude am Verkehr haben, ihn eventuell sogar ganz ablehnen. Einstellung zu Schwangerschaft, Kind und Sexualität, wie auch die tiefgreifenden Umstellungen im Körper der werdenden Mutter können solche Bedürfnisse vorübergehend erheblich ändern. Das ist nicht ungewöhnlich. Der Mann wird darauf taktvoll Rücksicht nehmen, sich vielleicht noch einfühlsamer mit behutsamer Zärtlichkeit nähern als sonst und auch bereit sein, sich zurückzuhalten, wenn es ihr zuviel wird.

Andererseits sollte die Frau daran denken, daß sich die sexuellen Bedürfnisse ihres Mannes nicht verändert haben. Falls ihr nicht so zumute ist, wird sie ihn nie schroff abweisen. In geeigneter Form kann sie zum Ausdruck bringen, daß sie ihn wie zu jeder anderen Zeit wünscht und braucht, aber jetzt mehr Bedürfnis nach allgemeiner Zärtlichkeit als nach leidenschaftlichem Beisammensein habe.

Manchmal stehen auch einfach falsche Vorstellungen im Wege, die letztlich beide Partner etwas unglücklich machen können. Die übersprudelnde Freude mancher Frau über das zu erwartende Kind und die liebevolle Zuwendung können beim Mann mitunter ein Gefühl aufkommen lassen, als entstünde ihm hier ein Rivale. Dann kann man rückversichernd auch einmal mit Worten sagen, was vielleicht so selbstverständlich scheint, daß er nach wie vor nicht nur sehr geliebt, sondern auch leidenschaftlich ersehnt wird, und daß dieses Gefühl ganz anders ist als die Zärtlichkeit, die eine Frau für das werdende Kind in ihrem Inneren empfindet.

Andere haben vielleicht in älteren Büchern gelesen, wo unter weltanschaulichen oder hygienischen Begründungen sehr viel mehr

Warnungen und Verbote ausgesprochen wurden, als nach heutiger Erkenntnis wissenschaftlich haltbar sind. Das kann verunsichern.

Frauen mit Neigung zu Fehlgeburten sollten sicherheitshalber in den ersten 4 Monaten Geschlechtsverkehr besonders zu den Zeiten meiden, in denen sonst ihre Regelblutungen fällig gewesen wären. Denn zu diesen Terminen ist die Gebärmutter eher bereit, entsprechend dem »gewohnten Rhythmus« ihren Inhalt auszustoßen. Das gleiche gilt in jedem Falle beim Auftreten von irregulären Blutungen.

Als schonend wird auch sonst angesehen, die Gebärmutter möglichst wenig mechanisch zu reizen, also das Glied weniger tief eindringen zu lassen. Das ergibt sich am zwanglosesten in Seitenlage. Etwa die Hälfte der schwangeren Frauen, die zum sexuellen Höhepunkt (Orgasmus) gekommen sind, spürten beim Verkehr Zusammenziehungen der Gebärmutter. Verschiedene hormonale Wechselwirkungen können dabei den Gebärmuttermuskel aktivieren. Ganz ähnliche Zusammenhänge erhöhen das Risiko einer Frühgeburt. Aber die meisten werdenden Mütter haben ja nicht mit solchen Schwierigkeiten zu rechnen.

Dem zunehmenden Leibesumfang in den letzten Schwangerschaftsmonaten wird die Seitenlage am besten gerecht, bei der die Frau ihrem Mann den Rücken zuwendet. Aber jedes Paar wird gemeinsam seine passendsten und bequemsten Ausdrucksformen finden.

Die erwähnten Einschränkungen im Geschlechtsverkehr bedeuten nicht notwendigerweise ein Entbehren der sexuellen Gemeinschaft. Die Samenentleerung kann durch intensives Liebesspiel auch außerhalb des weiblichen Körpers geschehen, falls erwünscht. Wenn die Frau das intime Zusammensein nach ihren Wünschen lenkt und nicht nur die Initiative ihres Mannes erwartet, wird das leichter sein. Es wäre doch schade, wenn einem Paar durch die Schwangerschaft etwas von seiner ursprünglichen freudigen Gelöstheit verlorenginge.

Abschließend sei noch auf besonders sorgfältige Körperpflege mit Wasser und Seife hingewiesen, um nicht Fremdkeime in die Scheide zu bringen, die dann nach Geburtsbeginn aufsteigend die inneren Geschlechtsorgane infizieren könnten. Dieses Infektionsrisiko ist oft überschätzt worden. Aber wenigstens in den letzten 3 Wochen sollte Geschlechtsverkehr unterbleiben, um entzündlichen Komplikationen nach der Geburt vorzubeugen. Die aufgelockerten Scheidenwände sind zu dieser Zeit auch recht empfindlich geworden. Alle Möglichkeiten des Zusammenseins sind letztlich eine Frage gegenseitiger vernünftiger Anpassung an vorübergehend veränderte Umstände.

## Mädchen oder Junge?

Das möchten viele Eltern gern vorher wissen, obwohl es im Grunde genommen keine Rolle spielen sollte. Darüber wurde auch längst entschieden, nämlich bereits zum Zeitpunkt der Befruchtung. Wenn Sie sich noch einmal in Abb. 3.5 die menschliche Chromosomenausstattung ansehen, dann finden Sie unter den 23 Paaren eines, das u. a. für die Festlegung des Geschlechts zuständig ist. Man hat international festgelegt, solche Geschlechtschromosomen mit den Buchstaben X und Y zu bezeichnen.

Bei jeder weiblichen Körperzelle besteht dieses Paar aus zwei X-Chromosomen, bei jeder männlichen Körperzelle aus je einem X- und einem Y-Chromosom. Halbieren die Keimzellen während der zweiten Reifeteilung ihren Chromosomensatz, gelangt natürlich in jede Keimzelle auch nur ein Geschlechtschromosom. Abb. 4.29 zeigt, daß die mütterliche Keimzelle dann stets die Ausstattung 22 Körperzellen + X hat, während die väterlichen Keimzellen 22 + X oder 22 + Y haben können. Es gibt also mädchenerzeugende und knabenerzeugende Spermien. Bringt die zur Befruchtung gelangende männliche Keimzelle ein X mit, so wird ein Mädchen entstehen, bringt sie ein Y-Chromosom mit, dann wird ein Knabe entstehen. Das Geschlecht wird also eindeutig durch die väterliche Keimzelle bestimmt und nicht durch die mütterliche. Wir sagen das deshalb so deutlich, weil sich manche Väter ihre Enttäuschung sehr anmerken lassen, falls das Geschlecht des Kindes nicht ihren Erwartungen entspricht. Enttäuschte Mütter gibt es seltener. Sie stellen sich in der Regel auch viel schneller auf die Tatsache ein. Deshalb geben manche Entbindungskliniken dem anrufenden Vater auch keine telefonische Auskunft darüber, ob er eine Tochter oder einen Sohn bekommen hat, sondern nur darüber, wie sich Mutter und Kind befinden. Man erlebt nämlich mitunter, daß die erste Information über sein Kind den interessierten Fragesteller am anderen Ende des Drahtes plötzlich verstummen und dann den Hörer verärgert auflegen läßt. Nicht gerade taktvoll gegenüber seiner Frau, die gerade ihre Geburtsarbeit bewältigt hat und für dieses Ergebnis nun wirklich nicht verantwortlich ist. Der Vater kann natürlich auch nichts dafür, obwohl seine Keimzelle das Geschlecht bestimmt. Ob aus dem großen Spermienangebot eine Keimzelle mit X oder Y letztlich die Eizelle erreicht, bleibt dem Zufall überlassen. Trotzdem taucht immer wieder einmal die Frage auf:

## Läßt sich das Geschlecht willkürlich beeinflussen?

Die meisten Ratschläge, die dafür im Umlauf sind, halten einer wissenschaftlichen Kritik nicht stand. Deshalb brauchen wir sie gar nicht zu erwähnen. Tatsache ist aber, daß Y-Spermien etwas kleiner sind als die X-Spermien und etwas schneller auf ihrer langen Wanderung zur Eizelle vorankommen. So werden auf 100 Mädchen 105 Knaben geboren. Dieses Verhältnis hat sich früher ausgeglichen durch

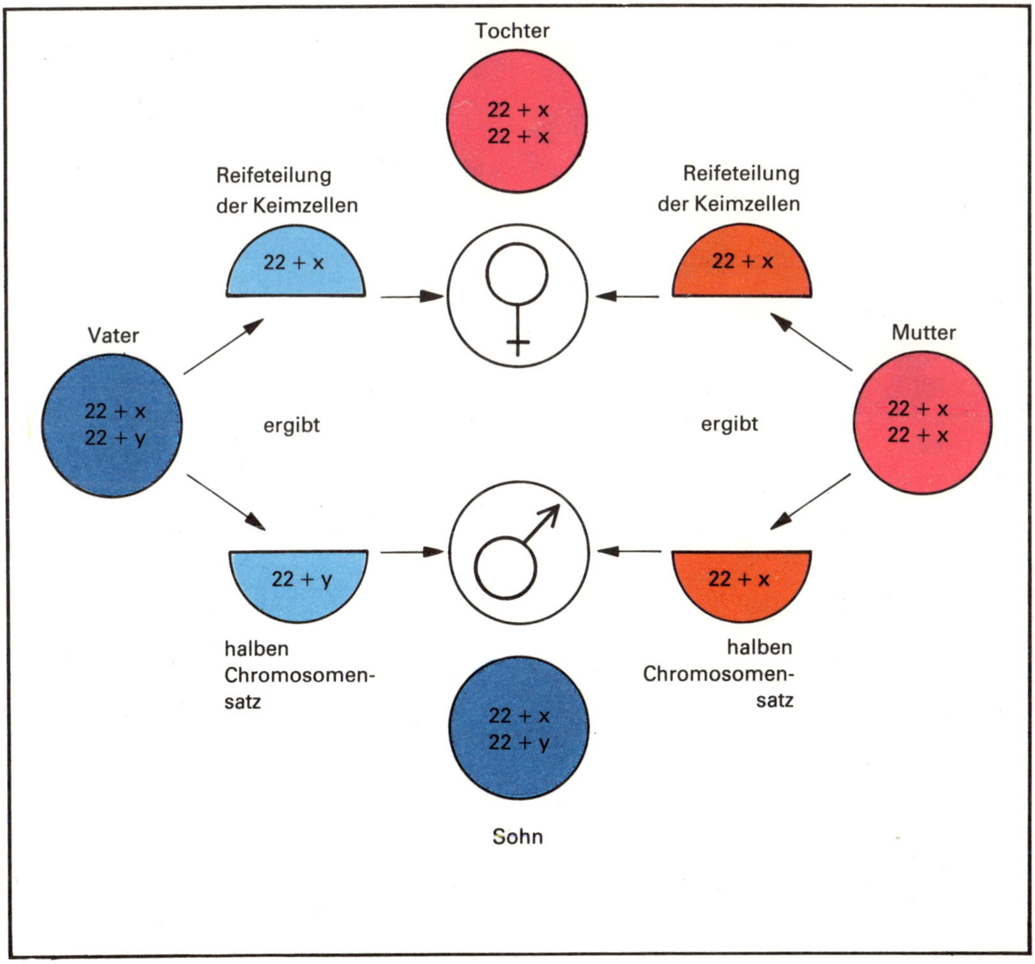


4.29 Wie Chromosomen bestimmen, ob Mädchen oder Junge entsteht

eine geringere Widerstandskraft des »starken Geschlechts«. Der heutige Stand der medizinischen Kinderversorgung hat die höhere Knabensterblichkeit überwunden, so daß ein gewisser Knabenüberschuß bestehen bleibt. Entsprechende soziale Folgen deuten sich an: Statistisch gesehen haben es heute junge Männer schwerer, eine Partnerin zu finden, als umgekehrt.

In der Tiermedizin hat man die unterschiedliche Größe der Spermien ausgenutzt, sie labormäßig durch Zentrifugieren zu trennen, weil man im Interesse rationeller Tierproduktion mehr an weiblichen Nachkommen interessiert ist. Da die künstliche Samenübertragung aus züchterischen Gründen sowieso in größerem Umfang üblich ist, steht einem solchen Verfahren außer den technischen Problemen nichts im Wege. Tatsächlich erreicht man damit einen größeren Anteil weiblicher Nachkommen als auf natürliche Weise, wenn auch nicht ausschließlich. Für den Menschen wird ein solches Verfahren – obwohl prinzipiell möglich – nicht zugänglich werden. Und sicher sind Sie auch damit einverstanden.

## Bis wirklich ein Mädchen oder ein Junge entstanden ist

Ein langer und komplizierter Weg bleibt allerdings noch bis dahin. Im Körperbau des Embryos werden zunächst die Organanlagen für beide Geschlechter vorgesehen. Die eben besprochene Festlegung des *Chromosomengeschlechts* ist nur der erste Schritt. Er veranlaßt, daß sich die ursprünglichen Keimdrüsenanlagen entweder zu Hoden oder zu Eierstöcken entwickeln, bestimmt also das *Keimdrüsengeschlecht.* Die Keimdrüsen entscheiden dann mit ihren Geschlechtshormonen, die sie in den Blutkreislauf schicken, welche geschlechtlichen Organanlagen weiter entwickelt werden. Jeder männliche Organismus hat also auch ein bißchen Weiblichkeit in sich und jeder weibliche ein wenig Männlichkeit. Der Organisation der inneren Geschlechtsorgane schließt sich ab 3. Schwangerschaftsmonat die Formung der äußeren Geschlechtsorgane an.

Als dritten Entwicklungsschritt hat man die Formung des *seelischen Geschlechts*, also der späteren Erlebnisweise, nachweisen können. Im 4. bis 6. Schwangerschaftsmonat formieren sich die Sexualzentren im Zwischenhirn. Das in geringen Mengen gebildete Hodenhormon programmiert in dieser »kritischen Formierungsperiode« auf spätere männliche Reaktionsweise. Fehlt es, so wird unabhängig vom Chromosomengeschlecht auf spätere weibliche Reaktionsweise eingestellt. Diese »Uhr«, die im mittleren Schwangerschaftsdrittel so eingestellt wird, fängt natürlich erst in der Pubertät an zu ticken, wenn geschlechtliche Wünsche und entsprechende Erlebnisfähigkeit stärker hervortreten.

Die Geschlechtsrolle, die ein Mensch in der Gesellschaft einnimmt, ist natürlich nicht nur biologisch bestimmt. Nach der Herausbildung der hirnorganischen Grundlagen des seelischen Geschlechts bleibt als vierte und letzte Stufe der Geschlechtsdifferenzierung des einzelnen Menschen zum Mädchen oder Jungen, zur Frau oder zum Mann die *Erziehung*! Umwelteinflüsse und Erfahrungen formen bewußte und unbewußte Einstellung zu sich selbst und zu anderen. Und hier kann je nach den herrschenden gesellschaftlichen Verhältnissen die Auffassung darüber recht unterschiedlich sein, was sich für eine Frau oder einen Mann »gehört«, welches Verhalten man von ihnen erwartet, was man überhaupt unter männlich oder weiblich versteht. Manche Eltern stören diesen letzten Entwicklungsschritt der geschlechtlichen Rollenfindung ihres Kindes, wenn sie in übertriebener Weise ein Mädchen als Jungen herausputzen und erziehen oder umgekehrt. Das kommt heutzutage selten vor, weil viele soziale Unterschiede in der Stellung weiblicher und männlicher Personen unbedeutend geworden sind. Aber zum besseren Verständnis der individuellen Entwicklung ist es schon erwähnenswert.

## 4. bis 6. Monat

Anfang des 4. Monats beginnt die Gebärmutter über den Oberrand des knöchernen Beckenringes (Schambein) hinauszuwachsen. Der Mutter ist also äußerlich noch nichts anzusehen. Die bei manchen Müttern auftretenden Anpassungsschwierigkeiten mit Übelkeit oder gar Erbrechen sind verschwunden. Das Umstellen auf die neuen Anforderungen ist verkraftet. Es geht den Müttern gut. Sie fühlen sich in dieser Zeit meist besonders wohl.

## Erste fühlbare Bewegungen

Obwohl der kleine Fet erst um 150 g wiegt und etwa 20 cm lang ist, werden seine Bewegungen jetzt so kräftig, daß eine aufmerksame Mutter spürt, daß sich in ihrem Leib etwas regt. Das ist so neu und zart, daß sie erst beim zweiten Kind schon im 4. Monat darauf aufmerksam wird, während der ersten Schwangerschaft meist später, in der Mitte des 5. Monats. Damit wird das Kind für viele »leibhaftiger«. Für manche junge Mutter ist das eine so drollige Erfahrung, daß eine Studentin mitten im Unterricht laut loslachte. Der Lehrer war verblüfft und bat um eine Erklärung: »Ich bin von jemandem getreten worden ...«

So wie die Mutter erhält auch das werdende Kind auf diese Weise seine ersten Tastinformationen, unterschiedliche Reize auf Haut, Gelenke und Muskeln. Schon im 2. und 3. Monat erreichten Nervenbahnen aus dem Rückenmark herauswachsend Muskeln und Haut. Berührungsreize können von dieser Zeit an mit automatischen Bewegungen im Sinne eines Reflexbogens beantwortet werden. Sie sind noch nicht koordiniert, weil die von den motorischen Nervenzellen ausgehenden Bewegungsimpulse anfangs über weite Teile des Rückenmarks ausstrahlen, so daß der ganze Körper mitreagiert (Massenbewegungen). Aber schon ab Ende des 4. Monats beginnt ein Reifungsprozeß im Nervensystem, der viele Jahre dauern wird: Die Nervenzellen strecken Fasern aus, die sich in zunehmendem Maße zu einem immer dichter werdenden Netz verbinden. Der ganze Organismus wird auf diese Weise zur Informationsverarbeitung »verkabelt«. Stück für Stück werden dann die Teile des Nachrichtennetzes, die funktionstüchtig werden müssen, mit einer weißlichen Isolierschicht aus fettähnlichen Stoffen, den sogenannten Markscheiden, umgeben. Auf diese Weise hat man sehr genau erforschen können, zu welchen Zeiten bestimmte Organleistungen möglich werden. Die Kleinen können es ja noch nicht erzählen.

## Persönliches Lernen beginnt lange vor der Geburt

Die angedeuteten Leistungen verwirklichen sich nicht von selbst, allein aus der Erbinformation. Der kleine Heranwachsende braucht die Tast- und Berührungsreize und später ungezählte weitere Eindrücke, weil die Übertragung von Informationen die Reifung von Nerven und Nervenverbindungen fördert, wahrscheinlich sogar auslöst. So formen schon in der Gebärmutter Umwelteinflüsse in hohem Maße das Zentralnervensystem, eine Tatsache, die für die spätere Entwicklung von nicht zu unterschätzender Bedeutung ist. Solche Kinder werden erheblich benachteiligt, die bestimmte Entwicklungsreize aus ihrer Umwelt nicht zu den Zeiten erhalten, wo sie diese brauchen. Wir werden darauf wiederholt zurückkommen müssen. Betrachten wir vor diesem Hintergrund noch einmal die Bewegungen während der Schwangerschaft:

Mit Armen und Beinen stößt der Kleine an die Wand seiner Behausung, so daß er in der Flüssigkeit frei hin- und herschwebt. Noch ist ja viel Platz. Er kann sogar regelrecht Purzelbäume schlagen, so wie es uns die Kosmonauten im Zustand der Schwerelosigkeit in ihrer Raumkapsel vorgeführt haben. Bestimmt erinnern Sie sich an solche Fernsehberichte. Ab 6. Monat nimmt das Gleichgewichtsorgan des Innenohres Informationen über Lageveränderungen des Fetus im Fruchtwasser auf. Er kann von da an bestimmte Lagen bevorzugen. Es gibt »Schlaf- und Wachzeiten«, Schrei- und Saugbewegungen, ja mitunter sogar Schluckauf, so spaßig das klingen mag. Die kleinen Hände können im 5. bis 6. Monat schon so fest zufassen – falls ein dünner Gegenstand die Handflächen berührt –, daß sie für kurze Zeit beinahe das ganze Körpergewicht halten können. Im 6. und 7. Monat wird der Griff sogar fester als beim reifen Neugeborenen. Sobald die Hände das Gesicht erreichen, gerät auch gelegentlich der gut entwickelte Daumen in den Mund für eine Lektion Lutsch- und Saugübung (Abb. 4.30). Schließlich braucht man das eines Tages! Jener noch ferne Geburtstag X wird dann auch viele kleine unsichtbare Feinde an den zarten Organismus heranlassen.

4.30 21 Wochen alt, 26 cm lang

## Infektabwehr

Der Fet hat schon ab Ende des 4. Monats sein Abwehrsystem so weit funktionstüchtig, daß ab 20. Woche Schutzstoffe (Immunglobuline) in geringen Mengen nachweisbar werden. Bei einer Infektion in der Gebärmutter kann diese Produktion zur Selbstverteidigung deutlich ge-

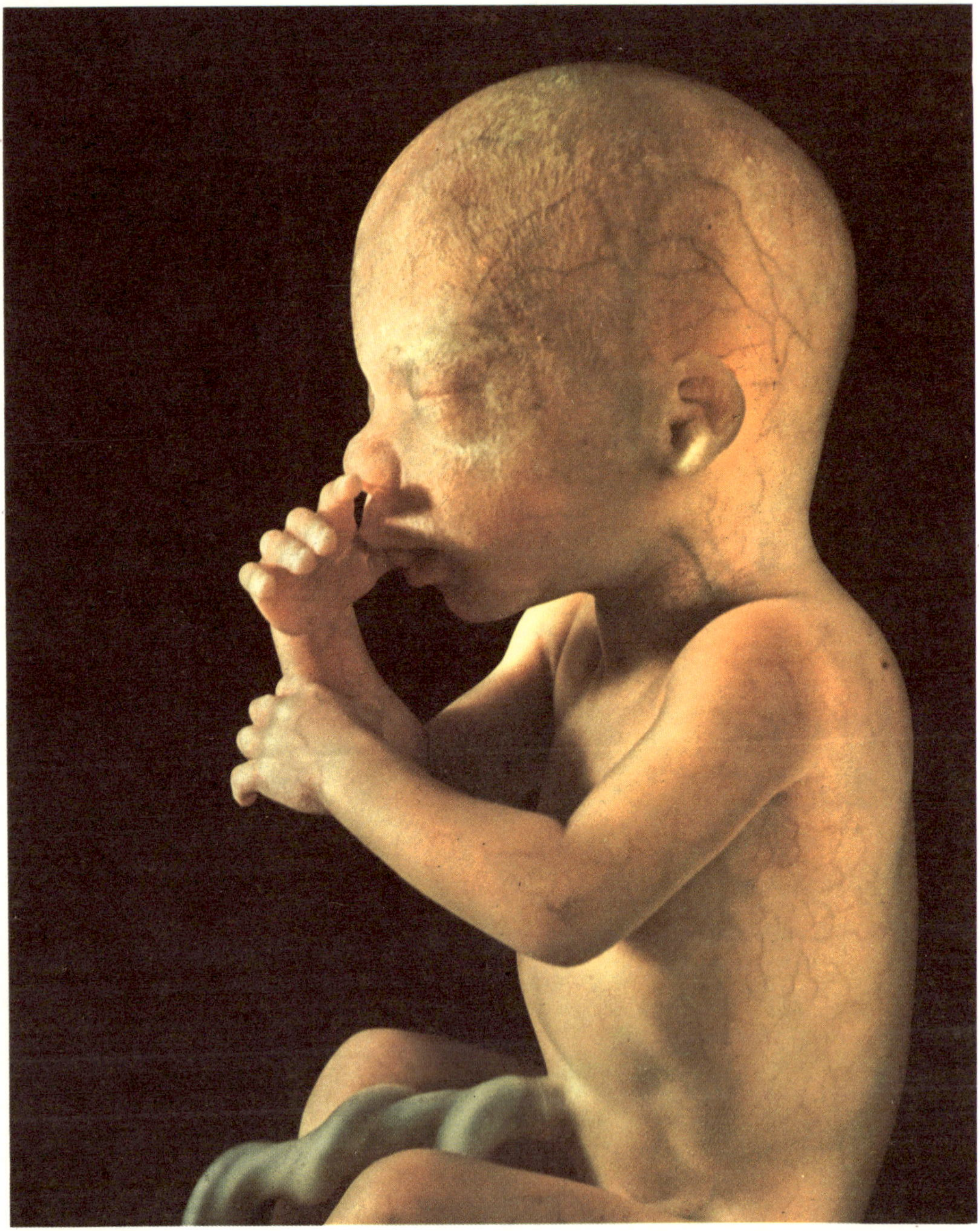

steigert werden, so daß man nach der Geburt im Nabelschnurblut eine durchgemachte Infektion nachweisen und entsprechend handeln kann. Aber darüber hinaus stattet die Mutter im letzten Drittel der Schwangerschaft ihr Kind noch mit einer kräftigen Gabe an Immunglobulinen der Gruppe G für die ersten Lebenswochen nach der Geburt aus (Abb. 4.31). Die etwas größeren Immunglobuline der Gruppen A und M können die Plazenta nicht durchwandern, sind aber genauso wichtig. Sie werden in hoher Konzentration durch die Muttermilch vom ersten Anlegen an ergänzt (s. S. 163). Das Kind wird also nicht schutzlos der Außenwelt übergeben, wenn auch die volle Entwicklung des Abwehrsystems über das 3. Lebensjahr hinaus dauert.

4.31 Infektionsschutz des Kindes
rote Kurve = von Mutter auf Kind übergegangene Schutzstoffe (Immunglobuline), deren Nachschub bei Geburt wegfällt, so daß sie nach wenigen Wochen verbraucht sind; blaue Kurven = vom Kind selbst gebildete Schutzstoffe (Immunglobuline G, M und A), deren Produktion erst allmählich in Gang kommt (modif. nach Alford)

## Womit Sie rechnen müssen

### Kleider werden eng

Manche Frauen erhalten ihre vorhandene Garderobe noch für eine Weile brauchbar, indem sie den Bund etwas weiter machen, Abnäher auftrennen, Seitennähte auslassen. Eine über statt im Rock getragene Bluse oder ein weiter Pullover wirken gefälliger als etwas Anliegendes. Aber weit kommen Sie damit nicht, weshalb viele diese Mühe meiden und gleich auf 1 bis 2 neue, den Umständen angemessene Kleidungsstücke zusteuern. Der Kleine verlangt zunehmend mehr Platz, der Leib rundet sich allmählich. Auch Außenstehende bemerken, was sich tut, und nehmen Anteil. Die im Handel angebotene Garderobe für werdende Mütter oder entsprechende Schnittmusterbogen oder Schnitte zum Selbernähen sind über das Zweckmäßige hinaus auch recht ansprechend geworden. Werdende Mütter und Modefachleute sagten mir, daß folgende Tendenzen die Gemüter bewegen.

Die früheren Wickelkleider sind weitgehend

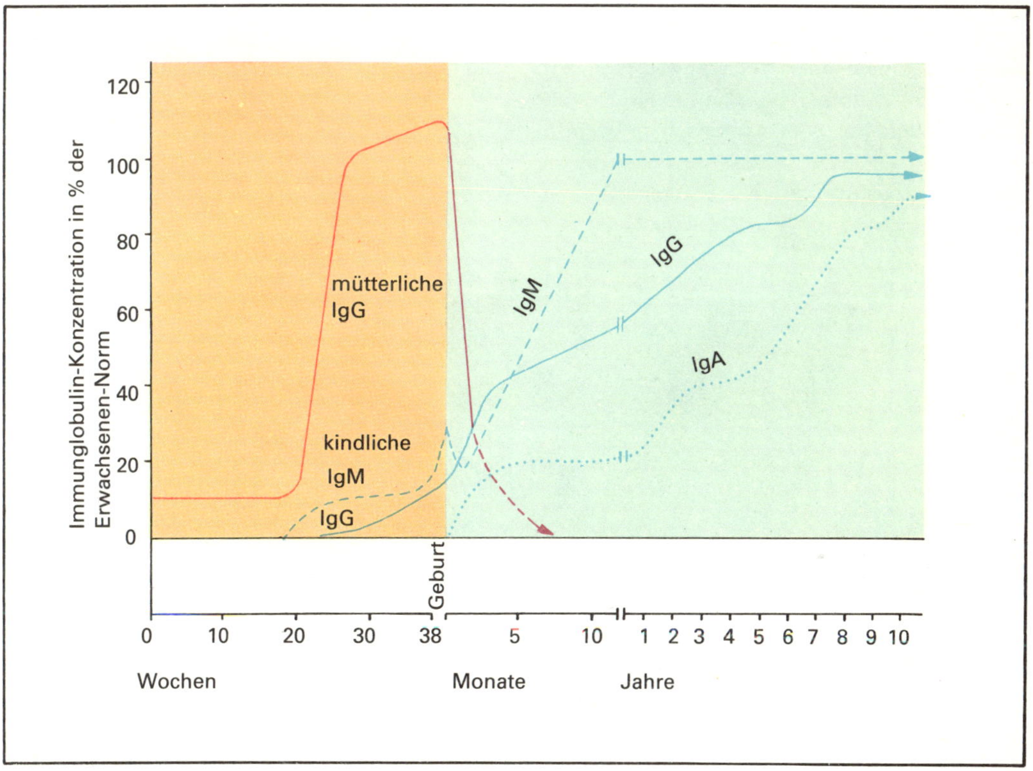

in den Hintergrund getreten gegenüber relativ schmal gehaltenen Erweiterungsröcken und Erweiterungshosen, über die weite Kittelblusen mit gesäßbedeckender Länge lose getragen werden (Abb. 4.32). Für ohnehin fülliger gebaute Frauen bietet sich eher ein durchgehend geschnittenes Umstandskleid an. Praktisch ist ein Kleiderrock, weil unter ihm alle vorhandenen Blusen oder Pullover getragen werden können. Ein Bindegürtel unter der Brust oder auch Gürtel, die von der Seitennaht ausgehen und im Rücken gebunden werden, läßt die Bauchform stärker hervortreten. Kleider, bei denen in der vorderen Mitte eine Knopfleiste oder ein Reißverschluß die Fläche des Leibes mit optisch streckender Wirkung teilt, haben auch noch für die Stillzeit praktischen Wert.

Manche werdende Mütter haben das Bedürfnis, mit solcher Linie der Bekleidung die Schwangerschaft unauffälliger zu machen. Sie unterstützen diese Bemühungen, indem sie durch Längsstreifen, eine betont gestaltete Halspartie und eine gepflegte Frisur, durch Schmuckelemente und dezentes Make-up die Aufmerksamkeit mehr nach oben lenken. Andere haben diesen Wunsch weniger. Sie kokettieren sogar ein bißchen mit ihrem Leib. Mit Stolz könne man doch zeigen, was man hat. Eine dritte Gruppe von Schwangeren sieht Umstandskleidung vom ästhetischen Empfinden her einfach als angemessene Form für die größere Körperfülle. Auch nicht schwangeren dickeren Frauen steht eine locker fallende Bekleidung besser als eine anliegende, die Form betonende. Wählen Sie ruhig eine Begründung, die Ihnen sympathisch ist, und eine Garderobe, die Ihnen neben der Zweckmäßigkeit auch gefällt.

## Freude an schöner Kleidung auch unter »anderen Umständen«

Einige technische Hinweise mögen Ihnen die Wahl erleichtern. Festes Material modelliert

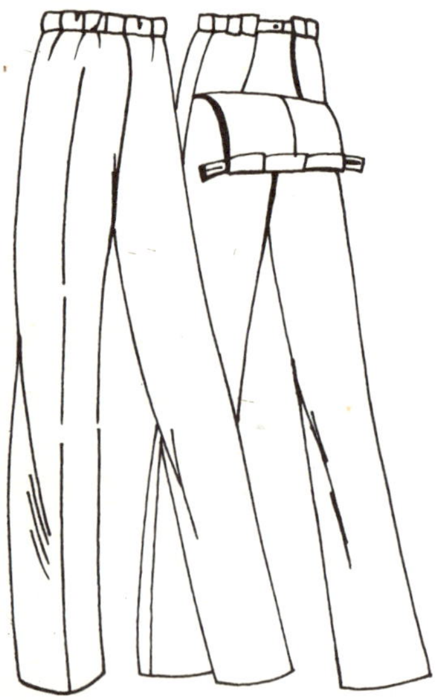

4.32 Umstandsrock und -hose
Erweiterungshose. Den hinteren Hosenteilen wird oben an der rechten und an der linken Seite ein breiter, nach unten abgerundeter Untertritt angenäht. Oben wird ein Zugsaum angebracht, in den Lochgummi eingezogen wird, den man vorn, der entsprechenden Weite angepaßt, mit einem Doppelknopf verschließt. Durch den Zugsaum am oberen (losen) vorderen Hosenteil wird ebenfalls Gummiband eingezogen, an dessen Enden Stofflaschen angenäht sind, die dann seitlich aufgeknöpft werden können.
Erweiterungsrock. Dem hinteren Rockteil, das man mit einer einseitigen oder doppelseitigen Gehfalte versieht, wird ebenfalls rechts oder links ein breiter, unten abgerundeter Untertritt angearbeitet. Oben wird ein Stoffbund angenäht, der vorn an beiden Enden mit je einem Schürloch versehen wird. Der Bund wird mit einem 1 Meter langen Bindeband zusammengehalten. Das vordere Rockteil erhält oben einen Zugsaum, in den man Lochgummi einzieht. Dessen Enden sind in Stofflaschen gefaßt, die hinter den Seitennähten auf den Bund knöpfen.

die Körperformen weniger als fließende Stoffe. Knitterarme Textilien behalten leichter ihr gepflegtes Aussehen, sind aber etwas teurer. Baumwoll-, Leinen- oder leichte Wollstoffe sowie Mischqualitäten von Kunst- und Naturfasern sind angenehmer zu tragen als vollsynthetisches Material, weil sie die Haut besser belüften und Feuchtigkeit aufnehmen. Das ist bei dem regeren Stoffwechsel während der Schwangerschaft mit vermehrtem Wärmegefühl und stärkerem Schwitzen noch wichtiger als sonst. Ist doch die Haut für die Wärmeregulation unser »Sicherheitsventil«, das in seiner Funktion nicht behindert werden darf.

Bei der Farbwahl ist zu bedenken, daß manche Frauen besonders in den letzten Schwangerschaftsmonaten angestrengt und blaß aussehen. Sehr helle wie auch dunkle Farben lassen ein blasses Gesicht noch blasser erscheinen, kalte Farben stärker als warme Töne. Das läßt sich am besten vermeiden durch freundliche, klare Farben mittlerer Intensität. Dabei sind kleine, auch längsbetonte Muster vorteilhaft.

Wer seine Umstandskleidung selbst schneidert, muß wissen, daß in den letzten Wochen der Taillenumfang über 100 cm beträgt. Die Kleidung sollte in ihrer Taillenweite deshalb auf 120 bis 130 cm bemessen sein, damit sie auch kurz vor der Entbindung noch schön lokker um den Körper liegt. Und neben dem Bauch nimmt auch die Oberweite zu!

Vielleicht helfen Ihnen diese Hinweise bei der Wahl, wie Sie sich kleiden wollen. Die meisten werdenden Mütter stehen bis zum Schwangerenurlaub im Beruf und allgemein sehr viel stärker in der Öffentlichkeit, als das früher im Durchschnitt der Fall war. So spielt heute vorteilhafte Kleidung tatsächlich eine größere Rolle. Es ist wohl übertrieben, aber nicht ganz von der Hand zu weisen: Kleider machen Leute. Und das Gefühl, nett angezogen zu sein, kann auch über manches Unbehagen körperlicher Belastung hinweghelfen.

## »Schönheitsfehler« an Haut und Haaren

Farbstoffeinlagerungen in der Haut können stellenweise zu mehr oder weniger starker Braunfärbung führen, wozu dunkelhaarige Frauen mehr neigen als blonde. Bauch, Brustwarzen und Gesicht werden vorwiegend betroffen. Nach der Geburt bildet sich alles wieder zurück. Sollten Sie die Flecken im Gesicht stören, dann mit einem Make-up abdecken. Keine Bleichversuche machen! Schwangerschaftsstreifen im Bereich von Bauch, Hüften und Brust sehen zunächst in ihrer roten Farbe schlimmer aus als sie sind. Später verblassen sie zu recht unscheinbaren Dehnungsnarben. Sie lassen sich nicht sicher vermeiden, sollen aber seltener auftreten, wenn man die gefährdeten Stellen mit etwas Öl täglich zweimal massiert. Dabei ist das kräftige Durcharbeiten der Haut mit kreisenden Handbewegungen das Entscheidende, Öl dient nur als Gleitmittel.

Ab 6. Monat beginnt die Brust etwas Flüssigkeit abzusondern, die zu Krusten eintrocknet, unter denen bei mangelhafter Pflege entzündliche Veränderungen entstehen können. Deshalb täglich Brustwarzen und Umgebung mit kaltem Wasser und rauhem Waschlappen oder mit weicher Bürste abreiben. Das macht die Brustwarzen unempfindlicher und die Mutter auch – eine abhärtende Vorbereitung auf das Stillen.

Das Haar bekommt auch andere Eigenschaften. Bei manchen Frauen sitzt es besser als zuvor, andere bekommen Mühe, das Haar zu bändigen. Je nach Hauttyp und Haartyp kann es fettiger oder spröder werden als zuvor. Manchmal zeigt sich sogar Haarausfall, der nach der Geburt wieder verschwindet.

## Krampfadern

Sie treten nicht nur, aber besonders häufig während der Schwangerschaft auf, weil die wachsende Gebärmutter den Blutrückfluß durch Druck auf die großen Gefäße im Becken behindern kann. Die allgemeine Auflockerung der Körpergewebe durch Schwangerschaftshormone und eine gewisse Blutstauung in Beinen und Beckengegend können zum Nachgeben der Gefäßwände führen. So entstehen dann mitunter Venenerweiterungen, die als blaue Verdickungen unter der Haut der Beine sichtbar werden, aber auch um Scheideneingang oder After (Hämorrhoiden) recht unangenehm und schmerzhaft werden können. Ihr Frauenarzt wird Sie beraten, wie Sie am besten über diese Schwierigkeiten hinwegkommen.

Unabhängig von Stützstrümpfen und anderen Hilfsmitteln hat die Beinmuskulatur eine rückflußfördernde Pumpwirkung auf die Beinvenen – natürlich nur, wenn sie arbeitet. Laufen hilft also, solchen Beschwerden vorzubeugen. Stehen und Sitzen begünstigt sie aus rein mechanischen Gründen. Deshalb nehmen Sie sich jeden Tag Zeit für ausgiebigere Spaziergänge, die auch ganz allgemein Ihrer Gesundheit und Leistungsfähigkeit dienlich sind. Als Trost schließlich noch ein Hinweis, daß sich die erwähnten Veränderungen und Beschwerden nach der Entbindung weitgehend zurückbilden, weil ja das Rückflußhindernis für den Blutstrom wieder wegfällt.

## Geschwollene Füße

Sie können auch ein Zeichen solcher Belastung sein. Dann legt man sich zwischendurch hin, am besten die Beine noch etwas höher als das Becken, um die Abflußbedingungen zu erleichtern. Die Füße sind spätestens nach der Nachtruhe wieder normal. Sind sie aber auch morgens geschwollen, ist umgehende Vorstellung beim Frauenarzt nötig, weil dann eine Nierenstörung vorliegen kann, die unbehandelt böse Folgen für Mutter und Kind haben könnte.

## Kreuzschmerzen

Abb. 4.33 verdeutlicht Ihnen, wie mit zunehmender Größe von Kind und Gebärmutter die Frau immer mehr nach vorn belastet wird. Sie versucht das durch zunehmendes Hohlkreuz auszugleichen, was den »stolzen« Gang der Schwangeren ergibt. Diese Haltung der Wirbelsäule ist ebenso ungewohnt wie die vermehrte Belastung der Rückenmuskulatur dabei. Auflockerung der festen Gelenkbänder kommt hinzu. All das kann zu Kreuzschmerzen führen. Sie lassen sich wirksam bekämpfen, wenn man durch regelmäßige geeignete Gymnastik (s. Kapitel 5) und andere freie Körperbewegungen den Rücken schön locker und beweglich erhält. Eine relativ feste Matratze bekommt dem Rücken besser als eine weiche. Nur ganz selten muß ein Stützmieder verordnet werden.

Rückenschmerzen lassen sich erheblich verschlimmern durch Bewegungsmangel und Schuhe mit hohen Absätzen. Solche Schuhe erzeugen schon ohne Schwangerschaft eine stärkere Hohlkreuzbildung (Abb. 4.34), die dann zur schwangerschaftsbedingten hinzukommt und die Beschwerden entsprechend vergrößert. Außerdem wird das Körpergewicht mit zunehmender Absatzhöhe immer mehr auf den Vorderfuß verlagert, so daß daraus schließlich Fußbeschwerden entstehen können. Als goldenen Mittelweg benutzen Sie deshalb in der zweiten Schwangerschaftshälfte nur Schuhe mit einer Absatzhöhe bis zu 3 cm.

## Trägheit?

Besonders aktive und vielseitig interessierte Frauen stellen zum Teil mit gewisser Sorge fest, daß sie nicht nur körperlich, sondern auch geistig langsamer geworden sind. Der Organismus konzentriert seine Energie zunehmend

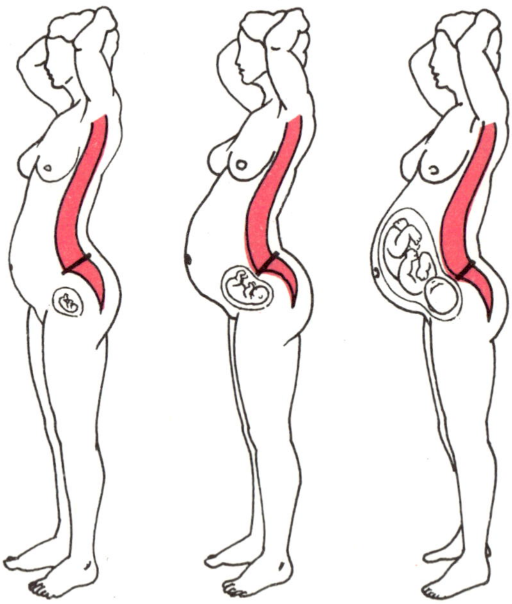


4.33 Haltungsentwicklung während der Schwangerschaft

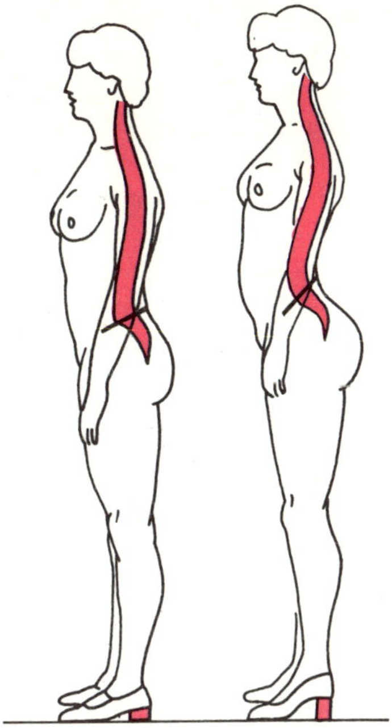

4.34 Auswirkungen hoher Absätze auf Hohlkreuz bzw. Gesamthaltung

auf die Schwangerschaft, so daß eigentlich selbstverständlich weniger Leistungsfähigkeit nach außen hin zur Verfügung bleibt. Das Gelbkörperhormon, dessen beruhigende Wirkung auf glatte Muskulatur der Bauchorgane wir schon erwähnten, wirkt auch seelisch als natürliches Beruhigungsmittel. Finden Sie sich damit ab. Träumen Sie auch einmal gelassen vor sich hin. Ihre vorherige Lebendigkeit gewinnen Sie nach der Geburt und der ersten Erholungszeit wieder zurück.

## Reisen und Urlaub

Viele möchten ungern darauf verzichten. So weit möglich, plant man eine Urlaubsreise zwischen dem 4. und 7. Schwangerschaftsmonat, weil sich werdende Mütter dann am wohlsten fühlen. Die Anpassungsschwierigkeiten sind überstanden, die Belastung der letzten Zeit noch kein Problem.

Nutzen Sie in erster Linie Erholungsmöglichkeiten in der näheren Umgebung des Wohnorts. Es gibt dort in der Regel genügend Voraussetzungen für Bewegung im Freien, zum Spazierengehen, Wandern und Schwimmen. Im Wasser fühlen sich fortgeschrittene werdende Mütter recht wohl, weil der Auftrieb im Wasser die körperliche Last mit trägt und so freie Bewegung ermöglicht. Natürlich darf man nicht frieren und sollte in Ufernähe bleiben, denn während der Schwangerschaft besteht größere Neigung zu Wadenkrämpfen.

Wenn unaufschiebbare längere Reisen oder Aufenthalt in großen Höhen (Hochgebirge) mit wesentlich anderen Klimabedingungen bevorstehen, lassen Sie sich bitte auch vom gesunden Menschenverstand leiten oder besprechen Sie das vorher mit Ihrem Frauenarzt. Sehr viel läßt sich ermöglichen. Auch Flugreisen sind im Prinzip heute kein Problem mehr, da die modernen Maschinen mit Druckkabinen ausgestattet sind. Aber es wäre doch eine unangenehme Überraschung, weit entfernt von zu Hause in einem fremden Krankenhaus zur Entbindung zu kommen oder auch zu einer Fehlgeburt.

## 7. bis 9. Monat

Das ist die Zeit der letzten Vorbereitungen auf ein Leben in der Außenwelt. Der Kleine wiegt am Anfang des 7. Monats um 700 g und ist an sich schon lebensfähig. Zu früh geborene Kinder dieser Größenordnung wurden schon erfolgreich großgezogen. Aber die Überlebenschancen sind bei der hochgradigen Unreife trotz aller Bemühungen nocht recht gering. Die Frühgeborenen ermöglichten jedoch, vieles von dem besser kennenzulernen, was in der Gebärmutter ungleich schwerer zugänglich ist.

## Er hört und reagiert

Mit 27 bis 28 Wochen beginnt das Hörorgan zu funktionieren. Geräusche werden wahrgenommen, und es ist ja in der Gebärmutter viel lauter, als wir von unserer gewohnten Außenwelt her ahnen: Darmgeräusche, Herzschlag der Mutter und Strömungsgeräusche aus den großen Blutgefäßen, die fortgeleitete mütterliche Stimme usw. Insgesamt ist ein Geräuschpegel

4.35 Wer das »Strampeln« seines werdenden Geschwisters fühlen darf, nimmt eine Ahnung von diesem Geschehen auf, die Worte allein nicht vermitteln können. Für gut vorbereitete Eltern sind solche Gespräche mit ihren Kindern unvergeßliche Erlebnisse. Lassen Sie sich das nicht entgehen!

von etwa 65 dB zu messen, das entspricht ungefähr dem »Lärm«, dem die Insassen eines fahrenden PKW Trabant ausgesetzt sind. Der Kinderarzt Professor Peiper versuchte dieses normale Grundrauschen zu übertönen mit einer lauten Autohupe: Der Kleine antwortete mit plötzlichen Bewegungen, »schreckte zusammen«. Andere fanden, daß sich Kindsbewegungen provozieren lassen, wenn die Mutter ruhig im Wasser liegt und von außen hart an die Badewanne geklopft wird. Und immer wieder einmal berichten werdende Mütter, daß die Kleinen bei Konzertbesuchen so intensiv mitspielten, daß der musikalische Genuß stark beeinträchtigt wurde.

Mit anderen Untersuchungsmethoden der Hirnstromanalyse hat man objektivieren können, daß die Kleinen in den letzten Schwangerschaftswochen auch recht leise Geräusche, sogenannte Clicks aufnehmen. Und schließlich versuchte man der Frage näher zu kommen, welche Spuren solche Eindrücke im reifenden Nervensystem hinterlassen. Gibt es Erinnerungen? Und welche Bedeutung haben sie? In Neugeborenenzimmern spielte man Tonbänder ab, welche die regelmäßigen Herztöne eines Menschen wiedergaben. Die Kinder wurden ruhiger. Fühlten sie etwas, das sie gewohnt waren aus ihrer bisherigen Umwelt? Können andere Geräusche das auch? Jedenfalls werden viele unruhige Neugeborene still, wenn die Kinderschwestern laut sprechen. Wird das Kind in der Gebärmutter schon in gewisser Weise auf die Stimme seiner Mutter programmiert? Immer wieder sind solche Fragen nach der Möglichkeit einer »vorgeburtlichen Erziehung« gestellt worden. Sicher würden Sie gern mehr darüber erfahren. Aber leider haben uns die wissenschaftlichen Forschungen bisher nur sehr wenig gesicherte Einblicke verschaffen können. Und über Spekulationen zu sprechen ist hier nicht der Platz.

## Für die Augen gibt es noch kein Ziel

Zwar öffnet der Kleine die Augenlider nach dem 6. Monat und blinzelt ab und zu, aber kein Lichtreiz trifft sein Auge. So bleiben denn auch die Nervenbahnen, die Lichtreize weiterleiten und wahrnehmbar machen, noch bis zur Geburt sehr unreif. Ganz andere Leistungen sind jetzt erst einmal vordringlich.

## Ausstattung für den Weg nach draußen

Die Gewichtszunahme in den letzten 3 Monaten ist erstaunlich im Vergleich zu der langen Zeit vorher. 600 bis 800 g werden in einem Monat erreicht. Ein kräftiges Fettpolster wird angelegt als Energievorrat und schützende Isolierschicht für die spätere Warmhaltung des kleinen Körpers unter rauheren Lebensbedingungen. Die Haut wird dicker und strapazierfähiger. Innere Organe kommen ihrer funktionellen Reife immer näher. Eine kräftige Portion Infektionsschutz (Immunglobuline) und Eisen werden noch von der Mutter übernommen. Der Raum wird knapp, freie Bewegungen mit der Zeit unmöglich. Kräftigere Kindsbewegungen sind nun auch zu sehen, nicht mehr bloß zu fühlen.

Frau B konnte das Buch auf ihrem Schoß zwar noch halten, als es ihr Kleiner fast hinuntergestoßen hätte. Sie war aber recht verblüfft. Mit ihren Armen versuchte sie die »Erdbebenlandschaft« zu verdecken, weil es ihr sehr unangenehm war, wie der Fahrgast gegenüber auf ihren Leib schaute. Aber er bat sie mit leisen Worten: »Würden Sie so freundlich sein, Ihre Arme noch einmal zur Seite zu nehmen? Ich habe so etwas wirklich noch nicht gesehen. Das ist ja einfach wunderbar.« Da werden auch robuster erscheinende Menschen besinnlich, still, ergriffen.

## Atemschwierigkeiten?

Etwa 50 Prozent der werdenden Mütter fühlen in den letzten beiden Schwangerschaftsmonaten, daß die Luft eher knapp wird als sonst, wenn sie schneller laufen, bergauf gehen oder Treppen steigen. Einem Geschwisterkind können sie nicht mehr schnell genug nachrennen. Auch Bücken oder schweres Tragen werden mühsamer. Die zunehmende Raumforderung im Leib schränkt die Atembeweglichkeit ein. Aber diese mechanische Ursache ist es nicht allein. Durch den intensiven Stoffwechsel steigt der Sauerstoffverbrauch während der Schwangerschaft um 20 Prozent und die Abatmung von Kohlendioxid entsprechend. Die Mutter müßte eigentlich schon in Ruhe etwas kurzatmig werden. Das ist aber nicht der Fall, weil auch hier der mütterliche Körper auf ganz andere Reserven zurückgreifen kann. Die Abb. 4.36 soll Ihnen verdeutlichen, wie sich die werdende Mutter auf die höhere Leistungsanforderung einstellt. Zugleich soll sie die geburtsvorbereitenden Atemübungen (Kapitel 5) verständlicher machen.

Die Luftmenge, die wir durch normales Ein- und Ausatmen bewegen, nennt man Atemvolumen. Darüber hinaus können wir im Bedarfsfall noch sehr viel mehr einatmen und auch sehr viel mehr ausatmen. Unsere Lungen haben also zusätzliches Fassungsvermögen in Form der Einatmungsreserven und der Ausatmungsreserven. Die Luftmenge vom tiefsten Einatmen bis zum tiefsten Ausatmen wäre demnach die gesamte Atemkapazität, vom Fachmann Vitalkapazität (VK) genannt. Sie beträgt am Ende der Schwangerschaft durchschnittlich etwa 3,3 l. Darüber hinaus bleibt ein nicht auszuatmender Rest Luft in der Lunge, weil wir ja unsere Lungen nicht ganz zusammendrücken können. Diese Restluft, von der Sie ohnehin nichts haben, wird durch die Ausdehnung des Bauchraumes in den letzten Schwangerschaftsmonaten verringert. Die Abb. 4.36 zeigt nun, wie im Laufe der Schwangerschaft die normalen Atembewegungen größer werden auf Kosten der Einatmungsreserve und der Ausatmungsreserve. Dadurch werden mit jedem Atemzug am Ende der Schwangerschaft bis zu 42 Prozent mehr Luft bewegt, ohne schneller zu atmen. Durch die Lungenbläschen, auf die es letztlich für den Austausch der Atemgase ankommt, strömt sogar rund 80 Prozent mehr Luft. Die Mutter merkt davon normalerweise nichts. Nur wenn sie bei höheren Belastungen auf diese Reserven zurückgreifen muß, spürt sie, daß die Luft knapp wird, kommt sie schneller »außer Atem«, weil sie dann auf schnelleres Atmen ausweichen muß.

Sie kann dagegen zweierlei tun: Die rationelle Nutzung der Atemreserven läßt sich bewußt trainieren. Hinweise finden Sie im Kapitel 5. Zum anderen muß man sich auch Schonung gönnen: Langsamer gehen, kleine Verschnaufpausen einlegen, weniger Last tragen, hocken statt bücken usw. Nur wenn zur Kurzatmigkeit auch noch Herzklopfen, Kopfschmerzen und Schwindelgefühl kommen, dann fassen Sie das als warnenden Zeigefinger der Natur auf, und beraten Sie sich mit Ihrem Frauenarzt.

Schließlich noch eine erfreuliche Mitteilung: Gegen Ende der Schwangerschaft wird die Atmung wieder leichter. Etwa 4 Wochen vor Geburtstermin senkt sich die Gebärmutter etwas nach unten und vorn (s. Abb. 4.33). Man bekommt wieder besser Luft.

## Mittler zwischen Mutter und Kind: das Versorgungskombinat Plazenta

Um dem zunehmenden Bedarf des Kleinen nachzukommen, wächst die Plazenta ständig mit. Durch die vielen Zotten entsteht schließlich für den Stoffaustausch zwischen Mutter und Kind eine Oberfläche von etwa 15 $m^2$. Die Grundfläche eines mittleren Wohnraumes ist

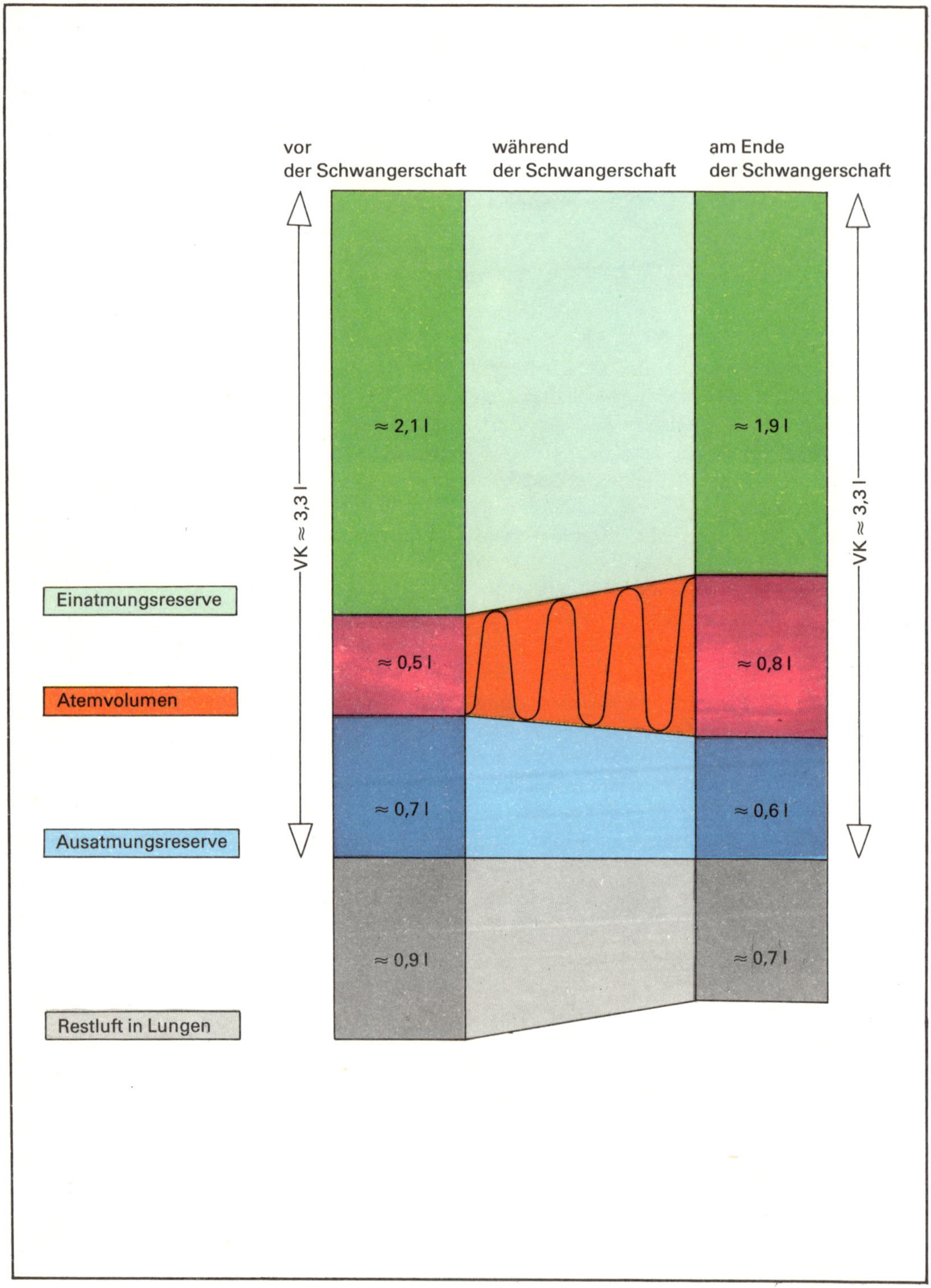


4.36 Wandel der Atemgrößen

also in diesem Organ untergebracht, das nur wenig größer ist als unsere Hand und einen Durchmesser von 15 bis 20 cm hat. Am Ende der Zeit spült das mütterliche Herz in jeder Minute einen halben Liter Blut über diese Austauschfläche. Der kindliche Kreislauf hat Entsprechendes zu leisten: Etwa 350 l Blut muß solch kleines Herzchen täglich pumpen.

Abb. 4.37. In liebevoller Kleinarbeit hat Günther Radestock, ein geschickter Präparator aus Eisenhüttenstadt, die kindlichen Gefäße einer solchen Plazenta mit Kunststoff ausgegossen. 2 Arterien (blau) und 1 Vene (rot) kommen aus der Nabelschnur und verästeln sich hier zu einer Art »Lebensbaum« bis in die kleinsten Kapillaren der Zotten, um Nährstoffe aufzunehmen und Stoffwechselschlacken abzugeben. Die Plazenta spielt aber nicht nur eine passive Rolle wie eine Art Filter: Sie besitzt selbst beinahe alle bekannten Enzyme, also chemische Werkzeuge für die Herstellung einer großen Zahl lebenswichtiger Stoffe aus einfachen Bausteinen. Sie schafft auch in einer Weise, die wir noch nicht genauer kennen, eine immunologisch neutrale Pufferzone. Damit schützt sie das Kind vor Abwehrreaktionen der Mutter. Der Kleine müßte sonst nach 2 bis 3 Wochen als »Fremdkörper« abgestoßen werden. Aber die Plazenta hält 40 Wochen durch und bewahrt ihn davor.

4.37 Blutgefäße der Plazenta

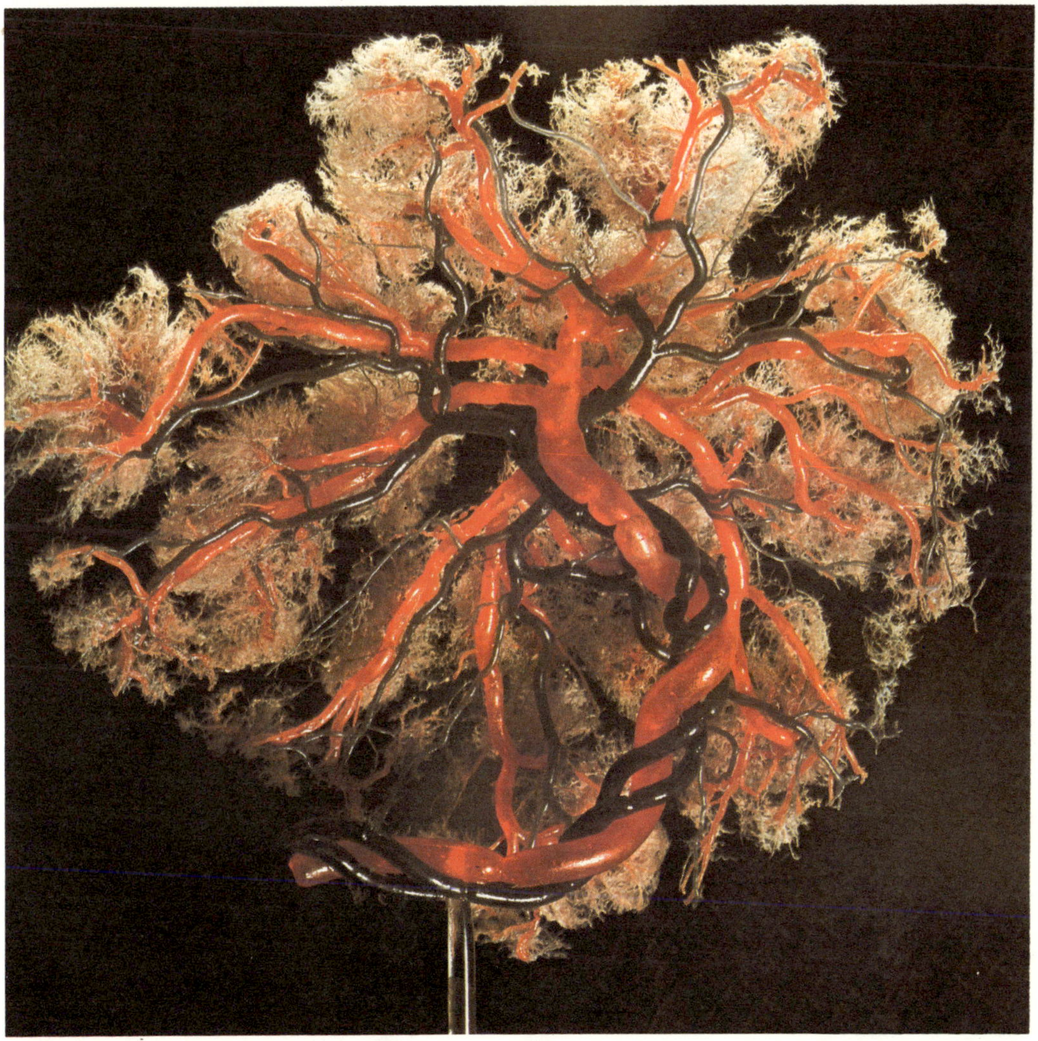

## Alarm in der Fruchtblase

Aus verschiedensten Gründen kann es auch einmal zu Versorgungsstörungen in der Plazenta kommen, die den Kleinen in eine Mangelsituation bringen. Sauerstoffmangel, das empfindlichste Glied in der Versorgungskette, bewirkt über blutchemische Veränderungen eine Darmbeschleunigung und damit Darmentleerung. Sicherlich sind auch gewisse Erlebnismöglichkeiten im Sinne der Beunruhigung damit verbunden, eine irgendwie bedrohliche »Unwetterstimmung«. Wir wissen, daß man »vor Angst in die Hosen machen« kann – und wenn man noch keine anhat, eben ins Fruchtwasser. Der Gallenfarbstoffreichtum des ersten Darminhalts (Kindspech) färbt dann das Fruchtwasser braun-grün.

## Zu früh geboren

Andererseits kann die Geburt auch von selbst in Gang kommen, mehr oder weniger lange vor dem erwarteten Termin. Dementsprechend sind solche Kinder noch nicht ganz ausgereift und mangelhaft bis ungenügend für den Start in die Außenwelt vorbereitet. Deshalb bei

4.38 Einige Zeit vor der Geburt ist der Muttermund meist schon so weit offen, daß man gerade eine Art kleines Fernrohr bis zur Fruchtblase hindurchschieben kann. Wie durch ein geschlossenes Fensterchen ermöglicht es Einblick in die Welt des Kleinen, gestattet, Farbe und Trübung des Fruchtwassers zu beurteilen und entsprechende Schlüsse zu ziehen. Mit dieser sogenannten Fruchtwasserspiegelung (Amnioskopie) kann man insbesondere bei Übertragung kontrollieren, ob es dem Kleinen noch gut geht oder ob er auf Grund der »Alarmfarbe« besser aussteigen müßte. Dann würde man im Interesse des Kindes die Geburt medikamentös einleiten, falls dies die natürlichen Kontrollmechanismen nicht tun.

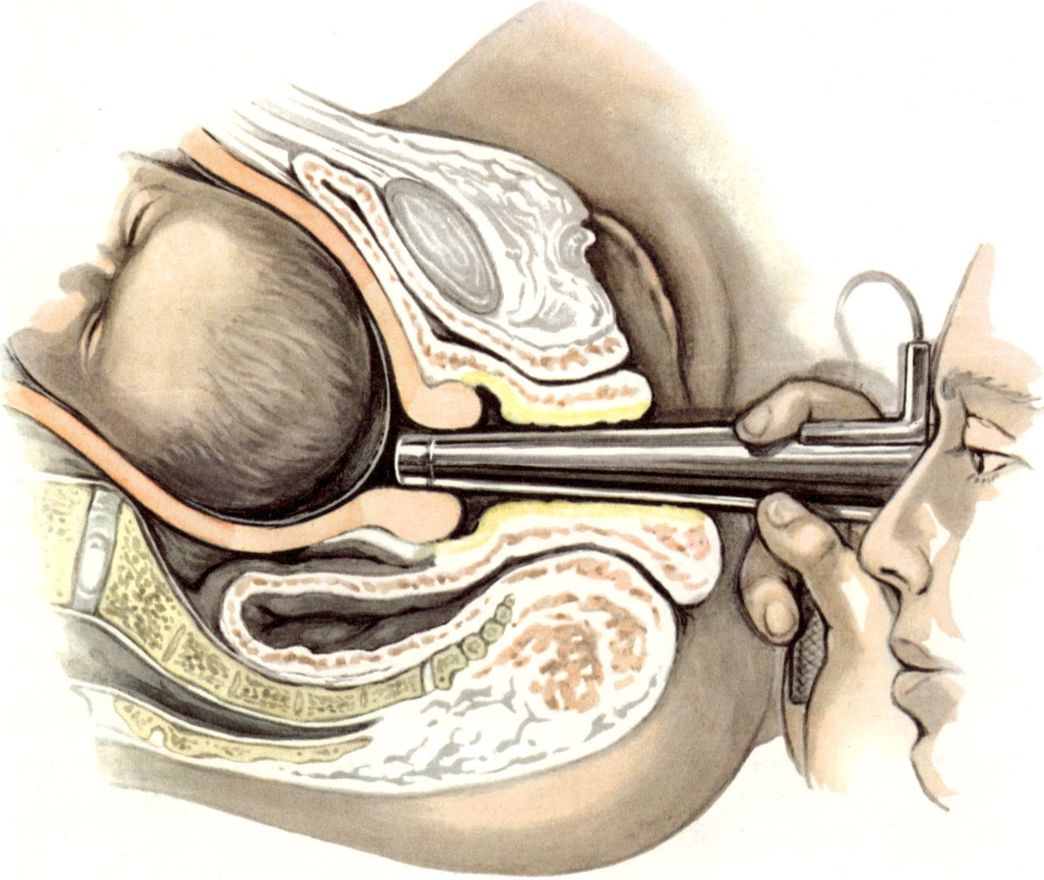

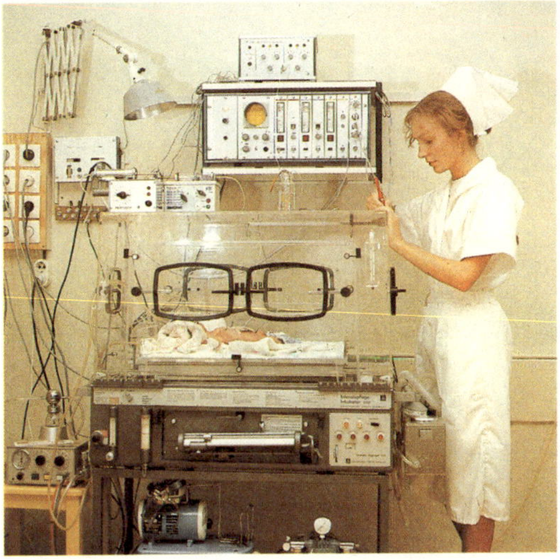

4.39 In einem voll klimatisierten Pflegeraum (Inkubator) versucht man, dem Frühgeborenen bestmögliche Lebensbedingungen zu schaffen. Mit hohem Aufwand an Technik und Personal kann man viel erreichen, um Schäden vorzubeugen und die Sterblichkeit zu senken. Aber ungestörte natürliche Bedingungen in der Mutter wären weit besser. Deshalb nutzen Sie die frauenärztliche Überwachung in den Schwangerenbetreuungsstellen wirklich aus, damit alles getan werden kann, um die Schwangerschaft möglichst ungestört bis zum normalen Geburtstermin zu halten.

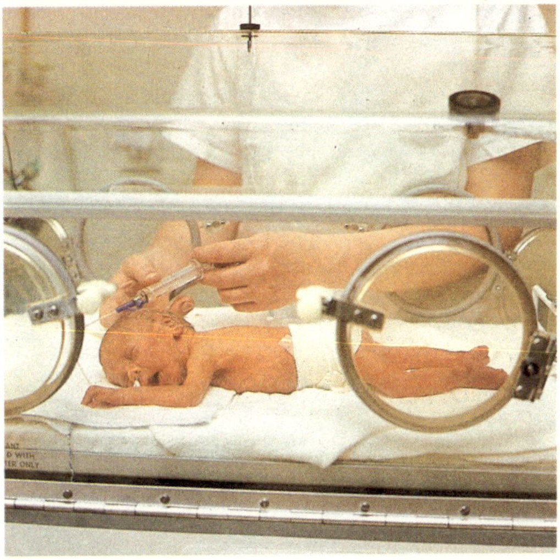

4.40 Ein Frühgeborenes hat meist noch nicht die Kraft, selbst genügend wirksam zu saugen. Deshalb spritzt ihm hier die Kinderschwester eine seiner ersten Mahlzeiten in Form von 3 ml Frauenmilch durch einen dünnen, weichen Kunststoffschlauch direkt in den Magen.

Blutungen, Gebärmutteranspannungen oder gar Abgang von Fruchtwasser (Blasensprung) in der Spätschwangerschaft sofort die nächste Entbindungsstation aufsuchen! Nach Blasensprung sogar liegend transportieren lassen! Im Zweifelsfalle zögern Sie nicht und stellen sich lieber einmal »umsonst« vor als zu einem späteren Zeitpunkt, zu dem die Geburt schon voll in Gang gekommen ist und sich nicht mehr bremsen läßt.

## Wofür man schwer die rechten Worte findet

Wir haben in vielen Einzelheiten vom Werden und Wachsen des Kleinen in seinem sorgsam geschützten »Brutraum« erzählt. Auch wie sich die Mutter in ihren Körperfunktionen, auch in ihrem Denken und Fühlen auf dieses eigene Kind einstellt, deuteten wir an. Aber darüber hinaus zeigen sich noch tiefgreifendere seelische Umstellungen. Man redet zwar nicht so leicht von Erfahrungen dieser Art, aber manche werdenden Mütter haben uns etwas davon anvertraut:

Mit der bewußter werdenden Verantwortung für das eigene Kind fühlen sie ganz spontan umfassendere Mitverantwortung für »das Leben« schlechthin. Mit stärkerer Empfindsamkeit hören und sehen sie die Alltagssorgen der eigenen Familie und ihrer Nachbarschaft, verfolgen sie die Nachrichten von den großen Auseinandersetzungen unserer Zeit. Sie nehmen intensiver Anteil an den Leiden vieler Menschen, die von sozialen und militärischen Kämpfen betroffen werden – hungernden, verstümmelten oder getöteten Menschen – Müttern, Vätern und Kindern, die ebenso wie sie selbst Nestwärme brauchten und Ruhe, die von Familienglück träumten wie sie auch. Sehnlicher als zuvor fühlten sie den Wunsch nach beständigem Frieden. Nun ist er ihnen deutlicher als je die Lebensfrage Nr. 1 für uns alle. Und sie fühlen sich eingeschlossen in die Menschheit, die nicht an Staatsgrenzen aufhört – als Sachwalter des Lebens.

# Kapitel 5 Vorbereitungen auf die Geburt

### Geburtserleichterung durch eigene Mitarbeit

Seit Menschengedenken galt die Geburt als schmerzhafter und gefährlicher Vorgang, der als unvermeidlicher Tribut für Mutterglück erlitten oder erduldet werden mußte. Die meisten Mütter bestätigen ihren Töchtern diese »unumstößliche« Erfahrungstatsache und geben damit entsprechende Erwartungen an die nächste Generation weiter. Auch große Schriftsteller, wie Tolstoi, Gorki, Gladkow, Maupassant oder Hemingway, haben aus der Sicht ihrer Zeit schwere Geburten dramatisch beschrieben und bei Millionen jungen Leserinnen einen starken Eindruck hinterlassen.

Die in unserem Gehirn zurückbleibenden Spuren solcher Vorstellungen können in Zeiten emotionaler Anspannung unter der Geburt wieder ins Bewußtsein treten und wirksam werden. Verständlich, daß auf diese Weise immer wieder neu die Voraussetzung für Angst vor der »schweren Stunde« schon bei den heranwachsenden Mädchen geschaffen wurde. Und wer möchte schon Schmerzen haben? Diese Angst, dieses Vorurteil führen zu seelischen Abwehrreaktionen, die einen enormen, aber ganz unzweckmäßigen Kräfteverbrauch mit sich bringen. Dazu gehört eine erhöhte Muskelspannung, die gerade jene Muskeln besonders betrifft, welche den Leib und speziell die Geburtswege umschließen und für den Durchtritt des Kindes nachgeben müssen. Die Geburt wird tatsächlich erschwert und verlängert, wenn das Kind gegen den vergrößerten Widerstand verkrampfter Muskeln hinausgepreßt werden muß. Das tut dann wirklich weh und macht es auch dem Kindchen nicht gerade leicht. Schmerz erhöht wieder Angst und Abwehr und damit die Muskelverkrampfung. Ein »Teufelskreis«, der die Geburt weiter erschwert. So sind Angst, Verkrampfung und Schmerz die drei Übel, die dem natürlichen Geburtsablauf entgegenwirken, ihn auch verlängern können. Abbildung 5.1 soll Ihnen diese Zusammenhänge noch einmal veranschaulichen.

Wenn aber Angst, Verkrampfung, Schmerz und Erschwerung der Geburt so eng miteinander verbunden sind, dann ist damit der Weg für eine moderne Geburtsvorbereitung und Geburtsleitung vorgezeichnet:

Klare Vorstellung über die natürlichen Zusammenhänge bei der Geburt helfen, Angst zu überwinden. Außerdem kann man sicher sein, daß die moderne Medizin unseren Ärzten und Hebammen Möglichkeiten in die Hand gibt, eventuell auftretende Schwierigkeiten rechtzeitig zu erkennen und zu behandeln.

Angst kann auch durch vorbereitende Übungen und bewußte Entspannung gelöst werden.

Die Bedeutung genügender Sauerstoffzufuhr zur Minderung des Muskelschmerzes erwähnten wir schon an anderer Stelle (s. Seite 89). Sie läßt sich ganz bewußt beeinflussen durch entsprechende Atemtechnik und Muskelbeherrschung. So wird der Sauerstoffverbrauch vorwiegend auf die Muskeln begrenzt, die wirklich Geburtsarbeit leisten. Muskeln, die nur vor Aufregung mit anspannen, sind unnötige Sauerstoffverbraucher.

Je mehr sich unser Gehirn auf Atemtechnik, Muskelbeherrschung und Geburtsablauf konzentriert, um so weniger kann es die mit jeder normalen Geburt verbundenen ungewohnten Dehnungsreize in Schmerzempfindung umwandeln. Aktive Mitarbeit wirkt wie ein Schutzwall gegen Schmerz. Man muß ihn durch persönliche Vorbereitung auf das große Ziel genügend hoch aufbauen.

### Ist das wirklich so einfach?

So mag manche Frau etwas zweifelnd fragen, und ich möchte nicht durch eine Pauschalantwort unglaubwürdig werden. Aber jeder Geburtshelfer weiß, wie unterschiedlich Schmerz empfunden wird und daß man viel zu seiner Verminderung tun kann. Schon früher, als von psychoprophylaktischer Geburtsvorbereitung noch gar keine Rede war, gab es Frauen, die ohne jede Angst, ohne ein Wort des Schmerzes oder der Klage ihr Kind mit innerer Ruhe und Selbstverständlichkeit zur Welt brachten. Das

5.1 Zusammenhang zwischen Geburtsvorbereitung (Einstellung) und Geburtsablauf

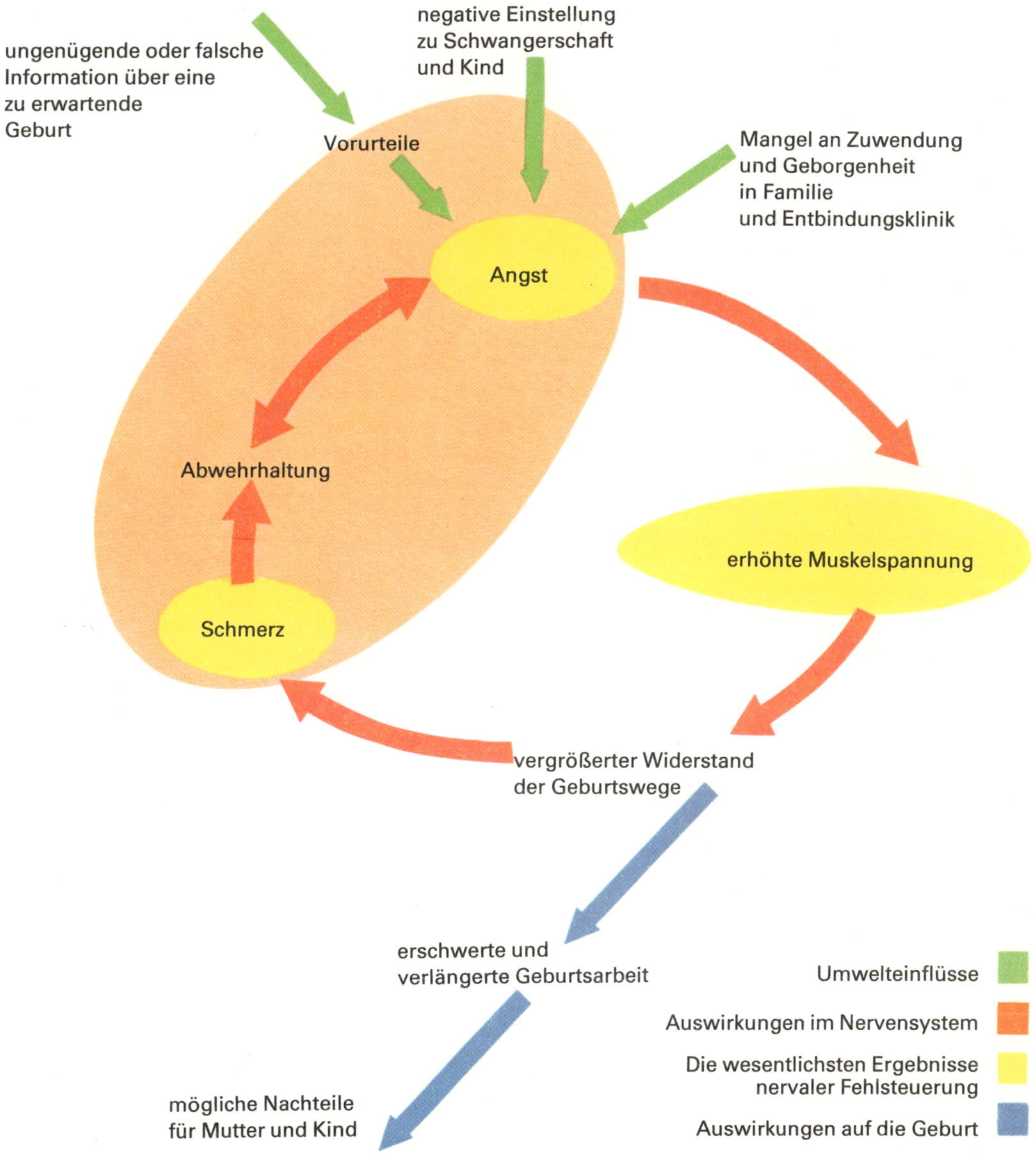

war selten, aber solche Beobachtungen ließen aufmerksame Ärzte nachdenklich werden, warum denn einzelne Geburten auffallend schmerzarm verliefen und andere mitunter recht quälend. Die Körper der Frauen sind doch im Grunde gleichartig gebaut (wenn wir von krankhaften Veränderungen absehen) und sogar von Natur aus bestens auf Schwangerschaft und Geburt vorbereitet. Also an der biologischen »Konstruktion« konnte es nicht liegen. Wissenschaftliches Suchen fand dann die Zusammenhänge, die ich Ihnen im vorhergehenden Abschnitt ganz vereinfacht und ohne theoretische Erörterungen gezeigt habe:

Auf die Einstellung zur Geburt kommt es entscheidend an (auf die Grundstimmung unseres Zentralnervensystems). Der sowjetische Nervenarzt Welwowsky und der sowjetische Frauenarzt Nikolajew, der englische Frauenarzt Dick Read und der französische Geburtshelfer Lamaze sind durch ihre Forschungen auf diesem Gebiet wegweisend geworden, und viele Geburtshelfer in aller Welt haben deren Erkenntnisse angewandt und weiter empfohlen. Schmerzlos im absoluten Sinne ist eine Geburt natürlich in der Regel nicht, weil – wie schon erwähnt – die Erweiterung der Geburtswege meistens zu ungewohnten Dehnungsreizen führt, die vom Gehirn in Schmerzen umgewertet werden können – jedoch nicht müssen. Aber schmerzarm und damit gut erträglich für jede Frau kann sie ohne Zweifel werden. Dies wird um so besser gelingen, je mehr die Umstellung des Bewußtseins sich nicht nur bei einzelnen Frauen, sondern in der ganzen Gesellschaft vollzieht.

Die neue Einstellung zum Geburtsschmerz wird nicht durch Medikamente erreicht, sondern durch Unterricht.

Aus diesem Grunde verwenden wir im folgenden für die Geburtsarbeit auch nicht mehr den traditionellen Begriff Wehe. Er nährt immer wieder die Erwartung, daß eine Wehe weh tun müsse. Das ist keine Spitzfindigkeit, denn Worte haben für uns eine sehr starke Signalwirkung. Und warum soll man die wellenförmig zu- und abnehmende Muskelarbeit nicht als das bezeichnen, was sie ist, nämlich eine Anspannungswelle? Nur weil es bisher nicht üblich ist? So eine neue Idee ist das tatsächlich nicht. Verwendet man doch im Englischen für den Begriff Wehe das Wort labour und im Französischen travail. Beides hat die Bedeutung von Mühe oder Anstrengung. Sprachexperten fanden sogar, daß die vielzitierte Bibelstelle im 1. Buch Mose, Kapitel 3, Vers 16, wonach die Frau »mit Schmerzen« gebären soll, falsch übersetzt sei. Das hebräische Wort aŝab bedeutet nach Gesenius ebenfalls »Mühe«, »anstrengende Arbeit«. Und warum sollen wir nicht auch ein besseres, ein richtiges Wort für diesen Vorgang finden, wenn wir uns heute so intensiv um Geburtsvorbereitung und -leitung kümmern?

Gewiß haben auch Sie den Wunsch, eine schmerzarme Geburt zu erleben. Sie haben schon entscheidende Schritte in Richtung Geburtserleichterung getan, wenn Sie die ärztlichen Vorsorgeuntersuchungen in der Schwangerenbetreuungsstelle besuchen oder beispielsweise in diesem Buch lesen und sich hoffentlich entschließen, mit Entspannungsübungen und Schwangerengymnastik zu beginnen. Machen Sie sich die Tatsache noch einmal bewußt, daß die Geburt ein normaler Vorgang im Leben der Frau ist, der auf unserer Erde täglich etwa 200 000mal abläuft, und zwar in der übergroßen Mehrzahl ohne Komplikationen. Das schaffen auch Sie! Je besser Sie Bescheid wissen und sich auf aktive Mitarbeit einstellen, um so weniger Angst werden Sie haben – und um so weniger Schmerzen.

Bei dieser vorbereitenden Einstellung auf die Geburt haben wir jetzt etwas einseitig die Mutter selbst im Blickfeld gehabt. Darüber hinaus spielen ihre zwischenmenschlichen Beziehungen eine große Rolle: Je mehr Verständnis, Sicherheit und Geborgenheit sie erlebt von ihrem Partner, ihrer eigenen oder ihrer elterlichen Familie, je mehr beruhigende menschliche Anteilnahme sie erfahren kann vom medizinischen Personal in Schwangerenberatung und Entbindungsklinik, vielleicht auch von ihrem Arbeitskollektiv, um so bessere Voraussetzungen bringt sie mit. Also viele soziale Einflüsse spielen eine Rolle, für die man nicht allein verantwortlich ist, die man aber in dieser Situation besonders dankbar annimmt.

Schon kurze Zeit später werden Sie diese kostbare Erfahrung menschlicher Gemeinschaft und Geborgenheit wieder in vielfältiger Weise an andere weitergeben können – in besonderem Maße an Ihr Kind.

## Von der Arbeitsweise unseres Gehirns

Für solche Leser, die noch genaueren Einblick haben möchten, wie Geburtsschmerz entsteht (und aktiv beeinflußt werden kann), ist der nun folgende Abschnitt gedacht. Wer ihn zu theoretisch findet, mag ihn überschlagen. Anderen kann er vielleicht zu einem noch besseren Verständnis verhelfen.

Die Beschreibung von Schwangerschaft und Geburt, die Bilder von Kind, Gebärmutter und Geburtswegen sind vielleicht geeignet, die Unterleibsorgane über Gebühr in den Vordergrund zu rücken, ihre Funktion zu mechanisch zu sehen.

Schmerz entsteht jedenfalls nicht am einzelnen Organ, sondern im *Großhirn*.

Dieser Hirnteil gibt mit seiner faltenreichen Oberfläche unserem Gehirn insgesamt seine äußere Form. Im Laufe der Entwicklung unserer tierischen und menschlichen Vorfahren über Jahrmillionen wurde ein so hochentwikkeltes Gehirn, wie es die Menschen heute haben, relativ spät erworben. Mit diesem Späterwerb und der damit ermöglichten enorm vielseitigen und hochgezüchteten Leistungsfähigkeit hängt es zusammen, daß seine Funktionen viel leichter störbar sind als die Arbeit entwicklungsgeschichtlich älterer Hirnbereiche. Dazu gehören beispielsweise die Steuerorgane für Herzschlag und Atmung.

Von besonderem Interesse für unsere Überlegungen ist die äußere Schicht des Großhirns, die *Hirnrinde*. Dort nehmen wir wahr, was wir Schmerz nennen, was unsere Augen sehen, unsere Ohren hören, was wir aus unserer Umwelt schmecken, riechen, tasten, was wir aus dem Inneren unseres Körpers bemerken oder was an Erinnerungen und Vorstellungen aus unserem Gedächtnis auftaucht. Sie ist der Sitz unseres Bewußtseins, unseres Willens, unser »Ich«. Dort werden viele ankommende Nachrichten ausgewertet, in Antwortsignale umgemünzt, die nun wieder in bestimmte Körperregionen ausgesandt werden, mit denen wir reagieren.

Nun nehmen unsere Sinnesorgane von außen und innen viel mehr Reize auf, als uns bewußt werden. Die Hirnrinde würde überlastet, wenn sie das alles verarbeiten müßte. Ihr ist ein Abschnitt vorgeschaltet, den man summarisch als *Zwischenhirn* bezeichnet.

Hier wird u.a. sortiert in mehr oder weniger wichtige Signale. Eine junge Mutter beispielsweise schläft fest und tief. Den nächtlichen Verkehrslärm, der von der Straße ins Zimmer dringt, hört sie dabei nicht. Er geht sie nichts an. Beginnt aber ihr kleines Kind zu jammern, vielleicht sogar im Nebenzimmer, ist sie sofort hellwach, obwohl diese Laute objektiv viel leiser sind als der Straßenlärm. Aber das geht sie an! Viele andere für uns unwichtige Reize (und deren Bewertung ist von Mensch zu Mensch und je nach Lebenslage sehr unterschiedlich) werden vom Zwischenhirn herausgefiltert, die Hirnrinde durch eine sogenannte Reizschwelle geschützt. Reize, die diese Reizschwelle zur Hirnrinde nicht überspringen, werden unwirksam gemacht, unbewußt gespeichert und automatisch (reflektorisch) in Antwortsignale umgewandelt, die wir nicht mit unserem Willen beeinflussen können. Denken Sie dabei an den Zeitpunkt der Geburt, an die Muskelarbeit der Gebärmutter. Auch wenn Sie noch so wichtige Dinge geplant hatten, dies oder jenes noch erledigen wollten, wenn das Zwischenhirn aus den über Blut und Nervenbahnen ankommenden Nachrichten registriert, daß es für Ihr Kind Zeit wird auszusteigen, dann wird die Geburtsarbeit eingeleitet, ob Ihnen das paßt oder nicht. Das Baby geht vor. Beruhigend ist nur zu wissen, daß es den Müttern trotzdem gelegen kommt, denn in der letzten Zeit der Belastung freut sich wohl jede Frau darüber, wenn sie ihr Päckchen endlich los wird. Außerdem möchte man ja nun endlich wissen, wie das kleine Wesen aussieht, das man so lange gefühlt und umhergetragen hat, ob es ein Junge oder ein Mädchen ist.

Schließlich müssen wir noch eine weitere Funktion des Zwischenhirns betrachten: Es ist der Ursprungsort für alle Gemütsbewegungen (Emotionen, Affekte, Stimmungen). Hier werden aufgenommene Sinnesreize mit »Gefühlen« verbunden. Angst, Freude, Stolz, Kummer, Sehnsucht, Liebe sind solche Gefühle, wie man in der Umgangssprache sagt. Wir sehen beispielsweise nicht schlechthin einen Menschen, sondern mit Freude einen uns Vertrauten, der immer gut, interessant und hilfsbereit war, oder mit Abneigung vielleicht einen Kollegen, von dem wir uns schikaniert fühlen. Diese Stimmungen wurden über lange Zeit durch vorangegangene Erfahrungen aufgebaut, gebahnt oder bedingt, wie man auch sagt. Je nach Beispiel zum positiven oder negativen Resultat. Nicht als Ergebnis unseres Nachdenkens, sondern spontan und selbstverständlich gehen wir bei einer unerwarteten Begegnung rasch auf den vertrauten Menschen zu und begrüßen ihn herzlich. Genauso reflektorisch kann sich die Abneigung gegen den unliebsamen Kollegen einstellen, und man geht ihm möglichst aus dem Wege. Diese Abwehrreaktion wird um so heftiger und nachhaltiger, je öfter und intensiver sie sich wiederholt, d. h. einschleift und festigt. Je weiter man sich in dieser Entwicklung treiben läßt, um so mehr schadet man auch sich selbst: Kopfschmerzen, Magenverstimmungen, nervöse Herzbeschwerden, Schlafstörungen ... stellen sich ein, also Schwierigkeiten, welche die meisten Menschen gar nicht mehr mit dem eigentlichen Anlaß in Verbindung bringen. Die Betroffenen geben dann Kopf, Magen, Herz oder Nerven Schuld an ihren Beschwerden. Aber die können wirklich nichts dafür, weshalb auch Schmerztabletten oder Beruhigungsmittel die Ursache nicht beseitigen, höchstens vorübergehend Beschwerden zudecken. Die eigentliche Aufgabe, die Einstellung zu sich und seinen Mitmenschen konstruktiv zu ändern, wird durch Medikamente überhaupt nicht berührt.

Wenn Gespräche über die Geburt zwischen Mutter und Tochter, von Frau zu Frau bei allen persönlichen Unterschieden in einem Punkt meist übereinstimmen, nämlich daß Geburt auch Schmerz bedeute, so wurde vergleichbar der beschriebenen Abwehrreaktion gegenüber dem abgelehnten Mitarbeiter ein bedingter Geburtsschmerzreflex gebahnt und gefestigt, der den Betroffenen letztlich selbst zum Nachteil gereicht. Dem abgelehnten Menschen läßt sich irgendwie aus dem Wege gehen, der Geburt jedoch nicht. In beiden Situationen kann man aber die Einstellung zu sich und zur Aufgabe konstruktiv ändern, neue bedingte Reflexe aufbauen und alte abbauen. In unserer Hirnrinde werden dann die Reize aus dem Geburtskanal zunehmend als Spannung und Druck wahrgenommen und immer weniger als Schmerz. Das gelingt um so besser, je mehr wir die Hirnrinde für andere Aufgaben beanspruchen. Damit meine ich die aktive Mitarbeit bei der Geburt, wie bewußtes und genau angepaßtes Reagieren mit Atmung, Muskelspannung, Körperhaltung.

### Entspannungsübungen zur persönlichen Vorbereitung

Eine Geburt ist eine ganz erhebliche Arbeitsleistung, in hohem Maße Muskelarbeit. Sie wurde auf Grund von Berechnungen verglichen mit einem 30-km-Marsch, der bei Erstgebärenden normalerweise in 11 bis 18 Stunden, bei Mehrgebärenden in 7 bis 12 Stunden bewältigt wird. Muskelarbeit kann man trainieren. Werdende Mütter, die sportlich gut durchtrainiert sind, mögen mich bitte nicht so mißverstehen, daß für sie Übungsstunden zur Geburtsvorbereitung entbehrlich, ja reine Zeitverschwendung seien. Ist doch das spezielle Übungsziel hier ganz anders. Betrachten Sie die Entspannung bitte nicht als lästige Pflichtübung, sondern als Erholung, und erholen Sie sich damit jeden Tag 20 bis 30 Minuten lang, so wie es Ihre persönlichen Umstände erlauben.

Machen Sie sich folgende einfachen Zusammenhänge klar: Während ein Muskel sich anspannt, also arbeitet, werden zwangsläufig seine Blutgefäße zusammengedrückt, die Durchblutung erschwert. Das Blut bringt aber Nährstoffe und Sauerstoff zum Muskelorgan und wäscht die entstehenden Abbauprodukte wieder aus. Deshalb ist nach jeder Anspannung eine Entspannung nötig, während der die Durchblutung erleichtert und eine Erholung möglich ist. Dann kann die Arbeit »mit frischen Kräften« weitergehen.

Fehlt diese Erholung oder ist sie ungenügend, dann kommt es zu vorzeitiger Ermüdung, zu Leistungsabfall und zu Schmerzen. Sie kennen das sicher von irgendeinem »Muskelkater«, der bei untrainierten Menschen sehr lästig werden kann. Und wenn Sie beispielsweise Ihren Fuß mit größter Kraft nach unten strecken, also die Wadenmuskeln verkrampfen, können Sie gleich darauf warten, daß es weh tut.

Eine große Rolle spielen heutzutage auch nervöse Muskelverkrampfungen, die sich besonders im Rücken, im Schulter- und Nackenbereich zeigen. Man kann in diesen Gegenden richtig harte Daueranspannungen tasten, die den betreffenden Menschen meistens nicht bewußt sind, sie aber durch Schmerzen in Rükken, Schultern, Nacken und Kopf plagen. Auch diese sind durch einen gestörten Rhythmus von Anspannung und Entspannung, von Arbeit und Erholung entstanden. Betroffene Menschen müssen richtige Entspannung erst wieder lernen.

Solange alles von selbst klappt, hält man diesen Erholungsprozeß meistens für selbstverständlich und neigt dazu, Entspannungsübungen zu belächeln. Und wenn es nicht mehr klappt, dann werden erst einmal äußere Ursachen beschuldigt: Hektik im Alltag, berufliche Überlastung, der verbreitete Bewegungsmangel in unseren fahrstuhlbestückten, fernbeheizten komfortablen Wohnhäusern und Betrieben, mit Bahn- oder Busanschluß bis fast vor die Haustür, der bewegungsfreie »Telesport« und so weiter. Zivilisationskrankheiten sagen manche leichthin, als ob sie unvermeidbar wären. Mangelhafte Bewältigung der Zivilisation sagen solche, die besseren Einblick in die Zusammenhänge haben und deshalb um aktiven Ausgleich bemüht sind.

Es geht also darum, durch ganz bewußten Wechsel von Arbeit und Erholung Ihre Geburtsarbeit teilweise zu trainieren, wodurch sie leichter, ökonomischer und damit letztlich angenehmer zu machen ist. Sie können mit diesem Training ein gutes Muskelempfinden lernen, das Ihnen über die Geburt hinaus auch sonst im Leben nützlich sein kann. Denn mit Ihrem Kind werden ja auch die allgemeinen Lebensanforderungen für Sie größer.

Wir stellen Ihnen hier ein kleines Übungsprogramm zusammen.

## Schaffen Sie sich Ruhe von außen her!

Wählen Sie eine Tageszeit, die Ihnen möglichst keine überraschenden Besuche, Telefongespräche oder lauten Geräusche beschert. Beengende Kleidungsstücke, straffe Gürtel und Brusthalter sollten gelöst oder abgelegt werden. Sie können stören, wie das auch volle Blase oder Stuhldrang tun würden oder zu helles Licht, das Sie blendet. All dem kann vorgebeugt werden. Falls Ihr Aufenthaltsraum nicht genügend warm ist, decken Sie sich locker zu.

## Nehmen Sie die ideale Ruhelage ein!

Legen Sie sich zunächst auf den Rücken wie in Abb. 5.2. Die Unterlage soll nicht zu weich sein. Ist kein geeignetes Liegemöbel vorhanden, dann tut es eine Decke auf dem Fußboden auch. Strecken Sie sich bequem aus, unter Schultern, Nacken und Kopf ein Kissen so zurechtgerückt, wie Sie es am angenehmsten finden. Da muß man ein bißchen probieren. Die Arme liegen ganz locker und leicht angewinkelt neben dem Körper, ohne ihn zu berühren. Die Ellenbogen schauen dann nach außen, die Hände bleiben wie von selbst halb geschlossen. Die Fingerspitzen liegen locker auf der Unterlage. Schultern nach unten sinken lassen. Die Füße liegen etwas auseinander und fallen von selbst leicht nach auswärts. Viele empfinden ein flaches Kissen unter den Knien als angenehm, so daß auch die Beine geringfügig angewinkelt sind. Die Augen bleiben offen im Un-

5.2 Ideale Ruhelage

terschied zu Entspannungsübungen mit anderem Ziel, von denen Sie vielleicht gehört haben.

### Prüfen Sie Ihre Entspannung!

Lassen Sie ganz bewußt die Muskeln im Gesicht locker werden und dann im Nacken- und Schulterbereich. Konzentrieren Sie sich danach auf die Arme, erst rechts, später auch links. Wenn alle Muskelspannung heraus ist, empfindet man in den entsprechenden Körperbereichen ein Gefühl der Schwere. Ihr Mann oder ein anderer Trainingshelfer könnte nun zur Kontrolle Ihren Arm am Handgelenk fassen, etwas anheben und loslassen. Völlig entspannt und schwer müßte er auf die Unterlage herunterfallen.

Beobachten Sie auch Ihr Muskelgefühl unmittelbar nach dem Aufwachen aus tieferem Schlaf, bevor Sie sich bewegen. Wie schwer und gelöst liegen dann Arme und Beine auf der Unterlage! Und wenn Sie sich gut beobachten, werden Sie sogar feststellen, daß die entspannungsbedingte Schwere während des Ausatmens noch etwas deutlicher zu fühlen ist als beim Einatmen. Dieser Zusammenhang von Atmung und Muskelspannung ist für die Geburtsarbeit sehr bedeutsam. Sie können sozusagen mit jedem Atemzug Spannung aus sich herausatmen. Dabei ist nicht nur an Muskeln zu denken, sondern ebenso an seelische Spannung. Gleichmäßige, besonders vertiefte Atmung wirkt auch affektentspannend, das heißt, auch angstlösend und auf diese Art schmerzlindernd. Deshalb müssen wir später noch auf Atemübungen zurückkommen.

### Den Wechsel zwischen Anspannung und Entspannung beherrschen lernen

Das wäre der nächste Schritt (2. Übungswoche): Verziehen Sie Ihr Gesicht zu einer krampfhaften Grimasse und lassen Sie dann wieder ein völlig ruhiges, entspanntes Gesicht daraus werden: Stirn wieder locker und glatt. Augengegend, Nasenumgebung und Mundpartie folgen. Unterkiefer fällt dabei locker etwas nach unten. Die Zunge legt sich lose auf den Mundboden. Diese Übung mehrmals wiederholen, bis Sie den Unterschied zwischen Anspannung und Entspannung immer deutlicher fühlen und beherrschen lernen. Dann kommt der rechte Arm an die Reihe: Erst die Hand fest zur Faust schließen, dann den Ellenbogen und schließlich die Schultergegend anspannen, als wollten Sie sich kraftvoll wehren gegen jemanden, der Ihren Arm beugen oder zur Seite ziehen will. Oder stellen Sie sich vor, wie Sie sich auf einer Reckstange abstützen. Welches Vorstellungsbild Sie benutzen, ist ganz gleich. Mit einer bildlichen Vorstellung geht es jedenfalls leichter. Deshalb suchen Sie sich eine aus, die Ihnen dafür am wirksamsten erscheint. Und dann lassen Sie den rechten Arm wieder mit aufmerksamer Selbstbeobachtung völlig entspannen, ganz gelöst und schwer werden. Das gelingt nicht gleich, geht beim einen schneller, beim anderen langsamer, dauert auch anfangs länger als mit fortschreitender Erfahrung. Man muß also wirklich üben – jeden Tag.

Wenn Sie das immer wieder gemacht haben, dann achten Sie bitte darauf, daß beim Anspannen des rechten Armes nicht auch das Gesicht mitmacht. Kontrollieren Sie wie in der Gesichtsübung, daß Stirn, Augengegend, Mundpartie, Unterkiefer und Zunge entspannt bleiben! Das ist gar nicht so einfach. Wir neigen dazu, viele Muskeln unnötigerweise mit anzuspannen, wenn bestimmte Muskelgruppen arbeiten müssen oder auch nur bei Erregung. So wird auch eine werdende Mutter Schwierigkeiten haben, Gesicht, Arme und Beine nicht »mitmachen« zu lassen, wenn der Gebärmuttermuskel bei der Geburt zu arbeiten beginnt.

Das ist also der Sinn solcher Übungen: Sie sollen lernen, bestimmte Körperteile ganz bewußt zu entspannen, während Sie andere ganz bewußt anspannen. Die angespannten Muskeln vertreten bei diesen Übungen gewissermaßen den arbeitenden Gebärmuttermuskel. Auf diese Weise werden auch Sie lernen, Ihre Muskeln während der Geburtsarbeit besser zu beherrschen. Ihr Körper kann dadurch wirtschaftlicher arbeiten, und Sie werden es viel leichter haben, selbst bei kräftigerer Gebärmutterarbeit nicht benötigte Muskelgebiete bewußt in Ruhe zu halten. Durch diese Konzentrationsbemühung erreichen Sie gleichzeitig erhebliche Herabsetzung der Schmerzempfindlichkeit in der Hirnrinde, wie Sie weiter vorn bereits gelesen haben.

### Fortsetzung für Fortgeschrittene

Nachdem Sie als »Anfänger« mit den Bereichen Gesicht und rechter Arm gelernt haben, worauf es ankommt, üben Sie das gleiche auch noch mit dem linken Arm, später mit den Beinen (3. Übungswoche), was schwerer fällt. Den nächsten Schritt immer erst einleiten, wenn der vorhergehende beherrscht wird, auch wenn es von den genannten Orientierungsterminen etwas abweicht. Nicht alles ein bißchen probieren, sondern über mehrere Wochen durch tägliche Wiederholung in kleinen Schritten sicherer werden. Ihr Mann kann Ihnen ab und zu durch Kontrollen behilflich sein, indem er durch Anheben oder Hin- und Herbewegen am Knie oder Fußgelenk prüft, ob auch die Beine wirklich schlaff werden. Ein entspannter Muskel reagiert natürlich auf Druck, deshalb an den Gelenken anfassen. Dort liegt keine Muskulatur.

Es folgen dann die nächsten Übungen der Reihe nach:

Abb. 5.3. Von der idealen Ruhehaltung ausgehend (Abb. 5.2) spannen Sie nun beide Arme gleichzeitig ganz fest an und halten sie schräg nach oben. Beide Beine sollen dabei völlig entspannt bleiben (4. Übungswoche).

Abb. 5.4. Nun umgekehrt: Beide Beine kräftig anspannen, wobei Sie sich über dem Kniekissen etwas anheben. Die Füße dabei nicht wie beim Ballett nach unten strecken sondern nach oben beugen, weil manche Frau sonst einen unangenehmen Wadenkrampf bekommen kann. Beide Arme dabei entspannen. Ihr Mann kontrolliert wieder.

Abb. 5.5. Nach Wiederholung der bisherigen Übungen – man fängt das Programm jedesmal von vorn an – spannen Sie nun den linken Arm und das linke Bein zugleich an. Dabei versuchen Sie die ganze rechte Seite zu entspannen. Wenn Sie meinen, daß es klappt, bitten Sie Ihren Mann wieder um Kontrolle. Dann die

5.3

gleiche Übung mit vertauschten Seiten ausführen (5. Übungswoche).

In der 6. Übungswoche oder später können Sie sich die letzte und schwierigste Entspannungsübung dieses Programms vornehmen, falls Ihnen die anderen durch tägliches Wiederholen gut gelingen. Rechter Arm und linkes Bein werden fest angespannt, linker Arm und rechtes Bein entspannt, also alles über Kreuz. Dann folgt wieder Seitenwechsel.

Nicht jede Frau erreicht alle Ziele. Zweifeln Sie deshalb nicht an sich selber, falls auch Sie nicht alles optimal verwirklichen können. Wenn Sie sich über viele Wochen täglich eine Weile mit solchen Übungen beschäftigen, haben Sie auf jeden Fall Vorteile für Ihre bevorstehende Geburtsarbeit. Sollte Ihnen aber alles relativ schnell und gut gelingen, betreiben Sie bitte trotzdem Ihre regelmäßigen Übungen weiter. Sie können noch sicherer werden.

5.4

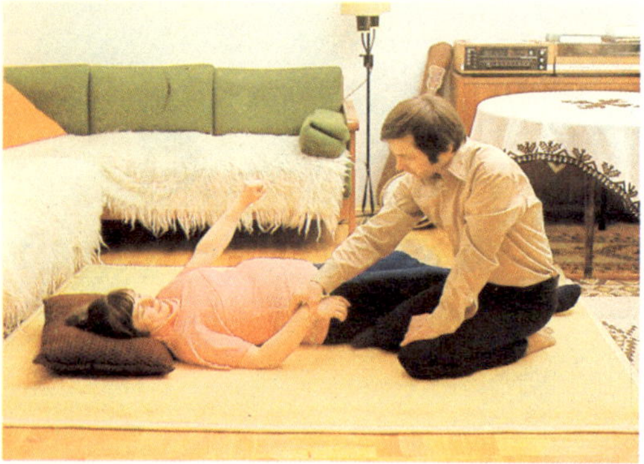

5.5

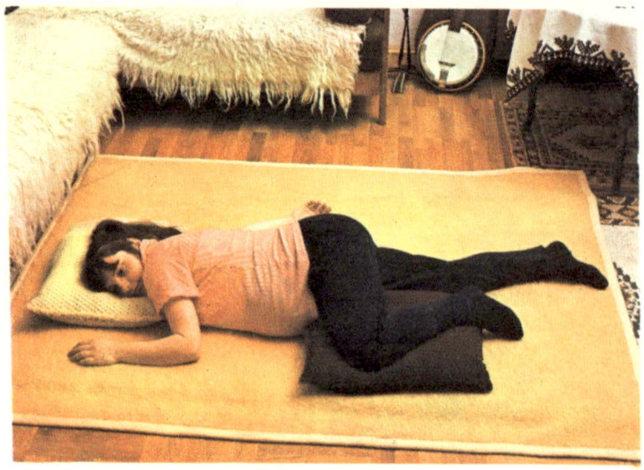

5.6

## Die seitliche Ruhelage

Die Eröffnungswellen während der Geburt lassen sich in dieser Lage am leichtesten ertragen; sie ist die zweite Ausgangsstellung für Entspannungsübungen. Sie beginnen mit ihr, wenn Sie das bisher geschilderte beherrschen oder wenn Ihnen die Rückenlage unangenehm sein sollte.

Die seitliche Lage eignet sich besonders für die letzten Monate, wenn dann der Bauch schon ein bißchen im Wege ist.

Wie in Abb. 5.6 liegen Sie auf der rechten Seite, die rechte Gesichtshälfte auf einem flachen Kissen. Der rechte Arm liegt hinter dem Rücken, leicht angewinkelt und mit der Handfläche nach oben. Der linke Arm ruht zwanglos gebeugt so auf der Unterlage, daß die Hand etwa in Gesichtshöhe und mit der Handfläche nach unten liegt. Die linke Schulter lassen Sie dabei locker heruntersinken. Das rechte Bein wird zwar nicht ganz ausgestreckt, liegt aber doch ziemlich gerade. Das linke Bein wird so weit angezogen, daß das Knie etwa in Beckenhöhe kommt bzw. so weit, wie es Ihnen am bequemsten ist. Manche empfinden es als noch entspannender, wenn unter dem linken Knie ein Kissen liegt.

Der Körper soll jedenfalls in allen Gelenken locker im Gleichgewicht ruhen.

Sie werden dann wieder einzelne Muskelgruppen anspannen und gleichzeitig andere entspannen können.

Die Methode ist sonst die gleiche wie in Rückenlage.

## Ausgleichende Gymnastik

Viele Schwangerenberatungsstellen konnten Vorbereitungskurse für werdende Mütter einrichten. Im Programm gibt es dort neben Entspannungsübungen auch Gymnastik. Sie haben es einfacher, wenn Sie sich die gymnastischen Übungen in einer entsprechenden Gruppe unter einem Übungsleiter aneignen können. Die Gestaltung kann so auch abwechslungsreicher sein. Darüber hinaus ist es nett und mitunter lustig, in einen Kreis von Menschen zu kommen, die alle in der gleichen Lage sind, also die gleichen Probleme, Fragen, Schwierigkeiten haben. Man fühlt sich rasch fast freundschaftlich verbunden. Und sollten Sie etwas schwer an Ihrem Päckchen tragen, dann sehen Sie, daß es anderen ähnlich geht. Bei den kleinen Schwätzchen hört man auch diesen oder jenen praktischen Tip. Eine solche Gemeinschaft kann eine ganz willkommene Abwechslung sein, besonders in der Zeit des Schwangerenurlaubs.

Die Kursprogramme sind nicht einheitlich. Man bemüht sich selbstverständlich, den Inhalt mit der Arbeitsweise der zuständigen Entbindungsklinik abzustimmen. Das gelingt am besten dort, wo das Klinikpersonal selbst die Kurse durchführen kann. Auf diese Weise lernen Sie auch schon einige Ihrer zukünftigen Betreuer während des Klinikaufenthaltes kennen.

Der Rahmen der Vorbereitungskurse ist abhängig von den örtlichen, personellen, räumlichen und technischen Voraussetzungen. So unterschiedlich die Form auch sein mag, das Ziel ist überall gleich: Ihnen durch bestimmte Vorbereitungen Schwangerschaft und Geburt zu erleichtern. Derartige Kurse finden meistens nur einmal wöchentlich statt, üben müssen Sie aber täglich, wenn Sie gute Ergebnisse erreichen wollen. Also die eigene Arbeit an sich selbst zu Hause bleibt trotzdem.

Viele werdende Mütter, zur Zeit in der DDR noch weit mehr als die Hälfte – besonders aus dünner besiedelten ländlichen Gebieten –, haben noch keine Gelegenheit, Vorbereitungskurse zu erreichen. Diesen Müttern wollen wir hier gangbare Wege zur Geburtsvorbereitung als »Hausprogramm« zeigen.

## Einfache Bewegungsübungen

Solche Übungen erhalten Ihnen eine bessere Kontrolle über Ihren Körper und damit eine bessere Leistungsfähigkeit, mehr Wendigkeit, feineres Muskel- und Haltungsgefühl für die verschiedensten Bewegungsabläufe und vieles andere mehr. Sie tragen dazu bei, Sie an die zunehmende Belastung durch die Schwangerschaft anzupassen und auf die Geburt vorzubereiten. Beginnen Sie am besten Anfang des 4. Schwangerschaftsmonats, aber auch zu jedem späteren Termin kann man noch anfangen.

*Die Füße.* Sie werden bis zu 11 kg mehr zu tragen haben. Die Fußgewölbe, die uns einen harmonisch-elastischen Gang ermöglichen, werden wesentlich durch Muskelarbeit gehalten. Wir behandeln sie durch unsere Lebensweise ohnehin stiefmütterlich; viele Menschen laufen relativ wenig, und wenn schon, dann vorwiegend auf ebenen, festen Böden, die dem Fuß keine ständig wechselnde Anpassung abverlangen und ihn damit einseitig beanspruchen. Innerhalb und außerhalb ihrer Arbeit müssen die meisten relativ viel stehen und sitzen. Wiederum werden die Füße ganz wenig oder völlig einseitig beansprucht. Die Fußmuskulatur ist bei vielen Menschen schwach geworden. Und nun hat sie das Gewicht einer Schwangerschaft zusätzlich zu tragen.

Deshalb trainieren Sie Ihre Fußmuskeln:

1. In Rückenlage mit gestreckten Beinen: Zehen nach unten einkrallen – entspannen; Zehen kräftig nach oben – entspannen ... (10×)

2. Dann kommt der ganze Fuß an die Reihe: Kräftig nach unten strecken – entspannen; kräftig nach oben beugen – entspannen ... (10×)

3. Schließlich die ganzen Beine einschließlich Gesäßbacken straff anspannen und zusammendrücken. Dabei Fußspitzen nach oben ziehen. Die Anspannung auch noch auf Bauchmuskeln und Schließmuskeln des Beckenbodens ausdehnen, das Kreuz auf die Unterlage drücken. Schließlich alles wieder locker lassen ... (5×)

Fühlen Sie sich auch hier und bei weiteren Übungen ganz bewußt in das Wechselspiel von Spannung und Entspannung ein. Sie können die Übungen zur Abwechslung auch im Sitzen machen und irgendwann zwischendurch. Das muß nicht immer eine todernste Übungszeit sein. Sollten Sie bei geeigneter Witterung Gelegenheit finden, barfuß auf Erde, Sand oder Wiese zu laufen, wo sich die Füße bei jedem Schritt anderen Bodenverhältnissen anpassen müssen, dann haben Sie die beste Fußübung. Diese Selbstverständlichkeit ist leider bei vielen in Vergessenheit geraten.

*Die Bauchdecken.* Durch das Wachstum von Kind und Gebärmutter werden die Bauchdekken vorgewölbt und gedehnt, also erheblich beansprucht. Deshalb sind sie für Kräftigungsübungen dankbar und werden dann nach der Geburt schneller wieder straff und fest. Ihre Figur wird besser erhalten.

4. In Rückenlage beide Beine gleichzeitig anhocken, dann senkrecht nach oben strecken und schließlich die gestreckten Beine langsam wieder auf den Boden senken. Sie spüren, wie die geraden Bauchmuskeln erst fest und nach dem Absetzen der Beine locker werden. Das dabei entstehende Hohlkreuz ausgleichen durch mehrmaligen federnden Druck dieser Gegend auf die Unterlage ... (5×) Abb. 5.7, 5.8, 5.9

5. Zwischendurch eine Lockerungsübung für die geraden Bauchmuskeln: Die Beine werden wieder angehockt, wobei die Füße auf dem Boden bleiben. Nun beide Füße locker nach unten wegrutschen lassen, bis die Beine gestreckt sind, auf dem Boden nachfedern ... (5×)

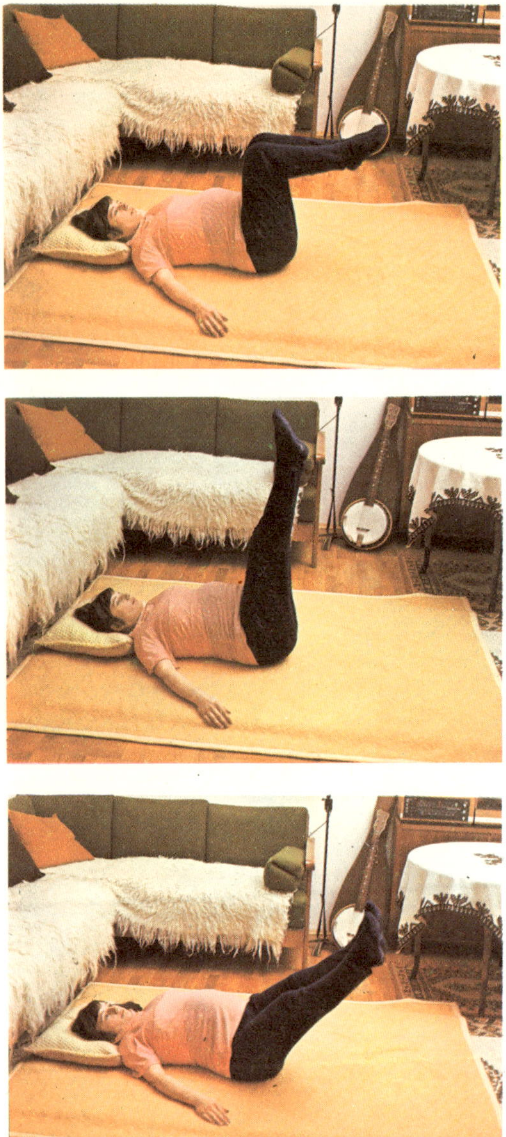

5.7–5.9

6. Dann werden die schrägen Bauchmuskeln besonders bedacht, was gleichzeitig der Lendengegend gut tut: Aus der Rückenlage werden beide Beine gestreckt und geschlossen vom Boden abgehoben und langsam nach rechts niedergelegt; erneut anheben – in der Mitte niederlegen; erneut anheben – nach links niederlegen. So geht es immer hin und her; anschließend Hohlkreuz ausgleichen wie nach Übung 4 … (3- bis 5×)

7. Eine entsprechende Lockerungsübung wird nun angeschlossen:

Die Beine werden wieder angehockt, Füße bleiben auf dem Boden. Jetzt beide Knie geschlossen nach rechts und dann wieder nach links fallen lassen. Das Becken dreht locker mit. Die Schultern bleiben auf dem Boden, was leichter gelingt, wenn die Hände weit vom Rumpf weg liegen … (3- bis 5× nach jeder Seite) Abb. 5.10

*Die Lendengegend.* Sie wird durch den zunehmenden Leibesumfang und die damit zusammenhängende andere Gewichtsverteilung stärker in Richtung Hohlkreuz beansprucht und weniger bewegt. Vergleichen Sie dazu die Abb. 4.33 auf Seite 86. Arbeiten Sie den dadurch möglichen Rückenbeschwerden entgegen durch die folgende Übung:

8. Hinknien und Hände flach auflegen bei gestreckten Armen (Vierfüßerstand). Nun Kopf herunter und Katzenbuckel, dann Kopf hoch und Hohlkreuz … (5×) Abb. 5.11, 5.12

9. Anschließend gleich in dieser Vierfüßerstellung bleiben, das Gesäß nach rechts und nach links hin und her bewegen, so weit es geht, damit die Lendengegend locker bleibt … (10×) Abb. 5.13, 5.14

10. Dann aufstehen und so an eine Wand stellen, daß Sie diese mit Rücken und Fersen berühren.

Nun Bauch und Gefäß fest anspannen, Lendengegend an die Wand drücken und damit Hohlkreuz ausgleichen. Das Becken richtet sich dabei auf. Beim Lockerlassen kippt das Becken normal nach vorn. Die Lendenschwingung der Wirbelsäule stellt sich wieder ein. Das Ganze wiederholen … (5×)

11. Und zum Schluß noch eine Atemübung im Stehen:

Frei ins Zimmer treten. Beim ruhigen Einatmen noch stärker aufrichten: In den Ballenstand heben, Schultern zurückziehen, Kopf hoch, Arme heben. Beim Ausatmen alles wieder in eine lockere Ruhehaltung sinken lassen … (5×) Abb. 5.15

Diese Übungen sind sehr einfach, deshalb für jeden durchführbar. Wenn Sie jeden Tag ein- oder zweimal diese knappe Viertelstunde – länger braucht man dafür nicht – mit einplanen, werden Sie bald spüren, daß sie

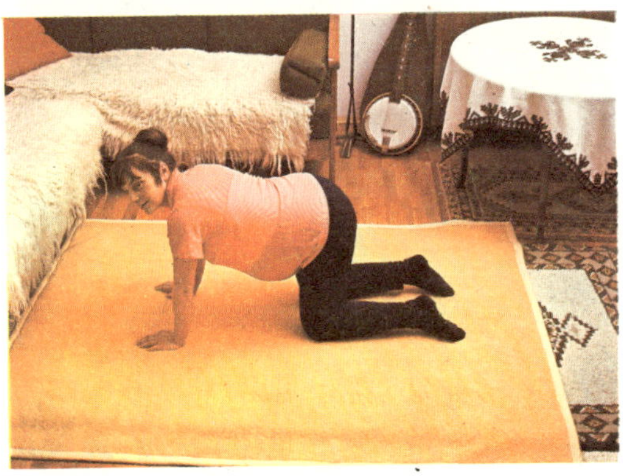

5.10–5.15

Ihnen nützlich ist. Die zusätzliche Mühe wird durch weniger Beschwerden während der Schwangerschaft belohnt. Nach der Geburt normalisiert sich im Hinblick auf Haltungs- und Bewegungsapparat alles schneller und besser (s. Wochenbettgymnastik S. 137). Durch Muskel- und Bandschwächen bedingte Beschwerden treten seltener auf.

### Richtiges Atmen – gar nicht so selbstverständlich

Im Rahmen der Entspannungsübungen hatten wir zwei Zusammenhänge erwähnt: Schmerzverringerung durch reichliche Sauerstoffzufuhr und Schmerzverringerung durch bewußte Muskelentspannung (s. S. 100). Beides hängt mit zweckmäßigem Atmen zusammen. Nun holen wir ja dauernd Luft, in jeder Minute unseres Lebens. Etwas Selbstverständlicheres scheint es gar nicht zu geben. Warum also noch dar-

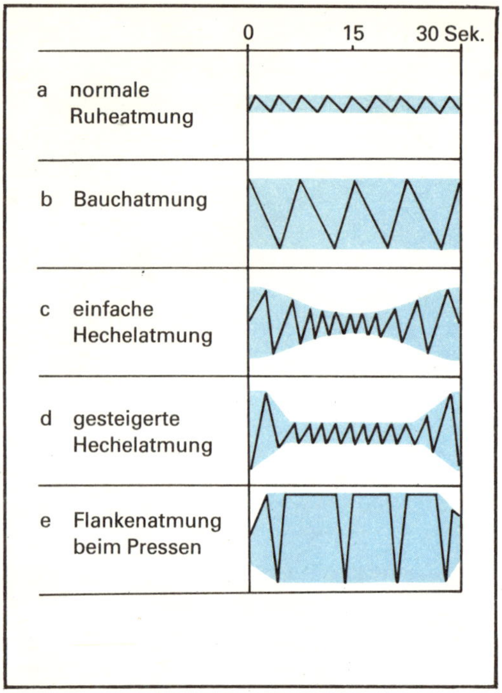


5.16 Die benötigten Atemtypen

über reden? Weil die Geburt keine alltägliche Leistung für die Frau ist. Erhöhte Leistungen aber erfordern eine angepaßte und vertiefte Atmung. Deshalb üben Sie etwa ab 6. Schwangerschaftsmonat, die Atmung zu vertiefen und den Atemtyp so zu verändern, daß Sie sich zweckmäßig auf alle Geburtssituationen einstellen können. Dazu werden folgende Atemtypen unterschieden, die Sie zunächst bitte in Rückenlage probieren.

### 1. Brustkorbatmung

Das ist unsere normale Ruheatmung. Der Luftaustausch wird vorwiegend durch Heben und Senken des Brustkorbes bewirkt (Abb. 5.16 a). Natürlich ist das Zwerchfell dabei auch mit beteiligt, aber daß man damit viel mehr machen kann, merken Sie sofort bei der nächsten Übung.

### 2. Bauchatmung

Das Zwerchfell, die muskulöse Trennwand zwischen Bauchraum und Brusthöhle, schiebt beim Einatmen den Bauchinhalt nach unten, weshalb sich die Bauchdecke vorwölben und die Lunge weiter ausdehnen kann als sonst. »In den Bauch hineinatmen«, sagen manche recht anschaulich. Beim Ausatmen drückt die Bauchdecke den Bauchinhalt wieder nach oben, womit die Lunge zusammengedrückt und entlüftet wird. Auf diese Weise ist viel mehr Luft zu fördern als bei normaler Ruheatmung.

Das tiefe Ein- und Ausatmen stellen wir in Abb. 5.16 b dar. Beim Ausatmen sinkt der Bauch ein. In der Atempause die Bauchwand nach innen ziehen, um noch mehr Luft auszuatmen. Dann langsam tief einatmen und Bauch vorwölben lassen. Fühlen Sie die Bauchbewegung mit der aufgelegten Hand. Wenn Sie das jeden Tag 5 Minuten üben, dann lernen Sie, das Fassungsvermögen Ihrer Lunge so zu erhöhen, daß viel weniger Atemzüge pro Minute nötig werden. Brauchen Sie anfangs 15 bis 20 Atemzüge je Minute, dann werden es zuletzt nur noch 3 bis 5 sein, womit Sie schon recht gut kräftige Anspannungswellen der Gebärmutter überbrücken können. Diesen Atemtyp brauchen Sie für den ersten Teil der Eröffnungsperiode, um die arbeitende Gebärmuttermuskulatur und das Kind gut mit Sauerstoff zu versorgen.

Anfangs kann es einem dabei etwas schwindlig werden oder in den Fingern kribbeln. Dann versuchen Sie nicht weiter zu steigern, sondern atmen erst einmal weniger tief oder legen eine kurze Pause ein. Bald gewöhnen Sie sich daran und bekommen keine Beschwerden mehr. Dann können Sie auch im Sitzen üben.

### 3. Hechelatmung

Nach kurzem Ein- und Ausatmen machen Sie in einer mittleren Atemstellung bei offenem Mund schnelle, kleine Atembewegungen für 20 bis 25 Sekunden. Nicht zu extrem, denn der Lunge muß natürlich gewisse Zeit für den Gasaustausch bleiben. Vielleicht haben Sie solches Hecheln schon einmal bei einem Hund nach schnellem Lauf gesehen. Er ließ dabei noch die Zunge heraushängen, das brauchen Sie natürlich nicht.

Nehmen wir nun eine »Übungswelle« an, dann wird bei Beginn mittels Bauchatmung tief ein- und ausgeatmet, um etwas auf Vorrat Lungen und Blut atemfrisch zu machen. Ingrid Mitschell prägte dafür das schöne Wort »Erfrischungsatemzug«.

Ihm folgen dann 4 bis 5 weniger tiefe Atemzüge, weil die zunehmende Spannung im Leib nicht mehr ganz tiefe ermöglichen würde. Auf der Höhe der angenommenen Welle 20 bis 25 Sekunden hecheln und bei nachlassender Übungswelle wieder zunehmend tiefer atmen und nach 1 oder 2 Erfrischungsatemzügen dann zur normalen Ruheatmung übergehen (einfache Hechelatmung s. Abb. 5.16 c).

Wenn sich gegen Ende der Eröffnungsperiode schon Preßdrang einstellt, dann muß sofort von einer normalen oder vertieften Atmung direkt zum Hecheln übergegangen werden, ohne erst oberflächliche Atemzüge einzuschalten. Dafür kann das Hecheln über 35 bis 40 Sekunden ausgedehnt werden (gesteigerte Hechelatmung s. Abb. 5.16 d und 5.19 d). Vergleichen Sie hiermit die Geburtssituation S. 121 bis 124.

## 4. Flankenatmung

Hierbei werden ganz bewußt die unteren seitlichen Partien des Brustkorbes (Flanken) weit gestellt. Damit gelingt es, innerhalb kürzester Zeit sehr viel Luft aufzunehmen, wie das bei der Preßarbeit in der Austreibungsperiode notwendig wird. Legen Sie zur Kontrolle der Atembewegungen einmal Ihre Hand auf die Flankengegend.

## 5. Druckübungen

Nun können Sie das Atmen bei Preßarbeit üben:

Rückenlage, Beine angestellt. Nach 3 Erfrischungsatemzügen mit offenem Mund tief einatmen. Dann Mund und Kehlkopf schließen, Luft anhalten und mittels Bauchpresse nach unten drücken wie beim Wasserlassen. Nach 10 bis 15 Sekunden tief ausatmen, mittels Flankenatmung schnellstens wieder voll einatmen und erneut drücken, falls Sie können, nach 10 bis 15 Sekunden noch ein drittes Mal. Dann wieder Erfrischungsatemzug und locker tief durchatmen (Abb. 5.16 e und 5.19 e).

Drücken bitte nur andeuten. Sie sollen ja hier nur die Atemtechnik üben und keine Geburtsarbeit leisten.

Eine wichtige Beobachtung können Sie, ohne extra Zeit zu opfern, bei Toilettenbenutzung machen: Beim Drücken oder Pressen mittels Bauchpresse entspannen reflektorisch die Schließmuskeln des Beckenbodens. Prägen Sie sich auch dieses Muskelgefühl des »nach unten Offenseins oder Weitwerdens« ganz bewußt ein, damit Sie mit entsprechend intensiver Vorstellung bei der Geburt Ihres Kindes in der Austreibungsperiode die Beckenmuskulatur besonders wirksam entspannen können. Man kann das genauso lernen wie die bereits besprochenen Entspannungsübungen.

*Druckübung in Preßhaltung – Rückenlage* (Abb. 5.17)

Nach einigen kräftigen Atemzügen wieder mit offenem Munde tief einatmen, dann Mund und Kehlkopf schließen, Knie auf die Brust, Oberkörper leicht anheben. Dabei fassen die Hände von außen in die Kniekehlen, als wollten Sie die Knie an die Nase heranziehen. Beine dabei auseinander, Augen schließen und nun wieder nach unten drücken für etwa 20 Sekunden. Dann schneller Erfrischungsatemzug (Flankenatmung!) und das gleiche noch ein-

5.17

5.18

mal. Nach abschließendem Erfrischungsatemzug locker tief durchatmen.

*Druckübung in Preßhaltung – Seitenlage* (Abb. 5.18)

Die Atemübung geschieht wieder in gleicher Weise. Wir lernen jetzt nur noch die seitliche Preßhaltung kennen, die in manchen Geburtssituationen erforderlich werden kann:

Auf die rechte Seite legen. Beide Hände, mit den Fingern verschränkt, umfassen die Kniekehle des gebeugten und abgespreizten linken Beines, Oberkörper wird nach vorn geneigt, Kinn auf die Brust und drücken.

Die Atemübungen sollten Sie in den letzten Schwangerschaftswochen täglich ausführen, die Preßhaltung nur zweimal in der Woche probieren. Schon wenn Sie das einige Male getan haben, werden Sie sich viel besser in die Beschreibung des Geburtsablaufes (S. 114 ff.) einfühlen, und wenn Sie dann selbst so weit sind, besser und zweckmäßiger mitarbeiten können.

### Werdende Väter als Trainingshelfer

Bei den beschriebenen Übungen mußten Sie sich die Gebärmutterarbeit selbst vorstellen, um Ihre Atemtechnik entsprechend einzurichten. Dabei können Sie ja nicht auch noch auf die Stoppuhr sehen, um wenigstens die Wellendauer wirklichkeitsnah den unterschiedlichen Geburtsphasen anzupassen. Die ganze Übung würde als zu sehr konstruiert empfunden und deshalb meist nicht mehr ernst genommen werden. In einem Vorbereitungskurs übernimmt die Übungsleiterin das Kommando, zu Hause wieder Ihr Mann oder eine andere Vertrauensperson. In Anlehnung an Erfahrungen von Sheila Kitzinger, einer englischen Expertin für Geburtsvorbereitung, könnte er die Übungswellen symbolisieren, indem er seine Hand auf Ihren Oberschenkel legt und durch zu- und abnehmenden Druck seiner Finger Dauer und Stärke der Gebärmutterarbeit angibt. Entsprechend den Kurvenbildern (Abb. 5.19) beginnt er mit leichten Anspannungswellen der Eröffnungsperiode, die etwa ½ Minute andauern. Er steigert dann allmählich entsprechend der fortschreitenden Geburt den Druck und auch die Dauer bis auf 1 Minute. Die Wellenpausen werden entsprechend den Kurvenbildern bemessen oder aus praktischen Gründen verkürzt. Liegt die »Signalhand« auf der Innenseite eines Oberschenkels ziemlich weit oben, dann werden durch den Fingerdruck auf die Beinmuskulatur dieser Gegend (Adduktorengruppen) Nerven gereizt, die auch Muskeln des Beckenbodens anspannen lassen. Die Frau kann auf diese Weise außerdem noch die aktive Entspannung solcher Muskeln trainieren, die bei der Geburt nachgeben müssen. Erinnern Sie sich dazu bitte an das auf S. 100 Gesagte.

Bei solchem Üben wird die Muskeltätigkeit der Gebärmutter nicht mehr durch Ihre eigene Vorstellung bestimmt, sondern Sie haben sich auf einen Reiz einzustellen, den Sie nicht selber steuern, auf den Sie aber angemessen reagieren müssen. Das kommt den wirklichen Verhältnissen sehr viel näher. Manche Frauen, die zunächst die Hechelatmung recht schwierig finden, sind mitunter überrascht, wie leicht sie sich dann einer solchen Übungswelle anpassen können. Die Männer müssen sich außerdem eingehender mit dem Geburtsablauf beschäftigen, wenn sie ihre »Trainingshelferaufgabe« gut erfüllen wollen. Das aber entspricht einem zunehmenden Bedürfnis unserer Bürger, Geburtsvorbereitung und Geburt nicht nur als »Frauenangelegenheit« zu betrachten, sondern auch diese für ein Elternpaar sehr eindrucksvollen Lebenserfahrungen so weit wie möglich partnerschaftlich zu teilen. So erscheinen in manchen Kursen der Schwangerenberatungsstellen die werdenden Eltern gemeinsam (was

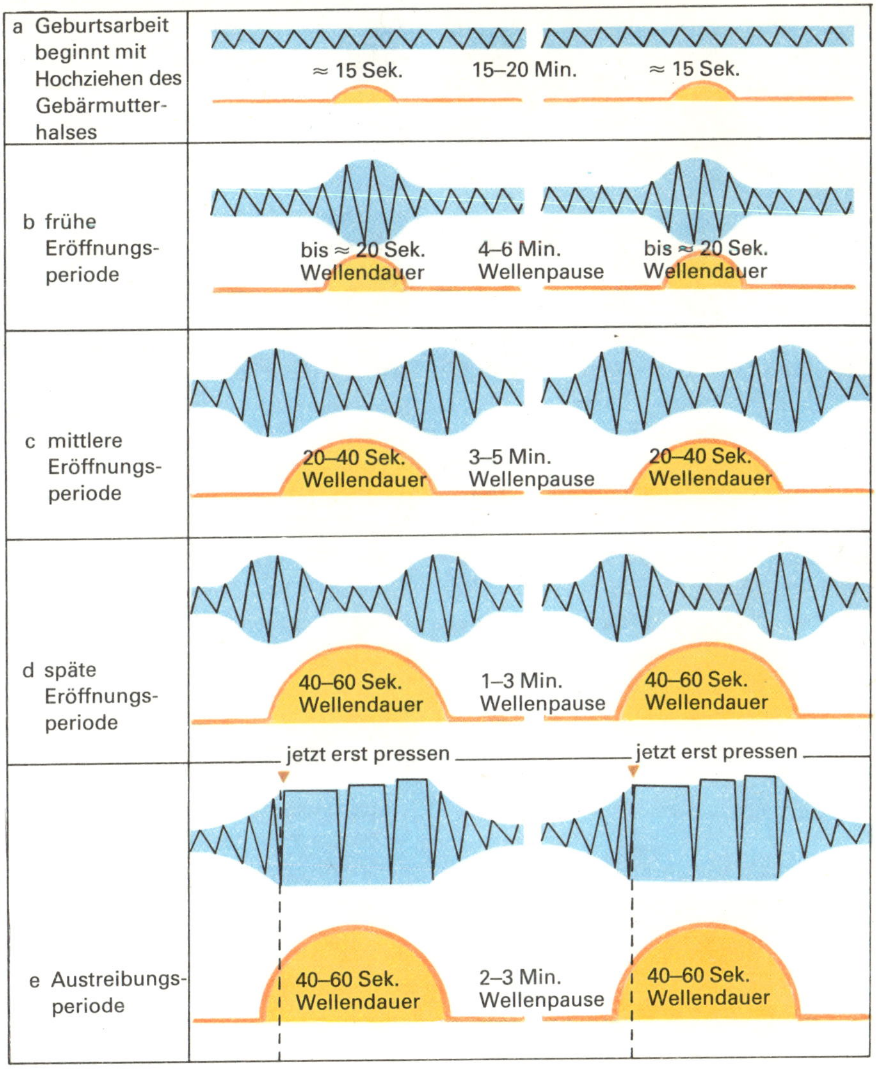


5.19 Atemtechnik zur günstigen Verarbeitung von Anspannungswellen der Gebärmutter

auch gesetzlich empfohlen wird). Männer lernen dabei die besondere Situation ihrer Frauen noch besser verstehen, können sich aufmerksamer in die »anderen Umstände« einfühlen. Die werdenden Eltern erleben und gestalten so ein Stück mehr Gemeinsamkeit, mehr Zusammengehörigkeit ..., kurz gesagt, mehr Menschlichkeit.

### Packen Sie rechtzeitig Ihren Klinikkoffer!

Er kann reisefertig geduldig warten, Sie vielleicht nicht, wenn die Geburt beginnt. Ihr Frauenarzt hat Ihnen zwar einen Termin genannt, aber die Kinder richten sich nicht immer danach. Sie wollen mitunter auch 8 bis 14 Tage früher erscheinen, was durchaus noch im normalen Bereich liegt, oder noch früher, manchmal auch etwas später. Den Koffer stört es nicht, wenn Sie ihn im 8. Monat fertig vorbereitet haben und zurechtstellen. Wenn Sie aber von der Geburt überrascht werden, fehlt Ihnen die nötige Ruhe zum Packen und Sie vergessen doch die Hälfte. Die folgenden Aufstellungen sollen Ihnen die Vorbereitung erleichtern.

#### Sie benötigen folgende Urkunden:

1. Schwangerenausweis (und falls vorhanden Ihre Psychoprophylaxekarte)
2. Personalausweis
3. Ausweis für Arbeit und Sozialversicherung; bei nicht berufstätigen Frauen den Ausweis des Versicherten
4. Familienbuch oder gesonderte Heiratsurkunde und Geburtsurkunden der evtl. schon vorhandenen Kinder; bei alleinstehenden Müttern wird deren Geburtsurkunde bzw. das Scheidungsurteil erbeten, bei Witwen die Sterbeurkunde des Mannes
5. Mütter- und Stillkarte
6. Kleingeld, passend für Standesamtgebühren (in Berlin 1,20 M, sonstige DDR 0,60 M)

Bitte halten Sie diese Dokumente griffbereit in einem Umschlag, auf den Sie groß und deutlich Ihren Namen schreiben.

#### Für Ihren persönlichen Bedarf bringen Sie mit:

Waschbeutel mit Seife, Zahnbürste, Zahnpasta, Kamm usw.
mehrere Waschlappen
2 Handtücher
2 bis 3 Nachthemden (Stillnachthemden)
2 Stillbüstenhalter (2 Nummern größer als sonst gebräuchlich)
mehrere kochfeste Schlüpfer
Bade- oder Morgenmantel
Hausschuhe und Strümpfe
Eßbesteck
1 Vase, weil die Klinik manchmal Schwierigkeiten hat, die vielen freundlichen Blumengrüße unterzubringen. Bitte lassen Sie Schmuck- und Wertgegenstände sowie Geldbeträge über 10,– M zu Hause. Sie können damit sich und anderen manche Sorge ersparen. In der Klinik brauchen Sie das wirklich nicht.

Bei Klinikentlassung wird Ihr Kind für die Heimreise in Privatsachen gekleidet. Dafür bringen Sie bitte aus der unten beschriebenen Erstausstattung mit:
1 Hemdchen Gr. 58
1 Jäckchen Gr. 58
2 Windeln
1 Windelhöschen
1 Moltoneinlage (Steppchen)
1 Strampelhose Gr. 58
1 Ausfahrgarnitur Gr. 58
1 Erwachsenenkopfkissen mit Bezug
1 Kinderbadetuch oder 1 Babydecke

Im Winter evtl. zusätzlich gestrickte Babyschuhe und Handschuhe. So ist Ihr Kleines für seine erste Reise gut zu verpacken. Bitte denken Sie daran, daß alle Babywäsche – auch neue! – gewaschen (Windeln, Hemdchen und Jäckchen gekocht) sein muß!

### Was brauchen Sie als Erstausstattung für Ihr Kind zu Hause?

Auch das möchte rechtzeitig zusammengetragen sein, also spätestens im 8. Schwangerschaftsmonat. Sie werden sich doch nicht durch haushalttechnische Überlegungen die Einstimmung auf Geburt und Wochenbett trü-

5.20

5.21 Vorfreuden

ben lassen! Manche werdende Mütter glauben, das habe Zeit, bis das Kleine da ist. Aber wenn man nach der Entbindung noch etwas müde und schlapp ist und das Kindchen ohnehin sein Recht verlangt, kann selbst so ein kleines Unternehmen wie der Einkauf von Babysachen schon aufregend und belastend sein. Es ist durchaus beruhigend, alles Nötige bei Bedarf zur Hand zu haben. Auch macht es Spaß, während der Schwangerschaft Stück für Stück zusammenzutragen. Nicht alles muß neu sein. Manches kann man von anderen übernehmen. Mit viel Anteilnahme stricken oder häkeln manche Muttis kleine Mützen, Jäckchen oder Schuhe selbst und stellen sich dann das noch unbekannte Etwas so plastisch vor, daß die Fantasie zeitweise schon der lebendigen Wirklichkeit vorgreift.

Die reichhaltige Auswahl an schönen Farben, Formen und Mustern im Handelsangebot der Babysachen verleitet nicht selten dazu, immer noch ein kleines Stück in die Sammlung hinzuzukaufen. »Ist das nicht ganz süß?«, heißt es dann mit geradezu entwaffnendem Lächeln. Ich möchte Ihnen die Freude daran nicht schmälern. Aber bedenken Sie, wie schnell die ersten Sachen wieder zu klein sind. Mit den folgenden Vorschlägen kommen Sie jedenfalls für den Anfang erst einmal gut zurecht:

1 Babykörbchen oder Kinderbett mit fester Matratze ohne eingedrückte Vertiefungen
2 × Bettwäsche dazu passend
1 Erwachsenenkopfkissen mit Bezug als Deckbett
2 Babydecken
4 Strampelhosen Gr. 58
2 Strampelsäckchen
4 Jäckchen Gr. 58
4 Hemdchen Gr. 58
15 Mullwindeln
15 Moltoneinlagen (Steppchen) oder Wegwerfwindeln
2 Moltoneinschlagetücher

5.22 Pflegemittel

2 Wickel-Folie-Slips (zweckmäßigerweise Spreiz-Wickel-Slips von Baby-Chic, Gr. 0 und 1)
1 Ausfahrgarnitur (Jäckchen, Mütze, Handschuhe, Schuhe)
1 größere Gummiunterlage, aus der man sich für Bett oder Korb, Kinderwagen und evtl. Wickeltisch passende Stücke ausschneidet.
2 Kinderbadetücher (linke obere Ecke kennzeichnen)
4 Waschlappen
1 Säuglingsbadewanne
1 Badethermometer
1 Fieberthermometer
5 Säuglingsflaschen mit Saugern
Hautpflegemittel für den Säugling
Haben Sie das zusammengetragen, dann sind Sie für die erste Zeit der Betreuung gut gerüstet. Die Leibwäsche haben wir für den Anfang mit Größe 58 angegeben. Das ist für einen guten Teil der Neugeborenen reichlich groß. Aber ehe man erst noch mit Größe 52 anfängt, schlägt man zunächst die Ärmel etwas um. Die Kleinen wachsen schnell hinein, falls sie nicht gerade Frühgeborene sind. Das wäre jedoch die Ausnahme.

**Nicht alles, was gut gemeint ist, kommt Ihrem Kinde auch zugute**

Wenn Sie die erwähnten Dinge beschaffen möchten, werden Sie rasch feststellen, daß Sie billig und teuer kaufen können. Natürlich wollen die meisten jungen Eltern das Beste für ihr Kind und sind deshalb auch bereit, mehr aus-

5.23 Willst du jetzt kommen?

zugeben als unbedingt nötig wäre. Sie sollen ja auch Ihre persönliche Freude daran haben, Ihr Kindchen nett herauszuputzen mit niedlichen, farbenfrohen Stick- und Strickmustern auf schönen weichen Sachen, mit dederonspitzenverzierten Wagengarnituren usw. Es ist wirklich schön und gut gemeint, dem kleinen Gesichtchen einen solch attraktiven Rahmen zu geben. Ist es doch zu dieser Zeit der stolze Mittelpunkt in Ihrer Familie, der viele andere Aufgaben und Pflichten in Haushalt und Beruf zweitrangig werden lassen kann. Aber Sie sollten sich darüber klar werden, daß Sie so etwas im wesentlichen für sich selbst tun.

Selbstverständlich sind ordentliche, das heißt, auch hygienische Voraussetzungen sehr wichtig.

Aber darüber hinaus sind ganz andere Bedingungen, die zumeist nicht mit Geld aufzuwiegen sind, für die Entwicklung Ihres Babys von größerer Bedeutung.

Wir wollen Ihnen in diesem Buch behilflich sein, Bedürfnisse Ihres Kindes noch besser zu verstehen. Lassen Sie sich dadurch nicht die Freude an schönen Äußerlichkeiten nehmen.

Nur stellen Sie sich immer wieder einmal die Frage, was davon auch Ihrem Kinde wirklich zugute kommt.

# Kapitel 6 Die Geburt

Gehen wir Schritt für Schritt den Ablauf der Geburt durch: Die farbigen Zeichnungen zeigen Ihnen das, was im Mutterleib vor sich geht, aber unseren Augen weitgehend verborgen bleibt. Die Farbfotos veranschaulichen die Erlebnisse, die dem jeweiligen Stand der Geburt etwa entsprechen. In dieser Zusammenschau von Theorie und Praxis betrachten wir gemeinsam die drei Geburtsabschnitte, die ganz unterschiedliche Anforderungen an die Mutter stellen:

1. Die Eröffnungsperiode

Das ist eine vorbereitende Geburtsphase, die mit den ersten *regelmäßigen* Anspannungswellen beginnt und mit der völligen Eröffnung des Muttermundes endet.

2. Austreibungsperiode

Sie beginnt mit dem Einsetzen der Preßwellen bei vollkommen geöffnetem Muttermund und endet mit der Geburt des Kindes.

3. Die Nachgeburtsperiode

Sie dauert von der Geburt des Kindes bis zur Geburt von Plazenta und Eihäuten.

## In Erwartung

Die Mutter geht noch ihren häuslichen Aufgaben nach. Sie weiß ihr vorbereitetes Köfferchen für den Klinikaufenthalt griffbereit. Vielleicht ist die eigene Mutter oder Schwiegermutter zu Besuch gekommen, damit »der Haushalt weiterläuft« während der Abwesenheit unserer Hauptperson. Oder mit freundlichen Nachbarn ist abgesprochen, was zu regeln war. So kann sie das bevorstehende Ereignis ruhig und zuversichtlich erwarten.

6.1 *Schwangerschaft am Ende der Zeit:* Der kindliche Kopf steht mit seinem größten Umfang nach den Schwangerschaftsanspannungen (Vorwellen) fest im Beckeneingang. Die Eihäute liegen der inneren Gebärmutterwand noch allseitig fest an. Der Gebärmutterhals verschließt zuverlässig die Fruchthöhle, wie er das während der ganzen Schwangerschaft getan hat.

## Beginn der Geburt

6.2 *Beginn der Eröffungsperiode:* Die Gebärmuttermuskulatur beginnt sich zusammenzuziehen. Die unteren Abschnitte der Gebärmutter werden langsam über den kindlichen Kopf zurückgezogen wie ein Rollkragenpullover beim Ankleiden. Durch diese Verschiebung der Schichten werden die Eihäute in der Kopfgegend von der Gebärmutterwand abgelöst. Kleine Blutgefäße reißen dabei ein. Der Schleimpfropf, der bisher den Muttermundkanal verschloß, wird hinausgedrückt und kommt leicht blutig verfärbt zum Vorschein. »Es zeichnet«, wie man zu sagen pflegt.

6.1 Schwangerschaft am Ende der Zeit

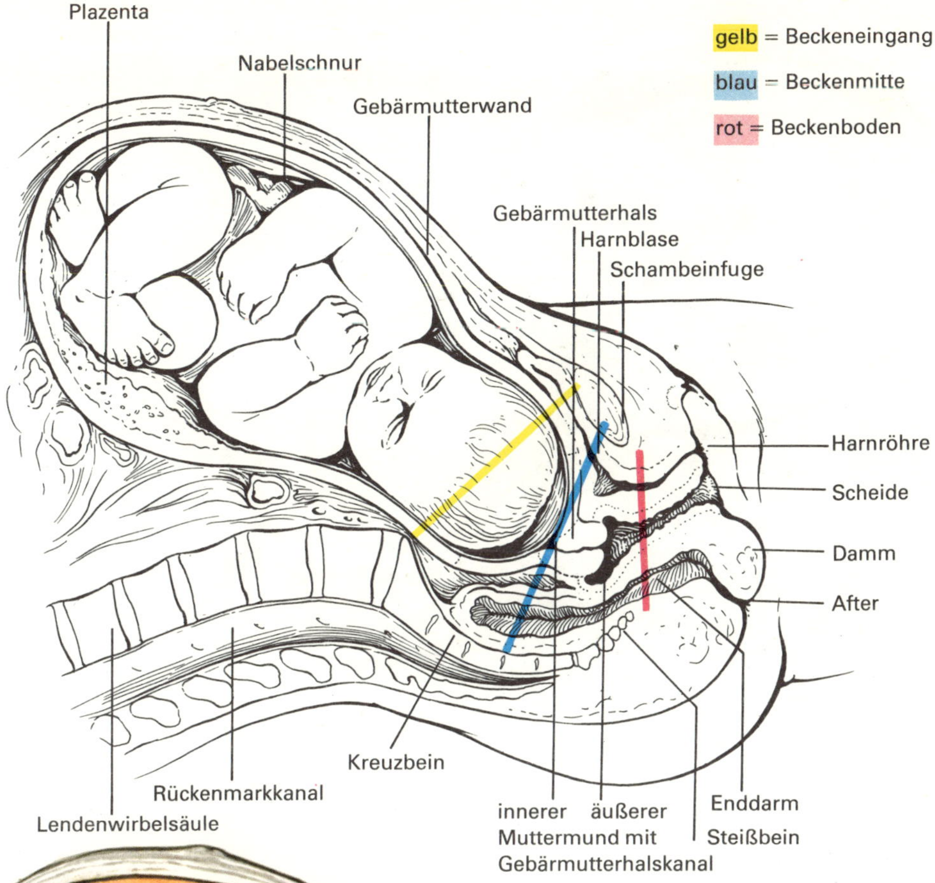
Plazenta
Nabelschnur
Gebärmutterwand
gelb = Beckeneingang
blau = Beckenmitte
rot = Beckenboden
Gebärmutterhals
Harnblase
Schambeinfuge
Harnröhre
Scheide
Damm
After
Kreuzbein
Rückenmarkkanal
Lendenwirbelsäule
innerer äußerer
Muttermund mit
Gebärmutterhalskanal
Enddarm
Steißbein

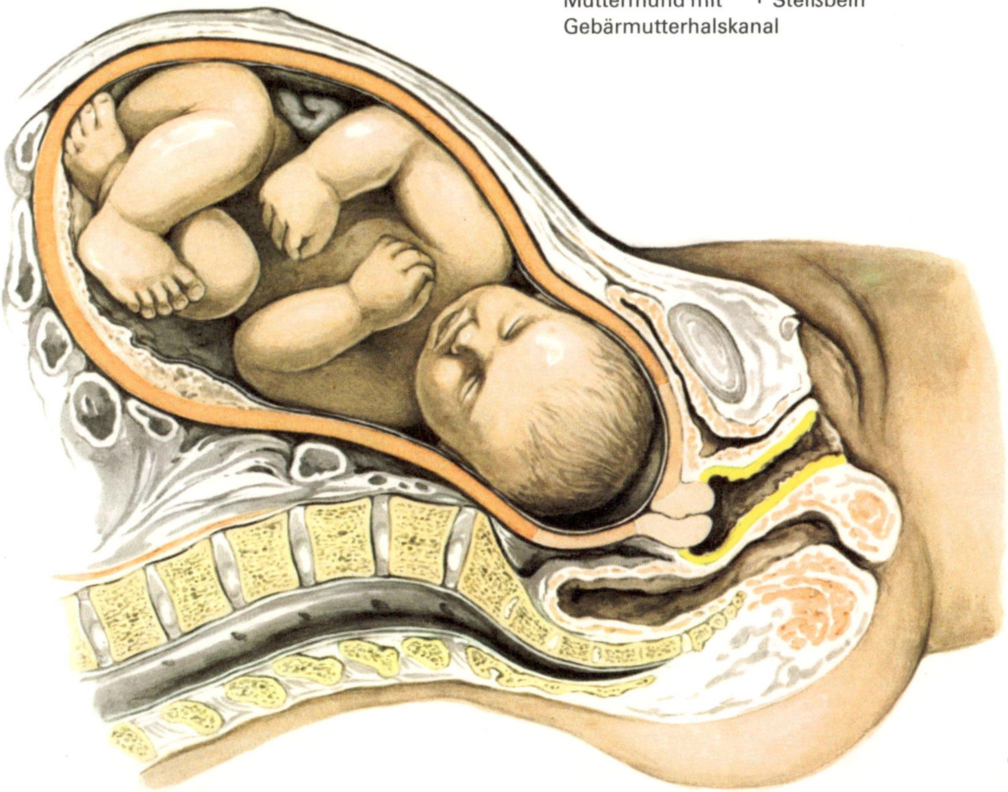

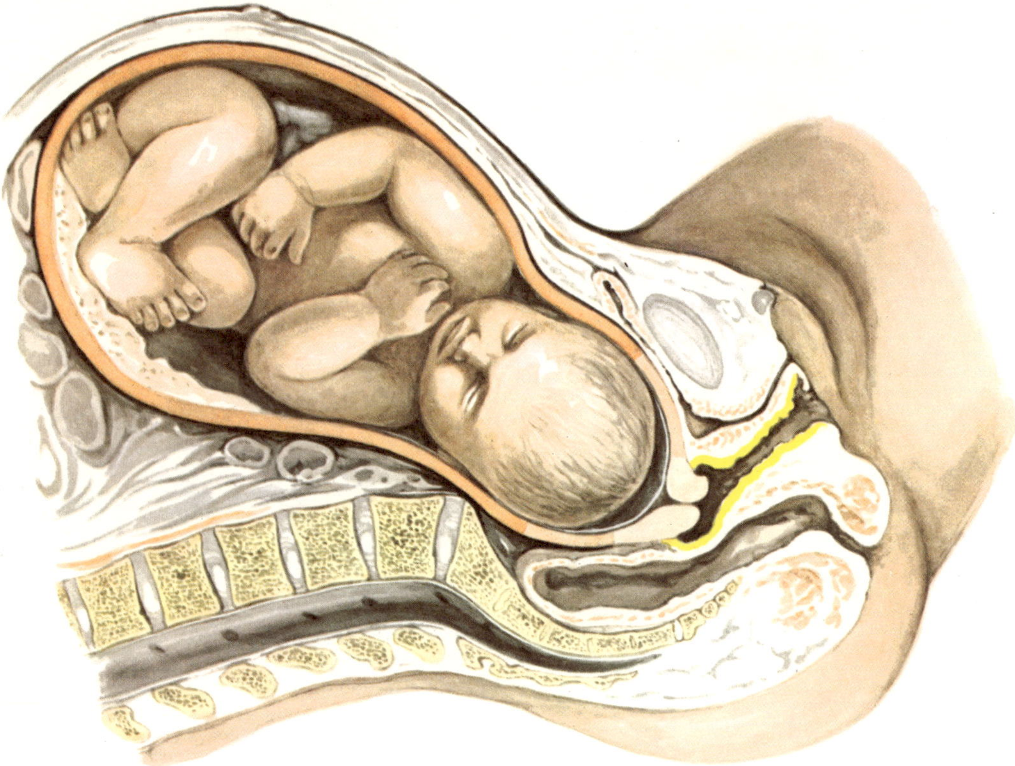

6.2

## Willst du jetzt kommen?

Mit der Hand ist durch die Bauchdecke zu fühlen, wie die Gebärmutter ab und zu hart wird. Vielleicht deutet sich auch durch plötzlichen Harndrang oder größere Stuhlentleerungen an, daß der Bauch »in Bewegung« gerät. Dabei zieht es mehr oder weniger heftig im Kreuz oder im Unterleib. Etwas blutiger Schleim geht ab. Diese ersten Eröffnungsanspannungen treten ganz *unregelmäßig* und in großen Abständen (1 Std.) auf. Sie sind die erste Ankündigung, daß es nun wirklich losgeht. In den meisten Fällen hat die werdende Mutter noch genügend Zeit für ihre letzten Vorbereitungen. Sie sollte sich so lange wie möglich noch einer kleinen Beschäftigung widmen oder ruhig etwas herumlaufen. Das lenkt ein bißchen ab und fördert zugleich die Gebärmutterarbeit. Die Anspannungswellen so lange wie möglich nicht besonders beachten. Dann kann man sich zunächst noch mit einem einzigen tiefen Atemzug gut darüber hinweghelfen, später dabei mehrmals ruhig und tief ein- und ausatmen (Bauchatmung s. S. 106). Die Wellenpausen zur Entspannung nutzen, so lange wie möglich, denn bei fortschreitender Geburt gelingt das immer schwerer. Sie werden um so länger davon Nutzen haben, je besser Sie diese Technik vorher beherrschen lernten.

6.3 Durch weitere Eröffnungswellen ist nun der Gebärmutterhals so weit über den kindlichen Kopf zurückgezogen, daß er im Bild nicht mehr als besonderer Abschnitt zu sehen, vom Geburtshelfer nicht mehr zu tasten ist. Der Muttermund wird durch die sich zusammenziehende Gebärmutter aufgezogen. Sie kann dabei nicht nach oben ausweichen, weil sie durch die festen Mutterbänder wie an Haltetauen im Becken verankert ist. Deshalb kann bei Verkleinerung des Hohlraumes nur das Kind nach unten ausweichen. Das Köpfchen ist hier schon deutlich tiefer getreten als im vorangegangenen Bild.

6.4 Das Köpfchen ist weiter nach unten vorangekommen, je Anspannungswelle etwa 1 mm. Hebamme und Frauenarzt verständigen

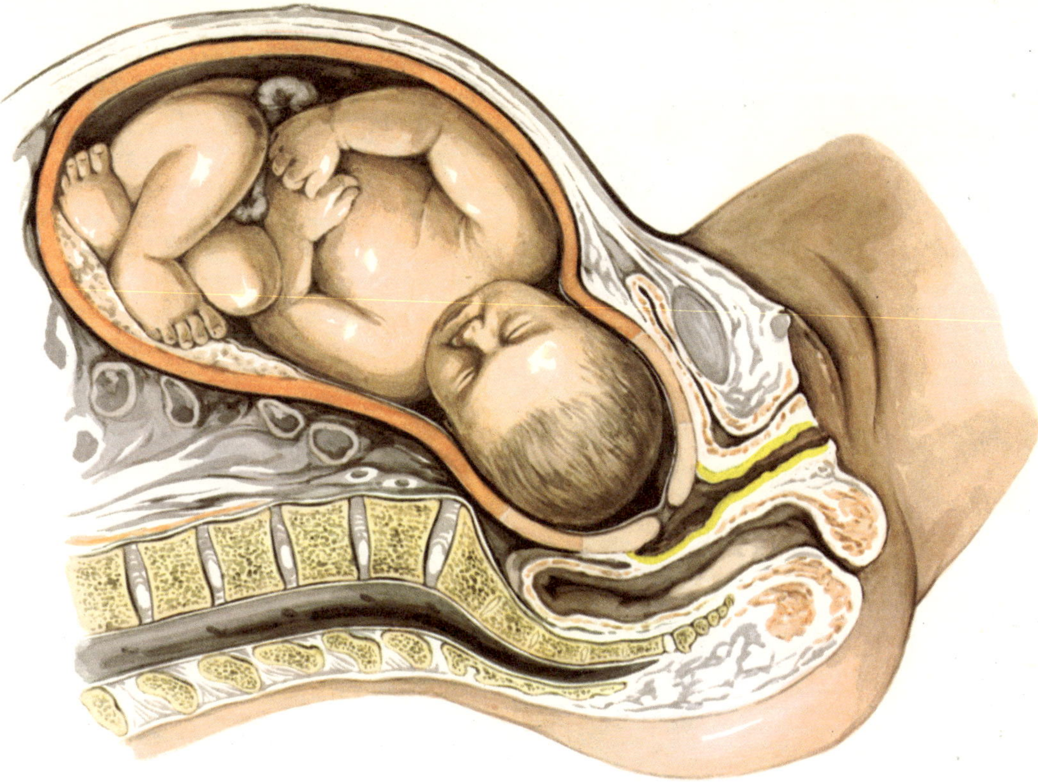

6.3

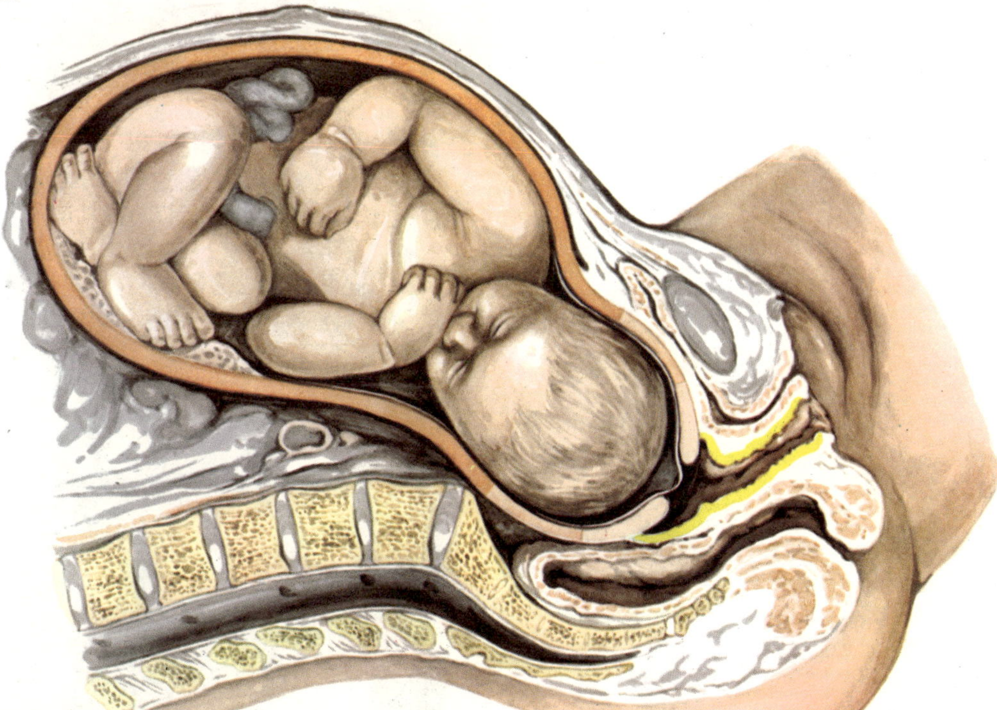

6.4

sich über den Fortgang der Geburt unter anderem durch die Angabe, wie weit der Muttermund geworden ist. In diesem Bilde entspricht er etwa 3 cm im Durchmesser. Die Eihäute wölben sich mit jeder Welle zunehmend als Fruchtblase in den Scheidenraum vor und helfen auf diese Weise mit, den Muttermund zu dehnen.

### Wann soll man die Entbindungsklinik aufsuchen?

Werden die Anspannungswellen kräftiger und vor allem *regelmäßig*, dann wird es Zeit, in die Klinik zu gehen, auch wenn die Wellenabstände noch groß sind (15 bis 20 Minuten). Die Wellenabstände sind nicht allein maßgebend, weil sie von der Geschwindigkeit des Geburtsverlaufs abhängen, auch davon, ob es für die Mutter die erste oder eine weitere Geburt ist, die dann in der Regel schneller abläuft. Bei verstärkter Blutung oder vorzeitigem Abgang von Fruchtwasser muß man sofort zur Klinik kommen – auch wenn keine Anspannungswellen spürbar sind! Berücksichtigen Sie auch Ihren Anmarschweg bis zur Klinik! Im Auto von der Geburt überrascht zu werden, ist für alle Betroffenen nicht angenehm.

### Was Sie bei Klinikaufenthalt erwartet

Jetzt treten die Wellen alle 5 bis 10 Minuten auf. Man ist froh, die Klinik erreicht zu haben, in Sicherheit zu sein, aber auch oft etwas bange im Hinblick auf das, was nun zu bewältigen ist. Hier kann schon die Art der ersten Begegnung mit den Mitarbeitern der Klinik entscheidend für den weiteren Ablauf werden. Würde Ihnen beispielsweise die erste Schwester – im Trubel des Betriebes nervös geworden – etwa mit den Worten begegnen: »Was, Sie kommen jetzt auch noch zur Entbindung? Das hat uns gerade noch gefehlt ...«, dann wäre das eine schlechte Voraussetzung. Ganz anders, wenn Sie mit freundlichem Händedruck begrüßt werden: »Guten Tag, ich bin Schwester Brigitte. Wie ist Ihr Name? Die wievielte Geburt ist es bei Ihnen? Sind Sie am Termin? Ist die Blase schon gesprungen? Wie oft haben Sie jetzt Anspannungswellen ...?« So orientiert sie sich kurz und gezielt. »Dann kommen Sie doch bitte erst einmal ins Aufnahmezimmer ...« Die Mutter wird mit der Hebamme bekannt gemacht, die nach den Personalien noch einige Fragen zur Vorgeschichte stellt und sich durch eine Aufnahmeuntersuchung ein genaues Bild verschafft, wie weit die Geburt vorangekommen ist, ob es dem Kindchen gut geht. Nun kann sie dem wartenden Vater erst einmal Bescheid sagen, wie es steht. Er bekommt auch die Telefonnummer der Entbindungsstation mitgeteilt, damit er sich nach seiner Frau erkundigen kann.

Dann folgen einige technische Prozeduren: Ein Reinigungsbad unter der Dusche, Entfernung der Schamhaare, da sie unerwünschte Keimträger sein können, ein Darmeinlauf, um auch das letzte bißchen Platz im Becken für die Geburt frei zu machen. Gleichzeitig wird damit die Gebärmutterarbeit angeregt. Auch eine

6.4a

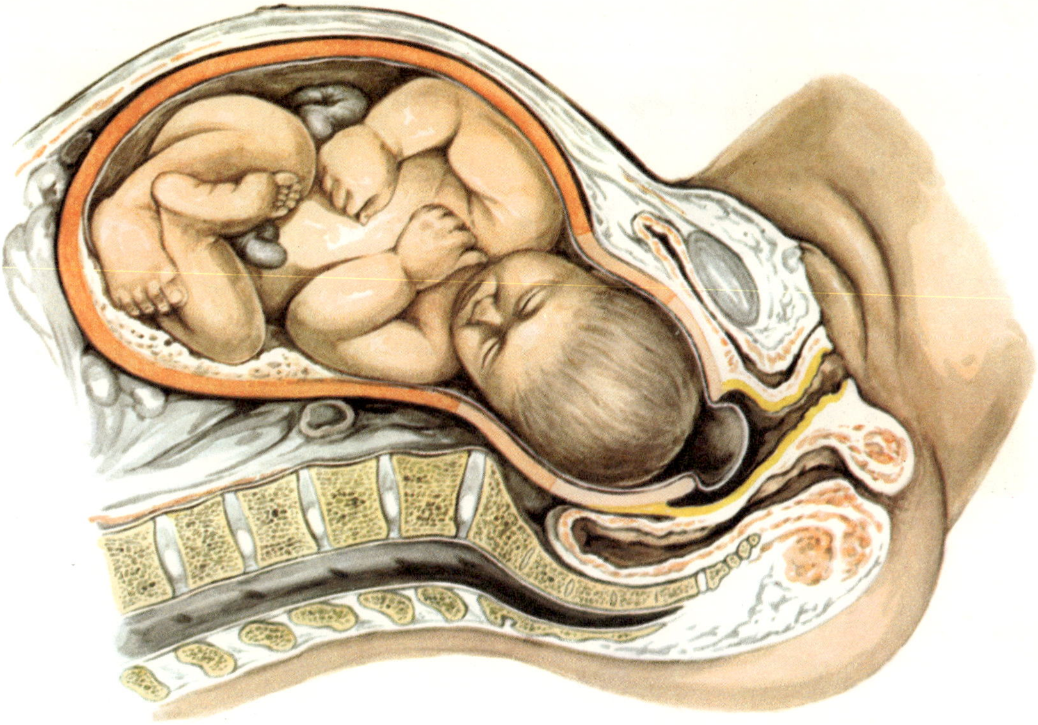

6.5

volle Harnblase hemmt die Anspannungswellen und wäre dem Kindchen im Wege. Sie möchte deshalb leer sein!

In den persönlichen »Badezimmergesprächen« vergewissert sich die Hebamme, ob die werdende Mutter über den Geburtsvorgang genügend Bescheid weiß, verständigt sich mit ihr noch einmal über deren Mitarbeit, besonders über die Atemtechnik und fordert sie auf, die Eröffnungswellen mit ruhigen, tiefen Atemzügen zu »veratmen«. Dabei korrigiert sie vielleicht ein bißchen hier und da, wie es die Mutter noch besser machen könnte. Man verständigt sich rasch und gut, fühlt sich in der neuen Umgebung bald sicher und geborgen.

Ist die Fruchtblase noch nicht gesprungen und ergibt die Untersuchung, daß das Köpfchen fest im Beckeneingang steht, dann ist es besser, noch weiter umherzulaufen. Auf dem Flur ergeben sich meist Begegnungen mit anderen Wanderern in Wartestellung. Bei Anspannungswellen stützt man sich auf einen Tisch oder aufs Fensterbrett und beherrscht sie mit der Atmung gut.

6.5 Der Muttermund hat auf diesem Bild etwa 7 cm Durchmesser erreicht. Die Gebärmutterarbeit ist jetzt kräftiger. Deshalb muß sich die Mutter nun besonders aufmerksam auf das »Veratmen« der Wellen konzentrieren. Alle dabei nicht gebrauchten Muskeln bewußt entspannen, damit nicht unnötig Kraft und Energie verbraucht werden, die noch für das letzte Arbeitspensum nötig sind. Auch jede gut genutzte Erholungspause zwischendurch macht die nächste Welle leichter.

## Verlegung in den Entbindungsraum

6.5 a Bei etwa 5 cm Muttermundweite wird die Gebärende aus einem Vorbereitungsraum, wo die Hebamme sie auch schon betreute, in den technisch umfassender ausgerüsteten Entbindungsraum gebracht. Der Frauenarzt entscheidet, ob vielleicht der Muttermund mit Medikamenten noch nachgiebiger gemacht werden kann oder ob die Gebärmutterarbeit mehr angeregt werden muß. Manchen Frauen werden

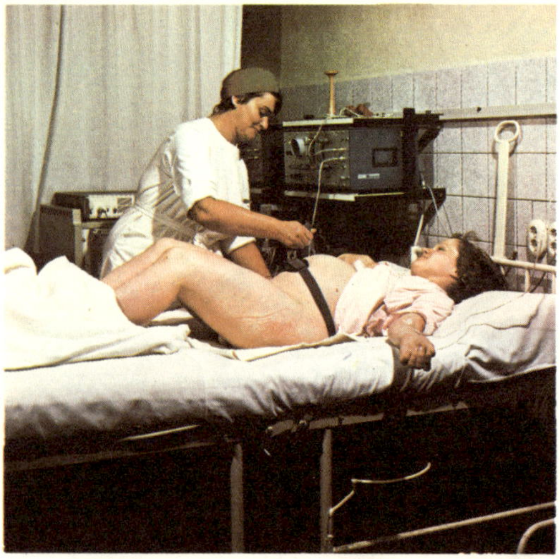

6.5a

Meßfühler auf dem Bauch befestigt, so daß ein neben dem Bett stehendes Gerät Anspannungswellen und kindliche Herztöne kontrollieren kann. Auf diese Weise erfährt man noch anschaulicher als mit dem einfachen Hörrohr, ob es dem Kind gut geht oder ob es durch zusammengedrückte Blutgefäße in »Atemnot« gerät. Manche Mütter stört dieser Fremdkörper auf dem Bauch. Andere aber hören auch ganz interessiert dem flotten Bumbum der Herztöne des Kindes zu, wie sie während der Welle langsamer werden und sich dann rasch wieder erholen. In ganz eigener Art erzählt Ihnen so der Lautsprecher, wie Ihr Kind Sie braucht! Das kann die Mitarbeit der Mütter sehr anspornen. Also in der Wellenpause ganz bewußt lockern und entspannen und gut durchatmen, um Gebärmutter und Plazenta die bestmögliche Durchblutung zu gestatten. Dann wird Ihr Baby so gut mit Sauerstoff bevorratet, daß es die nächste Welle, die ja die Blutgefäße wieder zusammendrückt, gut übersteht. Es kommt nämlich jedesmal zu einer vorübergehenden Mangeldurchblutung, die für Ihr Kind vorübergehende Atemnot bedeutet.

Aber auch darauf ist Ihr Kind vorbereitet. Es ist für die Anforderung einer normalen Geburt erstaunlich gut ausgerüstet. Soweit es die »Atemnot« betrifft, verfügt der kindliche Organismus zu dieser Zeit über eine wesentlich bessere Ausnutzbarkeit des Sauerstoffs als die Gewebe Erwachsener.

Die Kraft, mit der seine roten Blutkörperchen gelösten Sauerstoff aus der Blutflüssigkeit anziehen und damit transportfähig machen, ist etwa 2½mal so groß wie beim Erwachsenen. Und notfalls kann ein Baby dieses Alters in viel höherem Maße als wenige Tage ältere Kinder oder gar Erwachsene sich die lebensnotwendige Energie aus dem Nährstoff Zucker vorübergehend auch ohne Sauerstoff herstellen (anaerobe Glykolyse, sagt der Fachmann). Wenn erforderlich, wird durch eine Sauerstoff-Sparschaltung die Durchblutung von Armen, Beinen, Lungen, Nieren und Darm gedrosselt, um Hirn, Herz und Leber als lebenswichtigste Organe noch ausreichend mit Sauerstoff versorgen zu können.

Sie brauchen also nicht gleich um die Gesundheit Ihres Kindes zu bangen. Trotzdem wird man selbstverständlich diese natürlichen Reserven so wenig wie möglich in Anspruch nehmen, weiß man doch nie so ganz vorher, wie sie im weiteren Geburtsverlauf noch gebraucht werden. Deshalb versorgen Sie Ihr Kind durch aktive Mitarbeit so gut, wie es in Ihren Kräften steht.

6.6 Der Muttermund ist hier auf etwa 9 cm erweitert. Nur noch ein schmaler, einwärts gekrümmter Rand ist zu sehen. Der kindliche Kopf kann immer tiefer treten.

Die kleinen Schädelknochen sind noch nicht starr zusammengewachsen, sondern an ihren Nahtstellen beweglich und sogar verschiebbar miteinander verbunden. So paßt sich nicht nur der mütterliche Geburtskanal an das Kind, sondern auch das Kind in erstaunlicher Weise an die Geburtswege an. Deshalb kann das Köpfchen nach der Geburt mehr oder weniger verformt aussehen. »So eine kleine Gedächtniskuppel über den dicken Pausbacken«, sagte eine Mutter überrascht beim ersten Anblick ihres Kindes. Aber diese Nachgiebigkeit der Schädelkapsel ermöglicht ebenso die Rückmodellierung des Köpfchens in die ursprünglich vom Gehirnwachstum erzeugte Form. Wenn Ihr Neugeborenes zunächst ein schiefes Köpfchen, mitunter sogar richtige kleine Stufen an den zusammengeschobernen Schädelnähten zeigt, dann lassen Sie sich nicht beunruhigen.

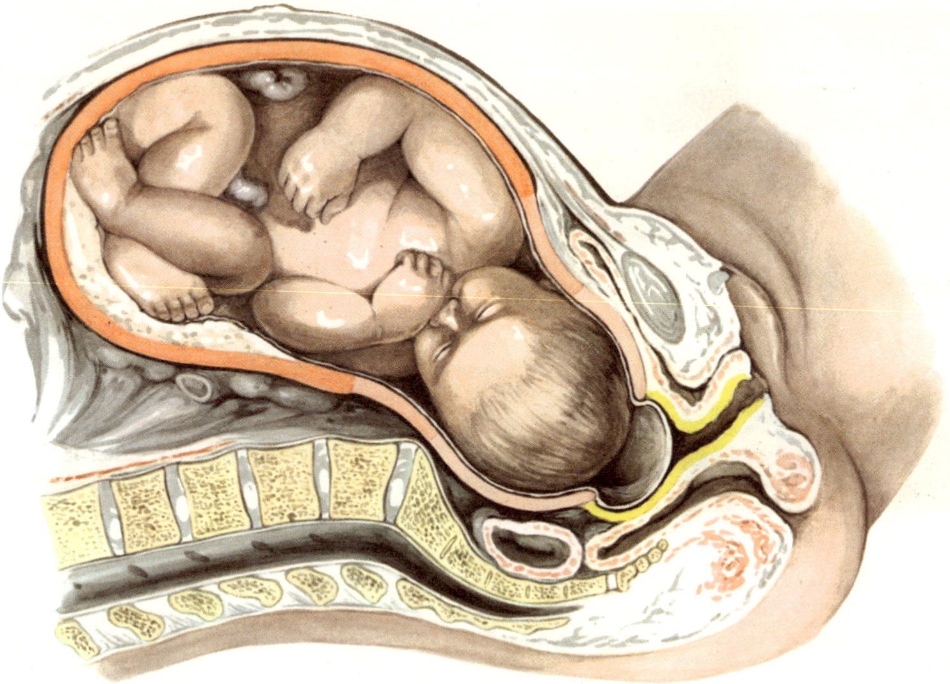

6.6

In wenigen Tagen ist alles ausgeglichen, die Schönheit wiederhergestellt. Die Verformbarkeit des Kopfes hat jedenfalls Ihnen und Ihrem Kinde die Geburt leichter gemacht (Abb. 6.6 a).

### Nicht ungeduldig werden!

Die letzten Eröffnungswellen können so kräftig und so lang sein, daß sie mit einzelnen tiefen Atemzügen (Bauchatmung) nicht mehr zu überbrücken sind. Hier wird deshalb die einfache Hechelatmung (s. S. 106) angewendet, bis man mit Nachlassen der Welle wieder in eine entspannendere Atmung übergeht; dann 1 bis 2 Erfrischungsatemzüge.

Manche Mütter erleben jetzt einen gewissen schwachen Punkt: Die Geburt scheint ihnen nicht mehr recht voranzugehen, sie werden ungeduldig, die Ausdauer wird auf eine harte Probe gestellt. Auch von diesen Schwierigkeiten muß man wissen. Sie können jedoch auf Ihre eigenen Kräfte vertrauen und wissen ja auch wirksame Hilfe um sich (6.6 b).

Bisweilen tritt in dieser Phase der Eröffnungsperiode schon ein gewisser Preßdrang auf, der unbedingt überwunden werden muß. Dafür haben Sie die gesteigerte Hechelatmung (s. S. 106) gelernt. Viele Frauen pressen zu früh, weil sie meinen, daß sie dann schneller zum Ende der Geburt kommen. Das stimmt jedoch nicht. Sie würden bei unvollständig geöffnetem Muttermund das Kind mit Pressen noch nicht voranbringen können, sondern nur die

6.6a

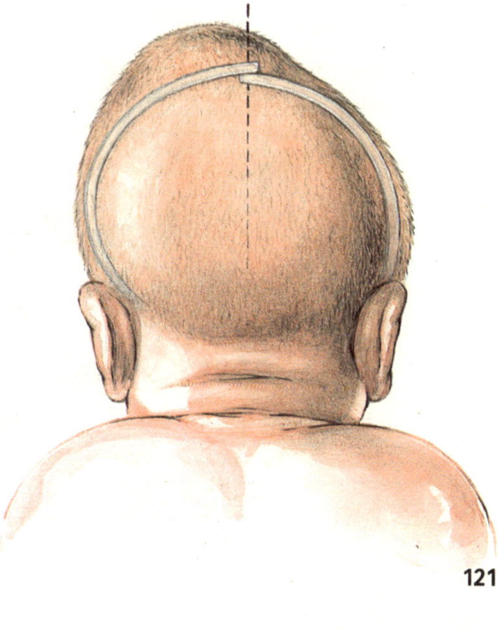

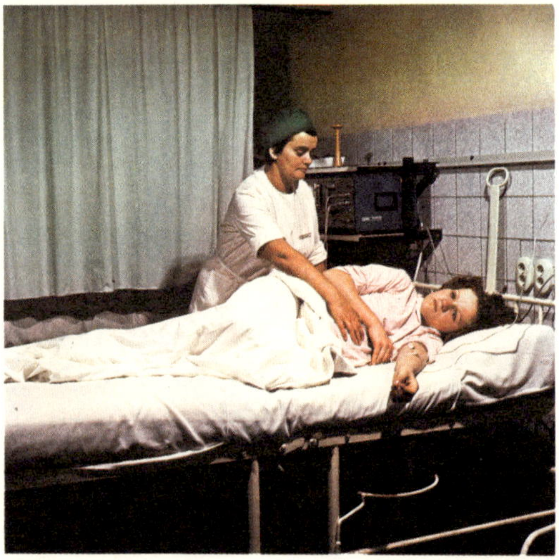

6.6b

unteren Gebärmutterabschnitte überdehnen und damit völlig unnötige Schmerzen verursachen. Während der ganzen Eröffnungsperiode muß deshalb die mechanische Arbeit nur der Gebärmutter überlassen bleiben.

Hinweise von Hebamme und Arzt müssen strikt befolgt werden. Sie übersehen die Situation besser und müssen – mehr oder weniger energisch – das Kommando übernehmen, damit das Kind nicht durch falsches Verhalten der Mutter in Sauerstoffnot und damit in Gefahr kommt.

6.7 *Der Muttermund ist vollständig verstrichen:* Es hat sich ein einheitlicher Geburtskanal gebildet, damit ist die Eröffnungsperiode beendet. Für diese Arbeit braucht eine Frau beim ersten Kind etwa 8 bis 12 Stunden, bei weiteren Geburten meistens nur noch die halbe Zeit. Die Fruchtblase kann sich jetzt soweit vorwölben, daß sie manchmal in der Scheidenöffnung sichtbar wird und schließlich einreißt. Das wäre der günstigste Zeitpunkt. Der Geburtshelfer spricht vom rechtzeitigen Blasensprung. Sie kann natürlich auch früher reißen oder zur Förderung der Gebärmutterarbeit vom Geburtshelfer mit einem Instrument eröffnet werden. Davon merken Sie aber nichts. Die Fruchtblasenwand enthält keine Nerven. Für das Kind ist nun der Weg nach außen endgültig frei.

6.7

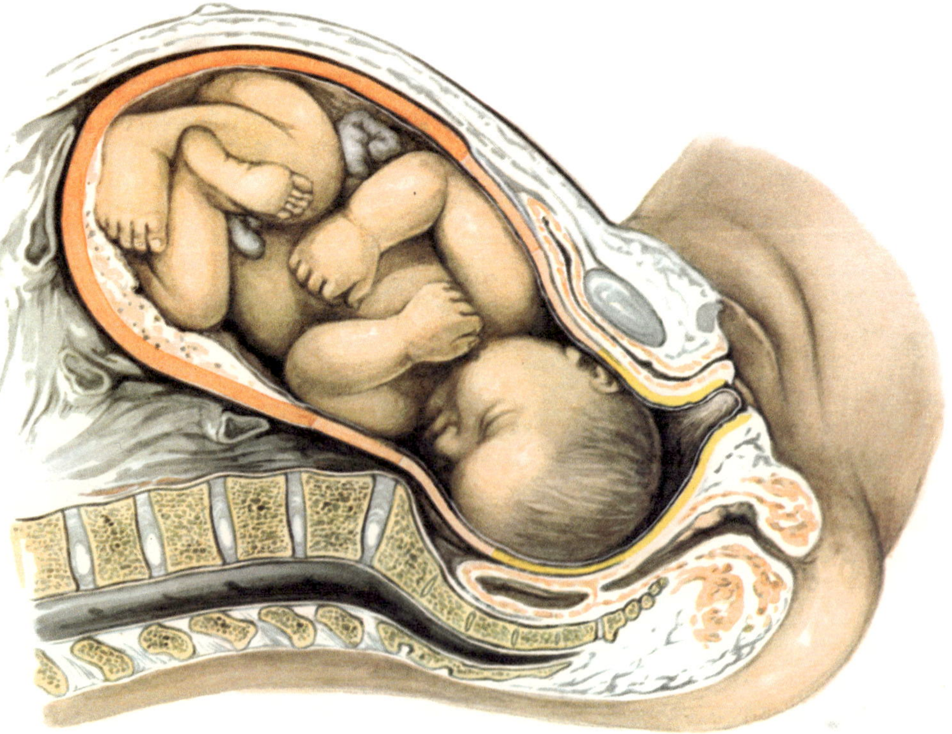

## Letzte Vorbereitungen der Hebamme

Die Hebamme legt die sterilen Instrumente für die Abnabelung bereit, die Babywäsche ist vorgewärmt, die Heizlampe über dem Wickeltisch oder Neugeborenen-Behandlungsplatz angestellt, damit das Kleine dann bei der Erstversorgung nicht auskühlt. Schließlich bindet sich die Hebamme noch eine wasserdichte Schürze um. Dann ist alles für die nächste Etappe vorbereitet.

## Preßhaltung

6.8 *Beginn der Austreibungsperiode:* Beim Blasensprung fließt ein tüchtiger Schwapp Fruchtwasser aus der Scheide heraus. Die Anspannungswellen werden dadurch noch einmal angeregt.

Bei der Preßhaltung drückt die Kreuzgegend flach und fest auf die Unterlage. Ein gewisses Hohlkreuz wird so ausgeglichen. Damit wird die Geburtslinie flacher und die Austreibung des Kindes leichter.

Würde dagegen ein Hohlkreuz während der Austreibungsphase geduldet, dann hieße das umgekehrt: Engere Kurve der Geburtslinie, also größerer Widerstand bei Austreibung des Kindes. Das würde praktisch mehr Belastung und Unannehmlichkeiten für Mutter und Kind bedeuten.

6.8a Je mehr sich der kindliche Kopf dem Beckenboden nähert, um so deutlicher wird das Bedürfnis, während der Anspannungswellen mitzupressen. Aber die Hebamme sagt Ihnen, wie lange Sie die Wellen noch veratmen und damit den Preßdrang unterdrücken sollen. Durch Untersuchungen vom Darm her kann sie das gut beurteilen.

Bei stärkerem Druck auf den Darm wird schließlich die gesamte Bauchdeckenmuskulatur und das Zwerchfell reflektorisch (unwillkürlich) mit eingeschaltet zum Hinauspressen des Kindes. Diese »Bauchpresse« ist also nun dem Willen entzogen. Man wird einfach zum Mitpressen gezwungen. Die Beckenbodenmuskulatur entspannt sich.

Die Frau hat unwillkürlich eine andere Stellung eingenommen: Die Beine werden etwas angezogen, die Füße fest ins Bett gestemmt. Sie hat das richtige Gefühl, die Preßwellen in dieser Stellung besser veratmen zu können.

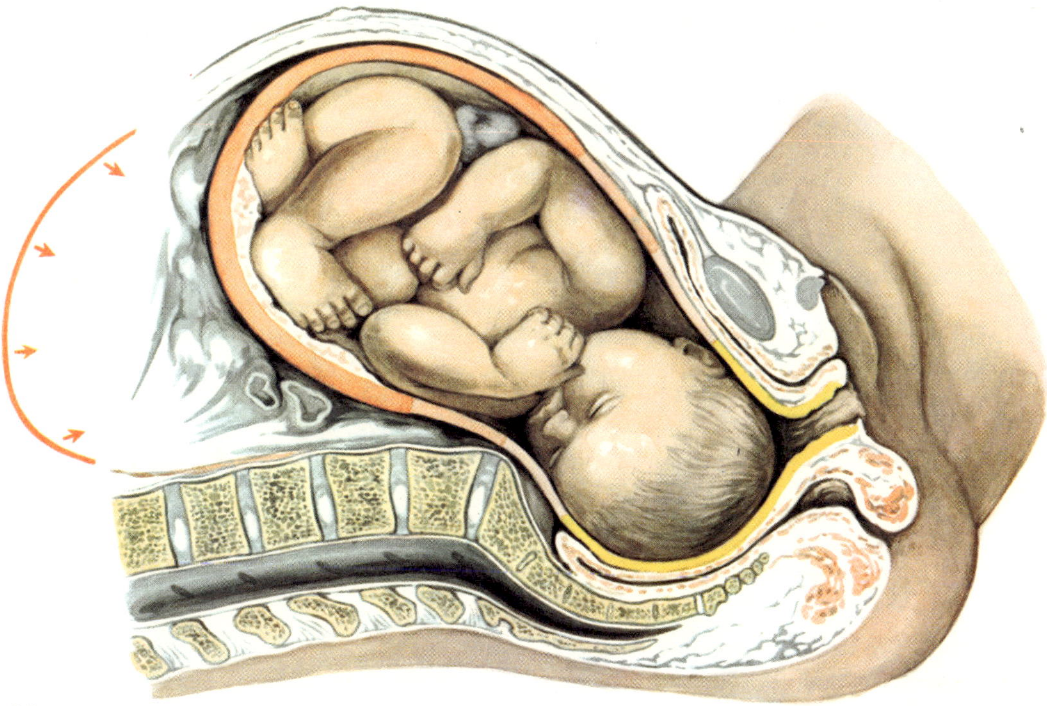

6.8

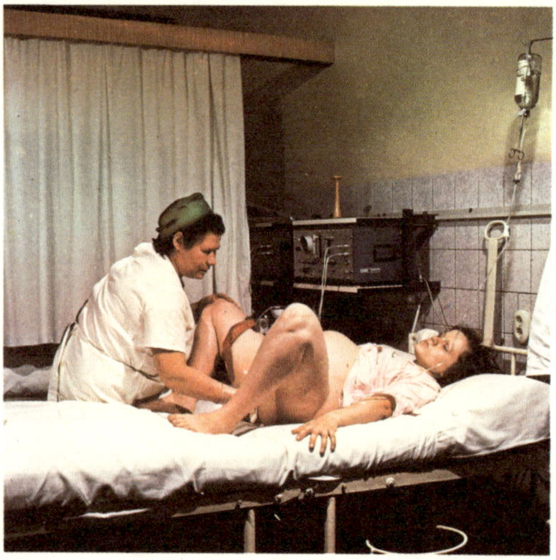

6.8a

Manche Frauen empfinden jetzt peinlichen Stuhldrang. Der Verstand sagt zwar, daß jetzt kein Stuhlgang drückt (der Darm wurde ja durch Reinigungseinlauf entleert), sondern der kindliche Kopf. Und dennoch ist man geneigt, beim Pressen unwillkürlich zurückzuhalten. Was uns seit früher Kindheit anerzogen wurde (pfui, das gehört sich nicht!), kann sich nun im unpassendsten Augenblick aus der Tiefe unseres Unbewußten melden und einige Momente lang hinderlich werden. Man hält unwillkürlich mit dem Pressen zurück, wird also kurze Zeit passiv – und beklagt sich dann natürlich über Schmerzen. Die ungewohnte Geburtsstellung mag die Gefühle auch noch ein bißchen in diese Richtung lenken. Vielleicht klingt es Ihnen paradox, aber wenn man versucht, diese momentanen Gefühle mit etwas Humor zu überspielen, sich noch einmal bewußt entspannt, bei der nächsten Anspannungswelle wieder tief Luft holt und nun gerade mit voller Kraft preßt – allen Gefühlen und anwesenden Leuten zum Trotz, wird der Schmerz ausgeschaltet.

## Ansetzen und Verarbeiten der Preßwellen

Wenn eine Welle kommt, einige tiefe Erfrischungsatemzüge auf Vorrat. Erst bei voller Wellenstärke dann Luft anhalten, Mund und Kehlkopf schließen, Kinn auf die Brust und mit ganzer Kraft nach unten pressen. So nutzen Sie die Welle richtig aus, um die Geburt voranzubringen. Schließen Sie dabei auch fest die Augen, damit Sie hinterher nicht so gedunsen aussehen. Da die Welle länger dauert, als Ihr Atem ausreicht, wird zwischendurch tief aus- und sofort wieder tief eingeatmet, damit Sie auch noch weiter pressen können. Und dasselbe möglichst noch ein drittes Mal (Abb. 5.19e).

Ja, es ist schon eine tüchtige Anstrengung. Aber die Mutter spürt deutlich das Tiefertreten des Kopfes. Viel mehr als bei den Eröffnungswellen empfindet sie jetzt, daß sich die Mühe lohnt und das Ziel rasch näher rückt. Mitunter werden die Wellen so kräftig und folgen so dicht aufeinander, daß kaum noch Zeit bleibt, sich in den Wellenpausen durch tiefe Atemzüge genügend zu erholen. In immer wiederkehrender aktiver Mitarbeit werden alle Kräfte eingesetzt. Die Mutter fühlt sich ihrem Ziel immer näher kommen. Ganz nach innen gerichtet, wird die Umgebung unwichtig. Manche sind gar nicht recht ansprechbar, vollständig ihrer Aufgabe hingegeben. So kann es auch schwerfallen, auf Arzt oder Hebamme zu hören oder eigenes Verhalten noch zu kontrollieren. Aber mit der Gewißheit, daß es gleich geschafft ist, werden die letzten Kräfte zur Bewältigung der ungeheuren Spannung zusammengenommen.

## Ein Endspurt

6.9 Der Kopf ist jetzt auf dem Beckenboden angelangt. Entsprechend der mütterlichen Beckenform wird der kindliche Kopf durch den von oben schiebenden Druck nun so gedreht, daß der Nacken nach vorn und das Gesicht entsprechend nach hinten zeigt. Das Gesichtchen drückt hier auf den Enddarm. Dadurch entsteht reflektorisch Preßzwang.

6.9a Bei den letzten Austreibungswellen fordert die Hebamme meist auf, eine andere Preßhaltung einzunehmen: Beine noch stärker beugen, Hände greifen in die Kniekehlen und ziehen die Beine höher an den Bauch heran. In dieser Haltung wird das Becken noch weiter

6.9

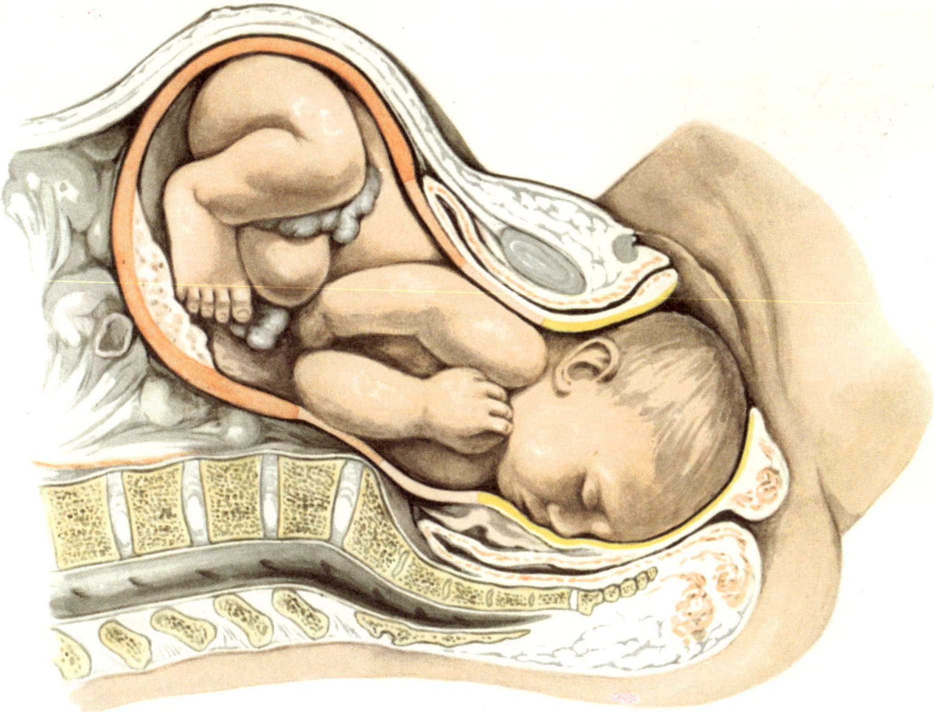

aufgerichtet, die Geburtslinie für die letzte Phase der Austreibung günstiger gestaltet. Im Bedarfsfalle kann von beiden Seiten her je eine Person helfen, die Beine in optimaler Stellung zu halten. Die Atemtechnik bleibt dieselbe wie oben beschrieben.

## Das Köpfchen wird sichtbar!

6.10a So berichtet die Hebamme schließlich während einer Anspannungswelle. Das muntert noch einmal auf. Jetzt scheint ja das Ergebnis konkreter zu werden. Beim Nachlassen der Welle rückt der Kopf allerdings zunächst wieder ein Stück hinauf. Aber das ist immer so.

6.10 Der Kopf bleibt jetzt auch in der Wellenpause sichtbar und wölbt den Beckenboden vor. Der Beckenboden wird zum letzten Abschnitt des Geburtskanals ausgewalzt. Das Steißbein wird dabei etwas nach hinten aus dem Wege geschoben. Die Hebamme beginnt nun mit dem Dammschutz, das heißt, sie bremst das hervorkommende Köpfchen, damit der Damm sich allmählich dehnen kann und nicht bei einem kräftigen Preßwellenschub plötzlich belastet wird und einreißt. Durch die starke Dehnung werden diese Gewebe fast empfindungslos. Und wenn der Geburtshelfer einen glatten Dammschnitt zur Entlastung des Gewebes oder auch des kindlichen Kopfes für zweckmäßiger hält als einen vielleicht drohenden Dammriß, dann spürt man auch von der Schere nicht viel, selbst wenn für eine örtliche Betäubung keine Zeit mehr sein sollte. Das in

6.9a

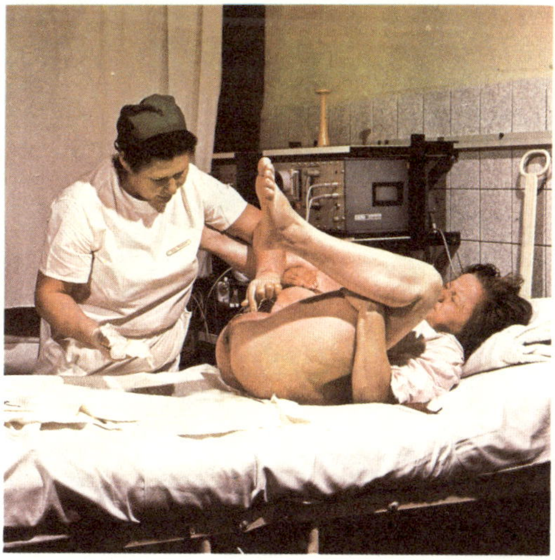

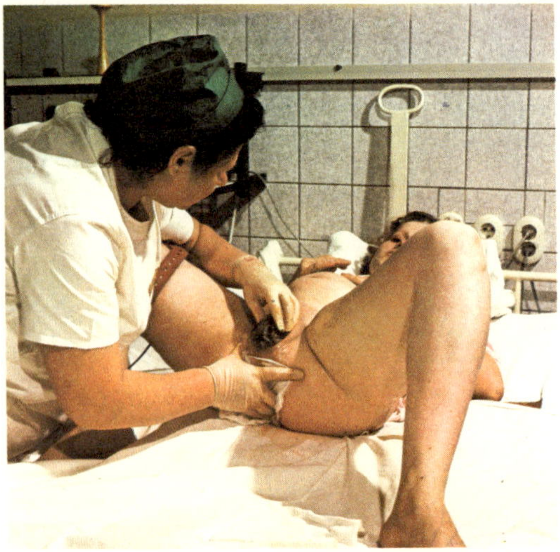

6.10a

diese Gegend eingespritzte Betäubungsmittel wäre ohnehin mehr dafür gedacht, daß es nicht weh tut, wenn die auseinandergewichenen Gewebsränder wieder fein säuberlich zusammengenäht werden, damit dann alles wieder so wird wie vorher.

6.11 Stück für Stück gleitet das Gesichtchen über den Damm, der Kopf macht dabei eine elegante Streckbewegung. Gleich ist der schwierigste Abschnitt der Geburt erledigt.

## Dammschutz

6.11a Wenn sich das Köpfchen in der Gegend der Nackenhaargrenze gegen das Schambein anstemmt, darf man nicht mehr voll pressen. Die Hebamme bremst mit der Hand das hervorkommende Köpfchen ab und sagt Ihnen dabei: »Jetzt noch ein bißchen pressen, noch ein bißchen. Aufhören und hecheln!« Sie haben das gelernt und wissen genau, was gemeint ist. Mit der Hechelatmung wird die Anspannungswelle gedämpft, Pressen unmöglich. Die Hebamme kann das Gesichtchen langsam über den Damm gleiten lassen, der dann Zeit hat, sich der Belastung anzupassen.

## Am Ziel

6.12 Der Kopf ist geboren – das war der dickste Teil des Kindes. Nach Möglichkeit werden

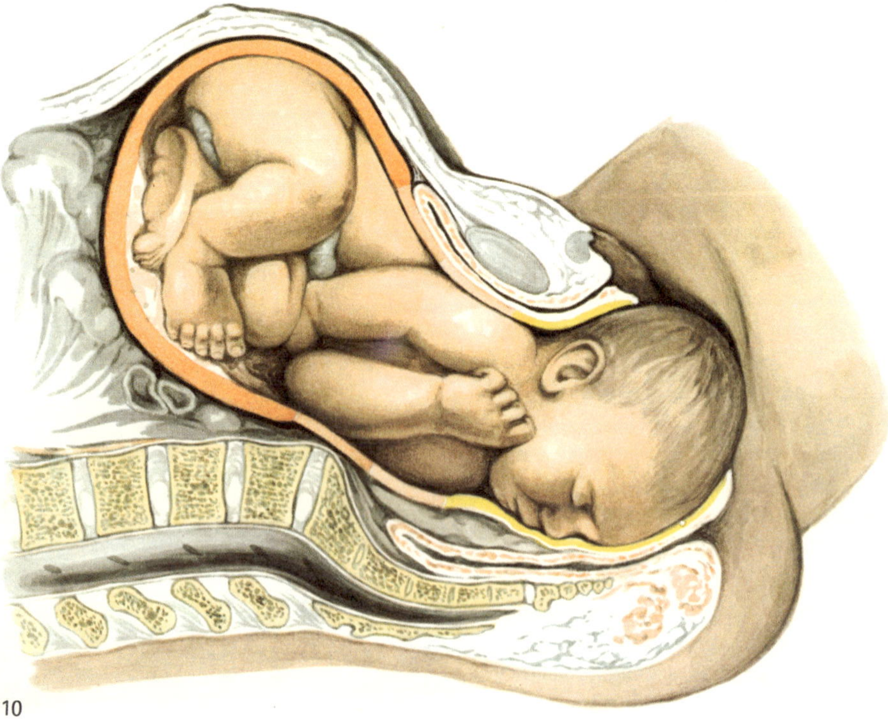

6.10

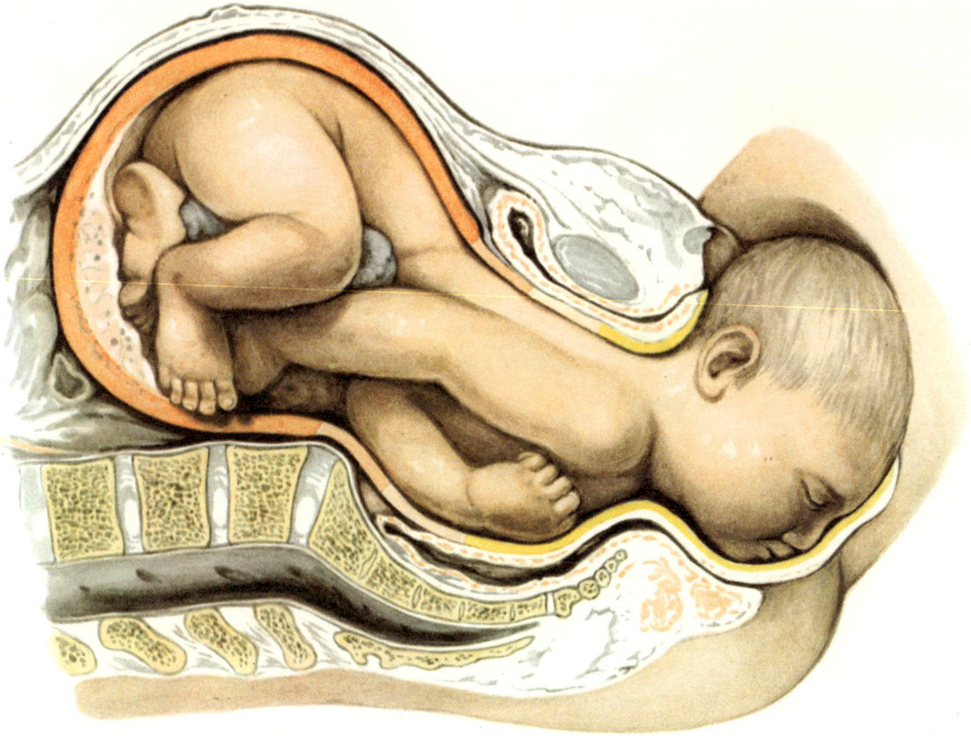

6.11

jetzt schon einmal Mund und Nase abgewischt; denn durch das Zusammendrücken des kleinen Brustkorbes im Geburtskanal wird meist eine ganze Menge Fruchtwasser aus den oberen Luftwegen herausgedrückt. Das kann dann die erste eigene Lungenatmung nicht mehr stören. Alles weitere macht in der Regel kaum noch Mühe.

6.12a Sobald das Köpfchen geboren ist, faßt es die Hebamme mit beiden Händen. Ein letztes Mal fordert sie auf zu pressen und bringt durch einige geschickte Bewegungen erst die vordere Schulter unter das Schambein, dann wird die hintere Schulter geboren (Abb. 6.12b), und schließlich rutscht der ganze Körper mühelos heraus (Abb. 6.12c). Damit ist plötzlich alles vorbei – unvorstellbare Erleichterung. Das Kind ist geboren. »Ein kleines Mädchen« oder »ein kleiner Junge«, verkündet die Hebamme, denn diese Frage ist ja nun zum erstenmal zu beantworten. Dabei wischt sie mit einem Tuch dem Kleinen noch einmal Mund und Nase frei (Abb. 6.12d), denn schon fängt er an, das Gesichtchen zu verziehen und dann die ersten Atemzüge zu machen. Bald hört die Mutti ein kräftiges Schreien, ein erstes Niesen, wenn das Fruchtwasser noch in der Nase krabbelt oder auch ein niedliches Miniaturhusten, damit die kleine Luftröhre richtig frei wird. Das ist ihr wie Musik im Ohr: »Mein Kind – unser Kind.« Wie ein Schlußakkord der ersten neun Monate seines Lebens geht es ihr durch den Kopf: »Endlich ist es geschafft … da bist

6.11a

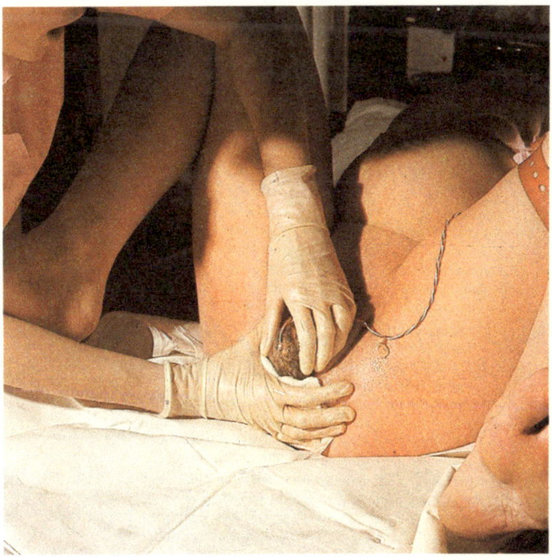

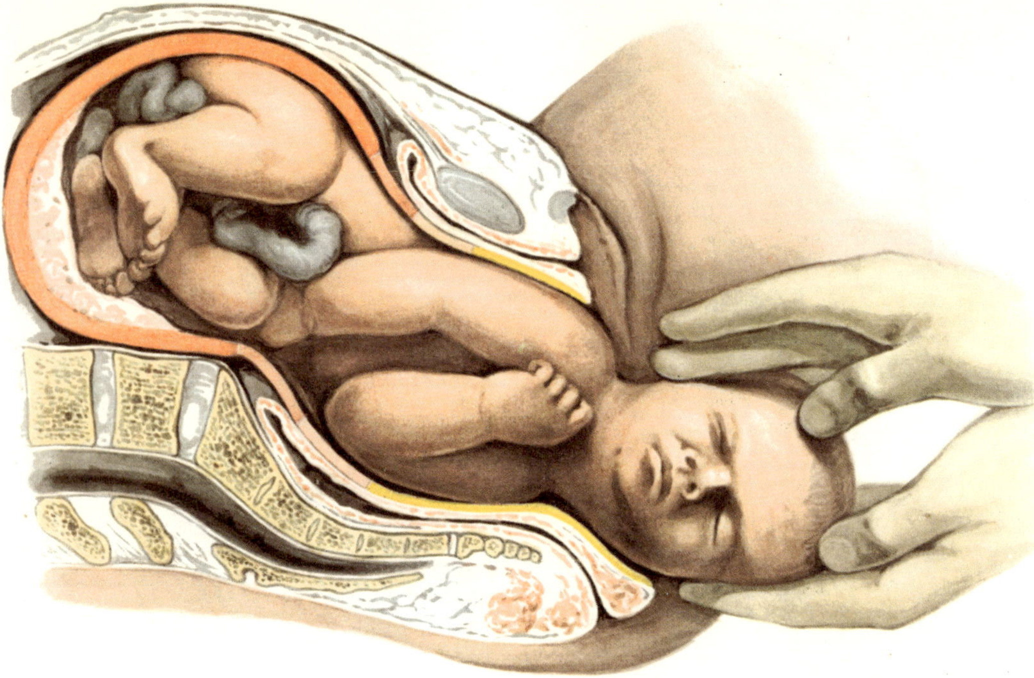

6.12

du nun.« Lange, mitunter auch bange Hoffnungen sind Wirklichkeit geworden, manchmal auch auftauchende ängstliche Sorgen zerronnen, wenn die Hebamme beim Abnabeln (Abb. 6.12e) bestätigt: »Gesundes, kräftiges Kind, es ist alles dran.« – »Da hätte ich mich am liebsten bei jemandem bedankt, daß gerade wir ein gesundes Kind bekommen haben – doch bei wem?« So erzählte mir das eine Mutter, die bei ihrem vorhergehenden Kind eine kleine Enttäuschung erlebt hatte. Jedenfalls folgt eine unendlich glückliche Zeit voller Dankbarkeit nach erfolgreich bewältigter Arbeit. Und bald sind die Anstrengungen der letzten Stunden schon wieder sehr weit weg …

## Kleines Nachspiel

So könnte man die Nachgeburtsperiode nennen. Die Geburtshelfer kontrollieren Plazenta und Eihäute sehr sorgfältig auf Vollständigkeit, auch die Geburtswege auf etwaige Verletzungen. Sie achten darauf, daß es nicht zu Nachblutungen kommt. Deshalb bleibt die Mutter für die ersten zwei Stunden nach der Geburt noch unter Aufsicht der Hebamme im Entbindungsraum oder in seiner Nähe, bevor sie auf die Wochenstation gebracht wird. Das ist kein Hindernis für ein erstes Anlegen.

Während die Mutter ausruht, zieht sich die Gebärmutter weiter zusammen. Da sich die Plazenta nicht mit verkleinern kann, wird sie gewissermaßen zu groß für die schrumpfende Haftfläche und deshalb von der Gebärmutterwand abgehoben. In den entstehenden Hohlraum gelangt natürlich etwas Blut aus den eröffneten Versorgungsgefäßen und hilft mit, die Plazenta vollends von der Wand abzulösen. Etwa 10 Minuten nach dem Kind wird sie dann einfach herausgedrückt und in einem untergelegten Steckbecken aufgefangen. Die eröffneten Blutgefäße der so entstandenen Wundfläche werden durch die sich immer mehr zusammenziehende Muskulatur verschlossen und durch Blutgerinnung abgedichtet.

Frisch gewaschen und rechtschaffen müde dämmert die Mutter ein bißchen dahin. Andere Frauen sind an der Reihe. Von weit her hört sie das Hantieren mit Instrumenten, die Aufforderung zu tiefen Atemzügen, zum Hecheln und Pressen. Eine andere Geburt geht voran. »Du hast das nun alles hinter dir«, sagt sich die junge Mutter mit tiefer Befriedigung.

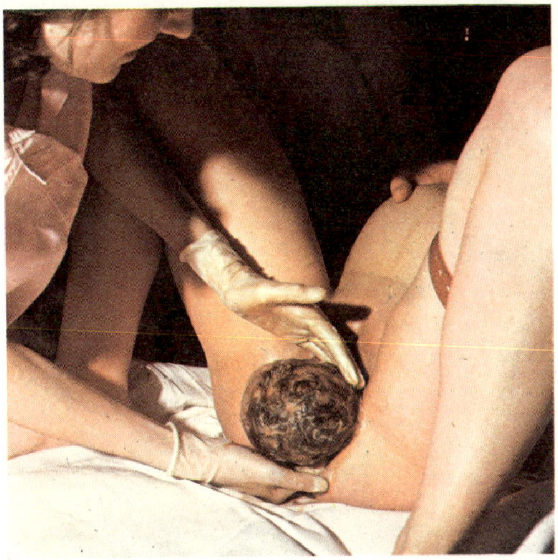
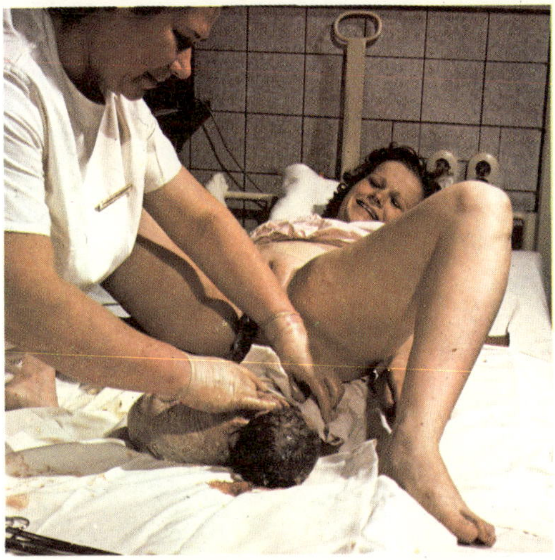
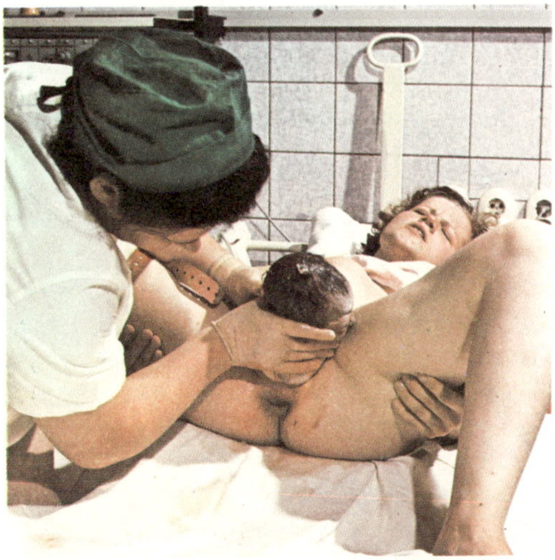
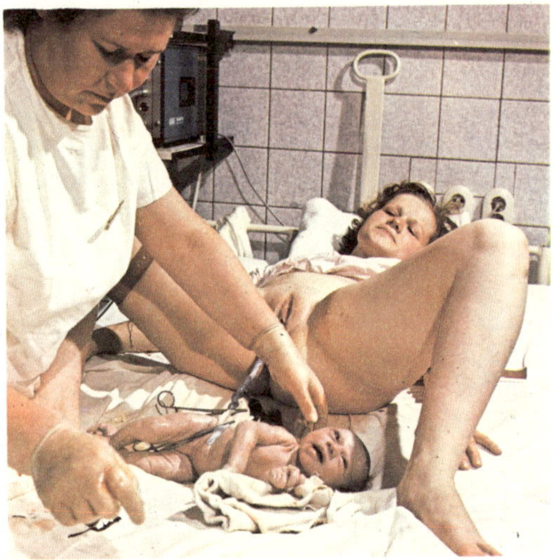
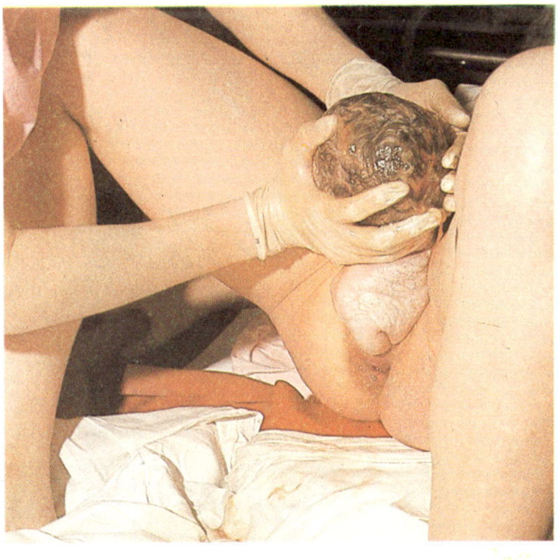

6.12a – 6.12e

## Soll der Vater dabei sein?

Diese Frage bewegt heute immer mehr Eltern (und auch Ärzte). Es gibt keine allgemeingültige Antwort darauf. Was für ein Elternpaar ein tief verbindendes und beglückendes Erlebnis ist – und dann auch die Geburt erleichtert –, wird von anderen nicht recht bewältigt oder auch gar nicht gewünscht. Man muß also auswählen und für jede Geburt einzeln entscheiden. Erfahrene Geburtshelfer haben einen Blick dafür, welchem werdenden Vater sie die

Anwesenheit erlauben können und wer weniger »geeignet« ist.

Selbstverständlich müssen beide Elternteile den Wunsch haben, die Ankunft ihres Kindes gemeinsam zu erleben. Keine Entbindungsklinik wird einen werdenden Vater gegen seinen Willen oder den seiner Frau dazu anhalten.

Der Vater darf im ungewohnten Klima eines Entbindungsraumes nicht gleich den Kopf verlieren. Er muß sich selbstverständlich den betrieblichen Erfordernissen unterordnen und Hinweise des Personals strikt befolgen.

Er muß natürlich über den Geburtsablauf gut Bescheid wissen, am besten den Vorbereitungskurs mit besucht haben. Hat er als Trainingshelfer während der Schwangerschaft seiner Frau Erfahrungen und Kenntnisse gesammelt, so wie es beschrieben wurde, brächte er die günstigsten Voraussetzungen mit.

Dann weiß er auch, daß Frauen nicht unter einer warmen Bettdecke ihre Kinder zur Welt bringen und deshalb Entbindungsräume im Hinblick auf Mütter und Neugeborene wärmer sind als andere Zimmer. Wenn er dann nämlich in der ungewohnten Situation vor Aufregung anfängt zu schwitzen und vielleicht noch in der Nähe eines Heizkörpers sitzt oder gar steht, kann es für ihn schwierig werden. Er muß sich also entsprechend leicht bekleiden, selbst gesund (auch ohne Schnupfen oder Halsentzündung) und vor allem sauber sein. Unsaubere, auch angetrunkene oder gar aggressive Männer müssen selbstverständlich zurückgewiesen werden.

Entbindungskliniken, welche die Anwesenheit des Vaters ermöglichten, berichten über recht günstige Erfahrungen. Vor allem waren jene Frauen begeistert, die bereits eine Geburt ohne das Dabeisein des Ehemannes gehabt hatten und nun im Vergleich dazu den Vorteil seiner Anwesenheit erleben konnten. Auch den Vätern geht ein solches Erlebnis durch und durch und bleibt ein markanter Höhepunkt im Leben. »Er war nach der Geburt ganz aufgeregt, hatte Tränen in den Augen und drückte mir fast die Hände ab, so ergriffen war er von dieser neuen Situation.« Ja, als Vater kann man doch nur selten oder vielleicht nie wieder bei der Geburt eines Kindes dabei sein, noch dazu eines eigenen.

Die zunehmende Technisierung des modernen Entbindungsraumes, die im Interesse größerer Sicherheit für Mutter und Kind mit elektronischen Überwachungsanlagen und anderen Raffinessen vorangetrieben wurde, schafft eine sehr sachliche Atmosphäre und läßt dem Personal weniger Zeit für individuelle persönliche Betreuung. So könnte dem Vater auch im Klinikbetrieb eine echte Betreuerfunktion zukommen.

Die ganze Angelegenheit hat allerdings auch problematische Seiten: Die meisten Entbindungskliniken sind räumlich und personell nicht darauf eingestellt oder auch aus grundsätzlichen Erwägungen nicht daran interessiert. Die Väter würden mehr stören als helfen, vielleicht sogar beim Anblick von Blut ohnmächtig werden. Hebammen und Ärzte müssen sich auf die werdende Mutter konzentrieren. Sie könnten nicht auch noch einen nervösen Vater beruhigen. Manche Frauen möchten sich auch ganz auf sich und die Geburt konzentrieren. Das gelinge ihnen weniger, wenn der Mann dabei sei. Auch Infektionen könnten eingeschleppt werden und vieles andere mehr. Alle diese Bedenken haben eine gewisse Berechtigung, und die Verantwortung für diese oder jene Regelung trägt grundsätzlich der Kliniksleiter, weshalb man ihm auch eine solche Entscheidung überlassen muß.

Aber wenn Eltern den Wunsch haben, die Geburt ihres Kindes gemeinsam zu erleben, brauchen sie sich durch solche Argumente nicht unbedingt abhalten zu lassen. Sie können sich dann unter Umständen rechtzeitig nach einem Krankenhaus umsehen, das auch dem Vater das Entbindungszimmer öffnet. Das können aber nur Kliniken tun, die in der Lage sind, solcherart interessierten Partnern eine Geburt im Einzelzimmer zu ermöglichen. Die anderen Frauen, die zur gleichen Zeit ihr Kind erwarten, möchten verständlicherweise nicht fremde Zaungäste um sich haben. Entsprechende bauliche und personelle Voraussetzungen gibt es noch recht selten. Die früheren Krankenhausgestalter berücksichtigten leider die angedeuteten seelischen Zusammenhänge nicht. Bestimmt werden Sie Verständnis dafür haben, daß wir nicht in kurzer Zeit alle Krankenhäuser »familienfreundlicher« umbauen können. Manchmal wird jedoch ohne viel Aufhebens auch dort den Eltern bei dringendem Wunsch die Möglichkeit gegeben, wo es sonst eigentlich nicht üblich ist. Ein Anspruch darauf kann also nicht geltend gemacht werden, aber fragen ist ja erlaubt.

### Wie soll Ihr Kind heißen?

Die meisten Mütter wissen auf diese Frage der Hebamme prompt zu antworten. Sie haben für ein Mädchen wie für einen Jungen den Namen parat. Aber andere geraten in Verlegenheit.

Nicht wenige Eltern wünschen ungewöhnliche Namen, die unter Umständen für die Kinder zu lebenslangen Mutproben werden können, die nicht klar ausdrücken, ob es ein Junge oder ein Mädchen ist, die fremdsprachliche Kenntnisse verlangen oder immer wieder buchstabiert werden müssen. Der Schauspieler Ezard Hausmann berichtete, daß er das durchschnittlich jeden Tag dreimal tun müsse. Viele überlegen mit und schlagen vor. Man möchte auch vieles abwägen und berücksichtigen. Nur die betroffenen Kinder können nicht befragt werden und müssen später vielleicht auf dem Tisch weiterschreiben, wenn der Platz auf dem Papier für mehrere Vornamen nicht ausreicht.

Man verlangt heute von einem Vornamen, daß er als solcher erkennbar ist und das Geschlecht charakterisiert. »Das kleine Vornamenbuch« von Karl Paul bietet Ihnen 3000 Möglichkeiten an und müßte eigentlich genügen. Fremdsprachliche Namen müssen so geschrieben werden, wie in der Fremdsprache üblich. Im Zweifelsfalle wird vom Standesamt das Zentralinstitut für Sprachwissenschaften der Akademie der Wissenschaften der DDR um Bestätigung gebeten.

6.14 Die Nabelschnur wird kurz vor dem Bauch sauber und fest abgebunden und darüber abgetrennt. Der Nabelstumpf trocknet ohne Verband am besten ein. Er fällt dann nach etwa 7 Tagen ab. Diesen Austrocknungsprozeß soll man nicht stören durch Naßmachen oder festere Nabelbinden. Deshalb wird das Baby erst wieder gebadet, wenn der Nabelschnurrest von selbst abgefallen und die kleine Nabelwunde trocken ist. Bis dahin also jeden Tag nur waschen und den Nabel mit Kinderpuder trocken halten.

### Die erste Versorgung des Neugeborenen

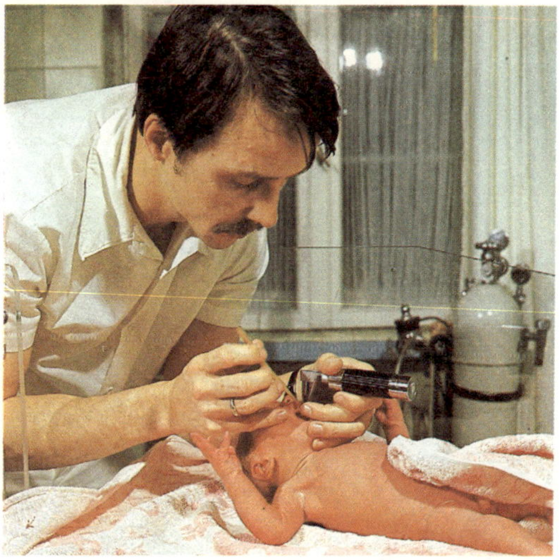

6.13 Wenn das Neugeborene nicht gleich selbst tut, was man von ihm erwartet, muß nachgeholfen werden. Punkt 1 der Tagesordnung: Sorgfältiges Freisaugen der Atemwege.
Sollte es aber ausnahmsweise etwas länger dauern, bis die Atmung stabil in Gang kommt, wird der Neuankömmling in eine Wärmeschutzfolie eingepackt, denn er darf nicht auskühlen.

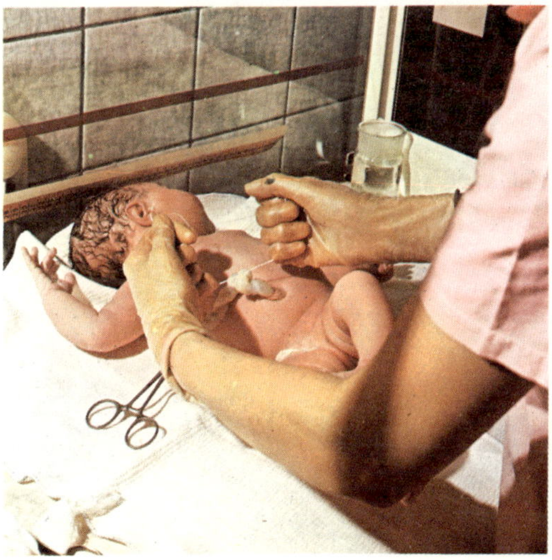

Die oberflächlichen Spuren der Geburt werden dann im ersten Reinigungsbad beseitigt. Manche lassen das ganz friedlich über sich ergehen, andere protestieren dabei lautstark. In den letzten Wochen haben die Talgdrüsen schon tüchtig gearbeitet und die Haut mit einer mehr oder weniger dicken Schicht sogenannter Käseschmiere bedeckt. Die

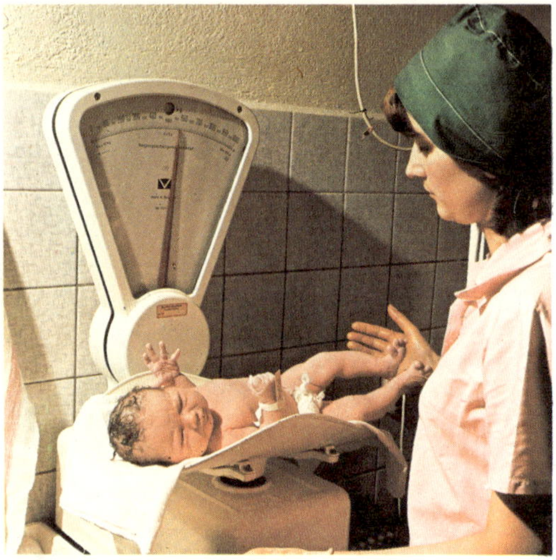

wird nicht abgewaschen, sondern zunächst als natürlicher Hautschutz belassen.

Beim Abtrocknen kommt schon oft so eine Art »Unterhaltung« zwischen der Schwester oder Hebamme und dem kleinen Bürger zustande. Er reagiert auf alle Berührungen, auf Schall und Licht, strampelt träge oder kräftig, hält gelegentlich das Badetuch fest, verzieht lebhaft das Gesicht. So fühlt sich eine gute Pflegemutti immer wieder veranlaßt, ihn nicht nur technisch zu versorgen.

6.15 Mit Wiegen und Messen werden die ersten Daten ermittelt, die in die neue »Personalakte« eingehen.

Rechte Seite:

6.16 Zur Verhütung möglicher Augeninfektionen beim Passieren der unteren Geburtswege, die früher häufig zur Erblindung führten, kommt noch schnell in jedes Auge ein Tropfen Silbernitratlösung.

6.17 Ein Bändchen mit dem Namen wird am Handgelenk befestigt, um jede Verwechslungsmöglichkeit auch bei turbulentem Betrieb ganz sicher auszuschließen. Dann wird der Mutter gezeigt, »daß alles dran ist«.

6.18 Hauptbeschäftigung nach dem großen Ereignis: Weiterschlafen!

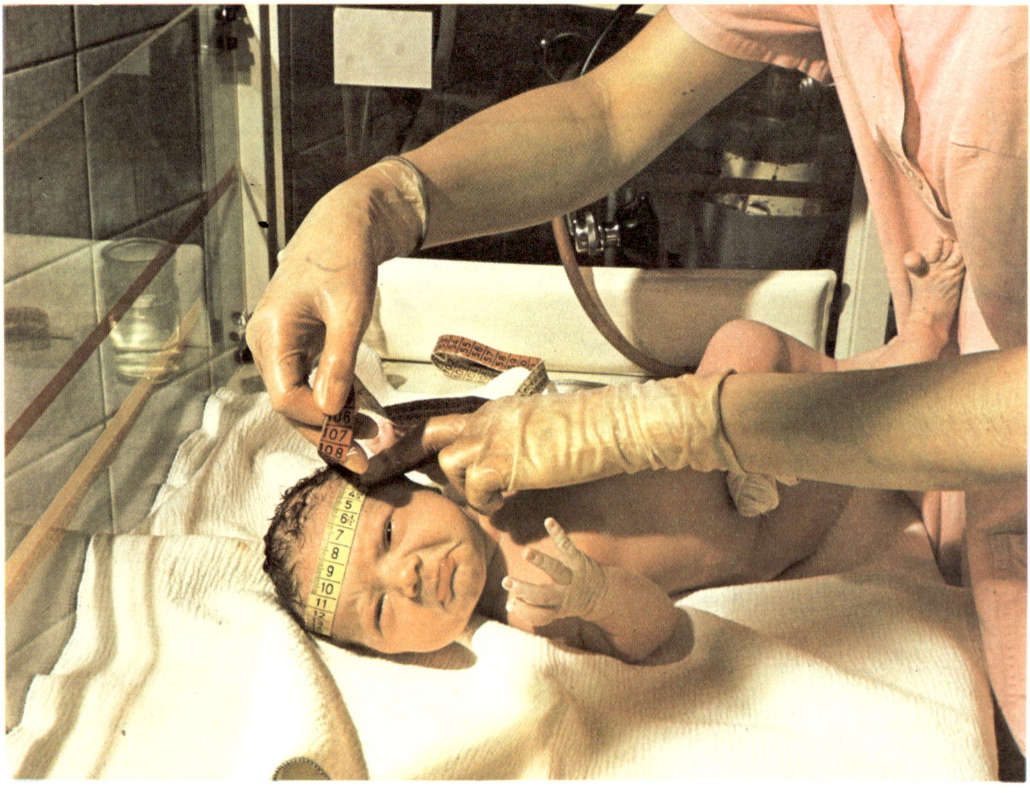

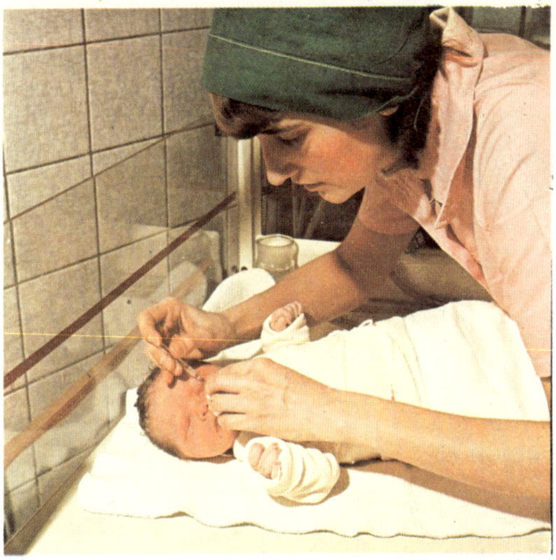

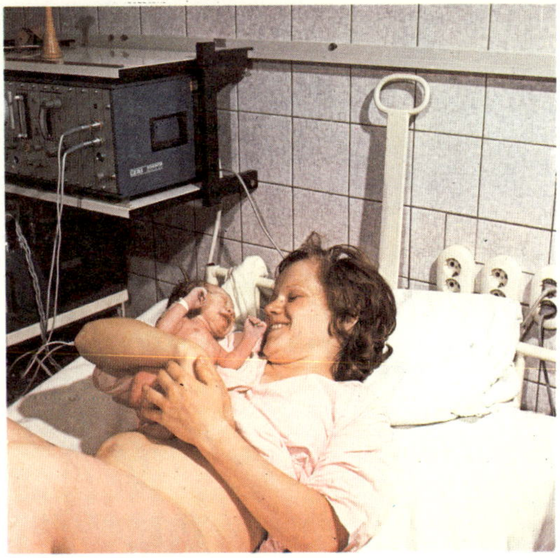

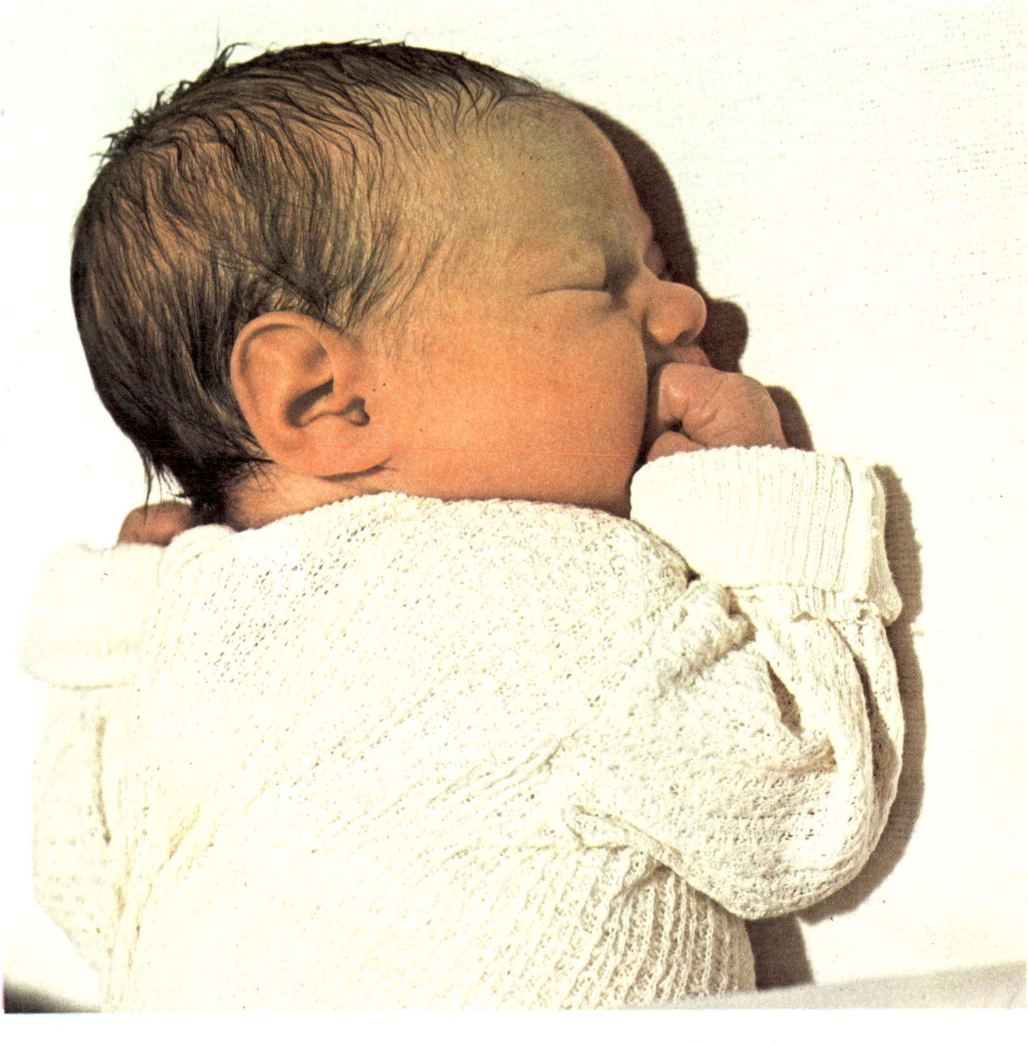

Frisch verpackt kommt das Kind ein Weilchen zum »Antrittsbesuch« zur Mutter zurück. Sie streichelt liebevoll über das Köpfchen, studiert das kleine Gesicht mit seinem Ausdruck von Ruhe und Behaglichkeit, wenn das kleine Persönchen nach all den Maßnahmen der Erstversorgung wieder ruhig und warm in Mutters Armen liegen kann. Die wohl entwickelte Mimik spricht dafür, daß sich das Kind nach der Geburt rasch in seinem neuen Dasein zurechtgefunden hat. Andere Mütter sind richtig ängstlich, das zarte Gebilde verletzen zu können. Ganz schüchtern wagen sie mal gerade die kleinen Fingerspitzen zu berühren ... Je nach Einstellung zum Kind, Bewältigung der Schwangerschaft, nach nervlicher Verfassung der Mutter überhaupt gibt es sehr unterschiedliche Äußerungen. Und manche Mutter muß auch ein bißchen helfend an die Hand genommen werden.

Manche Untersucher vermuten, daß die in der Schwangerschaft gewachsene Beziehung zwischen Mutter und Kind nach der Geburt in eine empfindliche oder störbare Entwicklungsphase einmündet, die das Verhalten der Mutter, ihre Sicherheit gegenüber dem Kind beeinflußt. Bei Säugetieren ist diese Phase bekannt. Ob Reste davon als Erbe unserer Entwicklungsgeschichte auch bei der menschlichen Mutter erhalten geblieben sind? Vielleicht müssen wir manches, was Hirten und Tierzüchtern vertraut und selbstverständlich ist, als Menschen einer technisierten Welt erst wieder aufdecken und besser verstehen lernen? Etliche Krankenhäuser haben sich deshalb bemüht, Mutter und Kind nach der Geburt dicht beieinander zu lassen und nicht vollkommen getrennt unterzubringen. Dann kann die Mutter auch so bald wie möglich ihr Kind selbst versorgen. Meist gelingt das vom 2. oder 3. Tage an. Die Schwester tritt dabei mehr als Lehrerin in Erscheinung. Die Mütter werden schneller sicher im Umgang mit ihren Babys.

### Hilflos oder lebenstüchtig?

Unser Baby erscheint auf den ersten Blick weniger lebenstüchtig als beispielsweise Entenküken, die bald nach dem Schlüpfen aus dem Nest flüchten und selber behende der Mutter hinterherschwimmen, oder neugeborene Kälber oder Fohlen, die sehr bald nach der Geburt springlebendig umherlaufen. Es scheint so hilflos dazuliegen, ganz angewiesen auf andere. Aber wir brauchen es nur anzuschauen, und es lenkt fürsorgliche Aufmerksamkeit auf sich, denn wir Erwachsenen gehören zu seiner natürlichen Umwelt. Würde man diese Tatsache leugnen, dann müßten wir auch den Fisch als hilflos bezeichnen, der aufs Land geworfen wurde. Dort gehört er nicht hin. Sein Lebensraum ist eben das Wasser, und dort ist er nicht hilflos, sondern gut angepaßt.

Für uns Menschen ist es vergleichsweise nicht anders. Die schützende Geborgenheit endet nicht abrupt mit der Geburt. Auch danach besteht notwendigerweise die enge Beziehung zur Mutter, wenn auch in anderer Form und schließlich erweitert durch Vater, Familie und das Zuhause. Diese erste soziale Gruppe muß nun zunächst Sicherheit, Wärme und Nahrung bieten. Die Geborgenheit in diesem neuen »Mutterschoß der Menschengemeinschaft« bedeutet für die weitere Entwicklung des Kindes zumindest genausoviel wie vorher die Geborgenheit in der Gebärmutter. Wenn dem Kind aus irgendwelchen Gründen diese soziale Umwelt gestört oder genommen wird, dann ist es tatsächlich hilflos wie der Fisch auf dem Trokkenen. Der Schaden wird nicht so schnell und so deutlich sichtbar wie beim Fisch auf dem Lande. Er bedroht aber den einzelnen in seiner weiteren Entwicklung zum reifen Menschen nicht weniger ernst. Ein heranwachsendes Kind benötigt die Hilfe anderer Menschen, die stete Aufforderung zum Handeln, das dauernde Vorbild, die unablässige Bereitschaft zum Vorsprechen und Mitsprechen, zum richtigen Tun und Denken. Eine vollwertige Umwelt ist für unsere Kinder eine nie versiegende Quelle der Aufforderung zum Nachahmen, Mittun und schließlich zum Selbertun. Nur innerhalb der Gruppe wird und ist der Mensch ganz Mensch. Er ist hungrig nach Anregungen, weltoffen seiner Umgebung zugewandt und in seinem Verhalten formbar wie handwarme Plastilina. Wird der jeweils richtige Zeitpunkt zum Lernen verpaßt, dann ist das schwer oder nur unvollständig nachzuholen.

Ganz anders sind die meisten tierischen Verhaltensweisen, eng festgelegt durch erblich mitgegebene Reaktionsmuster, die auf bestimmte Signalreize hin ausgelöst werden. Das Tier braucht deshalb weit weniger zu lernen, ist schneller »fertig«, aber auch enger begrenzt in seinen Möglichkeiten. Die notwendige Entfaltung und Ausformung ererbter Anlagen beim Menschen dagegen – Bildung und Erziehung genannt – brauchen eine lange Zeit des Erfahrens und Übens komplizierter Zusammenhänge. Verständlich und sinnvoll also, daß beim Menschen Kindheit und Jugend so außergewöhnlich verlängert sind.

Wenn Sie nach der Geburt zunächst eine Weile Zeit und Ruhe haben, noch nicht wieder im Banne der Alltagsbeschäftigung sind, dann lassen Sie sich auch einmal diese Gedankengänge durch den Kopf gehen. Die Geburt wird so mehr ein Einschnitt im Leben des Kindes und nicht mehr so stark das überhöhte Ereignis, für das Sie es vielleicht vorher gehalten haben. Verstehen Sie das nicht als eine Verkleinerung Ihrer persönlichen Leistung; aber mit etwas Abstand sieht man auch größere Zusammenhänge.

Die Beschreibung der vorgeburtlichen Entwicklung zeigte Ihnen an verschiedenen Beispielen, wie zielstrebig die Funktionen entwikkelt werden, die in der Außenwelt unbedingt funktionieren müssen. Das Gehirn insgesamt ist bei der Geburt noch sehr unreif, aber die lebensnotwendigen Bezirke sind eben funktionstüchtig. Manche Stoffwechselleistungen sind sogar besser als beim älteren Menschen. Die hervorragende Bewältigung vorübergehender »Atemschwierigkeiten« bei der Geburt hatten wir beschrieben. Und wenn das Kind geboren ist, nackt und naß daliegt, dann müßte es zittern und frieren, fast so, als würden Sie aus der warmen Badewanne steigen und könnten sich nicht abtrocknen. Seine wärmeabstrahlende Körperoberfläche ist fast dreimal so groß wie beim Erwachsenen, umgerechnet auf gleiche Körpermasse. Es zittert jedoch nicht, um durch Muskelarbeit seine Wärmeverluste auszugleichen. In ihm ist eine viel wirksamere Zusatzheizung einsatzbereit: das braune Fettgewebe. Wird ein angemessener Temperaturbereich unterschritten, schaltet sich dieser zitterfreie Energiespender ein und steigert seinen Stoffwechsel gewaltig. Die Fettzellen sind dort so gebaut, daß sie sehr viel schneller ihren Brennstoffvorrat in Wärme umwandeln können als normale Fettzellen. Das Blutgefäßsystem in diesem braunen Fettgewebe ermöglicht, die durchströmende Blutmenge in ganz kurzer Zeit auf das Dreieinhalbfache zu steigern und deutlich aufzuwärmen. Wie in Heizschlangen wird das Blut zunächst um das Rückenmark geleitet, ehe es den übrigen Körper aufwärmt. Dort im Rückenmark werden auf diese Weise die Temperaturwächter in Ruhe gehalten, die sonst das Muskelzittern auslösen.

Man könnte noch viel Eindrucksvolles berichten, wie das Neugeborene seine Anpassung an neue Lebensbedingungen meistert. Das letzte Beispiel soll natürlich nicht so klingen, als brauchten wir uns um die Warmhaltung der Kleinen nicht mehr zu kümmern. Man kann ihre Leistungen auch überfordern, die Brennstoffvorräte sind begrenzt. Aber klingt das alles hilflos? Nein, die Kleinen sind viel lebenstüchtiger, als man vermutet.

# Kapitel 7

# Wochenbett – Zeit der Rückbildung

Mit der Bezeichnung Wochenbett sind nicht nur die Tage unmittelbar nach der Entbindung gemeint, die man zunächst wohl vorwiegend im Bett verbringt. Die Rückbildung der meisten Veränderungen, mit denen sich der Körper an Schwangerschaft und Geburt anpaßte, dauert 6 bis 8 Wochen. Diese ganze Zeit wird traditionsgemäß »Wochenbett« genannt.

Besonders eindrucksvoll ist die Rückbildung der Gebärmutter. Diese wiegt unmittelbar nach der Geburt 1 000 g, nach einer Woche nur noch die Hälfte, nach 2 Wochen 350 g, und nach 6 Wochen hat sie mit 50 bis 70 g etwa ihr Ausgangsgewicht wieder erreicht. Der Geburtshelfer fühlt die ordnungsgemäße Rückbildung durch Ihre Bauchdecken hindurch. Die »Einschmelzung« der Gebärmutter geht deshalb so erstaunlich schnell vonstatten, weil mit der Nachgeburt ganz abrupt deren Hormonproduktion wegfällt, welche die enorme Vergrößerung des Gebärmuttermuskels ermöglichte. Außerdem führt die zusammengezogene Muskulatur zur Abschnürung der großen Blutgefäße in diesem Organ und damit zu Degenerations- und Rückbildungsvorgängen.

## Händewaschen nicht vergessen!

Sie kennen diesen Kinderreim, der für die Wöchnerin eine ganz besondere Bedeutung gewinnt. Die große Wundfläche an der ehemaligen Haftstelle des Mutterkuchens wird durch die Zusammenziehung ebenfalls stark verkleinert und durch die Gesundheitspolizisten unseres Körpers (weiße Blutkörperchen und andere Abwehrmechanismen) abgeriegelt und aufgeräumt. Gewebsreste werden überflüssig und können so zusammen mit Wundsekret und etwas Blut durch die Scheide abfließen. Dieser »Wochenfluß« ist ein idealer Nährboden für Bakterien, die sich hier sehr stark vermehren. Alles, was mit Wochenfluß in Berührung kommt, ist höchst infektiös! Die gebrauchten Vorlagen also nicht mit den Fingern berühren und nach entsprechender Körperpflege, Toilettenbenutzung usw. gründlich die Hände reinigen. Dafür sind nach wie vor Wasser und Seife modern in Verbindung mit einer Handbürste, damit Sie auch in die Hautfurchen und unter die Fingernägel kommen. Dort finden Keime aller Art ihre sichersten Schlupfwinkel. Deshalb schneiden Sie in dieser Zeit Ihre Nägel ganz kurz. In den Kliniken werden außerdem noch Desinfektionslösungen angeboten. Sie geben zusätzliche Sicherheit, können aber nicht die mechanische Reinigung mit Wasser, Seife und Bürste ersetzen!

Ihre Unterleibsorgane sind auf diese ungebetenen Gäste vorbereitet und werden in der Regel gut mit ihnen fertig. Ihre Brust würde sich aber schmerzhaft entzünden und auch Ihr Kind u. U. gefährlich erkranken, wenn Sie mit Ihren Fingern solche Keime übertragen würden. Deshalb stets die genannten Hinweise beachten, bevor Sie Brust oder Kind berühren!

## Nacharbeit der Gebärmutter

Eine kräftige Daueranspannung der Gebärmuttermuskulatur sorgt mit für Blutstillung und Rückbildung dieses Organs, darüber hinaus kann man in den ersten 2 bis 3 Tagen auch noch leichtere, rhythmische Zusammenziehungen spüren. Die fördern zusätzlich die Verkürzung der Muskelfasern und das Abfließen des Wundsekrets. Nach der ersten Geburt merkt das eine Wöchnerin meist weniger deutlich als nach wiederholten Geburten. Auch beim Anlegen des Kindes an die Brust können noch längere Zeit solche Reaktionen in der Gebärmutter empfunden werden, weil der Saugreiz zur Abgabe des milchflußfördernden und zugleich gebärmutteraktivierenden Hormons Oxytozin aus der Hirnanhangdrüse führt. Praktisch bedeutet das: Stillen fördert die Rückbildung. So versiegt auch der Wochenfluß bei stillenden Müttern früher als bei nichtstillenden. Sollten um den 4. Tag nach der Entbindung Fieber und Kopfschmerzen auftreten und sollte der Ausfluß plötzlich spärlicher werden, so sagen Sie das Ihrem Arzt. Es könnte eine Abflußbehinderung aus der Gebärmutter entstanden sein. So eine Stauung ist behandlungsbedürftig.

## Bis im Bauch wieder alles richtig funktioniert ...

Man muß schon etwas Geduld haben! Viele freuen sich über die freier gewordene Atmung, denn das Zwerchfell ist wieder normal beweglich. Die Darmfunktion kommt häufig erst am 2. bis 3. Tag nach der Geburt in Gang. Im Bedarfsfalle hilft das Klinikpersonal mit geeigneten Mitteln etwas nach. Lästiger können anfängliche Schwierigkeiten beim Wasserlassen sein. Da Harnblase und Harnröhre zwischen kindlichem Kopf und Schambein vorübergehend gedrückt und gedehnt worden sind, können kleinste Schleimhautverletzungen und Schwellungen den Entleerungsmechanismus behindern. Auch haben manche Frauen Schwierigkeiten mit dem ungewohnten Schieber, falls man noch nicht gleich wieder zur Toilette gehen kann.

## Frühzeitiges Aufstehen

Damit können Sie Ihre normalen Körperfunktionen rasch wiederherstellen und schneller Ihre volle Leistungsfähigkeit erreichen. Das wirkt sich nicht nur günstig auf die Unterleibsorgane aus, sondern fördert auch die Straffung der stark gedehnten Bauch- und Beckenbodenmuskeln. Haben doch manche Frauen zunächst das Gefühl, »als wollte ihnen alles unten herausrutschen«. Gedehnte Muskeln und Bänder kommen aber nur durch Gebrauch wieder richtig in Form, nicht allein durch Abwarten. Deshalb geben sich Ärzte und Schwestern noch nicht ganz zufrieden, wenn Sie so früh wie möglich aufstehen und bedachtsam ein bißchen herumlaufen, sondern schicken eine Krankengymnastin oder Hebamme auf die Wochenstation, die mit Ihnen, vorsichtig beginnend, »turnt«.

## Rückbildungsgymnastik

Zuerst sind es nur leichte Hand- und Fußbewegungen, die den Kreislauf wieder anregen und den Stoffwechsel aktivieren sollen. Dann kommen Arm- und Beinübungen hinzu, die Sie nach Ihren Erfahrungen aus der Schwangerengymnastik rasch verstehen werden. Selbstverständlich kann das nur eine Einführung sein, denn die Entbindungsklinik verlassen Sie nach wenigen Tagen wieder. Die Rückbildungsvorgänge dauern aber viele Wochen. Also brauchen Sie wieder ein häusliches Übungsprogramm. Sie sollen sich dabei nicht anstrengen, das Üben entsprechend Ihrem Befinden langsam steigern, aber wirklich jeden Tag etwas Zeit dafür einräumen. Regelmäßigkeit ist auch hier das Rezept für den Erfolg.

### 1. Beckenbodenübungen

Schon am 1. Tag sollten Sie im Bett mit sanften Übungen beginnen, damit die gedehnte Beckenbodenmuskulatur möglichst bald wieder ihre normale Spannkraft erlangt (Abb. 7.1).

Versuchen Sie, den Beckenboden einzuziehen, Darm-, Blasen- und Scheidenschließmuskel mehrmals kräftig zusammenziehen, als wollten Sie Stuhl- oder Urinabgang krampfhaft zurückhalten, dann wieder locker lassen. Das kann helfen, späteren Senkungsbeschwerden der Unterleibsorgane vorzubeugen. Solche

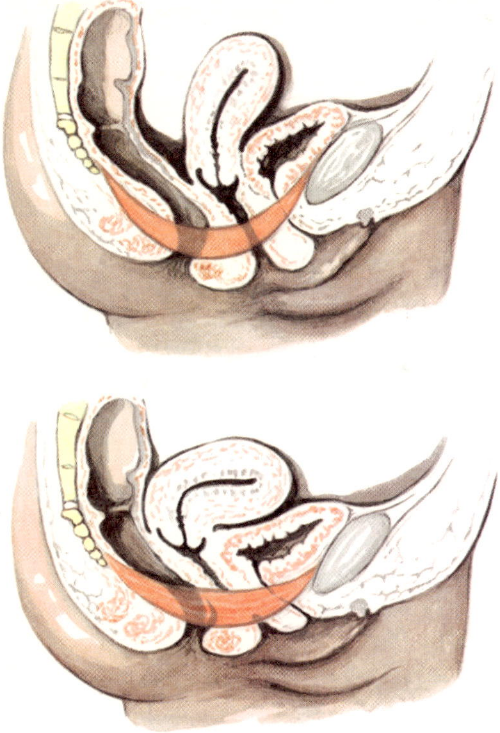

7.1 Oben: Schlaffe Beckenbodenmuskulatur mit Senkung der Unterleibsorgane.
Unten: Straffe Beckenbodenmuskulatur und normale Lage der Unterleibsorgane

Übungen kann man öfters wiederholen, ohne sich im sonstigen Tagesablauf stören zu lassen. Vorsichtig beginnend, kann man solche Übungen steigern auf 6 mal 5 Minuten täglich und sollte sie über Wochen fortführen. Wer Kreuzschmerzen hat, die im Liegen nachlassen, oder leicht Urin verliert beim Lachen, Niesen oder bei Anstrengungen, der muß über viele Wochen in dieser Art weiter üben.

Als der Urologe Dr. Kegel seinerzeit eine solche Behandlung des Beckenbodens bei Blasenschließmuskelschwäche entwickelte, berichteten ihm bei der Nachuntersuchung Monate später immer wieder einmal Patientinnen von einer unerwarteten Nebenwirkung dieser Therapie: Sie hatten eine bessere sexuelle Empfindsamkeit in der Scheide gewonnen oder sogar erstmalig einen uneingeschränkten Orgasmus erlebt. Die positiven Auswirkungen dieser langweiligen, monotonen Übungen liegen also für manche Frauen nicht nur auf medizinischem Gebiet.

## 2. Übungen für die Bauchmuskulatur

Sie entsprechen den Übungen der Schwangerengymnastik auf S. 102 . Ausgangsstellung ist die Rückenlage mit gestreckten Beinen, die Arme etwas seitlich vom Körper. Da Sie durch die Geburt zunächst noch geschwächt sind, heben Sie anfangs nur das rechte Bein langsam kerzengerade in die Höhe – auch den Fuß dabei maximal strecken (Abb. 7.2) – und dann dieses Bein langsam über das linke Bein hinweg auf die linke Bettkante führen (Abb. 7.3) und wieder zurück. Das gleiche sinngemäß mit dem linken Bein. Wenn Sie sich kräftig genug fühlen, dann führen Sie das mit beiden Beinen zugleich aus, und wenn Sie schließlich noch mehr schaffen können, dann halten Sie die gestreckten Beine schräg nach oben und schreiben mit kreisenden Bewegungen die olympischen Ringe in die Luft (Abb. 7.4).

## 3. Übungen für die Lendengegend

In Rückenlage beide Beine anhocken und mit verschränkten Händen unterhalb der Knie an den Rumpf heranziehen (Abb. 7.5). Nun das Gesäß so weit hochrollen wie möglich und zurück, wieder hoch und zurück ... (3- bis 5×).

Etwas später können Sie sich nach tieferem Einatmen mit Schwung zum Sitz hochrollen (Abb. 7.6), die Füße sollen dabei nicht den Boden berühren. Balancieren Sie kurze Zeit in dieser Stellung, und lassen Sie sich dann wieder zurückrollen, wobei ausgeatmet wird. Nach kurzer Erholungspause wiederholen ... (3×).

Auch die sogenannte Brücke ist eine sehr wirksame und trotzdem einfache Übung (Abb. 7.7). Achten Sie aber darauf, daß kein Hohlkreuz entsteht.

Diese Grundübungen kann man in vielfacher Weise kombinieren und variieren und zu einer umfassenden Gymnastik aufbauen. Das medizinische Personal wird Sie beraten. Eine Mutter, bei der ein Dammschnitt notwendig war oder ein anderer geburtshilflicher Eingriff, muß bescheidener anfangen als eine Frau nach komplikationsloser Entbindung. Alle diese persönlichen Besonderheiten schätzen die Fachleute ein und geben Ihnen entsprechende

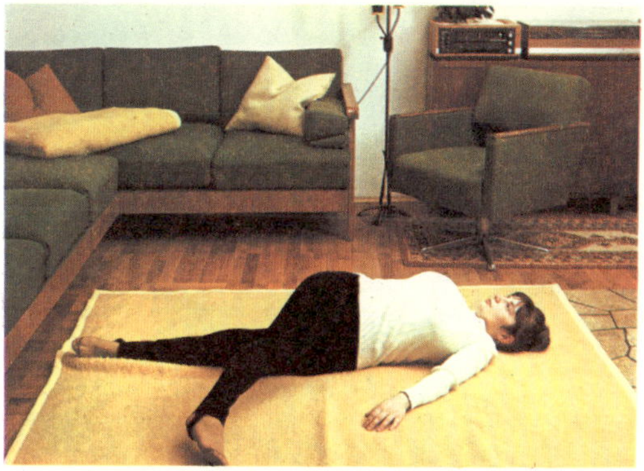

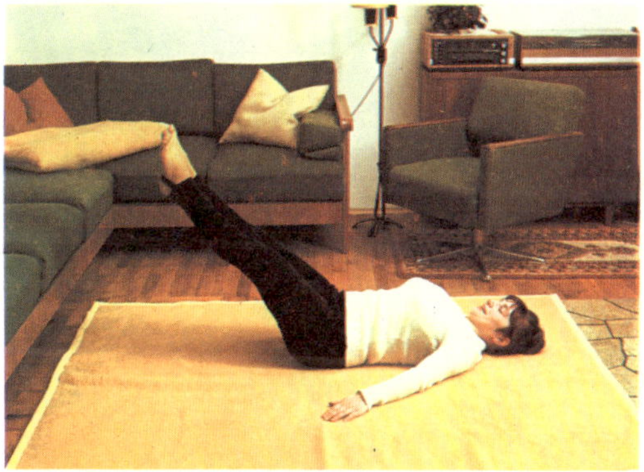

7.2 – 7.7

Empfehlungen, die dann auch Ihren örtlichen Bedingungen angepaßt sind. Wir konnten hier nur versuchen, Ihr Verständnis und Interesse dafür zu gewinnen.

## Tränen im Wochenbett?

So sachlich nüchtern wie bisher geschildert, sieht die erste Wochenbettzeit meist nicht aus. Die Mütter haben eine ungewohnte körperliche und seelische Anstrengung hinter sich. Kreislauf und Nerven wurden strapaziert. Dazu kommen tiefgreifende hormonelle Umstellungen im Organismus. Das innere Gleichgewicht ist in dieser Entspannungsphase vorübergehend recht labil geworden. Die Stimmung kann sehr schwanken. Einerseits Stolz auf die vollbrachte Leistung, Glücksgefühl, Dankbarkeit und Mutterfreuden, andererseits die Trennung von der eigenen Familie, ja häufig sogar vom eigenen Kind innerhalb der Klinik. Manche haben ernste Gründe, andere weniger, sich zu fragen, wie es zu Hause aussehen mag, wenn die Frau oder Mutter fehlt. Die Bindung zum Mann und der eigenen Familie wird in dieser Zeit besonders stark empfunden. Und wenn er nicht pünktlich zur Besuchszeit erscheint oder das Kind nicht gleich richtig an der Brust zurechtkommt oder die Gebärmutterrückbildung nicht ganz glatt geht, vielleicht eine Fieberzacke auftritt, der Entlassungstermin etwas hinausgeschoben werden muß oder was es sonst sein mag an relativen Kleinigkeiten (aus medizinischer Sicht!): Sehr viel schneller als sonst rollen die Tränen. Und wenn es einmal losgeht, steckt manche Mutti gleich die anderen »Leidensgefährten« im Zimmer an, und alle heulen gemeinsam. Da fällt auch mal plötzlich eine Mutti schluchzend der Schwester um den Hals und weiß eigentlich nicht warum. »Mir war eben auf einmal so, die Klinik scheint sich aufs Gemüt zu legen …« All das sei nur angedeutet, weil es jeden einmal erwischen kann.

Ein Kind geboren zu haben ist auch für weniger zart besaitete Frauen eine ergreifende und menschlich »erschütternde« Erfahrung. Man braucht sich dieser Tränen nicht zu schämen. Sie gehören eben auch mit dazu.

### Klinikentlassung und Heimreise

»Nach 7 langen Tagen durfte ich nun die Heimreise antreten. Ich war ganz aus dem Häuschen und trällerte vor mich hin: Heut ist ein wunderschöner Tag, die Sonne lacht uns so hell … Sie waren alle gut und freundlich zu mir. Ich konnte mich wirklich nicht beklagen. Aber trotzdem zog es mich sehr nach Hause. Wem ginge das wohl nicht so? Eine gynäkologische Abschlußuntersuchung mußte ich noch über mich ergehen lassen – alles in Ordnung. Der Kleine wurde mir vorgeführt. Der Nabelrest war abgefallen. Ich mußte mich überzeugen, daß der Po nicht wund war, und durfte dann unter Schwesternaufsicht selber wickeln und anziehen. Das dauerte natürlich viel zu lange. Man getraute sich eben noch nicht so richtig zuzufassen bei dem kleinen Wesen. Es scheint einem alles so verletzlich. Aber das

7.8

Kind sei ja nicht aus Glas, meinte die Schwester etwas ungeduldig. Ob ich dann wohl alles richtig machen werde? …

Zu Hause angekommen, legte ich das schlafende Bündel ganz behutsam in das vorbereitete Körbchen. Endlich konnte ich zu meinem Kinde gehen, wann ich wollte, konnte es den ganzen Tag sehen und auch nachts nach ihm schauen, wie ich wollte, nicht nur zu den Stillzeiten. Irgendwie kehrte mehr innere Ruhe ein. Noch am selben Tag unternahm ich mit Papa die erste kleine Spazierfahrt mit dem Kinderwagen. Aber fahren durfte ich zu meiner Überraschung nicht. Papa ließ keinen ran an dich …

Am Sonntag kamen dann noch Oma und Opa aus S., nun hattest du gar keine Ruhe mehr. Du brauchtest nur einen Pieps von dir zu geben, und schon standen alle um dich herum … Dein Leben bestand fast nur aus Trinken, Schlafen und Abküssen.« So nachfühlbar hatte das Frau Q ihrem Tagebuch anvertraut.

### Familiäre Erziehungsprobleme durch das Baby?

Nicht immer bleibt der Sonnenschein ungetrübt. Manche müssen auch gewisse Anpassungsschwierigkeiten bewältigen. So können größere Geschwister tollpatschig mit dem ganz jungen Säugling umgehen. Die Mutter schimpft vielleicht, die Kinder bocken, können sich mit der Zeit ärgern über den Nebenbuhler, um den sich jetzt alles dreht. Sie fühlen sich nicht mehr so beachtet, können eine Abwehrhaltung gegenüber dem Kleinen entwikkeln, schlechter essen oder mitunter einnässen. »Können wir den nicht wieder wegschicken«, fragte ein Dreijähriger. Ein anderer kippte sogar aus Rache den Kinderwagen um. Selbst der Ehemann fühlt sich manchmal vernachlässigt. Die Frau habe keine rechte Antenne mehr für ihn. Etwas schmollend mag er denken: »Du hast wohl deine Pflicht getan, nun bist du nicht mehr nötig …« Ist dann noch eine Schwiegermutter da, die in unpassender Weise sich des »vernachlässigten Vaters« annimmt, dann kann es schon einmal zum Familienkrach kommen. Manche Schwiegermutter macht die Sache dadurch schwer, daß sie sich – zweifellos in guter Absicht – zu viel des Kindes annimmt. Sie tut gerade so, als wäre es ihr Kind, und engt die Mutter zu sehr ein. Wenn dann außerdem noch der Einfluß auf den Vater im eben genannten Sinne groß ist und vielleicht auch noch beim Kleinen nicht alles so klappt, wie vorgestellt, dann können sogar komplizierte Bedingungen entstehen, die uns hin und wieder in der ärztlichen Praxis beschäftigen. Lassen Sie sich dadurch keinesfalls die Freude am Baby und auf zu Hause trüben. Diese Hinweise wollen Ihnen nur helfen, solche Fehlentwicklungen gar nicht erst aufkommen zu lassen. Mit Geschick und Charme können Sie so etwas von vornherein vermeiden – wenn Sie davon wissen.

## Fragen an den Frauenarzt

### Vorzeitige Klinikentlassung?

Wenn zeitweise mehr Frauen zur Entbindung kommen, als eine Klinik normalerweise unterbringen kann, sind die Klinikleiter gelegentlich gezwungen, Wöchnerinnen früher zu entlassen als üblich, um Platz für die nächsten zu schaffen. Manche Frauen freuen sich darüber und verhandeln fast um jeden einzelnen Tag. Zu Hause merken sie dann aber, was da alles auf sie zukommt, wie sehr sie eine gewisse Erholungszeit noch brauchen. Ihr Arzt weiß das vorher, wenn er Ihnen diesen oder jenen Rat gibt.

### Wie lange hat man noch Schmierblutungen?

Der Wochenfluß, die Absonderungen der großen Wundfläche in der Gebärmutter, ist anfangs rein blutig. Weiße Blutkörperchen wandern massenhaft in das Wundgebiet, um von außen eindringende Bakterien abzuwehren. Damit wird der Wochenfluß heller, bräunlich und schließlich gelbweiß. Nach etwa 10 Tagen ist die Gebärmutterhöhle wieder überhäutet. Die Absonderungen werden nun spärlich und dünnflüssig, und nach 4 bis 6 Wochen versiegen sie ganz. Bei stillenden Müttern geschieht das früher, bei den anderen später. Abweichend davon können um die 4. Woche nach der Entbindung noch einmal deutlichere Blutungen auftreten, die mit der hormonalen Umstellung zusammenhängen, möglicherweise aber auch mit einer sich anbahnenden Brustentzündung oder anderen unerwünschten Ursachen. Nur eine frauenärztliche Untersuchung kann das klären. Lassen Sie diese durchführen im wohlverstandenen eigenen Interesse. Eine routinemäßige Nachuntersuchung erfolgt sonst erst in der 6. Woche.

### Wann kommt die Regel wieder? – Wann kann ich wieder schwanger werden?

Bei nichtstillenden Müttern tritt die erste Regelblutung 4 bis 6 Wochen nach der Geburt auf, erheblich später oder auch ganz unregelmäßig bei stillenden Müttern. Dahinter steht die praktische Frage, wann eine erneute Schwangerschaft möglich ist.

Mit Rückbildung des Wochenflusses wird meist 4 Wochen nach der Entbindung Geschlechtsverkehr wieder aufgenommen. Nach Möglichkeit sollte man aber 6 Wochen warten können. Erst dann ist die Rückbildung so weit fortgeschritten, daß die Gebärmutter wieder gut gegen von außen kommende Bakterien verschlossen ist und die oberen Geschlechtswege zuverlässig vor aufsteigenden Infektionen schützt. In der Zeit zwischen Geburt und erster Regel ist zwar die Wahrscheinlichkeit für eine neue Schwangerschaft nicht sehr groß, aber auf keinen Fall darf man daraus umgekehrt schließen, daß man in dieser Zeit nicht schwanger werden könne.

Das ist ein immer noch weit verbreiteter Irrtum! Auch Stillen ist kein sicherer Empfängnisschutz. Wann der Eierstock wieder in Gang kommt, wann wieder neue Eizellen reifen und befruchtungsfähig werden, können nur solche Frauen erkennen, die mit den im Kapitel 2 erwähnten Schleimzeichen vertraut sind. Sonst kann man das nicht vorher wissen. So geschieht es immer wieder einmal, daß Mütter, die sich hingebungsvoll ihrem jungen Säugling widmen und an nichts anderes denken, von einer neuen Schwangerschaft überrascht werden. Man kann sich natürlich damit trösten, daß so geringer Abstand im Hinblick auf die Kinder nicht unpraktisch ist. Man erledige gewissermaßen die ganze Windelei und Säuglingspflege gleich »in einem Aufwasch«. Die Kinder könnten auch als fast gleichaltrige Geschwister mehr miteinander anfangen als bei größerem Altersunterschied. Aber für die Mütter ist es zweifellos besser, den Belastungen von Schwangerschaft und Geburt erst einmal ein Ruhejahr folgen zu lassen.

Deshalb beraten Sie sich rechtzeitig mit Ihrem Frauenarzt, welche Möglichkeit der Empfängnisregelung für Ihre persönliche Situation am günstigsten erscheint, um sich Überraschungen zu ersparen.

# Kapitel 8 Säuglingsernährung

## Mit Freude stillen

»Besonders schön auf der Entbindungsstation waren die Stillzeiten. Zuerst hatte ich etwas Lampenfieber. Was tun, wenn der Kleine nicht gleich merkt, was er soll? Aber er tat das Richtige mit einer Selbstverständlichkeit, als hätte er schon lange Zeit geübt. Sowie er meine Brust fühlte, sperrte er das kleine Mäulchen auf, schnappte zu und begann zu saugen. Einmal hatte ich vorher mit dem Zeigefinger zart sein linkes Bäckchen gestreichelt – ohne mir etwas dabei zu denken –, da drehte er sofort den Kopf nach links, sperrte das Mündchen auf und suchte. Ich war richtig ein bißchen erschrocken, ihn so enttäuscht zu haben, und beeilte mich, das wiedergutzumachen. Sicher hat er mir das nicht übelgenommen, denn er gab sich dann der Mahlzeit mit richtigem Genuß hin: Wie die kleinen Zutschlippen arbeiteten, so behagliche Schnieflaute aus den winzigen Nasenlöchern kamen und Schluck für Schluck in den Milchbauch hinuntergluckerte – das war einfach süß. Dann hatte er ziemlich plötzlich aufgehört, lag ganz ruhig in meinem Arm. War er nun satt? Oder machte er nur Pause? Ich strich noch einmal über sein linkes Bäckchen – keine Reaktion mehr. Ich kitzelte an der Nase, krabbelte am Ohr, strich über das Köpfchen – alles umsonst. Er war fest eingeschlafen und sah ganz zufrieden aus. Dieses Anschauen genoß ich jedesmal. Es brachte mich richtig in Hochstimmung. Die Schwester kam eigentlich viel zu früh, um die Kleinen wieder einzusammeln.

So konnte ich mich wenigstens auf die nächste Mahlzeit freuen. Manchmal habe ich auch zwischendurch an der Tür des Kinderzimmers geguckt, denn ich konnte es nicht immer erwarten, bis sie die Babys brachten. Der Chor der Neugeborenen kündigte dann auf dem Flur an, daß die nächste Runde losgeht. Meinen Senker habe ich schnell herausgefunden, denn er hat die ersten beiden Tage immer geschlafen – dann aber trotzdem meistens brav getrunken. Manchmal mußte er jedoch ziemlich kräftig wachgerüttelt oder mit einem Klaps auf den Po muntergemacht werden. Danach hat er offenbar zu hastig getrunken und zu meinem großen Kummer einen tüchtigen Schwapp wieder ausgespuckt.

Seit seinem dritten Lebenstag war er meistens munter, wenn sie ihn brachten, stopfte offensichtlich ungeduldig seine Fäustchen in den Mund und saugte daran, als könne er es nicht mehr erwarten. Ich habe ihn dann nicht mehr trinken lassen, bis er von selbst aufhörte, sondern nach 5 Minuten unterbrochen für ein »Bäuerchen«. Kaum hatte er aufgestoßen, fuchtelte er schon wieder mit seinen Händen um den Mund herum, als wollte er fragen, wann es denn nun endlich weitergeht. Er zog dann so forsch wieder an, daß es manchmal sogar weh tat. Zwischendurch legte er später selbst Verschnaufpausen ein, wobei er die Brust fest angesaugt im Munde hielt, damit ihm ja nichts entgehe. Wenn dann noch einmal ein »Bäuerchen« fällig war, mußte ich ihm kurz die Nase zuhalten, damit er losließ. Das mag ein bißchen robust klingen, aber seit wir diese Pausen zum Aufstoßen einlegen, hat er nicht mehr gespuckt.«

Nicht immer geht alles so glatt, wie es hier Frau R. erzählte.

Frau S. ging mit viel Scheu oder auch Angst an die Sache heran und war entsprechend nervös. Sie schien sich gegen das Abgeben zu wehren, wollte sich nicht »aussaugen« lassen.

Als die Schwester ihr das Kind brachte mit den Worten: »Bitte machen Sie sich frei«, schaute sie etwas verlegen drein. Bei ihrer Unruhe war es schon schwierig, die Brust richtig in den kleinen Mund hineinzubringen, und durch eine ungeschickte Bewegung war sie auch gleich wieder draußen. Unruhig suchte nun das Baby mit dem Mund – enttäuschende Erfahrungen, die schließlich mit Geschrei quittiert wurden. Es mußte erst wieder beruhigt und eine Weile getröstet werden. Beim nächsten Versuch kam die Brust so dicht vor die kleinen Nasenlöcher, daß dem Baby die Atmung behindert wurde und die Schwester nachdrücklich bitten mußte: »Halten Sie doch die Nase frei!« Mit ziemlich steifem Zeigefinger drückte sie die Brust zurück, und schwupp, war sie auch schon wieder aus dem Mund gerutscht. Der Kleine drehte sich suchend hin und her und wollte nicht mehr richtig zufassen. Mit einigen Tropfen Traubenzuckerlösung auf Brustwarze und Lippen versuchte die Schwester, ihm das noch einmal schmackhaft zu machen. Zweimal konnte man kurz hoffen, es habe jetzt vielleicht geklappt, aber dann drehte er den Kopf wieder zur Seite ... Tiefes Luftholen – die anderen Mütter schauten diesem »Zweikampf« zu. Gute Ratschläge schwirrten durch den Raum und auch unpassende Kommentare. Noch bemühte sich die junge Schwester, hatte aber schon »eigentlich keine Zeit mehr«. Da versuchte sie nun den kleinen Kopf festzuhalten und zur Nahrungsquelle hinzudrehen, um die Sache voranzubringen. Gleich wieder Protest, denn Babys haben es nicht gern, wenn man sie festhält und ihren Bewegungsdrang einschränkt. Am wenigsten gefällt ihnen das am Kopf. Mit Gewalt etwas erreichen zu wollen, hat keinen Sinn. Da gab es auch die Schwester auf mit der lapidaren Bemerkung: »Manche Kinder lernen das eben schwer – wollen mal sehen, was er geschafft hat«. Nach kurzer Zeit verkündete sie das niederschmetternde Ergebnis: »Er hat nichts getrunken, wir werden ihm etwas mit der Flasche nachfüttern ...« Als sich das bei mehreren Anläufen in ähnlicher Weise wiederholte, wurde die Mutter immer nervöser. Das spürte wohl auch ihr Kind, und zu allem Übel hat es dann bei einer passenden Gelegenheit so fest zugepackt, daß die Mutter nun auch noch Schmerzen hatte und sich selbst bedauerte.

Innere Abwehr, Ungeschick bei Mutter und Krankenschwester, »Leistungsdruck« durch die Stielaugen der Nachbarn, die kontrollierende Waage und die vorgeschriebenen Stillzeiten, behinderte Nasenatmung, Enttäuschung auf beiden Seiten durch die erfolglosen Bemühungen und Protest des Kindes gegen Gewaltmaßnahmen sowie Störung der Anpassung zwischen Mutter und Kind durch zu frühes Zufüttern haben hier ein Bedingungsgefüge entstehen lassen, das mit Freude rein gar nichts mehr zu tun hat. Lag das etwa am Milchmangel?

Die Mutter konnte sich nicht entspannt dem Kinde zuwenden – aus welchen Gründen auch immer. Das spürt schon ein Neugeborenes recht gut. So haben Sie auf dem farbigen Feld gleich die praktisch wichtigsten Störfaktoren zusammengefaßt. Über seltene medizinische Besonderheiten brauchen wir hier gar nicht zu reden. Das muß Sache der persönlichen ärztlichen Beratung bleiben.

Zwei sehr unterschiedliche Mütter haben wir Ihnen beschrieben, stellvertretend für viele Möglichkeiten. Vielleicht fragen Sie, wo Sie sich selbst einzuordnen hätten? Mehr in die Nähe der Frau R. oder mehr in die Nähe der Frau S., vielleicht irgendwo dazwischen? Es gibt so viele Möglichkeiten. Man kann also nicht allen nach einem Schema gerecht werden. Das hat auch seine praktischen Vorteile: Das unkomplizierte Zusammenkommen von Frau R. mit ihrem Kind – eigentlich die Regel – wird den Schwestern ermöglichen, mehr Zeit auf die Überwindung der Anfangsschwierigkeiten einer Frau S. zu verwenden. Aber viel einfacher, sicherer und besser spielen sich Mutter und Kind aufeinander ein, wenn sie nach der Geburt gar nicht erst getrennt untergebracht werden.

## So einfach kann das sein

Die Neugeborenenbettchen stehen neben den Mutterbetten im gleichen Raum – eigentlich eine Selbstverständlichkeit, die unter der wissenschaftlichen Bezeichnung Rooming-in-System wiederentdeckt wurde. Die Grundbedürfnisse jedes einzelnen Kindes nach Kontakt und Nahrung, seine Schlaf- und Wachzeiten finden auf diese Weise ganz zwanglos ihre Antwort. Die Mutter kann ihr Kind jederzeit sehen, berühren, an die Brust legen, wenn es danach verlangt. Sie erkennt bald recht gut, wenn sich ihr Kleines meldet, wenn »es sucht« – und kann es dann anlegen (Abb. 8.2.).

Das geschieht in der ersten Zeit häufiger, als nach den alten Zeitplanauffassungen gewohnt, mitunter schon nach 1 bis 2 Stunden wieder, pegelt sich dann aber früher oder später auf die üblichen Abstände von 3 bis 4 Stunden zwischen den Mahlzeiten ein. Das ist alles sehr wohltuend für Mutter und Kind. Dementsprechend hört man auf solchen Rooming-in-Stationen nicht das sonst übliche Säuglingsgeschrei. »Seit bei uns Mutter und Kind ständig zusammen sind, haben wir eine himmlische Ruhe. Und zu unserer großen Freude stillen alle Mütter jetzt im Durchschnitt länger als noch vor Jahren«, berichtete beispielsweise Chefarzt Dr. Böttcher aus Berlin.

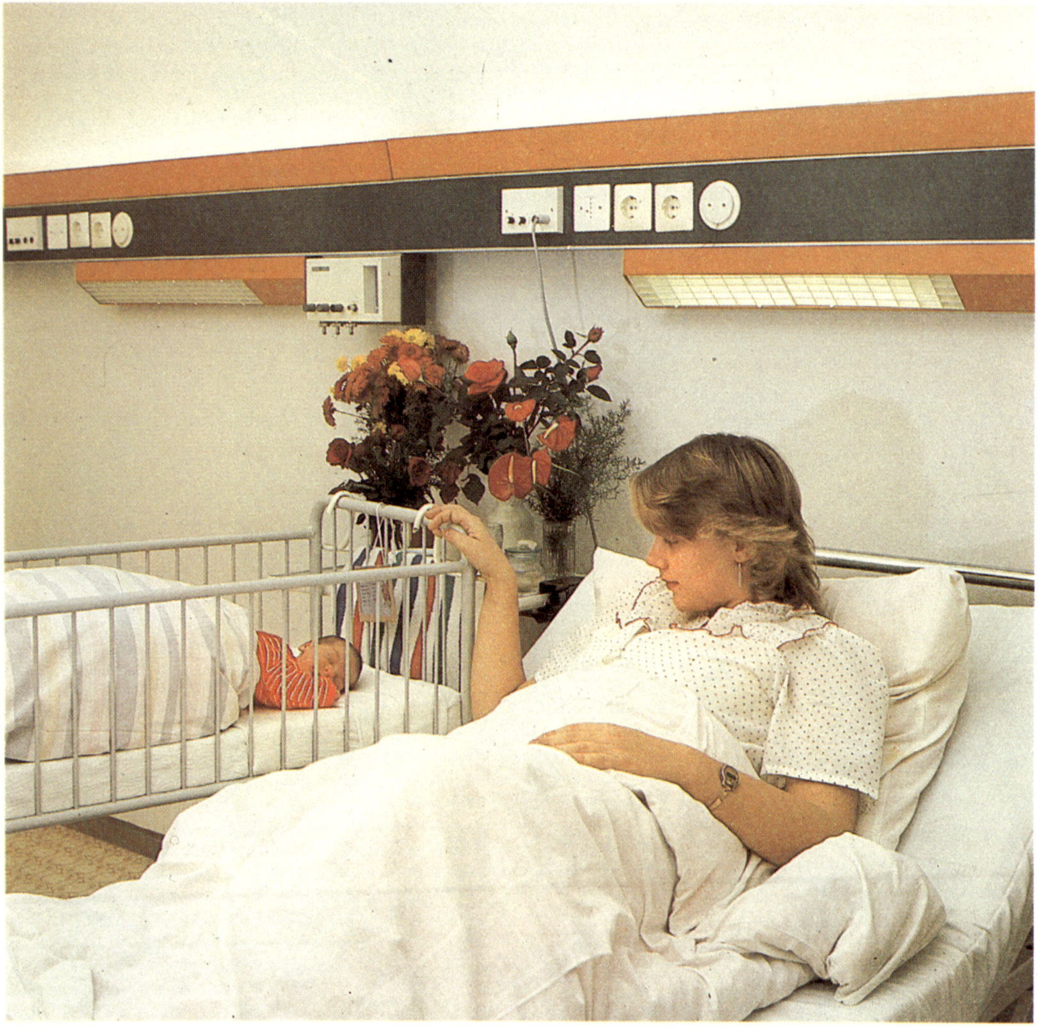

8.2 Die beste Lösung für optimale Anpassung von Mutter und Kind: beide sind ständig zusammen

## Wie sehen das die Mütter?

Kommen sie nun überhaupt nicht mehr zur Ruhe, obwohl sie doch selbst nach den Anstrengungen der Geburt zunächst mehr Schlafbedürfnis haben als sonst?

Die Frauenklinik in Halle-Kröllwitz wurde direkt für die Rooming-in-Organisationsform gebaut, arbeitet damit seit 1974 und hat auf diesem Gebiet wohl die längsten Erfahrungen in der DDR. Deshalb sprach ich dort mit Ärzten, Schwestern, Müttern, die freundlich und vorbehaltlos jede Auskunft gaben, so daß gar kein Zweifel aufkommen konnte: Jeder einzelne war von dieser Methode durch und durch überzeugt. Die gemeinsame Grundhaltung schloß sie zu einem Kollektiv zusammen, das längst nicht mehr etwas Neues probierte und wissenschaftlich untersuchte, sondern etwas Bewährtes praktizierte in dem frohen und die Arbeit stimulierenden Bewußtsein: Wir haben den günstigsten Weg gefunden für Mutter und Kind.

Frau T. hatte vor drei Tagen ihr erstes Kind geboren und erzählte: »Ich finde es einfach herrlich, mein Kind direkt bei mir zu haben. Man kann gucken, wie es schläft oder sich bewegt. Das friedliche Gesichtchen strahlt so eine Ruhe aus. Dann huscht plötzlich etwas wie ein Lächeln um den Mund und ist im Nu wieder verschwunden. Die Lippen spitzen sich manchmal zu einer kleinen Schnute, oder das ganze Gesichtchen verzieht sich, als wolle es etwas ausdrücken. Das sieht ganz süß aus. Aber ganz schnell ist es auch wieder ernst und still. Was mag in dem Kleinen vor sich gehen? Träumt er? Wie kann seine Welt wohl aussehen? Bisweilen reckt und streckt er sich im Schlaf. Man sieht doch recht gut, ob er sich wohl fühlt oder nicht. Man bekommt das alles mit, wenn man so beobachten kann. Langweilig wird das nie. Es gibt immer wieder etwas anderes und auch immer irgend etwas Neues zu sehen. Wenn der Kleine wach im Bettchen liegt und ich fasse hinein, habe ich das Gefühl, daß er mich kurz ansieht, als würde er mich erkennen. Auch wenn ich mit ihm spreche, habe ich das Gefühl, daß er meine Stimme erkennt und manchmal schon guckt.

Wenn mein Kleiner unruhig wird und weint, nehme ich ihn heraus und in mein Bett. Aber er muß auf meiner Bettdecke liegen, nicht darunter. Ich muß ihn mit seinem Bettchen zudekken. Das verlangen die Schwestern wegen der Sauberkeit. Ich stille noch im Liegen. Wenn ich über sein Köpfchen streichle, kommt er gleich herum, sucht, und wenn die Brust seinen Mund berührt, sperrt er ihn sofort auf.

Um 8.00 Uhr hat er überhaupt nichts getrunken. Er war noch so müde, ist immer wieder eingeschlafen, bis jetzt um 11.00 Uhr. Dann war er wieder hungrig. Ich sagte mir, das ist ein ganz natürlicher Rhythmus: Wenn er Hunger hat, meldet er sich, und ich lege ihn an. Meistens klappt es wunderbar, wenn mir auch die Trinkmengen lächerlich klein erscheinen. Aber vorhin habe ich erstmalig 45 Gramm gestillt. Das habe ich mir förmlich auf der Zunge zergehen lassen: stolze 45 Gramm! Nun hoffe ich, daß es so bleibt.

Alle Mütter wiegen ihre Kinder selber. Das wollen die Schwestern so – aber nur in den ersten 2 bis 3 Tagen. Wenn die Milchbildung in Gang gekommen ist, wird nicht mehr zu jeder Mahlzeit gewogen, damit man sich nicht irre machen läßt.«

## Eine andere Raumanordnung: Das Schmetterlingssystem

Frau U. hatte vor 6 Tagen ihr zweites Kind geboren. Hier lagen die Kinder im Nebenzimmer, in dem auch alle Pflegegegenstände vom Wäschevorrat bis zum Wickeltisch untergebracht waren, mit denen die Mütter ihre Kinder selbst versorgten. Die Kinderschwester war mehr ein Lehrmeister dabei, paßte auf, daß alles seinen ordentlichen Gang nahm. Sie leitete an und versorgte selbstverständlich die Kinder, deren Mütter nach einer komplizierten Geburt zunächst noch nicht aufstehen konnten. Durch eine Tür konnte die Mutti jederzeit direkt zu ihrem Kinde gehen oder es auch in ihr Bett holen. Da zwei Wöchnerinnenzimmer wie die Flügel eines Schmetterlings zu beiden Seiten eines Kinderzimmers angeordnet sind, spricht man vom Schmetterlingssystem.

Das gefiel Frau U. Sie meinte sogar, es sei besser, das Kind im Nebenzimmer zu haben. Nicht weil sie um die eigene Ruhe bangte. Sie hielt es für möglich, daß man das Kleine verwöhnen würde, wenn man es ständig neben sich hätte. Diese Befürchtung ist natürlich unbegründet (s. S. 167).

Auch sie hatte ausgiebig das Mienenspiel beobachtet, wie ihr Baby auf alles reagierte. »Das Kind ist irgendwie ruhiger und ausgeglichener, wenn man es im Arm hat: Es spürt offensichtlich, daß die Mutter da ist. Wenn ich mein Kind anspreche, habe ich das Gefühl, daß es anders reagiert als bei der Schwester.

Falls ein Kind schreit, erkennt jede Mutti im Zimmer durch die Trennwand, ob es ihr Kind ist. Sie geht dann hin, kann es beruhigen und holen. Meine Kleine erscheint mir richtig nervös, wenn sie Hunger hat. Wenn sie aber die Brust faßt und saugt, wird sie offensichtlich ruhig und ausgeglichen. Ich drücke dabei nicht nur den Kopf, sondern das ganze Kind an mich und streichle gern zwischen zwei Fingern die kleine Hand. Das ist auch für mich so beruhigend, daß ich einmal gleich mit eingeschlafen bin.

Mein erstes Kind habe ich in einer anderen Klinik bekommen. Dort wurden die Kinder nur zu den Mahlzeiten gebracht. Mehr Ruhe hatte ich da auch nicht. Man beschäftigt sich ja nicht weniger mit dem Kind, kann aber leider nichts tun, sondern nur hoffen, daß bald wieder die Stillzeit herankommt. Warten ist die vorwiegende Grundstimmung. Das ist nicht schön. Hier kann man wirklich hingehen, wenn man will, und nicht nur in Gedanken. Man kann die Kleine anschauen, und man spürt auch, daß man nicht zu jeder Zeit streicheln oder mit ihr spielen kann. Der Schlafrhythmus muß geachtet werden. Es ist schon wie ein Geschenk, wenn man andächtig daneben stehen darf. Manche übertreiben es auch mit der Mutterliebe, stehen oder sitzen dauernd am Bettchen oder laufen alle 5 Minuten hin.«

## Unterschiedliche Organisation in Frauenkliniken

Mit den beschriebenen Müttern haben wir Ihnen zugleich alle typischen Situationen geschildert, unter denen junge Mütter ihre ersten Beziehungen zum Kind nach der Geburt aufbauen. Sie werden sich Ihr eigenes Urteil bilden.

In Entbindungskliniken nach alter Organisationsform liegen die Neugeborenen von ihren Müttern getrennt in gesonderten Kinderzimmern, häufig ganz am Ende der Station. Die medizinische Überwachung ist effektiv und übersichtlich. Die Pflege der Babys geht routinierten Schwestern flott von der Hand, fast fließbandähnlich. Das erfordert einen festgelegten Zeitplan. In der Regel werden Neugeborene mit normalem Gewicht alle 4 Stunden zu ihren Müttern gebracht, die nun in einer begrenzten Zeit ihr Kind zu stillen haben. Ob diese Zeiten dem jeweiligen persönlichen Eigenrhythmus von Mutter und Kind entsprechen, kann dabei nur wenig berücksichtigt werden. Die Versuchung ist groß, Flasche nachzufüttern, wenn es an der Brust nicht gleich klappt.

Unser erstes Beispiel zeigt, daß es unter diesen Bedingungen auch gut gehen kann. Viel hängt vom persönlichen Einsatz der Mutter, der Krankenschwestern und Ärzte ab. Das zweite Beispiel deutet an, wie manche Mütter und ihre Kinder in der traditionellen Entbindungsklinik nicht auf Anhieb den Kontakt zueinander finden. Natürlich spielen persönliche Hintergründe und Einstellungen eine große Rolle. Doch in jedem Falle haben es Mütter sehr viel leichter, voll befriedigend ins Stillgeschäft zu kommen, die ihr Kind stets zur Hand haben, wie im dritten und vierten Beispiel. Der Milchbildungsreiz ist durch den ständigen Kontakt und die Signale des Kindes stärker. Das Stillverhalten kann besser den persönlichen Eigenheiten von Mutter und Kind angepaßt und leichter erlernt werden. Die Stillergebnisse sind eindeutig besser. Welch große Bedeutung das für die weitere gesunde Entwicklung des Kindes hat, stellen wir Ihnen noch ausführlich dar.

## Kompromisse auf Entbindungsstationen

Viele Krankenhäuser wurden in der ersten Hälfte unseres Jahrhunderts gebaut, als man diese Zusammenhänge noch nicht kannte oder nicht berücksichtigte. Damals haben viele Mütter mit größerem medizinischem Risiko ihre Kinder zu Hause geboren, hatten sie dann aber bei sich. Sie werden Verständnis dafür haben, daß wir nicht in kurzer Zeit alle Entbindungskliniken zu Rooming-in-Stationen umbauen können. Deshalb suchte man vielerorts nach Möglichkeiten, Mutter und Kind auch bei beengten räumlichen Voraussetzungen sehr viel mehr zusammenzubringen. Viele Mütter sind stark daran interessiert und können sogar durch eigene Initiative und konstruktive Hinweise helfen, solche Möglichkeiten am Entbindungsort besser auszuschöpfen. In vielen Kliniken des alten Baustils dürfen die Mütter heute in die zentralen Kinderzimmer kommen, ihre Kinder dort versorgen oder auch in ihr Wöchnerinnenzimmer mitnehmen – wenigstens tagsüber, in anderen Wochenstationen zumindest stundenweise.

Manche Mütter verstehen diese Zusammenhänge noch nicht und zeigen sich bei entsprechender Aufforderung uninteressiert: »Versorgen Sie mal mein Kind, Schwester, Sie werden ja schließlich dafür bezahlt!« Die Stillergebnisse sind dann entsprechend schlecht. Auf solche Frau kann manche Mutti im Nachbarbett mehr Einfluß haben als das medizinische

Personal. Deshalb helfen Sie bitte in Ihrer Umgebung mit, besseres Verständnis zu verbreiten, einer stillfreundlichen Grundauffassung weiteres Neuland zu erschließen, wo es noch nötig sein sollte. Je mehr Menschen dieses Anliegen verstehen und mit vertreten, um so leichter werden es stillende Mütter haben und um so besser unsere Kinder (s. S.152).

### Die persönliche Note des Kindes akzeptieren

So wie die Mütter haben auch schon die jüngsten Kinder ausgeprägte persönliche Besonderheiten. Viele trinken zügig von Anfang bis Ende der Mahlzeit. Manche sind aufgeregt und zapplig, so daß sie wiederholt die Brust loslassen und verlieren und dann natürlich weinen. Es gibt auch »unentschlossene« Kinder, welche die Milch fast in den Mund gespritzt haben wollen und bei Ermahnung zu eigener Aktivität ungnädig werden. Es scheint auch so eine Art »Genießer« zu geben, die erst ein bißchen probieren, ob die Sorte Milch gut ist, bevor sie zügig trinken. Versucht man ihre Mahlzeit zu beschleunigen, dann protestieren sie. Andere wiederum trinken ein paar Minuten und pausieren dann ausgiebiger, ehe sie weitermachen. Manche schlafen sogar zwischendurch ein und müssen sanft geweckt werden. Auch solchen »geruhsamen Typ« kann man nicht zur Eile mahnen. Er entwickelt sich gut, aber braucht eben seine Zeit. Manche Kinder trinken kürzer und dafür häufiger, andere wollen größere Abstände und dafür längere Mahlzeiten. Für brustscheue Kinder, die genügend kräftig sind, ist eine kleine Hungerpause, während der nur Tee gefüttert wird, unter Umständen geeignet, die Scheu zu überwinden. Man muß also jedem Kind in seiner Art gerecht werden.

Die Trinkschwäche der Frühgeborenen und Untergewichtigen, bei denen der Saugreflex noch nicht ausgereift ist oder einfach die Kraft noch nicht langt, und gewisse Schwierigkeiten solcher Kinder, die aus anderen Gründen behindert sind, gehören schon nicht mehr in den Bereich der persönlichen Note. Ihre Besprechung würde hier zu weit führen. Schwestern und Ärzte werden Sie im Bedarfsfall beraten.

### Warum Anfangsschwierigkeiten mit der Brust?

#### Ich habe nicht genug Milch!

So klagen viele Wöchnerinnen in den ersten Tagen bei der Visite. Eine Ärztin – gerade in Eile – antwortete kurz angebunden einer Frau nach der anderen: »Anlegen – anlegen – anlegen«. Die Patientinnen waren zunächst sprachlos über diese verblüffend kurze Empfehlung. Dann schüttelten sie etwas unwillig den Kopf, zogen die Schultern hoch und dachten: »So ein Unsinn, aber mit ihr ist ja wohl nicht zu reden.« Als sie jedoch wieder unter sich waren, zogen sie über die Ärztin her, als hätte sie ihnen etwas ganz Unmögliches zugemutet: »Da sagt die mir, ich soll anlegen, wo ich doch sowieso keine Milch habe!« – »Meiner wird von den paar Tropfen auch nicht satt ...«, ergänzte die nächste. »Ich muß es doch schließlich wissen, ob ich Milch habe oder nicht.« – »Meine Mutter und meine Großmutter hatten da auch schon Schwierigkeiten. Das muß bei uns in der Familie liegen ...« Die Gemüter erhitzten sich.

Aber betrachten wir einmal ganz nüchtern, was diesen immer wieder auftretenden Mißverständnissen zugrunde liegt:

#### Wie die Milchbildung in Gang kommt

*Vor der Geburt:* Die Milchdrüsen sind während der Schwangerschaft gewachsen, was jede werdende Mutter an der Zunahme ihrer Oberweite feststellt. Sie wurden also in jedem Falle für die Ernährung des Kindes nach der Entbindung vorbereitet. In der zweiten Schwangerschaftshälfte wird schon etwas Flüssigkeit abgesondert, aber die Hormone aus der Plazenta verhindern die Milchbildung. So stehen zum Zeitpunkt der Geburt zwar ausgereifte, arbeitsfähige Milchdrüsen zur Verfügung, aber sie haben noch Produktionssperre. Plazenta-Hormone blockieren sie. Eine sehr zweckmäßige Regelung, denn bis zur Geburt leitet ja der mütterliche Körper dem Kinde die notwendigen Energie- und Aufbaustoffe über die Nabelschnur zu. Er leistet sich keine zusätzliche Verschwendung an anderer Stelle.

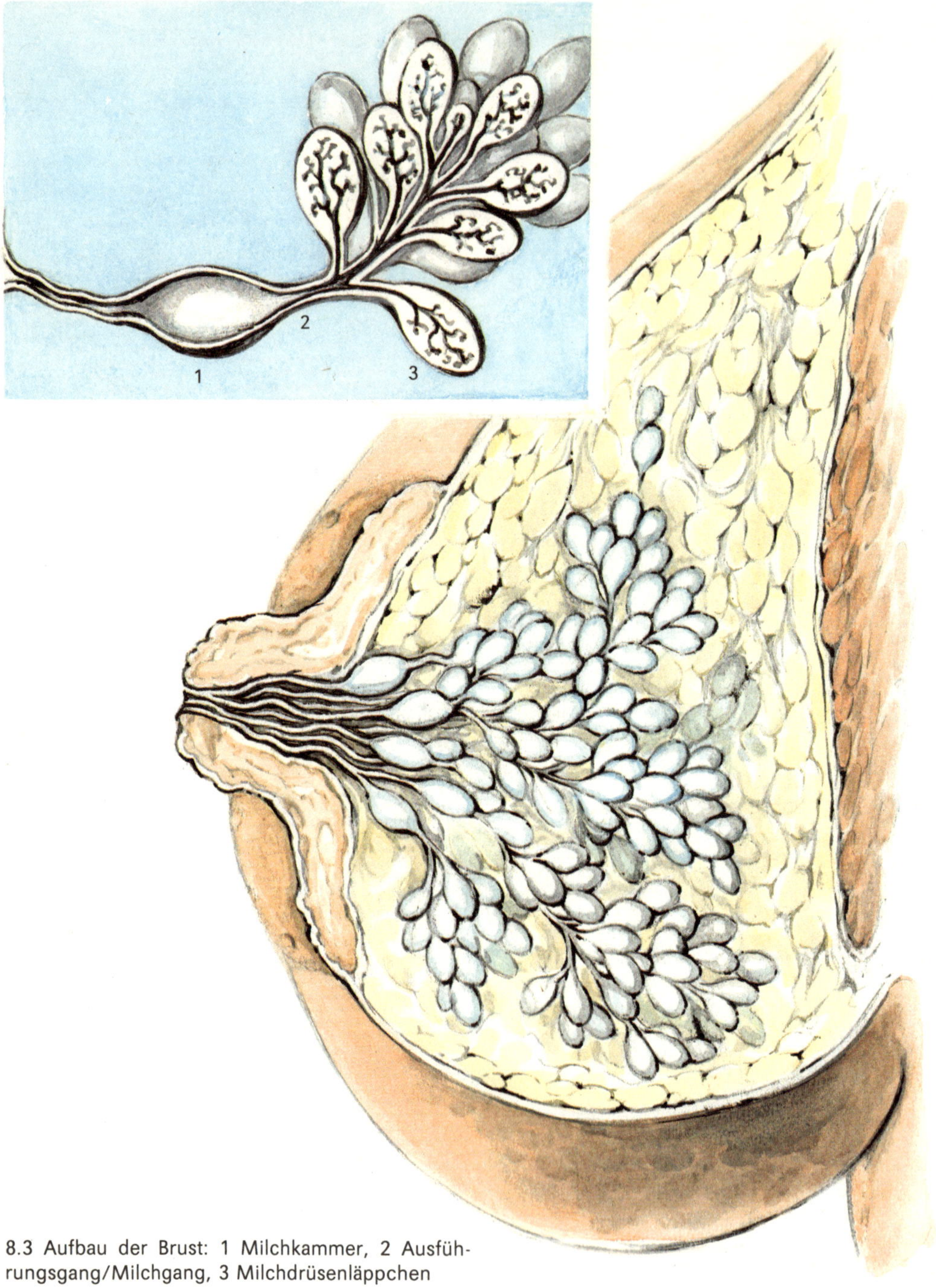


8.3 Aufbau der Brust: 1 Milchkammer, 2 Ausführungsgang/Milchgang, 3 Milchdrüsenläppchen

*Nach der Geburt:* Erst mit Beseitigung der Plazenta nach der Geburt des Kindes (Nachgeburt) fällt diese hormonale Produktionssperre abrupt weg. Das bedeutet natürlich keineswegs, daß nun der Milchstrom sofort fließt; es heißt nur, daß die Brustdrüsen jetzt in der Lage sind, Befehle zur Milchbildung aufzunehmen. Die entsprechenden Hormonsignale dafür kommen zunächst von der Hirnanhangdrüse, die gewissermaßen befiehlt: Milchpro-

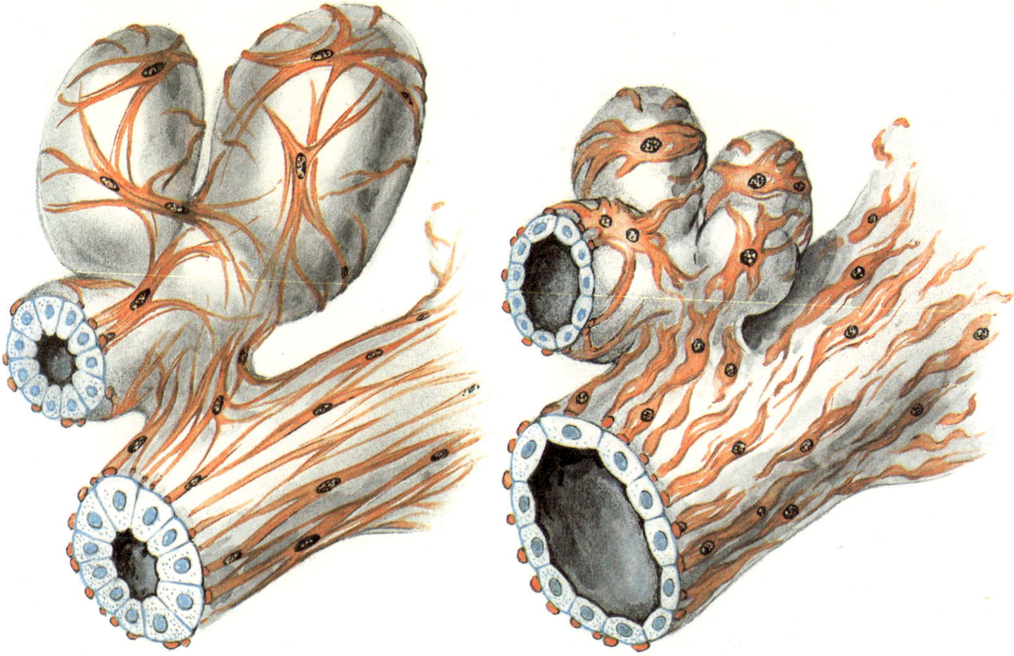

8.4 Die feinen Muskelzellen (myoepitheliale Z.) umgeben wie kleine Körbchen die Milchdrüsenbläschen und -ausführungsgänge (linke Abb.).
Das Milchaustreibungshormon läßt sie zusammenziehen (rechte Abb.), wobei die Drüsenbläschen ausgedrückt und die Ausführungsgänge kürzer und weiter werden. So gelangt die Milch bis in die Sammelkanälchen unter der Brustwarze, aus denen sie abgesaugt und ausgedrückt wird.

8.6 Brustdrüse mit teilweiser Milchstauung (Milchknoten)

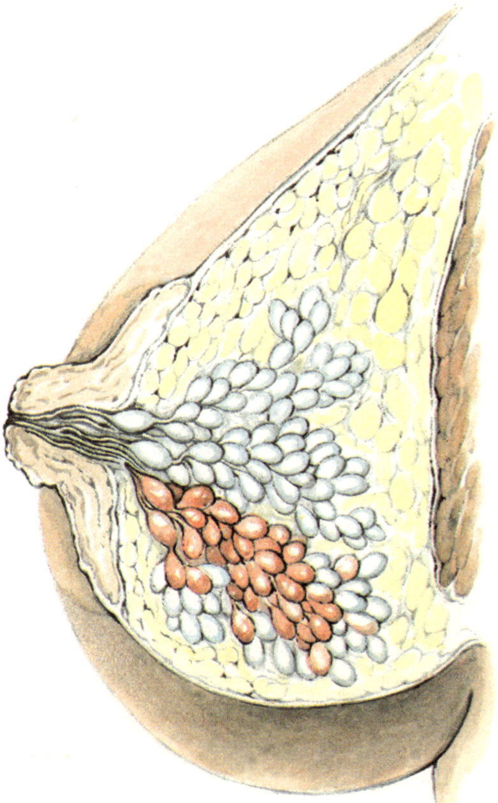

duktion beginnen! Bis diese richtig in Gang kommt, braucht es meistens 3 bis 4 Tage oder auch länger. Die Mütter fühlen dann das sogenannte Einschießen der Milch. Die Brust wird größer, fühlt sich voll an, mitunter sogar etwas schmerzhaft prall (Abb. 8.3 und 8.4).

Und nun kommen wir der weit verbreiteten Fehleinschätzung auf die Spur: In diesen ersten Tagen bis zum Einschießen kann natürlich nicht viel Milch da sein. Die Milchbildung kommt ja erst in Gang. Und das Neugeborene braucht anfangs auch nur kleine Mengen. Für dieses Ingangkommen kann sich niemand auf die hormonale Regelung allein verlassen, – »meine Hirnanhangdrüse wird das schon machen«. Diese Hirnanhangdrüse braucht nämlich auch die Rückversicherung, daß die Milch benötigt wird, also den Saugreiz an der Brust. Am wirksamsten ist dafür der Säugling (Abb. 8.5).

## 8.5 Wo ein Wille ist, ist auch ein Weg!

**Doch Geduld, Ermunterung und kleine Freuden sind auch noch nötig!**

Stillbereitschaft wird gefördert durch

Das dafür notwendige Organ für Denk- und Erinnerungsvorgänge sowie für Wahrnehmungen (hören, sehen, tasten, riechen) ist die **Großhirnrinde.**

Die genannten Vorgänge werden auch verarbeitet und mit Stimmungen (Emotionen) verbunden in den unbewußten Schaltstellen des **Zwischenhirns.**

Auch der von der Brust aufgenommene **Saugreiz** wird hier mit verarbeitet und die Ergebnisse als Steuerbefehl weitergeleitet an die **Hirnanhangdrüse.** Sie gibt daraufhin ein **Milchbildungshormon** (Prolactin) und ein **Milchaustreibungshormon** (Oxytocin) in die Blutbahn. Über den Blutkreislauf erreichen die genannten Hormone beide Brustdrüsen, also nicht nur die, wo gerade angelegt wird.

Das Milchaustreibungshormon wirkt nicht nur auf die Muskelfasern der Korbzellen, welche die Milchdrüsen und deren Ausführungsgänge ausdrücken, sondern auch auf die Muskelfasern der **Gebärmutter.** Deshalb fördert Stillen auch den Wochenfluß, und die Rückbildung der Gebärmutter erfolgt schneller.

Wenn er aus irgendwelchen Gründen zu schwach oder auf andere Art behindert sein sollte, muß eine Milchpumpe seine Arbeit übernehmen oder vollenden oder die Milch per Hand abgedrückt werden. Dafür geben die Schwestern im Bedarfsfall Anleitung. Sie lesen darüber auf den Seiten 173ff.

## Milchstauung vermeiden!

Auf jeden Fall muß die Milch heraus – nicht nur im Interesse des Kindes, sondern auch im Interesse der Mutter! Es kann sonst zur Milchstauung kommen (Abb. 8.6). Man fühlt umschriebene harte Stellen, die weh tun. Auch Fieber kann hinzukommen. Durch Massieren der Brust, Anlegen des Kindes, Abdrücken oder Abpumpen der Milch wird die Milchstauung überwunden, und prompt geht das Fieber zurück. Wenn das nicht gemacht wird oder nicht gelingt, kann eine Brustdrüsenentzündung (Mastitis) entstehen. Eine sehr unangenehme Angelegenheit! Aber dazu braucht es nicht zu kommen. Sie ist auch glücklicherweise heutzutage sehr selten geworden.

## Nachfrage regelt Angebot

Dieser Regelkreis spielt sich beim Stillen in den ersten 2 bis 3 Wochen ein. Auch deshalb besonders in dieser ersten Zeit häufiger anlegen (was sich beim Füttern nach Bedarf von selbst ergibt) und zu jeder Mahlzeit beide Seiten anbieten.

Falls erforderlich, in dieser ersten Zeit alle Reste, die der Kleine vielleicht noch nicht herausgeholt hat, sorgfältig abpumpen oder abdrücken!

Je mehr und je häufiger Milch abgefordert wird, um so mehr wird gebildet. Ein hungriger Säugling saugt kräftig, und kräftiger Saugreiz steigert die Milchbildung. Ein satt gewordener Säugling saugt nicht mehr, die Milchbildung stellt sich auf die abgeforderte Menge ein.

Sie läßt sich auch über den Bedarf eines Kindes hinaus steigern, so daß sogar Zwillinge satt werden können. Oder man pumpt zusätzlich Milch ab für andere bedürftige Kinder.

## Frauenmilchsammelstellen

Wir Kinderärzte sind sehr dankbar, wenn Frauen diese zusätzliche Mühe auf sich nehmen und über den Eigenbedarf hinaus Milch für andere besonders bedürftige Kinder zur Verfügung stellen können. Für die Aufzucht von Frühgeborenen und die Behandlung spezieller Säuglingserkrankungen ist das nach wie vor eine sehr wertvolle Hilfe. Frauenmilchspende kann hier so wichtig sein wie Blutspende bei anderen Anlässen.

Größere Kinderkliniken unterhalten deshalb Frauenmilchsammelstellen. Deren Mitarbeiterinnen kommen auf die Wochenstationen oder in Mütterberatungsstellen und versuchen, Frauenmilchspenderinnen zu gewinnen.

Diese zusätzliche Mühe wird übrigens gut bezahlt mit 11,– M pro Liter. Manche Spenderinnen können ihre Milchbildung derart fördern, daß sie beachtliche Mengen abliefern und somit auch beachtliche Einnahmen daraus erzielen. Selbstverständlich kontrollieren die dafür verantwortlichen Kinderärzte, daß diese Mütter ihre eigenen Kinder nicht zu kurz kommen lassen und nur den Überschuß abgeben, der selbstverständlich auch den Gütekontrollen standhalten muß.

## Wie andere Menschen um uns Einfluß haben

Bisher erwähnten wir die Mutterbrust, das Nervensystem, die Rolle der mütterlichen Hormone und den Saugreiz des Kindes. Das genügt allein noch nicht, die natürliche Nahrungsquelle ausreichend und lange genug fließen zu lassen.

Jeder lebt in einer Gemeinschaft von Menschen, die in vieler Hinsicht wesentlichen Einfluß auf das Verhalten des einzelnen hat. So bestimmt die Einstellung einer Mehrheit die sogenannte öffentliche Meinung. Nicht alles, was man da gerade »meint« oder was eben »in« ist, hat eine sachliche Begründung. Manche Menschen bilden sich ihr Urteil bereits *vor* korrekter Information und geben solche *Vor*urteile auch im Brustton der Überzeugung weiter, z.B.: Stillen schade der Figur, Flaschennahrung sei genau so gut …; wir können heute alles besser und einfacher machen, Stillen sei passé ..., und was man da so alles hören kann. Von nett gestalteten Fertignahrungspäckchen strahlten weltweit attraktive Baby-Gesichter die Käufer an: So prächtig gedeiht dein Kind, wenn du ...

Das trug auch dazu bei, die öffentliche Meinung von der Mutterbrust mehr und mehr auf die industrielle Fertignahrung zu orientieren und damit die Stillbereitschaft einzuschränken. Es gehe ja auch so ... Man hörte von dieser Entwicklung auch deshalb gern, weil in diesen Jahrzehnten, da man die künstliche Säuglingsnahrung immer mehr verbessern konnte, sich auch die gesellschaftliche Stellung der Frau tiefgreifend änderte und sie erweiterte Ansprüche entfaltete an sich und ihre Familie, in Beruf und Gesellschaft. So erschien vielen die künstliche Säuglings-Fertignahrung als ein Begleiter des Fortschritts schlechthin.

Der übergroße Optimismus für die Flaschennahrung hat aber einer vorsichtigeren Einschätzung wieder Platz gemacht. Mit verfeinerten modernen Untersuchungsmethoden studierten die Wissenschaftler sehr viel genauer, was die Natur in den 200 Millionen Jahren, seit es Säuger gibt, entwickelt hatte. Gerade im letzten Jahrzehnt haben sich unsere Kenntnisse über Brusternährung erheblich erweitert, für den Spezialisten geradezu aufregend interessant. Sie erwies sich als ein äußerst fein abgestimmtes Zusammenspiel zwischen der Mutter und recht unterschiedlichen Bedürfnissen ihres Kindes. In mancher Hinsicht ist sie vergleichbar den Regelungsvorgängen zwischen Mutter und Kind vor der Geburt über die Nabelschnur. Stillen ist also ganz folgerichtig der nächste Schritt zur Anpassung des Kindes an ein eigenes, selbständiges Leben, wofür der junge Säugling nach der Geburt noch nicht voll ausgestattet ist. Schauen wir uns das näher an.

## Vorteile der Muttermilch

### 1. Leichter verwertbar

Jede zugeführte Nahrung wird im Darm in kleine Einzelbausteine zerlegt (verdaut). Diese werden dann durch die Darmwand vom Körper aufgenommen. Zum Teil dienen sie als Energiequelle, als Brennstoff gewissermaßen, um den Ablauf aller notwendigen Lebensvorgänge zu ermöglichen. Zum anderen Teil werden die Einzelbausteine nach den ererbten Bauplänen in jeder Zelle zu körpereigenen Stoffen wieder zusammengebaut. Stoffwechsel nennt man diese große Vielfalt komplizierter chemischer Abläufe. Enzyme (auch Fermente genannt) sind die Werkzeuge des Körpers dafür. Jeder zugeführte Nährstoff und jeder Stoffwechselschritt braucht sein spezielles Enzym. Und wenn ein solches Spezialwerkzeug fehlt, kann der entsprechende Verarbeitungsschritt nicht ablaufen.

Die Muttermilch entspricht nun genau den Verarbeitungsmöglichkeiten des jungen Säuglings. Sie paßt ideal zu seiner Enzymausstattung. Ja mehr noch: Die Stoffwechselleistung Ihres Babys ist in den ersten Monaten eine noch reifende Funktion, hat ihre volle Arbeitsfähigkeit nicht gleich nach der Geburt. Die Muttermilch paßt sich sogar dieser Entwicklung an und reift mit (s. S. 161).

### 2. Optimal bedarfsgerecht

Deshalb ist auch Muttermilch und Frauenmilch nicht dasselbe. Was eine Milchspenderin an Überschuß einer Frauenmilchsammelstelle zur Verfügung stellen kann, ist je nach Alter ihres Säuglings unterschiedlich. Ein 2 Monate altes Baby hat natürlich andere Voraussetzungen als ein wenige Tage altes Neugeborenes. In den ersten 3 bis 4 Wochen sind diese Unterschiede deutlich (s. »Reifung der Muttermilch«, S. 161).

Die Anpassung geht sogar so weit, daß im Falle einer Frühgeburt die Muttermilch anders zusammengesetzt ist als für ein termingerecht geborenes Neugeborenes. Sie ist für den noch unreifen Organismus des Frühgeborenen besonders schonend und hat z. B. einen 20 Prozent höheren Eiweißgehalt. Diese Kinder können ja nur sehr kleine Mahlzeiten aufnehmen. So erhalten Frühgeborene mit ihrer Muttermilch mehr Eiweiß pro 100 g Nahrung als Normalgewichtige. Anerkanntermaßen benötigen sie das auch und erreichen so schneller wieder ihr Geburtsgewicht.

Die Milch von Müttern frühgeborener Kinder ist auch besonders reich an antiinfektiösen Faktoren. Der eigene Infektionsschutz dieser Kinder ist ja noch sehr schwach ausgebildet, waren sie doch entsprechend ihrem Alter darauf eingestellt, erst 4 oder 8 Wochen später in die rauhe Außenwelt entlassen zu werden. All das trägt dazu bei, daß die Gedeihkurven vollgestillter Kinder gleichmäßiger und ausgewogener verlaufen.

Da die Praxis im Leben auch manche Kompromisse fordert, entnehmen Sie bitte aus dem Gesagten:

- Muttermilch ist besser als Frauenmilch.
- Frauenmilch ist besser als industrielle Fertignahrung auf Kuhmilchbasis.
- Industrielle Fertignahrung ist besser als selbstgekochte Kuhmilchmischung.

## 3. Biologisch aktiv

Biologisch aktive Substanzen bleiben erhalten. Sie können im Säuglingsdarm wirksam werden, weil Muttermilch unmittelbar getrunken wird, während Kuhmilch bei der Verarbeitung erhitzt und dadurch verändert werden muß. So bleibt z. B. das in der Muttermilch vorhandene Enzym Lipase für die Fettverdauung erhalten. Ähnliches gilt für manche Vitamine. Noch bedeutsamer ist das für Stoffe, die unmittelbar dem Infektionsschutz dienen.

## 4. Wirksamer Gesundheitsschutz durch Immunstoffe

Zu den größten Vorteilen der Muttermilchernährung gehört besonders in der ersten Zeit die Zufuhr von lebenden weißen Blutkörperchen und Lymphzellen in riesigen Mengen. Die allermeisten von ihnen, nämlich 80 bis 90 Prozent, können Bakterien und andere Fremdstoffteilchen in sich aufnehmen und unschädlich machen (sogenannte Freßzellen). Sie können sich vielleicht vorstellen, welch hohes Maß an Sicherheit von diesen vielen kleinen lebendigen Gesundheitspolizisten in den Magen-Darm-Kanal des Neugeborenen hineinkommt. Doch damit nicht genug.

Von den Lymphzellen werden überall im mütterlichen Körper ganz spezielle Abwehrstoffe (Immunglobuline) gebildet, auch in der Brustdrüse. Nur das Immunglobulin der Gruppe G kann durch die Plazenta gelangen und wird in den letzten 3 Schwangerschaftsmonaten auf das Kind übertragen. Das reife Neugeborene hat davon die gleiche Konzentration im Blut wie die Mutter. Daraus erklärt sich, warum sehr junge Säuglinge an manchen Viruskrankheiten wie Masern, Röteln, Windpokken sehr selten erkranken. Andererseits sind sie gegen bestimmte Darminfektionen (E.-Coli, Shigellen, Salmonellen) und andere Keime, die zu schweren Allgemeininfektionen führen können (Staphylokokken, Streptokokken, manche Viren) sehr empfindlich.

Treffen solche Erreger die Mutter, dann bildet sie Immunglobuline anderer Art. Sie werden mit den Buchstaben A und M bezeichnet. Diese sehr großen Moleküle können nicht durch die Plazenta auf das Kind übergehen. Der junge Säugling ist also in dieser Richtung zunächst schutzlos. Die Eigenproduktion solcher Immunglobuline erreicht erst mit 3 bis 4 Monaten wirksamere Konzentration. Die Muttermilch schließt die Lücke zwischen dem gut abgeschirmten Dasein des Kleinen im Mutterleib und dem Reifwerden seiner eigenen Infektabwehr in der rauheren Außenwelt. Ihre Immunglobuline bedecken dann die Innenfläche des Darmes wie ein Schutzfilm, der Mikroorganismen unschädlich macht, die in den Babykörper eindringen und ihn krank machen könnten.

Es wäre ja erstaunlich, wenn die Natur gerade in diesen ersten Monaten des Menschenlebens eine Lücke in der Versorgung und Sicherung der Nachkommenschaft gelassen hätte. Dann hätte sich die Klasse der Säugetiere sicher nicht über 200 Millionen Jahre bewährt und die Entwicklung bis zum Menschen ermöglicht. Und selbst unsere leistungsfähige Lebensmittelindustrie hat der Muttermilch hinsichtlich ihrer Schutzwirkung nicht den ersten Platz streitig machen können. In künstlichen Nahrungsgemischen gibt es weder lebende Abwehrzellen noch Immunstoffe.

## 5. Unspezialisierte Abwehrstoffe

Neben den erwähnten Immunglobulinen, die gegen bestimmte Krankheitserreger spezialisiert sind, mit denen der mütterliche Organismus schon Erfahrung hatte und sich auseinandersetzen mußte, gibt es auch eine ganze Reihe unspezialisierter Abwehrstoffe, die in der verarbeiteten Kuhmilch weitgehend fehlen. So kann z. B. Lysozym die Bakterienzellwand zerstören und einige Viren inaktivieren. Laktoferrin hemmt Bakterien- und Pilzwachstum, indem es das zum Wachsen nötige Eisen entzieht usw.; Neuraminsäure ist eine ebenso bemerkenswerte Substanz. All das sind sozusagen körpereigene Antibiotika. Die Liste ließe sich weiterführen. Neben den erwähnten Immuneiweißen der Muttermilch, die man naturgemäß den Kuhmilchmischungen nicht beifügen kann, fand man auch unter den Fettbestandteilen der Frauenmilch solche mit stark hemmender Wirkung auf Bakterien, Viren, Pilze (z. B. Monolaurin, Linolsäure usw.). Wir wollen uns hier nicht in zu viel Einzelheiten verlieren, nur damit andeuten, wie umfassend und kompliziert die Abwehrmechanismen sind, die alle in einer Weise zusammenspielen müssen, welche wir noch sehr wenig übersehen. Muttermilch bleibt also weiterhin auch für eine hochentwickelte Forschung und Industrie das unerreichte Vorbild, für die Mutter das Beste, was sie ihrem Säugling bieten kann.

## 6. Die Information aus der Windel

Frauenmilcheigenschaften bewirken Fäulnishemmung im Säuglingsdarm und fördern sehr stark eine Besiedelung mit gut verträglichen Bifidus-Keimen, die anderen Mikroorganismen und möglichen Krankheitserregern kaum eine Chance lassen. Sie sind gewissermaßen persönliche Leibwächter des jungen Säuglings.

Ein größerer Teil des Milchzuckers aus der Frauenmilch gelangt bis in den Dickdarm, wo er von den erwähnten Bakterien vergoren wird. Die dadurch entstehenden Säuren tragen dazu bei, daß sich Krankheitserreger nicht vermehren und ausbreiten können. Sie verursachen auch den säuerlichen, angenehm aromatischen Geruch des Stuhles. Er sieht meistens goldgelb aus und hat salbenartige Konsistenz, er ist also lockerer als bei vielen künstlichen Nahrungen. Man sieht ihm gewissermaßen an, daß es Verstopfungsprobleme hier nicht gibt, die bei manchen künstlichen Nahrungen die Mütter beunruhigen und die Kinder quälen können. Der Stuhl kann auch zeitweise dünn oder zerhackt aussehen, 5- bis 6mal täglich entleert werden – oder auch wieder 2 bis 3 Tage gar nicht, ohne daß Grund zur Aufregung wäre. Bei künstlicher Nahrung würde man solche Unregelmäßigkeiten schon mit Argwohn verfolgen. Bei Muttermilch ist alles möglich, ohne daß man gleich ängstlich werden müßte.

## 7. Seltener erkranken bedeutet mehr Sicherheit

Mögen vielleicht die Abschnitte 4 bis 6 etwas theoretisch klingen – die Erfahrung zeigt, daß Brustkinder tatsächlich weniger Verdauungsstörungen, weniger Hautkrankheiten und weniger Luftwegsinfekte haben als Flaschenkinder. Die Unterschiede können erheblich sein. Sie werden um so größer, je schlechter die Lebensbedingungen hinsichtlich Sauberkeit im Umgang mit Lebensmitteln, Trinkwasser und Eßgeschirr sind. Nehmen wir ein Beispiel, das etwa unseren Bedingungen entspricht:

Der amerikanische Kinderarzt Cunningham fand (1979), daß von den Säuglingen seines Arbeitsbereiches in den ersten 4 Lebensmonaten 23 Prozent der Nichtgestillten erkrankten, aber nur 6 Prozent der Vollgestillten; also Flaschenkinder viermal häufiger als Brustkinder. Von den erkrankten nichtgestillten Babys waren 40 Prozent so erheblich betroffen, daß sie im Krankenhaus aufgenommen werden mußten. Bei den gestillten Babys waren es nur 4 Prozent, also zehnmal weniger. Ähnliche Beobachtungsergebnisse haben viele andere Kinderärzte ebenfalls berichtet. Stillen bedeutet also besseren Gesundheitsschutz. Und weniger Kranksein des Kindes bedeutet erheblich weniger Sorgen und Mühe für die Mütter. Sie sparen viele Stunden, die Sie sonst zum Kinderarzt unterwegs sind, einschließlich Wartezeiten in der Praxis oder Poliklinik mit Wiederbestellungen für Kontrolluntersuchungen, Behandlungsabschluß usw. Auch diese Zeit gewinnen Sie mit dem Stillen für sich und Ihr Kind (vergl. auch Abschnitt 10, S. 158).

Natürlich hängt die Erkrankungshäufigkeit nicht nur von der Ernährung ab. Da spielen noch viele andere Einflüsse eine Rolle, auch wie stark ein Säugling Infektionen ausgesetzt wird. Muttermilch ist kein Freibrief, der erlaubt, die allgemeine Hygiene bei der Säuglingspflege zu mißachten, wenn sie auch erstaunlich viel ausgleicht.

Andere Familienangehörige mögen vielleicht Husten und Schnupfen anbieten. Eine besondere Rolle spielt bisweilen das 2 bis 3 Jahre ältere Geschwisterkind, das altersentsprechend noch häufiger erkrankt und kräftige Infekte mit nach Hause bringt, aber nicht die Einsicht und Disziplin haben kann, um den nötigen Abstand zum geliebten Baby zu wahren. Wenn dann die Abwehr des Kleinen überfordert wird, kann man daraus keine Antistillpropaganda ableiten und behaupten, das Stillen helfe sowieso nicht, wie ich das auch schon erlebt habe.

## 8. Mehr Sicherheit durch geringere Nierenbelastung

Kuhmilch enthält sehr viel mehr Salze als menschliche Milch. Dieser Salzgehalt läßt sich bei industrieller Verarbeitung der Kuhmilch zu »angepaßter« Flaschennahrung nur mit hohem Aufwand so weit senken, daß er menschlicher Milch gleichkommt. Das ist mit voller Konsequenz bei der Anfangsnahrung Manasan verwirklicht, weil diese Zusammenhänge für die ersten 3 Lebensmonate besondere Bedeutung haben. Mit anderen künstlichen Nahrungen werden mehr Salze zugeführt, als der Organismus braucht. Sie müssen über den tatsächlichen Stoffwechselbedarf hinaus von seinen Nieren wieder ausgeschieden werden. Dazu brauchen sie zusätzliches Wasser als Lösungsmittel.

Auch den Eiweißgehalt der angepaßten Flaschennahrung kann man nicht so weit senken wie in menschlicher Milch, weil Kuheiweiß anders zusammengesetzt und nicht auf die Erfordernisse des menschlichen Säuglings abgestimmt ist. Es kann nicht restlos verwertet werden wie bei Muttermilch. Man muß deshalb bei der »Anpassung« künstlicher Nahrung einen gewissen Überschuß an Eiweißbausteinen anbieten, damit sich das Baby die wirklich benötigten Bausteine heraussuchen kann und an keiner Stelle Mangel entsteht. Der Überschuß muß in seinen Endprodukten (Harnstoff) wieder von der Niere verkraftet und ausgeschieden werden. Hierfür wird also nochmals zusätzliches Lösungswasser gebraucht.

Beide Schwierigkeiten bewältigt ein Baby ganz gut, solange es ihm gut geht. Daß seine Nieren weniger freie Reserven für ihre Arbeit haben, bemerken die Eltern natürlich nicht. Davon ist auch äußerlich nichts zu sehen. Entsteht aber noch ein zusätzlicher Wasserverlust durch stärkeres Schwitzen an heißen Sommertagen, durch zu warme Bekleidung, bei fieberhafter Erkrankung oder Durchfall, der ja mit entsprechendem Wasserverlust und schlechter Nahrungsaufnahme einhergeht, dann kommen künstlich ernährte Säuglinge schneller und häufiger an die Grenzen ihrer Möglichkeiten, den Stoffwechsel ausbalanciert zu halten. Es fehlt ihnen frei verfügbares Wasser als Transport- und Lösungsmittel in ihrem kleinen Organismus. Sie bekommen also Durst und schreien. Schreien verstehen viele Eltern erst einmal als Signal für Hunger. Deshalb wird nicht Tee zum Auffüllen des Wassermangels gegeben, sondern leider häufig wieder Flaschennahrung gefüttert mit ihren ebengenannten Problemen. Die Lage wird nicht besser, sondern schlimmer. Um die zu reichlich anfallenden harnpflichtigen Stoffe ausscheiden zu können, muß der Säugling körpereigenes Wasser aus seinen Organen und Geweben abziehen und für die Nieren verfügbar machen auf Kosten einer gewissen Austrocknung. Es entwickelt sich das Krankheitsbild einer Ernährungsstörung, die mitunter binnen weniger Stunden zu schwerwiegenden bis bedrohlichen Folgen des Wasserverlustes mit Kreislaufschock und Stoffwechselvergiftung (Toxikose) führen kann. So gelangen künstlich ernährte Säuglinge viel häufiger ins Krankenhaus als gestillte. Mit zunehmendem Alter werden auch die Nieren leistungsfähiger, können mit weniger Wasser mehr ausscheiden (besser konzentrieren) usw., so daß die hier beschriebenen Schwierigkeiten dann entsprechend leichter bewältigt werden.

## 9. Bedeutung für die Hirnentwicklung

Das Gehirn des jungen Säuglings entwickelt sich rasant. Von durchschnittlich 400 g beim Neugeborenen wird sein Gewicht bis Ende des ersten Lebensjahres auf 875 g mehr als verdoppelt. Das sind schon zwei Drittel des endgültigen Gewichts von etwa 1 300 g beim Erwachsenen. Dieses außerordentlich schnelle Hirnwachstum im 1. Lebensjahr stellt natürlich auch seine besonderen Anforderungen an Ernährung und Stoffwechsel. Große Mengen an geeigneten Eiweißen und anderen Nährstoffen müssen dafür zugeführt und verarbeitet werden.

Es gibt einzelne Eiweißbausteine (Aminosäuren), die bei mangelhaftem Abbau die Hirnentwicklung stören. Bei jungen Säuglingen ist die Enzymausstattung noch nicht so arbeitsfähig, um alle Aminosäuren vollständig abzubauen. Deshalb erreicht eine Reihe von ihnen im Blut künstlich ernährter junger Säuglinge eine etwa 3fach höhere Konzentration als im Blut gestillter Kinder. Das ist noch keine beängstigende Größe – macht aber nachdenklich. Es ist schon beruhigender, durch Muttermilchernährung diese Unsicherheit auszuschließen.

Bei der Hirnreifung spielen ferner fettähnliche Substanzen (Lipide) eine Rolle, welche die Isolierung um die einzelnen Nervenbahnen aufbauen (Myelinisierung) und damit deren Funktionsfähigkeit zum Teil erst möglich machen. Auch an anderen Zellmembranen im Zentralnervensystem spielen solche Stoffe wichtige Rollen. Und wiederum sind die Lipide in Frauenmilch weit besser auf die speziellen Bedürfnisse des jungen Säuglings abgestimmt als das entsprechende Angebot in der künstlichen Fertignahrung.

## 10. Stets einwandfrei verfügbar

Manche bezeichnen Stillen als unbequem. Flaschenfütterung gehe schneller und könne auch mal von anderen gegeben werden. Man sei da nicht so angebunden, habe mehr Bewegungsfreiheit usw. Solche Auffassungen zeigen, wie manche Eltern die Grundbedürfnisse des jungen Säuglings unterschätzen (siehe Abschnitt 15., S. 160). Das ist kein Vorwurf an den einzelnen. Woher sollten sie es besser wissen? Wer erläutert ihnen diese Zusammenhänge!

Aber stellen wir die Frage einmal umgekehrt: Was bringt uns die Brustnahrung an Erleichterungen? Ist die Milchbildung erst einmal richtig in Gang gekommen und stabil, dann steht die Nahrung laufend zur Verfügung und braucht nur abgenommen zu werden. Sie ist körperwarm und sauber. Das gestattet der Mutter viele Freiheiten, die sie sonst nicht in dem Maße hätte. Sie kann spazieren gehen, ohne auf die Uhr zu schauen. Macht es doch manchen richtig Spaß, sich in freier Natur niederzulassen und das Baby anzulegen. Auch in anderer Umgebung wird man ein ruhiges Plätzchen dafür finden. Wenn schon Reisen einmal nötig ist in dieser ersten Zeit – wir empfehlen es zwar nicht –, dann ist es bei Brustnahrung sehr viel einfacher (s. S. 181).

Man spart außerdem durch das Stillen viele Stunden Arbeit in der Woche, die man sonst mit Kochen, Nahrungszubereitung, Säubern und Sterilisieren von Flaschen und Saugern zubringt. Diese Zeit gewinnen Sie wiederum direkt für sich und Ihr Kind (vergl. auch Abschnitt 7, S. 156).

## 11. Keine zu dicken Babys

Unter vollgestillten Säuglingen findet man keine »Puddingbabys« mit ihren übermäßigen weichen Fettpolstern. Das hat im wesentlichen zwei Gründe:

Leider wird pulverisierte Fertignahrung nicht selten zu konzentriert angesetzt – trotz Meßlöffels und genauer Beschreibung auf jeder Packung. Natürlich kann man nicht die künstliche Fertignahrung dafür beschuldigen, wenn sich manche Muttis einbilden, sie sei »zu dünn«. Aber bei 5 Mahlzeiten täglich kann so schon einiges zusammenkommen. Das würde zwar der Säugling ausgleichen, indem er weniger trinkt, denn ab 6. Lebenswoche kann er sehr gut seine Nahrungsmenge entsprechend ihrem Energiegehalt bestimmen – doch ihm würde es dann an der nötigen Wassermenge in der Nahrung fehlen, und er käme, so wie es im Abschnitt 8 über Nierenbelastung erläutert wurde, in zusätzliche Gefahren. Die müssen jedoch nicht gleich sichtbar werden.

Hier spielt nun noch eine zweite »Unsitte« hinein. Viele meinen, Flaschenkinder hätten stets ihr Fläschchen auszutrinken. Das wird mit allen Tricks versucht. Schreit der Säugling, weil ihm das manchmal zu viel wird, dann kann das wohl nichts anderes als Hunger bedeuten, und man füllt weiter hinein – bis die Mutter zufriedengestellt ist. Sie läßt sich, sofern sie überhaupt korrekt arbeitet, von den allgemeinen Ernährungsvorschriften auf den Fertignahrungspäckchen leiten und nicht von dem fein abgestimmten Zusammenspiel zwischen einer Stillenden und ihrem Säugling, der so viel trinkt, bis er satt ist, und dann aufhört – und auch aufhören darf.

Die genannten Fehler können bei Brusternährung nicht passieren. So zeigen voll gestillte Kinder in der Regel eine etwas langsamere, ausgeglichenere Gewichtszunahme, straffere Fettpolster und kein Übergewicht.

Das ist nicht nur eine kosmetische Frage. Zu dicke Babys entwickeln sich in ihren Bewegungsformen langsamer, zeigen geringeren Tatendrang. Deshalb haben sie auch weniger Eindrücke, weniger Anregungen, weniger Entdeckerfreude und im Endeffekt weniger Eigenleistung. Sie werden also auch in ihrer geistigen Entwicklung gehemmt. Durch ihre geringere Widerstandsfähigkeit gegen Erkrankungen machen übergewichtige Säuglinge außerdem erheblich mehr Sorgen und Mühe.

## 12. Keine Nahrungsmittelunverträglichkeit

Bei sehr jungen Säuglingen ist die noch nicht ausgereifte Darmschleimhaut sehr viel durchlässiger als später. Füttert man künstliche Nahrung, so füttert man Kuheiweiß, manchmal auch Sojaeiweiß. Solche artfremden Eiweiße können gerade in den ersten Lebenswochen die Darmwand passieren. Sie werden dann mitunter vom Organismus als Fremdstoffe angesehen, gegen die er seine Abwehrsysteme mobilisiert.

So entstehen Überempfindlichkeitsreaktionen. Sie zeigen sich nicht nur als Dickdarmentzündung (Durchfall), sondern auch als lästig juckende Hautreizung oder als Infekt der oberen Luftwege. Bei *ausschließlicher* Muttermilchernährung gibt es solche Überempfindlichkeitsreaktionen nicht. Eine arteigene Nahrung ist für den Säugling kein Fremdstoff.

Schon eine vorübergehende Zufütterung in den ersten Lebenstagen – bei ungeduldigen Schwestern und Müttern nicht selten – kann die beschriebenen Abwehrvorgänge verursachen. Man sieht das natürlich nicht gleich, meist überhaupt nicht. Aber keiner kann vorher sagen, welches Kind betroffen sein wird. Es kann passieren, daß selbst beim anschließend voll gestillten Säugling zum Zeitpunkt des Abstillens, also bei erneutem Kontakt mit Kuhmilcheiweiß, nun die erwähnten Krankheitszeichen auftreten. Wer denkt da noch an das gut gemeinte Fläschchen auf der Neugeborenenstation?

Überempfindlichkeitsreaktionen sind sehr wenig abhängig von der Menge. Auf das Fremdstoffsignal als solches kommt es an. Deshalb sehr gewissenhaft entscheiden – und nicht auf eigene Faust –, ob wirklich künstliche Nahrung zugefüttert werden muß. Viele nehmen das zu leicht. Man behindert nicht nur das richtige Ingangkommen der Brust, sondern möglicherweise in schwer überschaubarer Form auch das ungestörte Gedeihen dieses Kindes. Die mögliche krankmachende Wirkung einer artfremden Nahrung wurde zwar schon vor 80 Jahren erkannt, jedoch stehen wir Kinderärzte hier noch immer vor vielen offenen Problemen angesichts mancher »Kümmerlinge« mit chronischen Gedeihstörungen.

In den ersten Lebensmonaten reift dann die Darmschleimhaut zu einer zuverlässigeren Schutzbarriere heran, die schließlich so dicht wird, daß artfremde Nahrung nicht mehr stört.

## 13. Beikost ist erst später nötig

Unter Beikost versteht man jede Nahrung, die den Säuglingen neben Muttermilch oder künstlicher Flaschennahrung gegeben wird. Wer die natürliche Nahrungsquelle lange genug in Gang halten kann, braucht auch keinen Obstsaft zu verfüttern und kommt bei gutem Gedeihen des Babys bis zum 6. Lebensmonat ohne Breimahlzeit aus! Das mag viele Mütter erstaunen, da schon häufig im 2. oder 3. Monat Breinahrung angeboten wird, um die »dünne Milch« zu ergänzen. Aber hiermit kauft man deutliche Nachteile ein. So wird beispielsweise Eisen – für die Blutbildung wie auch für die Abwehrvorgänge im Körper sehr wichtig – gut aus Muttermilch aufgenommen, sogar weit besser als aus künstlichen Fertignahrungen. Aber sowie man Breinahrung in Form von Gemüse und Obst zufüttert, wird die Eisenaufnahme bei Brusternährung erheblich gemindert. Also: Muttermilch allein deckt alle Bedürfnisse für die ersten 6 Lebensmonate! Nur an Vitamin D kann Mangel entstehen für eine optimale Knochenentwicklung und an Fluor für künftig gesunde Zähne (Kariesprophylaxe). Deshalb lassen Sie Ihrem Kinde die Vitamin-D-Prophylaxe in der Mütterberatung geben, weil wir im allgemeinen relativ sonnenarm leben. Fluor kann örtlich unterschiedlich entweder dem Trinkwasser zugesetzt oder als Tabletten (täglich 1 Fluorette zu 0,25 mg) ergänzt werden. Ihr Kinderarzt oder Kinderzahnarzt kennt die örtlichen Voraussetzungen.

## 14. Saugbedürfnis wird besser befriedigt

An der Brust zu trinken, ist für den Säugling anstrengender als aus der Flasche. Häufig wird in den Flaschensauger ein zu großes Loch gestochen, damit die Nahrung rasch getrunken werden kann. Das entspricht zwar den Wünschen vieler Erwachsener, aber nicht den Erfordernissen des Kindes. Das Saugbedürfnis ist nämlich ein eigener Antrieb, der nicht allein durch die Nahrungsmenge, sondern auch durch die Dauer der einzelnen Mahlzeiten befriedigt wird. Neben der Nahrung wird auf diese Weise mehr als sonst die Nähe der Mutter gespürt, und das vermittelt Geborgenheit, Sicherheit, Beruhigung. Dieses enge Zusammensein mit Berühren, Streicheln, Schmusen, Ansprechen, Ansehen, ja sogar Riechen ist genauso wichtig wie die Nahrung selbst. Deshalb sollte man damit nicht geizen. Wenn manche Autoren sagen, daß in der kurzen Zeit von 4 bis 8 Minuten schon 80 bis 90 Prozent der Nahrungsmenge aus der angebotenen Brustseite getrunken sind und daß deshalb die Stillzeit an einer Seite nicht mehr als 10 Minuten betragen sollte, dann berücksichtigen sie dieses Saugbedürfnis nicht und verunsichern die Mütter. Sorgen wegen wunder Brustwarzen sind bei richtiger Pflege unbegründet (s. S. 172).

## 15. Besserer Mutter-Kind-Kontakt

Untersuchungen zeigten, daß stillende Mütter häufiger und intensiver mit ihren Babys sprechen und schmusen. Das fördert die seelische Entwicklung der Kleinen. Es geht also mit der besseren Ernährung an der Brust auch eine bessere Entwicklungsförderung in der so wichtigen frühen Zeit des Lebens einher.

Wir wollen Sie nicht mit zu viel Einzelheiten belasten, sondern nur in aller Bescheidenheit darauf aufmerksam machen, daß Stillen nicht Selbstzweck ist und nicht nur für eine kurze Zeit Bedeutung hat. Es hilft ganz wesentlich, Ihrem Baby gute Startbedingungen für seinen Lebensweg zu sichern. Und gute Startbedingungen haben in schwer überschaubarer Form auch ihre positiven Auswirkungen auf lange Sicht. Die Mühe zu stillen lohnt!

Die wenigen objektiv stillunfähigen Mütter möchten wir damit nicht belasten. Sie tun, was sie können und werden bewußter auf ausgiebigen Kontakt mit ihrem Kinde achten.

## 16. Beginnt Vorbeugung gegen Arterienverkalkung und Herzinfarkt schon bei jungen Säuglingen?

Allein die Frage wird viele Leser schon sehr verblüffen. Sieht man doch in der Regel die sogenannte Arterienverkalkung als ein Problem der alten Menschen und den in manchen Stoffwechselregelungen ähnlich vorbereiteten Herzinfarkt zumindest als eine Frage der zweiten Lebenshälfte. Aber das sind nur die Endstadien einer jahrzehntelangen Entwicklung, die von vielen Risikofaktoren (vom Bluthochdruck über vermehrte Fettsubstanzen im Blut – z. B. Cholesterin – bis zum Zigarettenrauchen usw.) beeinflußt wird. Jedenfalls fanden sich bei jedem zehnten Kind zwischen 10 und 14 Jahren schon entsprechende Blutgefäßveränderungen. Das lenkte die Aufmerksamkeit auf noch wesentlich jüngere Kinder bis hin zu Fragen der Säuglingsernährung. In den ersten Lebensmonaten werden möglicherweise auch für dieses Entwicklungsproblem schon entscheidende Weichen gestellt.

Untersuchte man das oben erwähnte Cholesterin im Blut, so war überraschend, daß es anfangs bei gestillten Säuglingen auffallend hohe Werte zeigte im Vergleich zu künstlich ernährten. Aber umfangreiche Forschungen zeigten, daß diese anfänglich hohe Cholesterinkonzentration im Blut offensichtlich einen Mechanismus gegen die Arterienverkalkung in Gang setzt. Die für den Cholesterinabbau notwendigen Enzymsysteme werden stärker mobilisiert. So haben gestillte Kinder später niedrigere Konzentrationen als ungestillte. Wenn auch wissenschaftlich noch viele Fragen dabei offenbleiben, nachdenklich müssen diese Zusammenhänge jeden machen.

## 17. Unerwünschte Begleitstoffe in Muttermilch?

Uns wird immer wieder einmal die Frage gestellt, ob es solche möglicherweise in der Muttermilch gibt. Durch Untersuchungen wurde bekannt, daß bestimmte unerwünschte Substanzen (Fremdstoffe aus unserer Umwelt) in der Frauenmilch enthalten sind – wie in vielen anderen Lebensmitteln auch.

Halbverstandene Teilwahrheiten, von Mensch zu Mensch weitergegeben per »Mundfunk«, wie man so nett sagt, lassen ein Problem bekanntlich immer größer werden. Und manche verwandeln die aufgeworfenen Fragen zu persönlichen Zweifeln an der Zweckmäßigkeit der Brusternährung. Nichts behindert aber die Stillfähigkeit mehr als solche negative Einstellung, die sich daraus entwickeln kann.

Deshalb sollten Sie wissen, daß sich natürlich auch Kinderärzte rund um die Welt damit wissenschaftlich beschäftigt haben.

Ihre Antworten lassen sich sehr einheitlich so zusammenfassen als

### Expertenurteil

Beim Abwägen aller wissenschaftlichen Argumente, die auf der Basis umfangreicher Prüfungsergebnisse erarbeitet wurden, ist der Wert des Stillens weit höher einzuschätzen als ein mögliches Gesundheitsrisiko durch festgestellte Fremdstoffe in der Frauenmilch. Krankheiten, welche auf diese Fremdstoffe in Frauenmilch zu beziehen wären, wurden bei Säuglingen nicht beschrieben. Seit dem Wiederanstieg des Stillens 1972 sind bis heute auch bei älteren Kindern keine Krankheiten erkennbar geworden, die im Sinne von Spätfolgen auf eine frühe Fremdstoffbelastung zurückzuführen wären. Es gibt auch keinen Grund, bei der einzelnen Mutter den Fremdstoffgehalt ihrer Milch bestimmen zu lassen, um eventuell im Einzelfall die Stillzeit zu begrenzen. Der Schutz vor Infektionen und die Vorbeugung gegen Überempfindlichkeitsreaktionen stehen für das Kind im Vordergrund. Die seelisch-sozialen Beziehungen und Anregungen zwischen Mutter und Kind beim Stillen können auch nicht einfach vernachlässigt werden.

Aus kinderärztlicher Sicht ist nach wie vor ausschließliche Muttermilchernährung für die ersten 4 bis 6 Lebensmonate des Säuglings die optimale Ernährung.

### Reifung der Muttermilch

»Was, das soll Milch sein?« – so richtig überrascht kommentierte eine Mutter die ersten Absonderungen ihrer Brust. Diese Vormilch (Kolostrum) ist von gelblicher Farbe und so konzentriert, daß sie richtig klebrig ist und manchmal, falls abgepumpt, in der Flasche wie Gelee erstarrt. Manchen Frauen ist das irgendwie unangenehm.

Von unangenehm kann natürlich keine Rede sein, wenn man weiß, warum diese Milch anders aussieht als gewohnte Trinkmilch (denn das ist *reife* Kuhmilch!). Der Eiweißgehalt ist so hoch, wie nie wieder im ganzen Leben in einer Körperflüssigkeit (bis 120 g/l), und diese Eiweiße sind vorwiegend Schutzstoffe von der Art der Immunglobuline A, was auch nie wieder sonst im Leben in dieser Konzentration vorkommt.

Dieses Immunglobulin A wird beim Austritt aus der Milchdrüsenzelle mit anderen Molekülen so verkoppelt (zum sogenannten Sekret-Immunglobulin A), daß es in der getrunkenen Muttermilch weitgehend der Magensäure und eiweißspaltenden Enzymen im Säuglingsdarm widersteht, also gegen Verdauung geschützt ist. Für einen Eiweißkörper durchaus ungewöhnlich. Es bleibt also wirksam. Dieser massive Infektionsschutz für das Neugeborene ist wirklich einzigartig und nicht zu ersetzen. Erinnern Sie sich auch an die große Zahl lebender Lymph- und Freßzellen (s. S. 155). Da ist in der Tat jeder Tropfen wertvoll. Und wenn das Baby anfangs nur wenige Gramm pro Mahlzeit trinkt, dann ist das für viele Mütter »nichts« oder »nicht der Rede wert«, und sie werden unruhig. Erinnern Sie sich an schon Erwähntes? Alles völlig grundlos. Die Natur hat vorgesorgt und liefert Konzentratnahrung wie die »eiserne« Ration bei einer schwierigen Expedition, bei der man nicht viel Verpflegung transportieren oder vertragen kann. Der Weg ins eigenständige Leben ist für den Kleinen eine ebenfalls abenteuerliche Expedition, und er wird speziell dafür versorgt.

Mit steigender Milchbildung und entsprechend größeren Mahlzeiten sinkt der Eiweißgehalt und damit der Immunglobulingehalt (nach 4 Wochen noch etwa 10 g/l, später auf die Dauer 1 bis 2 g/l). Das entspricht weiterhin der für das Kind notwendigen Schutzstoffmenge, nur ist sie nun auf mehr Nahrungsmenge verteilt, und die Eigenproduktion beim Kind nimmt langsam zu. Die reife Muttermilch ist deshalb nicht mehr so klebrig und dick, und wieder haben manche Frauen etwas auszusetzen: Nun ist sie ihnen »zu dünn«, »zu wäßrig«. Der etwas bläuliche Farbschimmer erinnert sie an Magermilch. Aber wieder weit gefehlt.

8.7 So reich an Inhalt ist die »dünne« Muttermilch. Unzählige kleine Fetttröpfchen zeigen sich unter dem Mikroskop.

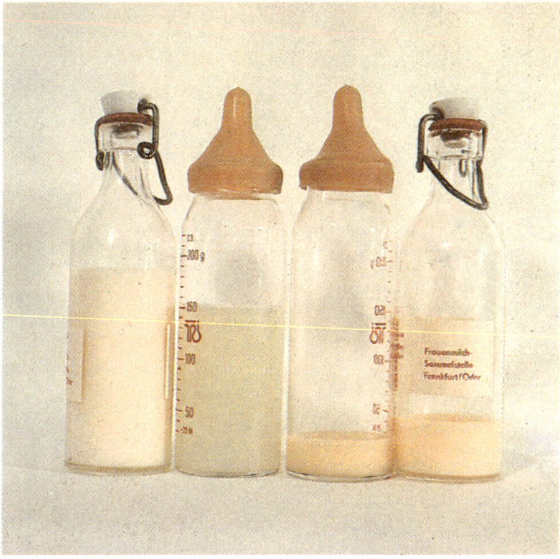

8.8 So unterschiedlich kann Muttermilch anfangs aussehen.

Mit Verminderung der Eiweißkonzentration bei zunehmendem Lebensalter des Kindes steigt der Fettgehalt auf 3 bis 4,5 Prozent. Damit deckt der Säugling mehr als die Hälfte seines Energiebedarfs. Aber diese Fettmengen können recht unterschiedlich sein von Frau zu Frau und auch von Mahlzeit zu Mahlzeit. Deshalb trinken die Kinder entsprechend unterschiedliche Mengen (Abb. 8.7 und 8.8).

Selbst während einer Mahlzeit ändert sich die Zusammensetzung so, daß die Fettkonzentration gegen Ende der Mahlzeit bis zu dreimal größer sein kann als am Anfang, als sollten die Verdauungsorgane des Kleinen nicht so plötzlich belastet werden.

Im Lichte dieser Tatsachen haben die erwähnten Kritik-Mütter schon richtig beobachtet: Was zu Beginn einer Mahlzeit oder unmittelbar davor herausläuft, ist tatsächlich dünner, erscheint wäßriger.

Aber nun beurteilen Sie bitte Ihre Milch nicht mehr als »zu dünn« oder »zu wäßrig«. Sagen Sie besser: Zu Beginn der Mahlzeit ist sie wäßriger, um den Durst zu löschen, später kompakter zum Sattwerden, zuletzt fast sahnig als Abschluß. Wie nach Speisekarte: Erst die Suppe, dann der Hauptgang, zuletzt der Nachtisch mit Schlagsahne. Oder wünschten Sie es umgekehrt?

## Wie man stillt – einige praktische Ratschläge

### 1. Erstes Anlegen – 20 bis 30 Minuten nach der Geburt

Das wäre also gleich im Kreißsaal. Wenn Mutter und Kind versorgt sind, wieder sauber und warm verpackt sich nach den Anstrengungen der Geburt etwas erholt haben, dann ist die günstigste Zeit zum ersten Anlegen. Der Saugreflex des Neugeborenen ist jetzt meist so kräftig, wie erst etwa 40 Stunden später wieder. Das bedeutet für das Neugeborene, daß es mit seinem Mund die Brust zu dieser Zeit schneller und sicherer ergreift als mehrere Stunden später. Damit hat man einen besseren Start zum Stillerfolg.

Erwarten Sie nicht, daß es größere Mengen trinkt. Die sind noch gar nicht vorhanden. Das Kleine hält aber trotzdem für längere Zeit die Brustwarze fest angesaugt. Dabei passiert dreierlei:

*Erstens:* Dem mütterlichen Organismus wird nach Wegfall der Plazenta-Hormone ein weiteres Signal gegeben, mit der Milchbildung zu beginnen. Sie erinnern sich (s. S. 150), welche wichtige Rolle der Saugreiz dabei spielt. Lassen Sie dieses Signal richtig deutlich werden, indem Sie das Neugeborene wenigstens 5 Minuten an jeder Seite saugen lassen!

Auch die Gebärmutter zieht sich da kräftig zusammen (s. Abb. 8.5). So werden die Blutgefäße, die das Kind versorgten, besser verschlossen. Ja selbst eine verzögerte Ausstoßung der Nachgeburt würde beschleunigt.

*Zweitens:* Das Neugeborene nimmt Bakterien von der Haut seiner Mutter in Mund und Rachen auf.

Die werden auch hinuntergeschluckt und besiedeln so als erste den zunächst keimfreien Magen-Darm-Kanal. Für diese körpereigenen Keime hat die Mutter aber Schutzstoffe (Immunglobuline) im Blut und in der Milch. Sie gab ihrem Baby schon in den letzten Schwangerschaftswochen eine Erstausstattung für den Weg ins Leben mit. Das Baby ist also auf die mütterlichen Hautkeime eingestellt. Es erkrankt davon nicht. Im Gegenteil: Fremde Keime, die möglicherweise gefährlich werden könnten, finden den Magen-Darm-Kanal bereits besiedelt, so daß sie weniger gut haften können.

*Drittens:* Außerdem wird eine kleine Menge der Vormilch aufgenommen, die, wie Sie wissen, gleich einer natürlichen Schutzimpfung Ihrem Kind den Lebensbeginn in der Außenwelt sicherer macht. Das sollten Sie Ihrem Neugeborenen nicht vorenthalten.

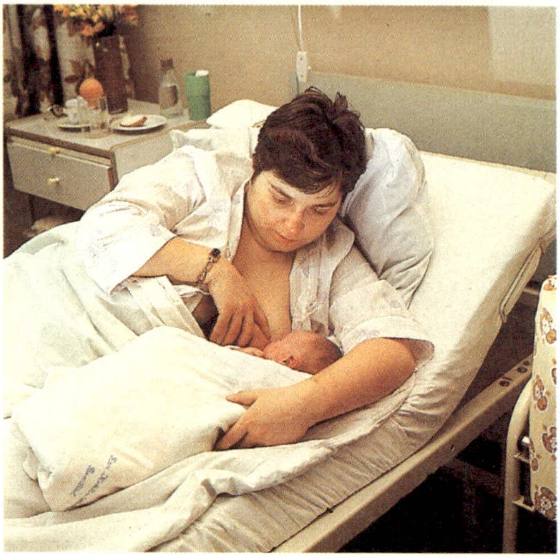

8.9 Stillen im Liegen

## 2. Wie man anlegt

Es ist gleichgültig, ob Sie liegen oder sitzen. Hauptsache, es ist bequem für Sie und Ihr Kind, damit Sie ganz entspannt sein können.

Beim Füttern im Liegen ist es vielen Müttern in der ersten Zeit angenehm, unter Schultern und Kopf ein Kissen zu haben, damit sie sich nicht selbst halten oder stützen müssen, wenn sie sich dem Kinde zuwenden (Abb. 8.9 und 8.10). Später verhalten sich junge Mütter dabei auch viel freier.

Beim Stillen im Sitzen kann man einen normalen Stuhl nehmen, die Füße auf eine Fußbank stellen und die Beine übereinanderschlagen. So halten die Arme das Kind nicht frei, sondern können auf dem Schoß abgestützt werden. In niedrigeren Sesseln ist das gleiche ohne Fußbank möglich. Manche Mütter schätzen auch eine Armlehne zum Aufstützen des Armes, auf dem das Kind liegt. Lehnen Sie sich an, damit nicht durch eine erzwungene krampfhafte Körperhaltung Rückenschmerzen entstehen. Wenn dann das Kind mit seinem Mund bequem und fest direkt vor der Brustwarze liegt, ist alles richtig (Abb. 8.11 und 8.12).

*Das Kind wird an die Brust gebracht und nicht umgekehrt.*

## 3. Wie die Brust angeboten wird

Mit der freien Hand wird nun die Brust so gefaßt, daß Zeige- und Mittelfinger zu beiden Seiten des Warzenhofes liegen. Bei leichtem Zusammendrücken wölben sich Warze und Warzenhof vor und werden dem Kind an den Mund gebracht und hineingeschoben. Denn bei Berührung macht es meistens den Mund weit auf. Es muß ja nicht nur die Brustwarze, sondern auch noch einen Teil vom Warzenhof in den Mund bekommen und ansaugen können als sogenannten Saugzapfen (Abb. 8.13).

## 4. Das Näschen muß frei bleiben

Im Bedarfsfall vorsichtig die Brust mit dem Zeigefinger etwas zurückhalten (aber dabei nicht das Babygesichtchen berühren, es könnte

8.10 Stillen im Liegen

8.11 Die Fußbank erleichtert bei einfachen Stühlen eine bequeme Stillhaltung

8.12 Stillen im Sitzen

sonst zu Verwechslungen kommen). Wenn das Kleine nämlich keine Luft durch die Nase bekommt, wird es unruhig und läßt los. Dann müßten Sie von neuem ansetzen. Und wenn sich diese Erfahrung wiederholt, wird Ihr Jüngstes ungnädig (Abb. 8.14).

Deshalb ist auch Schnupfen, der die Nasenatmung behindert, für die kleinen Persönchen schwerwiegend. Eine Mutter, die selbst einen Infekt hat, auch wenn er ihr wenig Beschwerden macht, muß beim Versorgen des Säuglings und beim Füttern ein Tuch vor Mund und Nase binden, um möglichst eine Übertragung der Keime auf ihr Kind zu vermeiden. Sollte es doch passieren, dann gibt man 10 Minuten vor der Mahlzeit in jedes Nasenloch 1 bis 2 Tropfen Rhinex S, wodurch die Schleimhaut abschwillt, die Nasenatmung frei und die ungestörte Nahrungsaufnahme wieder möglich wird. Es dürfen aber wirklich nur diese *wäßrigen Nasentropfen für Säuglinge* verwendet werden, auf keinen Fall ölige! Die können

8.13 Der Säugling sperrt den Mund weit auf, um den Warzenhof mit zu fassen

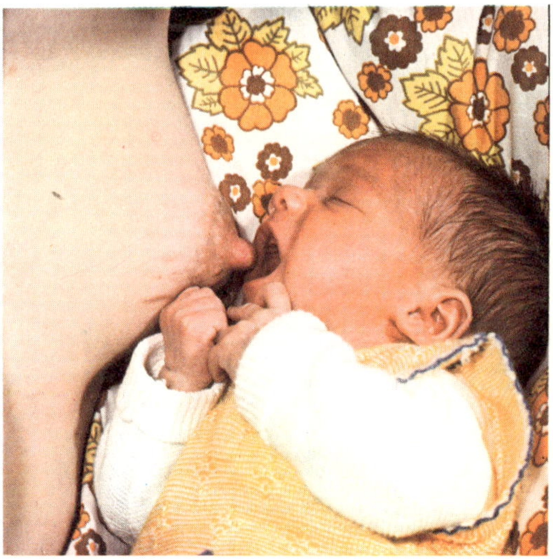

8.14 Näschen freihalten

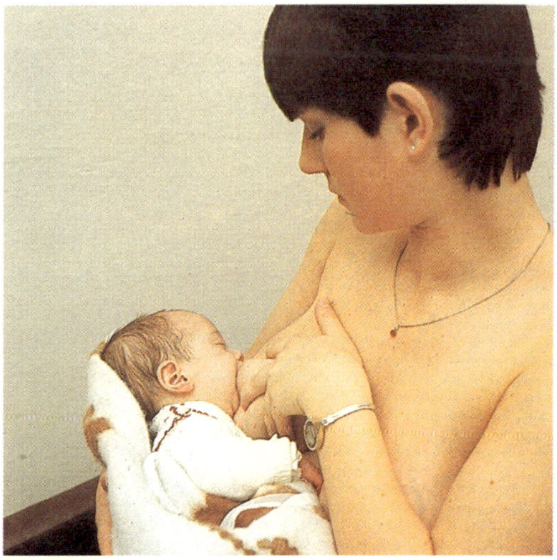

8.15 Nach dem Stillen – manchmal auch zwischendurch – aufstoßen lassen

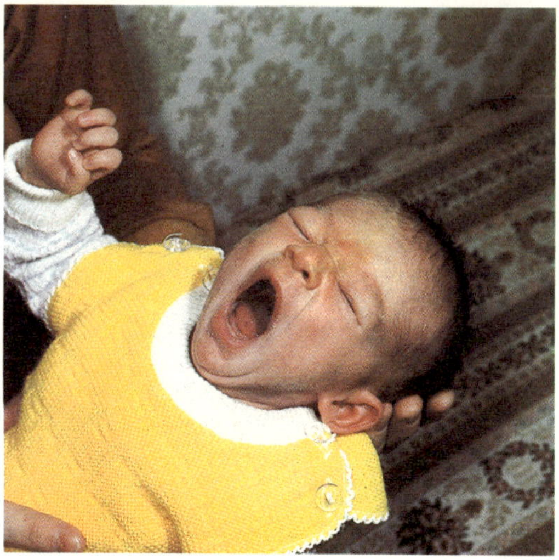

8.16 Ich will nun schlafen!

gefährlich werden, wenn Spuren davon in die Lunge geraten.

### 5. Aufstoßen lassen

Nach der Mahlzeit, falls nötig auch ein- oder zweimal während der Mahlzeit, wird das Kind hochgenommen. So kann die mitverschluckte Luft in einem hörbaren Aufstoßen nach oben entweichen. Der andere Weg nach unten wäre sehr viel länger und mühsamer. Leichtes Klopfen auf den Rücken kann solches »Bäuerchen« beschleunigen. Schließlich zeigt der Kleine mit einem herzhaften Gähnen (Abb. 8.15), daß diese Arbeit anstrengend war und er nun wieder schlafen will (Abb. 8.16).

### 6. Wie oft soll man anlegen?

Hier hat unser Neuankömmling, der ja als kleiner Partner verstanden und ernst genommen werden will, schon ein gewichtiges Wort mitzusprechen: Wenn er »sucht«, unruhig wird oder schreit, will er gestillt werden. Aufmerksame Mütter unterscheiden bald, daß nicht jede Lautäußerung ihres jungen Säuglings Hunger bedeutet, und können deshalb unterschiedlich reagieren. Jedenfalls können sich in der ersten Zeit Abstände von 2 bis 3 Stunden ergeben. Sie werden aber je nach Körpergewicht des Neugeborenen rasch größer, wenn die Mahlzeiten mit Ingangkommen der Milchbildung größer werden. Dann gibt es bald 3- bis 4-Stunden-Abstände.

Anfangs zu jeder Mahlzeit beide Seiten für je 10 Minuten anbieten, bis die Milchbildung richtig in Gang gekommen ist (1 bis 2 Wochen).

Sie spüren an einem Ziehen in beiden Brüsten, daß beim Saugen an einer Seite auch die andere Seite arbeitet. Dadurch erhält das Kind an der zweiten Brust leichter Milch.

Solange Sie beide Seiten zu jeder Mahlzeit anbieten (1 bis 2 Wochen), ist zu beachten, daß die zweite Brust, die weniger vollständig ausgetrunken wird, beim nächsten Mal als erste gereicht wird. Sollten Sie sich das nicht merken können, dann machen Sie entsprechende Notizen, oder Sie markieren durch ein Bändchen am Still-BH die erste Seite für das nächste Mal.

Während der Anfangsschwierigkeiten mit der Brust in den ersten Tagen wird keine künstliche Flaschennahrung zugefüttert, nur Fencheltee oder abgekochtes Wasser mit 10 Prozent Traubenzucker. Man kann in den ersten Tagen beim Neugeborenen einen Gewichtsverlust bis zu 10 Prozent in Kauf nehmen. Meistens ist es jedoch viel weniger. Das nur nebenbei, damit Sie nicht den Kopf hängen lassen, wenn Sie von anfänglicher Gewichtsabnahme hören.

## 7. Nächtliche Konflikte auf Wochenstation

Schwierigkeiten empfinden manche Schwestern bei nächtlichem Schreien, wenn die Kinder nicht bei den Müttern untergebracht sind. Die Kleinen kennen noch keine Nachtpause in den ersten Wochen, aber man möchte sie auch nicht schreien lassen. Da gibt es nur zwei Möglichkeiten: Die Neugeborenen auch nachts den Müttern zu bringen, was dann natürlich nicht bei jedem Kind frei nach Bedarf möglich ist, da käme die Nachtschwester nie zu Rande. Aber für 1 bis 2 geplante Nachtmahlzeiten ist das schon zu machen. Oder längeres Schreien des einen oder anderen Säuglings bis zur gemeinsamen Stillzeit in Kauf nehmen und etwas Tee mit Traubenzucker durch sehr kleines Saugerloch anbieten, damit Flüssigkeits- und Zuckerbedarf des Kindes gedeckt werden, aber der Brust keine Konkurrenz entsteht. Füttert man zu dieser Zeit schon künstliche Flaschennahrung, die meist besser genommen wird, dann ist die Gefahr nicht gering, daß sie schließlich der Brust vorgezogen wird. Und die Entstehung einer Nahrungsmittelüberempfindlichkeit (s. S. 159) wird um so mehr begünstigt, je früher man artfremde Nahrung zufüttert.

Nächtliche Stillpausen bringen in der Anfangszeit auch mit sich, daß die Brust am anderen Morgen so prall und gespannt sein kann, daß der Säugling Mühe hat zu saugen, weil er sie gar nicht richtig fassen kann. Man muß dann erst etwas Milch abdrücken. Die Milchbildung kommt auch langsamer in Gang, weil über längere Zwischenzeiten scheinbar kein Bedarf besteht – also der entsprechende Milchbildungsreiz fehlt. Zu Hause ist dieser »nächtliche Konflikt« leichter zu lösen.

## 8. Respektieren, erziehen oder verwöhnen?

Das sind drei Fragen, die in den Familien hin und wieder die Gemüter erhitzen, wenn es darum geht:

- Wann soll ich stillen?
- Nachtpause, ja oder nein?

Sie betreffen eigentlich nicht nur die Mahlzeiten, sondern viel umfassender die Art und Weise, wie Eltern ihr Kind sehen.

Um die Fütterungszeiten stritten zwei unterschiedliche Ansichten, eine ältere und eine neuere. Auch die ältere ist noch verbreitet, weshalb wir sie mit besprechen.

Ihre Vertreter, Befürworter eines straffen Zeitplanes, sagen etwa, eine geregelte Erziehung zu Ordnung und Pünktlichkeit beginne von Anfang an. Auch das Baby müsse sich an einen festen Rhythmus gewöhnen und lernen, daß es zwischendurch nichts zu erwarten habe. Das gelte insbesondere für die längere Nachtpause, welche die Mutter zum Schlafen brauche. Sie habe auch ein Recht auf Erholung. Der Vater schließlich ebenfalls, er müsse am nächsten Tag wieder hart arbeiten, während die Mutter im Wochen- und Mütterurlaub tagsüber mal Ruhepausen einschieben könne. Wenn man jedem Schreien nachgehe, um das Baby zu beruhigen, würde man es verwöhnen. Sehr bald lerne es, daß man nur zu schreien brauche, schon ist die liebe Mutti da und bietet vielleicht auch etwas zu trinken an. Man könne eben jederzeit Unterhaltung anfordern. So beginne man den künftigen Familientyrannen zu erziehen, die Mutter zu seiner Sklavin zu machen. Deshalb lieber in den ersten 4 Wochen hart bleiben und das Kind schreien lassen, dann habe man im Interesse aller Beteiligten die Anpassungsphase am schnellsten hinter sich gebracht.

Dem stehen die Vertreter einer »freien Fütterung nach Bedarf« gegenüber. Sie gehen davon aus, daß auch schon Babys individuell recht unterschiedliche Bedürfnisse haben und deshalb nicht alle nach einem Schema behandelt werden können. Besonders die Umstellung von der sicheren Geborgenheit im Mutterleib auf die neuartigen Erfahrungen in der Außenwelt sei doch auch seelisch recht eingreifend. Jetzt gäbe es Bedürfnisse wie Hunger und Durst und die Erfahrung, daß man sie befriedigen kann. Da Einsicht in den Versorgungsrhythmus natürlich noch nicht bestehe, könne bei Ausbleiben der Nahrungsquelle oder überhaupt der Bezugsperson trotz »Herbeirufens« ein Gefühl der Unsicherheit beim Baby entstehen, die Angst, alleingelassen zu sein. Das bedeutet für ein Baby irgendwie Existenzbedrohung. Würde sich ein solches Erleben genügend oft wiederholen, dann seien daraus möglicherweise Störungen für die künftige Persönlichkeitsentwicklung zu erwarten.

Sicher wissen wir aus methodischen Gründen viel zu wenig über diese Zusammenhänge. Nicht zu bestreiten ist jedenfalls, daß viele junge Mütter sehr bald nach der Geburt ganz gut deuten lernen, was ihr Kind durch Ruhe, Bewegung, Mimik oder Laute ausdrückt. Das gelingt am besten und schnellsten, wenn das Kinderbett schon in der Entbindungsklinik neben dem Bett der Mutter steht. Es kann dann viel besser beobachtet und häufiger angelegt werden, wie bereits erwähnt.

Nicht jeder Laut bedeutet Hunger. Eine volle Windel kann Unbehagen hervorrufen. Manche »Frage des Kleinen nach Anwesenheit seiner Betreuerperson« beantwortet man mit liebevollen Worten, berührt ihn oder wackelt ein bißchen am Bett. Die alte Kinderwiege war schon gut ausgedacht. Dann ist wieder Ruhe. Wenn er trotzdem weiter »sucht«, kann man die Brust »nach Bedarf« anbieten, etwas früher bei fordernder Unruhe, etwas später bei noch festem Schlaf oder auch häufiger als »im Plan« vorgesehen.

Die Mutter bekommt aus den Ergebnissen ihrer Bemühung eine Antwort: Erfolg oder Irrtum. So gewinnt sie zunehmend Sicherheit im Umgang mit ihrem Säugling. Und er fühlt sich bei diesem Dialog mit Ruf und Antwort sicher, geborgen, partnerschaftlich behandelt. Mutter und Kind stellen sich schneller aufeinander ein – zu beiderseitiger Zufriedenheit. Solche Kinder sind ruhiger und ausgeglichener. Schon damit zahlt sich der anfängliche scheinbare Mehraufwand auch ganz praktisch aus.

Das bewährt sich zu Hause natürlich in gleicher Weise! Besonders nachts kann man für solch praktische Regelmechanismen dankbar sein. Sie ermöglichen eine sehr rasche und sichere Verständigung. Wenn sich der Kleine nachts ein- oder mehrmals meldet, gelten die gleichen Empfehlungen. Man kann ihn beruhigen oder zu sich ins Bett nehmen, um die Brust zu geben – ohne überhaupt aufzustehen. Es gibt ja keinerlei Vorbereitung und Zubereitung wie bei Flaschennahrung. Das macht die Angelegenheit so denkbar einfach. Aber legen Sie das Kind danach wieder ins Körbchen zurück.

So bleibt mehr erholsame Nachtruhe gewahrt, als wenn man »prinzipienfest« und verbissen auf das Schreien hört, den jungen Säugling vielleicht sogar in ein anderes Zimmer stellt, doch dabei eben auch nicht schläft. Schreienlassen ist quälend und sinnlos für Kind und Eltern.

Eine Mitarbeiterin unserer Klinik hatte ihr erstes Kind nach strengem Zeitplan mit Nachtpause gefüttert, ihr zweites Kind frei nach Bedarf. Ganz spontan berichtete sie: »Ich habe jetzt so viel mehr Ruhe als beim ersten Kind. Es ist weit weniger anstrengend für mich und meinen Mann. Das hätte ich nie erwartet!«

Sehr bedeutsam ist zu Hause auch, daß der Vater für solch tolerantes Verhalten Verständnis zeigt, daß er sich mit seiner Frau über das gemeinsame Problem verständigt und gewisse Schwierigkeiten nicht zum Anlaß für unfreundliche Worte werden läßt. Wer beruflich angespannt ist, reagiert leichter gereizt und reizt damit auch die anderen um sich herum, ohne damit konstruktiv zu sein. Einsicht von beiden Seiten muß den richtigen Mittelweg finden helfen.

## Arbeiten Sie mit der Natur und nicht gegen sie!

Ihr Baby ist nicht irgendein Material, das Sie wie Plastillina beliebig formen können nach Ihren Erwachsenenvorstellungen. Es hat, durch Entwicklung und Reife bedingt, seine eigenen inneren Gesetze und Verhaltensmöglichkeiten, die respektiert sein wollen. Helfen Sie Ihrem Kind, *sein* Leben leben zu können. Erwarten Sie nicht nur, daß es sich *Ihrem* Leben unterordnet, *Ihre* Erwartungen erfüllt, *Ihre* Vorstellungen übernimmt. Es kann zunächst noch keine Einsicht haben, keine Zusammenhänge verstehen. Deshalb sind einer Erziehung noch sehr enge Grenzen gesetzt. Deshalb kann man einen jungen Säugling auch noch nicht verwöhnen. Respektieren Sie Ihr Kind gleich von

Anfang an als Ihren kleinen Partner – gleichberechtigt *seine* Bedürfnisse zu haben, zu äußern und zu befriedigen gemäß *seinen* Möglichkeiten, für die es uralte Verhaltensprogramme mitbringt. Eine solche »partnerschaftliche Erziehungshaltung« betrifft natürlich weit mehr als unser hier behandeltes Ernährungsproblem. Sie ist aber für eine gesunde Entwicklung des Kindes und der Familie von größter Bedeutung – von Anfang an. Das neue Familienmitglied, so winzig es noch sein mag, hat auch seine berechtigten Ansprüche.

## 9. Auch Väter helfen stillen!

Manche praktizieren das sehr gut. Aber andere machen sich gar nicht so recht klar, daß Kinder eine gemeinsame Aufgabe für die Eltern sind und keineswegs nur Frauenangelegenheit. Wirklich alleinstehende Mütter sind ja die Ausnahme. Auch der Vater braucht seine Anpassungszeit an die neuen Familienverhältnisse. Vielleicht kommt er sich zunächst etwas ausgeschlossen vor, weil sich scheinbar alles um das Jüngste dreht. Manche liebe Gewohnheit kann er eventuell nicht mehr so weiterführen wie bisher. Bleiben Sie miteinander im Gespräch darüber. Dann finden Sie gemeinsam auch die besten Wege, wie die neue Familiensituation bewältigt werden kann.

Erheblich mehr Arbeit kommt auf die junge Mutter zu. Dabei braucht sie nach der hohen Leistungsanforderung von Schwangerschaft und Geburt erst selbst noch Erholung. Je mehr sie anfangs Ruhe hat, um so schneller ist ihre Leistungsfähigkeit wiederhergestellt, und sie kann sich über das jüngste Kind hinaus wieder mehr allen Familienmitgliedern widmen. Also wird der Vater einen größeren Anteil der Hausarbeit übernehmen, die ja leider trotzdem sein muß. Einkaufen, Wäsche waschen, Wohnung sauber halten, eventuell weitere Kinder stärker mit versorgen als bisher gewohnt usw. So schafft auch er Ruhe, Ausgeglichenheit und Geborgenheit für die Familie. Genau das ist eigentlich mit dem Wort stillen gemeint. Und wenn der Vater von den Zusammenhängen weiß, die wir hier beschrieben haben, dann kann er sicher in voller Überzeugung seiner Frau sagen, wie wichtig es auch ihm ist, daß sie das Baby auf natürliche Weise an der Brust nährt, ihr durch kleine Aufmerksamkeiten Freude machen. Das bestärkt eine Mutter in ihrem Stillwillen ganz erheblich. Auf diese Weise können also auch Väter »stillen«.

## 10. Zufüttern heißt abstillen

*Wenn die Brustnahrung nicht zu genügen scheint, dann legen Sie häufiger an.*

Dadurch wird mehr Milch gebildet. In wenigen Tagen können in der Regel Mutter und Kind wieder zufrieden sein.

Füttern Sie jedoch aus der Flasche dazu, dann wird der Milchbildungsreiz durch geringere Nachfrage noch geringer. Sie müssen bald noch mehr zufüttern – bis Ihre Quelle ganz versiegt. Das bedeutet also abstillen.

Reicht die Muttermilch trotz guten Willens und aller Bemühungen nicht aus, dann ist man natürlich gezwungen zuzufüttern. In den ersten Lebenstagen kann nach der Stillmahlzeit noch Tee mit wenig Traubenzucker gegeben werden. Das Körpergewicht des Säuglings darf in den ersten 1½ Wochen bis maximal 10 Prozent unter sein Geburtsgewicht sinken (was selten vorkommt). So lange kann man auf volle Brusternährung hoffen. Aber darüber hinaus ist man gezwungen, künstliche Nahrung zuzufüttern, falls nicht der Überschuß anderer Frauen die Anfangsschwierigkeiten überbrükken kann. Manche Mütter erreichen sogar über längere Zeit, durch Abdrücken ihre Brust in Gang zu halten, wenn ihre Kinder etwa als Frühgeborene noch zu schwach zum Saugen oder zur Aufzucht überhaupt getrennt von ihnen in der Klinik liegen. Sehr viel ist möglich, wenn man sich bemüht. Aber die Gefahr des Versiegens der Milchquelle ist erfahrungsgemäß recht groß, wenn man zufüttern muß.

## 11. Unterschiedliche Trinktechniken

Sie müssen wissen, daß Trinken an der Brust eine andere Technik erfordert als das Trinken aus der Flasche. Schauen wir uns das an.

*Beim Trinken an der Brust:* Die Mundhöhle wird durch die Lippen luftdicht an die Brust angeschlossen. Das Gaumensegel schließt sie gegen den Nasenraum ab. Nun wird beim Senken des Unterkiefers die Brustwarze tief in den Mund hineingezogen. Dabei füllen sich die warzennahen Milchkammern. Mit einer Kaubewegung drücken die Kiefer des Kindes den Inhalt aus den Milchkammern in den eigenen Mund. Unterstützt wird dieser Vorgang durch ausstreichende Melkbewegungen der kleinen Zunge. Dieses »Zubeißen« kann mitunter auch einmal so kraftvoll sein, daß es schmerzhaft empfunden wird. Aber das kommt selten vor.

*Beim Trinken aus der Flasche:* Hier spielt die Kaubewegung keine Rolle. Die Nahrung wird nur herausgesaugt. Da oft die Löcher im Sauger ziemlich groß gemacht werden, damit es schneller geht, läuft die Milch fast von selbst in den Mund hinein. Der Kleine muß dann im wesentlichen nur schlucken.

Ist es schon nicht immer ganz einfach, eine Methode zu beherrschen, so wird es für junge Säuglinge noch schwieriger, zwei Methoden nebeneinander zu praktizieren. Sie geben dann der leichteren oder bequemeren den Vorzug, und die Muttermilch geht zurück. All die Vorteile, die wir Ihnen beschrieben haben, gehen verloren. Hier müssen Risiko und Gewinn wirklich sehr genau abgewogen werden.

## 12. Förderung der Stillfähigkeit durch Medikamente?

Der beste Milchbildungsreiz ist und bleibt häufiges Anlegen. Man entdeckte aber bei einzelnen Arzneimitteln die interessante Nebenwirkung, daß sie die Produktion von Milchbildungshormon steigern und damit natürlich auch die Milchbildung. So kann der Arzt z. B. Müttern, deren Milchbildung verzögert oder unbefriedigend in Gang kommt, mit dreimal 1 Tablette Cerucal täglich eine wirksame Unterstützung anbieten. Bei ihnen funktioniert nach dieser Starthilfe von 7 bis 10 Tagen die Brust dann ohne solche Tabletten.

Manchmal ist die Milchbildung gut, aber der Abfluß unbefriedigend. Die Brust »geht schwer«, kann schmerzhaft prall werden. Da kann der Arzt Milchaustreibungshormon verordnen als Oxystin-Tabletten oder Oxytocin-Nasenspray. Dieses Hormon würde nämlich im Magen zerstört werden. Deshalb legt man die Tabletten 30 Minuten vor dem Stillen unter die Zunge oder in die Wangentasche, um sie dort langsam aufzulösen, damit der Wirkstoff durch die Mundschleimhaut aufgenommen wird. Auch in diesem Falle kann die anfängliche medikamentöse Nachhilfe wieder entfallen, wenn sich Mutter und Kind aufeinander eingespielt haben.

## 13. Milchrückgang nach Klinikentlassung

Die meisten Mütter beginnen zwar in der Klinik recht gut zu stillen, aber nach der Entlassung erleben sie Schwierigkeiten, die sie oft nicht bewältigen. Wie kommt es dazu?

In der Klinik war man umsorgt, brauchte sich um nicht viel zu kümmern. Aber zu Hause kommt eine ganze Menge mehr auf einen zu, auch wenn andere hilfsbereit zur Verfügung stehen. Manche Mütter fühlen sich noch nicht ganz sicher in der Versorgung ihres Babys, besonders wenn sie es in der Klinik nicht selbst pflegen konnten. Es ist vieles so neu und deshalb irgendwie aufregend. Man fühlt sich zwar noch matt, aber die gratulierenden Besucher, die das Baby bestaunen wollen, empfängt man doch. Ein Schwätzchen löst das andere ab. Die noch nötige Ruhe fehlt. Man besucht auch selbst die Freundin A und B, um das stolze Ergebnis vorzuführen. Vielleicht schon vorhandene Kinder verlangen ihr Recht. Einkauf, einige Verpflichtungen zwischendurch, eventuell gibt es auch mal Ärger. Da kann schon allerhand Betriebsamkeit zusammenkommen, welche die derzeitige Belastbarkeit übersteigt. Die Milchquelle läßt prompt nach. Wer dann gleich die Ruhe verliert und zur Flasche greift, überwindet den vorübergehenden Milchrückgang schwerer oder gar nicht.

In der Klinik mag die Milch ausreichend gewesen sein, aber:

Stabil wird die Milchbildung erst nach etwa 3 bis 6 Wochen.
Bis dahin bleibt sie störanfällig durch Einflüsse von außen.

Deshalb ist es besser, sich nicht gleich so viel vorzunehmen. Man braucht noch Zeit, um sich ganz auf das Baby einzustellen. Schaffen Sie sich einen ruhigen, stetigen Tagesablauf. Hier kann die ganze Familie mithelfen und zur Entlastung der Mutter beitragen. Auch verständnisvoller Zuspruch, Zärtlichkeit und kleine Aufmerksamkeiten durch den Vater verbessern den Stillerfolg offensichtlich. Und für die Erhaltung der Brusternährung gilt auch hier das unter Punkt 7 gesagte: Häufiger anlegen.

### 14. Wird mein Kind satt?

Wenn es wenigstens fünfmal täglich nasse Windeln hat,
wenn es nach der Mahlzeit zufrieden einschläft,
3 bis 4 Stunden durchschläft,
wenn es mit Ausnahme der ersten beiden Lebenswochen
wöchentlich 150 bis 200 g zunimmt,
dann bekommt es, was es braucht.

Wir sprechen hier von normalgewichtigen Kindern und auch nicht von den ersten 2 bis 3 Wochen der Anpassung von Mutter und Kind. In dieser ersten Zeit ergeben sich nicht selten kürzere Abstände zwischen den Mahlzeiten. Das ist ganz normal. Bei untergewichtigen Neugeborenen ist sowieso eine individuelle kinderärztliche Beratung nötig.

Legen Sie Ihr Baby in gesunden Tagen einmal in der Woche auf die Waage (möglichst immer zur selben Tageszeit vor der Mahlzeit auf die gleiche Waage), dann wissen Sie genug. Bei voller Brusternährung, gefüttert nach Bedarf, braucht man nicht mehr zu wissen, weil sich eigentlich alles selbst regelt.

Jedoch nicht alle Mütter sind mit diesem »Naturprogramm« zufrieden, weil sie beim Stillen eben nicht sehen, was in Babys Bauch hineinkommt. Wir hören deshalb gar nicht so selten, daß Mütter ihre Milch abpumpem und per Flasche füttern. Nun wüßten sie wenigstens, was drin ist. Die Mühe ist zwar anzuerkennen, aber trotzdem bringt der Umweg über Pumpe und Flasche unnötige Verluste. Die direkt getrunkene Milch hat die höchste Qualität.

Wer die Trinkmenge unbedingt genau wissen will, der kann den fertig angezogenen Säugling vor dem Stillen auf die Waage legen und nach der Mahlzeit wieder. Die Gewichtszunahme zeigt dann, wieviel er getrunken hat. Diese sogenannte Stillprobe verrät uns aber nicht, ob es genug war für seinen Appetit. Die Nahrungsmengen bei den einzelnen Mahlzeiten schwanken sehr stark. Bei einer Mahlzeit trinkt er weniger, bei der anderen glatt das Doppelte. Meist sind die ersten beiden Mahlzeiten vormittags größer als die folgenden. Wenn man so die Nahrungsmengen bestimmen will, muß man über den ganzen Tag alle Mahlzeiten wiegen und die Tagesmenge zusammenzählen. Das wäre schon eine bessere Orientierung. Entsprechend wird es auch in den Entbindungskliniken durchgeführt. Aber viele Mütter würden sich mit der dauernden Wiegerei nur nervös machen, denn so wie der Zeiger an der Waage, geht dann auch ihr Stimmungsbarometer hinauf oder hinunter. Besonders gilt das für die erste Zeit der Anpassung in der Klinik. Lassen Sie sich nicht aus der Ruhe bringen. Sie übersehen sonst, daß eigentlich das Gedeihen des Kindes interessiert und nicht seine Trinkmenge. Wir nennen Ihnen hier bewußt keine Milchmengen, denn die Waage erzählt Ihnen auch nicht, wie die Zusammensetzung der Muttermilch schwankt. Ihr Fettgehalt kann von Mahlzeit zu Mahlzeit, aber auch von Frau zu Frau recht unterschiedlich sein. Höherer Fettgehalt sättigt mehr – das Kind braucht und trinkt weniger Menge. Bei geringerem Fettgehalt trinkt es dagegen mehr. Selbst solche Feinheiten regeln sich in dem gut abgestimmten Wechselspiel von Angebot und Nachfrage zwischen Mutter und Kind.

Auch die Dauer einer Mahlzeit sagt nicht, wieviel ein Kind trinkt. In den ersten 5 Minuten wird der größere Teil der Mahlzeit abgenommen, dann wird es weniger effektiv. Länger als 20 Minuten saugen zu lassen, ist in der Regel nicht nötig, aber durchaus möglich, wenn Sie und Ihr Kind das wünschen.

Bei frei gewählter Fütterung nach Bedarf wird eine voll zufriedenstellende Milchmenge leichter, schneller und sicherer erreicht als bei starrem Zeitplan, vielleicht gar noch mit Nachtpause. Die Milch geht auch schon früher in reifere Formen über. Der anfängliche Gewichtsverlust des Neugeborenen bleibt geringer. Dementsprechend erreicht das Kind schneller wieder sein Geburtsgewicht.

Besonders aufregend für manche Mütter ist es, wenn ein etwa gleichaltriges Kind der Freundin oder Nachbarin viel dicker ist als das eigene. Wird doch noch von vielen ein hohes Gewicht als Beweis für hingebungsvolle Pflege und elterliche Pflichterfüllung empfunden. Sie können sich rasch in der Wachstumskarte am Ende des Buches orientieren und hoffentlich beruhigen. Dort ist auch beschrieben, wie man sie benutzt. Denn Ängste und Aufregungen, die sich um die hier besprochene bange Frage drehen können, ob meine Milch für mein Kind ausreicht, hemmen die Stillfähigkeit.

## 15. Brustpflege

*Vor der Geburt:* Am besten beginnen Sie schon in den letzten 2 Monaten der Schwangerschaft, Ihre Brust auf die Beanspruchung durch Ihren Säugling vorzubereiten:

Kalte Waschungen der Brust morgens und abends fördern die Durchblutung.
Zunehmend kräftigeres Abreiben mit einem Frottier-Handtuch,
später auch mit einer weichen Körperbürste, machen die Haut unempfindlicher und widerstandsfähiger.

Brustwarzen und Umgebung werden so allmählich abgehärtet und vertragen dann die Saugarbeit Ihres Babys noch besser. Auch vorsichtige Sonnenbestrahlung kann günstig sein. Zu enge und die Brust zu stark hebende Kleidungsstücke vermeiden, weil sie die Durchblutung behindern können und damit auch die Milchbildung nach der Geburt.

*Vor dem Anlegen:* Der Sauberkeit gebührende Beachtung! Das gilt besonders für die ersten 2 Wochen. In dieser Zeit ist der Wochenfluß hochinfektiös. Deshalb peinliche Sauberkeit beim Vorlagenwechsel. Hände waschen vor jedem Anlegen und vor jeder Berührung der Brust. Die Brust selbst wird morgens und abends gut gewaschen. Ob man Brustwarze und Umgebung auch noch vor jedem Anlegen abwaschen soll, ist Ansichtssache. Aber da zwischen den Mahlzeiten immer etwas Milch ausläuft und mitunter auch antrocknet, ist es schon günstig, mit Mulltupfer und frischem Leitungswasser diese Gegend nochmals zu reinigen. Das ist in jedem Falle nötig, wenn Sie keimhemmende Puder oder Salben verwenden, was aber nur bei wunden Brustwarzen in Frage kommt (s. Seite 175).

Wenn nach 2 bis 3 Wochen die Brustwarzen widerstandsfähiger sind, kann man im Vertrauen auf den hohen Infektionsschutz der Muttermilch großzügiger verfahren im obengenannten Sinne. Sonst würde ja manches von der praktischen Einfachheit der natürlichen Ernährung durch kompliziertere Vorbereitung wieder verlorengehen.

*Nach der Mahlzeit:* Nach jedem Anlegen wird die Brust vorsichtig tupfend abgetrocknet. Manche Mütter lassen die Brust dann noch eine Weile an der Luft trocknen, bevor sie den Büstenhalter wieder schließen, weil sie fühlen, daß ihnen das gut tut. In den Büstenhalter wird eine saubere Windel eingelegt oder ein anderes saugfähiges Tuch (nicht Watte oder Wolle!). Nach etwa 6 Wochen ist alles so gut eingespielt, daß saubere Taschentücher genügen. Sie tragen nicht so auf. Auf keinen Fall darf luftdichte Kunststoffolie oder Gummituch eingelegt werden aus Sorge vor dem Durchfeuchten bei stärkerem ungewolltem Milchfluß. Dann kann die Feuchtigkeit nicht verdunsten, und die Haut weicht unnötig auf und wird verletzlich. Gerade das müssen wir vermeiden.

*Wenn die Brustwarzen wund werden:* Mitunter ist die Haut anfangs noch nicht ganz der Beanspruchung gewachsen und wird wund. Manche Frauen haben zartere Haut als andere. Manche haben sich auch vorher nicht so um die Abhärtung bemüht, und schließlich gibt es auch Kinder, die kräftiger auf der Brust »herumkauen« als andere. Wunde Haut tut aber weh bei Berührung, besonders wenn kleine Einrisse entstehen (Brustwarzenschrunden). Und die Haut dieser Gegend ist ohnehin sehr empfindlich. Das verleitet dazu, weniger oder kürzer anzulegen und auch andere Bemühungen zur Milchentleerung unvollständiger durchzuführen. Dann kann sehr schnell eine Milchstauung entstehen, die noch mehr weh tut. Deshalb …

## Regelmäßig entleeren – jetzt erst recht

Zusätzlich zum Anlegen des Kindes massiert man vorsichtig die harten Stellen (Milchknoten) und versucht, sie in Richtung Warze auszustreichen. Man kann auch vorteilhaft für kürzere Zeit anlegen und dafür häufiger. Der Säugling meldet sich schon, um auf seine Menge zu kommen.

*Saughütchen.* Ein aufgesetztes Saughütchen kann auch gute Dienste leisten, indem es bei Wundsein oder übermäßiger Berührungsempfindlichkeit der Brustwarzen das Stillen schmerzloser und schonender für die Mutter gestaltet. Nur kommen manche Kinder schlechter damit zurecht. Sie müssen nämlich kräftiger saugen, und die Mutter muß durch melkendes Ausstreichen auch ein bißchen nachhelfen.

*Handmilchpumpen.* Sie werden besonders in der Anfangszeit gern benutzt, um nach der Mahlzeit die Brust noch vollständig zu entleeren. Aber man kann damit auch die Milch bei wunder Brust gewinnen, ohne das Kind anzulegen. Manche empfinden das als schonender und füttern die abgepumpte Milch anschließend per Flasche.

Das soll die Ausnahme bleiben!

Die Pumpe wird so angesetzt, daß sie rings um die Brustwarze aufsitzt und die Warze ansaugt (Abb. 8.17).

8.17 Abdrücken bei angesaugter Handmilchpumpe

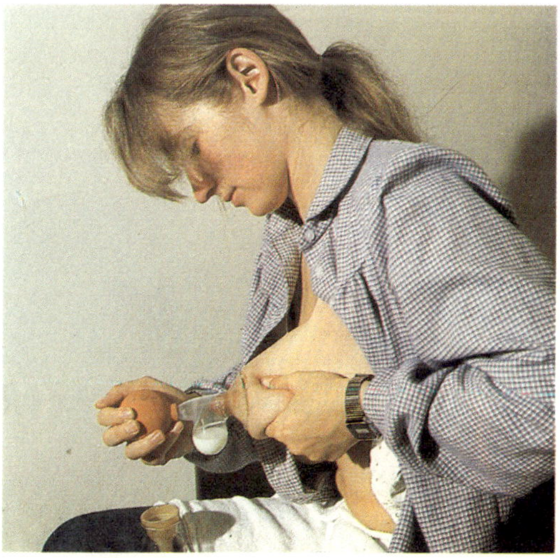

Dieses Ansaugen ist mehr für den festen Sitz der Pumpe von Bedeutung, die Hauptarbeit muß die ausstreichende Hand leisten. Die Milch sammelt sich in dem kleinen Vorratsbehälter, der dabei natürlich nach unten zeigen muß. Ist er gefüllt, muß man leider die Milch über den Rand ausgießen, welcher der Haut auflag. Dadurch wird eine Keimanreicherung verursacht, die eigentlich vermeidbar wäre. Deshalb ist es besser – besonders für Milchspenderinnen – ohne Pumpe zu arbeiten.

## Milchgewinnung ohne Pumpe

Nichts klappt auf Anhieb. Und so erfordert auch die Milchgewinnung eine gewisse Übung und anfangs manchmal auch Geduld. Trotzdem ist alles sehr einfach, mit eigenen Mitteln durchführbar. Es ist die sauberste und zugleich wirksamste Methode überhaupt. Damit können Sie nicht nur Ihren eventuell wunden Brustwarzen eine Erholungspause verschaffen, sondern durch vollständige Entleerung die Milchleistung erhalten und sogar steigern. Um persönlichen Eigenheiten Rechnung zu tragen, beschreiben wir Ihnen verschiedene Methoden, aus denen Sie sich die für Sie günstigste Technik auswählen können:

*Vorbereitung der Brust.* In jedem Falle muß durch streichende Bewegungen rund um die Brust der Milchfluß ausgelöst werden. Sie sehen in Abb. 8.18, wie eine Mutter ihre Brust zwischen die flachen Hände nimmt, diese einfühlsam hin- und herbewegt und auf diese Weise Stück für Stück die Brust durcharbeitet. ½ bis 1 Minute genügt, um die Milch aus den Drüsenbläschen in die Milchgänge hineinzubringen (Milchspendereflex). Nun können die Milchgänge in Richtung Brustwarze ausgestrichen werden. Wenn die Milch dabei nicht mehr recht fließen will, muß man diese Art Vorbereitung wiederholen, und die Milch fließt dann wieder wunderbar.

*Ausstreichen.* Am schonendsten streicht man bei sehr voller Brust mit der ganzen Handfläche warzenwärts, wobei die andere Hand von unten dagegen drückt. Am schonendsten für die

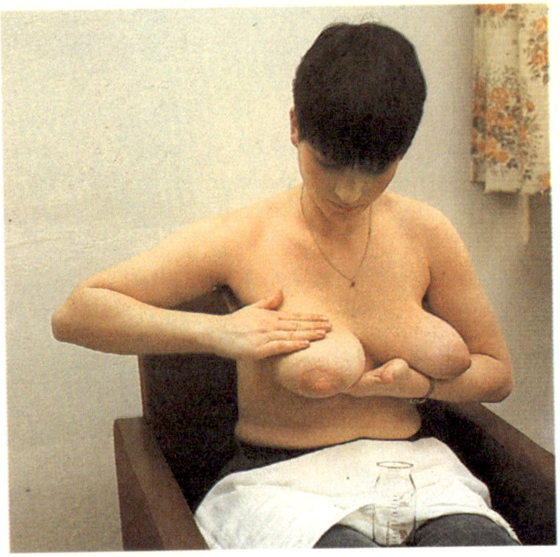

8.18 Durch kreisförmiges Streichen der Brust wird der Milchaustreibungsreflex ausgelöst, so daß sich die Milch dann leichter abdrücken läßt.

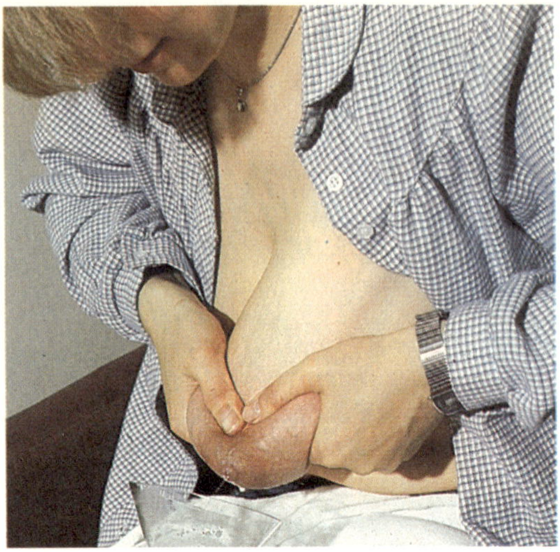

8.19 Abdrücken mit zwei Händen

Brust deshalb, weil sich der Druck über die ganze Handseite auf eine große Fläche verteilt. Dafür ist es nicht so wirksam, weshalb man mit dieser Methode nur beginnen kann.

*Abdrücken mit zwei Händen.* Beide Hände umgreifen mit 4 Fingern die Brust von unten. Die Daumen liegen oben auf und streichen mit regelmäßigem Druck die Milchgänge warzenwärts aus. Man fühlt die Milchgänge dabei sehr gut und kann ihnen folgen. Manche Mütter drücken vorwiegend mit den Daumenspitzen so kräftig, daß sie mitunter blaue Flecken auf der Brust bekommen. Sie entstehen durch kleine Verletzungen unter der Haut, und diese können dann für mehrere Tage das Abdrücken schmerzhaft machen. Deshalb die Daumen breitflächig auflegen, einschließlich Daumenballen (Abb. 8.19).

Wie aus einer kleinen Gießkanne spritzt die Milch in mehrfachem feinem Strahl heraus, und man muß ins Auffanggefäß zielen. Deshalb einen größeren ausgekochten Glastrichter in die Säuglingsflasche stecken, die man sich zwischen die Oberschenkel klemmt. Eine untergelegte Windel schützt die Kleidung.

*Abdrücken mit einer Hand.* Das geht sinngemäß ganz ähnlich vor sich, wie aus dem Bild zu erkennen ist. Auch hier streicht der Daumen unter leichtem Druck gegen die übrigen Finger die Milchgänge aus. Durch rasch wiederholtes Zusammendrücken der Finger im Bereich des Warzenhofes spritzt die Milch heraus. Man hat dabei die andere Hand frei und kann auf diese Weise eine Säuglingsflasche direkt vor die Brustwarze halten ohne Trichter oder andere Hilfsmittel. Das ist zweifellos die eleganteste Methode (Abb 8.20).

Bei dieser Einhandmethode beschränkt sich

8.20 Abdrücken mit einer Hand

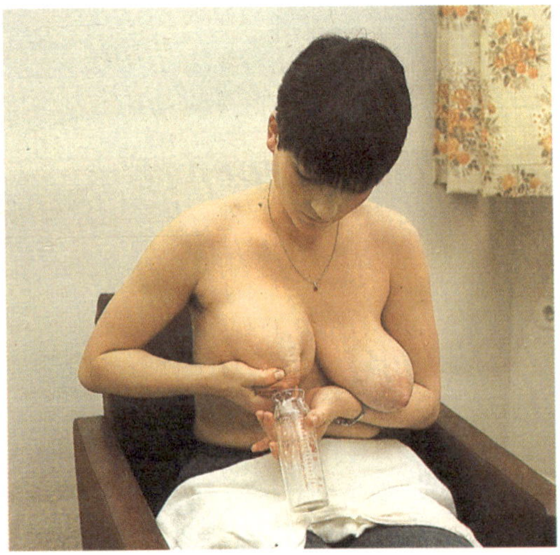

die Fingerarbeit mehr auf den warzennahen Bereich. Die Brust insgesamt wird nicht so durchgearbeitet wie bei der Zweihandmethode. Fließt nach einer gewissen Menge die Milch nicht mehr recht, dann gehen Sie nochmals auf die erwähnte Vorbereitungstechnik zurück. Der erneut ausgelöste Milchspendereflex bringt den Milchfluß wieder in Gang. Das kann man mehrmals wiederholen, bis die Brust wirklich leer ist.

*Elektrische Milchpumpe.* Wenn die einfacheren Methoden nicht ausreichen sollten, dann stehen kräftigere elektrische Milchpumpen zur Verfügung. Sie sind recht teuer und kommen deshalb nur für Kliniken in Betracht. Wenn Sie nach Ihrer Entlassung in Schwierigkeiten kommen sollten, dann setzen Sie sich mit Ihrer Frauenklinik in Verbindung. Sie wird Ihnen über diese Klippe hinweghelfen.

### Gegenseitige Hilfe unter Müttern

Letztlich ist ein ordentlich trinkendes Kind doch die wirksamste, schonendste und damit angenehmste Milchpumpe. Das wissen auch viele Frauen und helfen sich manchmal untereinander mit ihren Kindern aus. Wenn der kleine Felix noch nicht so richtig will oder noch nicht so richtig kann, so daß sich schon Stauungsbeschwerden bemerkbar machen und die Mutterbrust durch das unentschlossene Herumnuckeln wund geworden ist, dann kann die gut trinkende Miriam von der Mutti im Nachbarbett vorübergehend einspringen, die Stauung überwinden helfen. Und ihre Mutti wiederum mit bereits gut gehender Brust stellt den kleinen Felix zufrieden. So ist allen gedient. Das kann natürlich nicht auf ärztliche Anordnung geschehen. Es entsteht zuweilen als eine Art Solidarität der Mütter untereinander. Warum auch nicht?

### Hautpflegemittel

Neben der konsequenten Milchentleerung bewähren sich bei Neigung zum Wundwerden der Brustwarzen und Umgebung hautfreundliche Salben: Lactalbin-Salbe ist recht günstig, Chlorophyllin-Salbe und manche andere auch. Sie wirken entzündungshemmend, keimhemmend und machen die Haut geschmeidig, mitunter aber auch zu weich. Vor der nächsten Mahlzeit wischt man die Salbenreste mit etwas Bioplant-Kinderöl ab. Bei entzündlichen Einrissen (Schrunden) ist manchen Müttern auch das Trockenhalten mit keimhemmendem Puder angenehm und wirkt gut (Tonil »fein« – rezeptpflichtig, Chlorhexidinpuder – rezeptfrei). Sollte die Haut dabei zu trocken werden und somit wieder spröde, dann eben zwischendurch mal dünn Salbe auftragen! Das besagt: Nicht *ein* bestimmtes Rezept löst alle Probleme. Sie fühlen recht gut, ob und wie lange Ihnen eine Behandlungsmethode angenehm ist. Das ist eine recht brauchbare Richtlinie, sofern Sie nicht in ärztlicher Kontrolle sind.

## Unbegründete Sorgen

### Sorgen um die Figur

»Ich laß mir doch den Busen nicht so ausleiern«, meinte eine Patientin etwas schnoddrig. Natürlich wird die Brust während der Schwangerschaft und Stillzeit größer und schwerer, bildet sich danach aber wieder weitgehend zurück. Wenn bei manchen Frauen die Form nicht ganz erhalten bleibt, dann sei nicht unerwähnt, daß das auch Frauen geschieht, die keine eigenen Kinder haben. Vorsorglich können Sie zweierlei tun:

- Sorgen Sie erstens dafür, daß Sie nicht wesentlich dicker werden, denn dabei würde sich auch ohne Schwangerschaft die Brustform verändern. Übrigens nehmen Frauen, die nach 3 Monaten noch stillen, deutlich mehr an Gewicht ab – auch zu dieser Zeit noch – als Frauen, die innerhalb der ersten 10 Tage abstillen.
- Sorgen Sie zweitens dafür, daß die Brust durch einen gut sitzenden Büstenhalter ausreichend gestützt wird, damit Haut und Unterhaut nicht unnötig gedehnt und dann natürlich schlaffer werden. Messen Sie entsprechend Abb. 8.21 zu Beginn der Schwangerschaft den Abstand zwischen Brustwarze und Oberrand

des Brustbeins. Ein verstellbarer Büstenhalter kann diesen Abstand dann während der ganzen Zeit konstant halten.

Die Elastizität der bindegewebigen Aufhängung läßt mit zunehmendem Alter nach, beim einen früher, beim anderen später. Vielleicht beruhigt manche auch der Hinweis, daß das sogenannte Leitbild der Brüste in Größe und Form sehr stark mit der jeweils herrschenden Mode schwankt, auch danach, welcher Filmstar gerade besonders beliebt ist. Soll man sich so abhängig machen? Solche ästhetischen oder auch sexuellen Gesichtspunkte erschweren manchen, sich darauf einzustellen, daß dem bisherigen Blickfang für Männeraugen nun eine ganz andere biologische Aufgabe zukommt. Sie müssen sich erst an den Gedanken gewöhnen, daß genug Milch und geeignete Brustwarzen jetzt wichtiger sind als die modellgerechte Brustform. Persönliches Partnerverhältnis und Einstellung zum eigenen Kind können das leichter oder schwerer machen.

Andere Mütter glauben, daß man über Gebühr essen müsse, um genügend Milch zu haben, und werden deshalb runder. Auch das ist nicht nötig. Wir kommen darauf im Abschnitt »Zur richtigen Lebensweise der stillenden Mutter« zurück. Wir könnten noch eine ganze Reihe anderer Vorbehalte aufzählen, die Sie sich aus dem hier Dargelegten alle selbst entkräften können.

## Sorgen um die Brustwarzenform

Kleine Warzen, Flach- oder Hohlwarzen scheinen für manche Frauen künftige Stillschwierigkeiten anzumelden. Aber das muß keinesfalls so sein und vor allem, man kann etwas dagegen tun. Das einfachste Mittel ist täglich mehrmaliges Ansaugen mit einer Handmilchpumpe während der letzten 8 Schwangerschaftswochen. Auch sogenannte Brustschilder in den Büstenhalter eingelegt, können Flach- oder Hohlwarzen vordrücken. Wenn die Warzen mit 2 Fingern gefaßt und vorgezogen werden können, dann gelingt das auch dem Säugling beim Ansaugen. Sie wissen ja, daß ein Baby

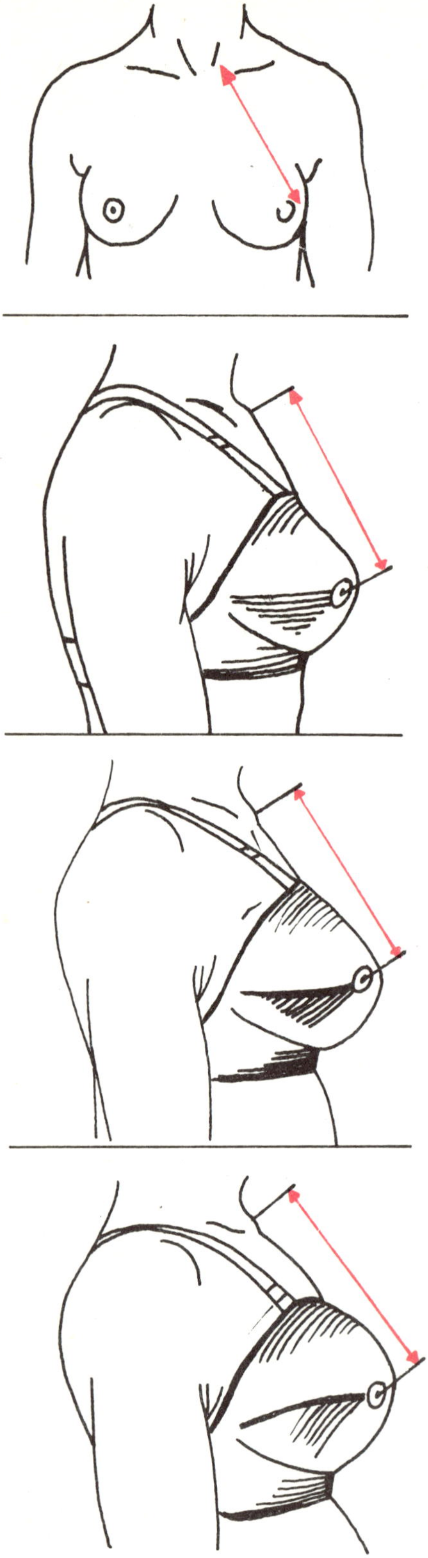

8.21 BH-Einstellung

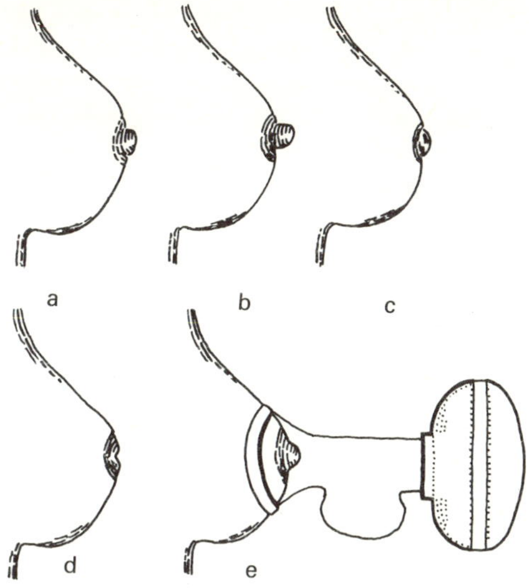


8.22 Brustwarzenformen
a normale Warze in Ruhe;
b normale Warze aufgerichtet;
c Hohlwarze; d Flachwarze;
e Flachwarze, mit Milchpumpe aufgerichtet

viel mehr als nur die Warze mit seinem Munde faßt. Ist es dann so weit, treten bei der Vorbereitung zum Füttern die Brustwarzen durch kleine Schwellkörper stärker hervor. Sollte wider Erwarten im Ausnahmefall das Anlegen nicht gelingen, dann kann man über Saughütchen, Abpumpen oder Abdrücken letztlich doch eine volle Brusternährung erreichen.

## Ermüdet Stillen?

Manche behaupten das. Aber man hört in den ersten Wochen genauso von Müttern, die ihrem Kind mit der Flasche künstliche Fertignahrung füttern, daß sie dauernd müde seien. Nach einer Zeit besonderen Leistungsanspruchs, wie sie Schwangerschaft und Geburt ja mit sich brachten, kehren die vollen Kräfte erst allmählich zurück. Auch die Einstellung auf das Kind, auf eine Person mehr im Haushalt mit Säuglingspflege, verkürzter und zunächst gestörter Nachtruhe, bis auch das Baby seinen Rhythmus gefunden hat, ist ziemlich anstrengend und macht rechtschaffen müde. Dafür nur das Stillen anzuschuldigen, ist also nicht recht überzeugend.

## Zur richtigen Lebensweise der stillenden Mutter

Sie soll im Grunde genommen nicht anders sein als sonst gewohnt, nur ein bißchen bedächtiger. Der Nachtschlaf ist durch das Baby zunächst verkürzt. Das soll möglichst durch ein bis zwei Ruhepausen mit einem Nickerchen am Tage ausgeglichen werden. Nehmen Sie sich das fest vor. Müde ist man ohnehin. Da fällt ein Schläfchen nicht schwer, wenn man sich seine Umgebung entsprechend organisieren kann. Tut man das nicht, wird man abgespannt, regt sich leichter auf, ärgert sich über dies und jenes – und prompt geht die Milch zurück. Also innere Ausgeglichenheit, Stetigkeit und Ruhe sind wichtig.

## Muß man jetzt für zwei essen?

Man braucht mehr Flüssigkeit, mindestens so viel zusätzlich, wie die Stillmenge beträgt. Das sollen nicht nahrhafte, energiereiche Getränke sein, wie Warmbier, Suppen oder was so zuweilen als »milchtreibend« angepriesen wird. Malzkaffee, Fruchtsaft oder irgendein nicht aufregender Tee (wenig oder keinen Zucker dazu), zweckmäßigerweise auch ½ l Milch sind das richtige.

Die Kost soll den bewährten Regeln der gesunden Ernährung folgen: abwechslungsreich, größerer Gemüse- und Obstanteil – auch als Rohkost –, Vollkornbackwaren, Quark, Käse, Eier und nicht so fettes Fleisch bzw. Fisch. Manche wollen es besonders gut machen und verzehren übergroße Mengen an Obst, was dann beim Säugling zu einer Hautreizung im Windelbereich führen kann. Manche Früchte wie Erdbeeren und Apfelsinen können das auch schon, in üblicher Menge verzehrt, hervorrufen, mitunter auch etwas dünnere Stühle bei den Kleinen verursachen, auch mal einen wunden Po. Das muß aber nicht so sein. Die aufmerksame Mutter wird auf solche Zusammenhänge achten und sich danach richten.

Der Energiebedarf liegt für voll stillende Mütter etwas höher als sonst. Es werden reichlich viermal soviel Kilojoule zusätzlich gebraucht wie Milliliter Muttermilch abgegeben werden. Sie sollten deshalb nicht anfangen zu rechnen oder einen strapaziösen »Jouleplan« aufstellen. Das regelt der Appetit ganz von selbst. Sie haben nur Ihr eigenes Körpergewicht in Abständen zu kontrollieren, damit Sie nicht wesentlich zunehmen. Sollten Sie auf Hinweise der Waage ein bißchen bremsen müssen, dann in erster Linie auf Süßigkeiten, Kuchen, Mehlspeisen und fette Fleischsorten verzichten. Solche Begrenzung der Kost wirkt sich nicht nachteilig auf die Milchbildung aus. Die Brust nimmt sich, was sie braucht.

Erst bei echten Hungerzuständen durch Unterernährung, wie sie bei uns nicht vorkommen, wird mangelhaft Milch gebildet.

Für viele Frauen sicher angenehm zu wissen: Stillende erreichen das Gewicht, das sie vor der Schwangerschaft hatten, schneller als Nichtstillende. Milchbildung erfordert eben auch Energie. Das körpereigene Fett wird mobilisiert.

Umgekehrt kann man auch mit reichlichem Essen die Milchbildung nicht steigern. Man wird bloß dick davon.

Die Trinkmenge allerdings, wie oben schon erwähnt, hat erheblichen Einfluß. Man kann mit Dursten die Milchmenge verringern, (was Sie hoffentlich nicht wollen. (Siehe dazu auch unser Beispiel Seite 181ff.) man kann sie durch reichlicheres Trinken erhöhen. Das hat aber auch seine Grenzen.

## Genußmittel und Medikamente

*Bohnenkaffee und schwarzer Tee* können das Kind unruhig machen. Es schreit vielleicht mehr und schläft schlechter. Aber guter Schlaf ist genauso wichtig für die Entwicklung wie gute Ernährung.

*Alkohol* kann es schläfrig und damit trinkfaul werden lassen, was wiederum nachteilig auf die Milchbildung wirken kann.

*Tabakrauch* beeinträchtigt nicht nur die Milchbildung. Die gefäßverengende Wirkung des Nikotins führt zu schlechterer Durchblutung der Organe, auch der Brust. Selbst das Einatmen des Zigarettenrauches anderer (passiv rauchen) wirkt in dieser Richtung. Die ganze Familie muß also darauf Rücksicht nehmen. Auch das Kind selbst hat Tabakrauch gar nicht gern. Stark verräucherte Zimmerluft kann unter Umständen zu Vergiftungserscheinungen mit Erbrechen und Durchfall beim Säugling führen. Auf längere Sicht erkranken Kinder in Raucherfamilien häufiger an Bronchitis. Das sei deshalb erwähnt, weil manche Eltern in dieser Beziehung sehr sorglos oder verständnislos mit ihren Kindern umgehen.

*Mit Verboten ist es nicht getan.* Sicher können Sie gelegentlich eine Tasse Kaffee, Tee oder auch ein Gläschen Wein trinken. Wenn es dabei bleibt, müssen Sie nicht auf alles verzichten, was Ihnen vielleicht lieb ist. Sie wissen nun, wie Ihr Kind mitreagieren kann, werden es besser daraufhin beobachten und auch leichter Beschränkungen auf sich nehmen. Manche Mütter verzichten während des Stillens grundsätzlich auf solche Genußmittel, weil sie diese als Fremdstoffe für ihr Kind empfinden und sich mit ihrer Lebenshaltung ganz und gar schützend vor ihr Baby stellen.

Das Gesagte gilt in umfassender Weise auch für viele Medikamente.

*Die »Pille«.* Bei stillenden Müttern kommt die Eireifung später wieder in Gang als bei nichtstillenden. Das begrenzt zwar die Möglichkeit, erneut schwanger zu werden, bietet aber *keine Sicherheit.* Hormonelle Empfängnisverhütung (Pille) hemmt jedoch in gewissem Maße die Milchbildung, sofern es sich um Präparate mit höherem Gehalt an follikelhormonartigen Stoffen (Oestrogenen) handelt. Andere Präparate mit niedrigem Gehalt an gelbkörperhormonartigen Stoffen (Gestagenen) haben zwar keinen Einfluß auf die Milchmenge, vermindern aber den Fettgehalt und den Kalziumgehalt der Muttermilch.

Man kann also während der Stillzeit keine Pillenart empfehlen. Hormonwirkungen am Kind werden äußerst selten gesehen und sind ohne praktische Bedeutung. Am wenigsten eingreifend und genauso sicher ist es, wenn sich beide Partner während der gesamten Stillperiode auf das Kondom als Empfängnisverhütungsmittel einigen können. Der Wunsch nach

Intimkontakt ist in der Stillzeit nicht schwächer, sondern eher stärker als sonst. Um so wichtiger erscheint es uns, für Liebe ohne Angst zu sorgen.

*Andere Medikamente.* Grundsätzlich können alle Medikamente, welche die Mutter einnimmt, in die Milch übergehen. Manche findet man entsprechend der im Blut nachweisbaren Konzentration, manche sehr viel weniger und wieder andere sogar angereichert. Das hängt von vielen Faktoren ab. Aber nicht allein die Menge interessiert. Auch der junge Säugling hat Besonderheiten in seinem Stoffwechsel, seinem Wasserhaushalt, seiner Nierenleistung, welche Wirkung und Verarbeitung eines Medikamentes ganz anders gestalten können als bei der Mutter.

Deshalb sagen Sie bitte Ihrem Arzt, daß Sie stillen, wenn eine medikamentöse Behandlung erwogen werden muß.

## Wie lange soll man stillen?

4 bis 6 Monate ohne Zufütterung

4 Monate ausschließlich Muttermilch sollte die Mindestnorm sein.

Bis 6 Monate ist weiteres Stillen auch noch eindeutig nützlich und ohne jede Zufütterung möglich, sofern das Kind gut gedeiht. Es kommt ausnahmsweise auch vor, daß eine Mutter so auf die Brustnahrung schwört und ihr Kind so schlecht beobachtet, daß sie gar nicht merkt, wie es bei ungenügender Milchmenge nicht mehr recht gedeiht. Wir stellen also nicht nur eine Empfehlung vor Sie hin, sondern versuchen auch in verschiedenster Weise zum Beobachten des Kindes anzuregen. Eine Hilfe dafür soll auch die Gewichtsverlaufskurve am Ende des Buches sein, nach der Sie sich orientieren können.

Erst nach dem 6. Monat muß man in jedem Falle mit einer Breimahlzeit beginnen. Der Säugling kann nun den steigenden Bedarf bei zunehmendem Körpergewicht nicht mehr allein durch größere Mengen an Muttermilch ausgleichen, woran sich die Brust ja anpassen würde, aber sein Magen kann nicht mehr fassen. Deshalb wird konzentriertere Nahrung erforderlich, wie sie als Brei angeboten werden kann. Aber das ist kein Grund, ab 7. Monat nun schon ganz abstillen zu müssen. Ernährungsumstellungen bei Säuglingen soll man immer allmählich machen. Man ersetzt also eine Brustmahlzeit durch einen gemüsehaltigen Brei (Fertigbrei) und gibt noch dreimal Brust. Meistens hat sich inzwischen der Fütterungsrhythmus auf 4 Mahlzeiten eingestellt. Je nach Bedarf ergibt sich einige Zeit später eine zweite Breimahlzeit (Milchbrei). Manche Mütter kommen bis zum Ende des Babyjahres noch in dieser Weise mit 2 Brust- und 2 Breimahlzeiten aus, wenn der Säugling auch ab 9. Monat anfängt, zusätzlich etwas Festes zu essen (Bröckchen) und aus der Tasse zu trinken (Milchkaffee). Eine Flasche braucht er dann nie.

Sie mögen vielleicht staunen, weil es tatsächlich bei uns selten vorkommt, daß Mütter so lange die Brust geben. Aber die meisten wissen ja zu wenig darüber, und ihre Bemühungen scheitern deshalb schon sehr viel früher. Wer sich in den ersten 2 bis 3 Monaten richtig eingespielt hat, der erreicht auch ohne nennenswerte Schwierigkeiten 4 bis 6 Monate. Und wer 6 Monate geschafft hat, dem hat sich diese Methode als so praktisch erwiesen, daß die nächsten Monate bei gemischter Ernährung auch nicht zum Problem werden.

### Verkürztes Verfahren

Reicht die eigene Milch oder der gute Vorsatz nicht so lange, dann muß eben entsprechend früher zugefüttert werden. Selbst wenn man 4 Monate voll gestillt hat und dann mit dem 1. Brei (Gemüsebrei) anfängt, hat man auch noch die Chance, ohne Flaschennahrung auszukommen. Mit 5 Monaten kann man den 2. Brei einordnen und mit 6 Monaten einen dritten, falls die Muttermilch knapp wird.

## Zwiemilchernährung

Haben Sie all diese genannten Hinweise und »Tricks« zur Steigerung und Erhaltung der Milchbildung mit Geduld befolgt und müssen

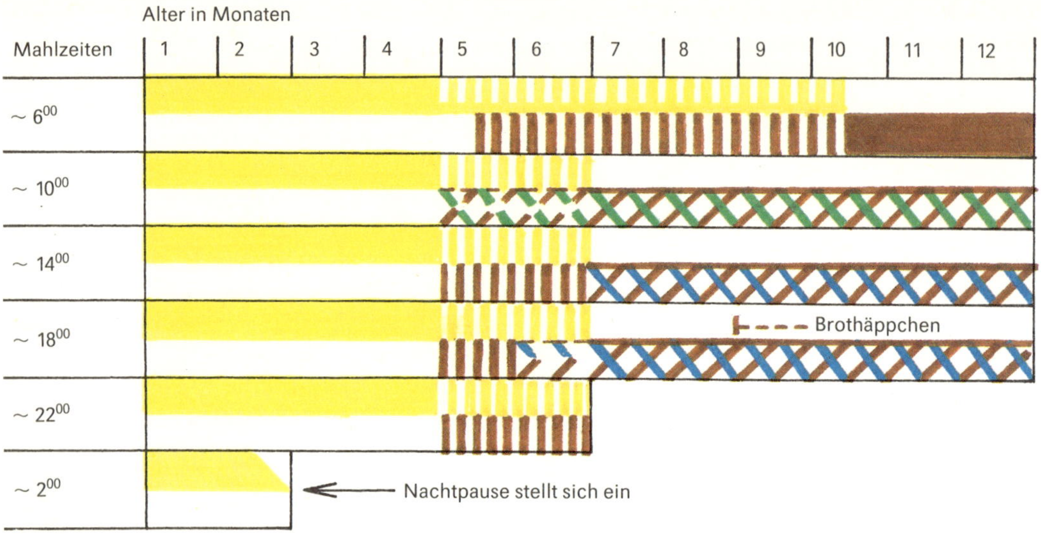

8.23 Ernährungsplan mit Muttermilch und im Einzelfall unterschiedlichem Übergang auf Fertignahrungen:
Erstes Anlegen 20–30 Minuten nach der Geburt, dann mindestens 6x in 24 Stunden, bei Bedarf häufiger.
Nach 4–6–(8) Wochen ergibt sich eine durchgehende Nachtpause, man kommt in der Regel dann mit 5 Mahlzeiten aus.
Ab 5.–7. Monat (frühestens ab 4. Monat) ersetzt 1. Fertigbrei eine Brustmahlzeit.
1 Monat später ersetzt 2. Fertigbrei eine weitere Brust- (oder Flaschen-) Mahlzeit.
1 Monat später 3. Fertigbrei. Damit Übergang auf 4 Mahlzeiten möglich. Breie für die gleiche Altersgruppe sind beliebig austauschbar.
Ab 9. Monat allmählicher Übergang auf Kleinkinderkost.
Reicht die Muttermilch nicht so lange, dann ergänzen Sie schrittweise entsprechend der Übersicht zur Ernährungsplanung mit Fertignahrungen (s. S. 191)
Gewichtskontrollen alle 2 Wochen im Kurvenbild hinten im Buch eintragen.
Dann sehen Sie sehr gut, ob Ihre Muttermilch noch reicht. Ehe Sie zufüttern, beraten Sie sich mit Ihrem Kinderarzt!

doch an der mangelhaften Gewichtszunahme und Unruhe Ihres Babys feststellen, daß die eigene Milchquelle nicht genügend liefert, dann heißt der nächste Schritt: künstliche Flaschennahrung zufüttern.

Die fehlenden Mengen werden entsprechend den Richtwerten für Säuglingsfertignahrung ergänzt, die Sie sich auf der Mütterberatungsstelle sagen lassen. Nehmen Sie diese einschneidende Änderung in der Ernährung Ihres Kindes möglichst nicht auf eigene Faust vor. Nicht allzu selten entstehen bei jungen Säuglingen Durchfallserkrankungen im Zusammenhang mit diesem Übergang auf künstliche Fertignahrung.

## Wie man es am besten macht

Damit Sie nicht laufend mit Flaschen hantieren müssen, ist es bei entsprechend geringen Brustmilchanteilen günstig, für 3 Stillmahlzeiten jeweils beide Seiten anzubieten (früh, mittags, abends) und die dazwischenliegenden 2 Mahlzeiten als Säuglingsfertignahrung zu geben. Je nach Bedarf wird dann eine weitere Brustmahlzeit durch Säuglingsfertignahrung ersetzt, so daß ein schrittweiser Übergang dem Säugling die Anpassung erleichtert.

Nie plötzlich größere Ernährungsumstellungen vornehmen – es sei denn nach ärztlicher Beratung.

Ein nennenswerter Muttermilchanteil bleibt länger erhalten, wenn man nicht mahlzeitenweise umsetzt, sondern nach jeder Brustmahlzeit (beide Seiten angelegt) wiegt und die fehlende Menge mit Flasche ergänzt. Dabei an kleines Saugloch denken (siehe Seite 186)!

## Das probiere ich aus!

Alles, was ich hier über das Stillen erzählt habe, mag Ihnen vielleicht so rund und optimal erscheinen, daß Ihnen einige Zweifel kommen mögen. Ist das nicht zu schön, um wahr zu sein? Kritische Fragen bleiben nicht aus, besonders in der ersten Zeit, in der gewisse Anfangsschwierigkeiten bewältigt werden müssen. Auf der Wochenstation hat man dafür geeignete Gesprächspartner in Schwestern und Ärztinnen. Ärzte sind möglicherweise in einer schwächeren Position. Wohl würdigt man ihre wissenschaftliche Fachkenntnis und ihre langjährige Erfahrung mit jungen Müttern, aber sie haben selbst natürlich kein Kind an ihrer Brust genährt.

So hat mich eine Frauenärztin besonders beeindruckt, die in Kenntnis aller wissenschaftlichen Einzelheiten sich selbst im Interesse ihres Berufes als Versuchsperson betrachtete. »Wenn ich als Stationsärztin die Frauen überzeugen, ihnen etwas beweisen will, muß ich es vormachen. Das probiere ich aus«, sagte sie sich. Sie berichtete dann: »Ich war mit 38 Jahren bei meinem zweiten Kind nicht mehr die Jüngste. Im Vertrauen auf die natürliche Regelung von Angebot der Brust durch Nachfrage des Säuglings habe ich nie auf die Uhr und nie auf die Waage gesehen, also nur nach Bedarf angelegt. Ich habe nie die Flasche gebraucht und 1 Jahr voll gestillt (mit Ausnahme der Breizufütterung im 2. Lebenshalbjahr). Dann mußte ich wieder voll im Beruf sein. Schon in den letzten 3 Monaten meines Babyjahres bin ich wegen Personalmangels zweimal in der Woche in die Klinik gekommen. Alles klappte trotzdem. Ich habe das als echtes Experiment betrachtet.

Zu dieser Zeit kam auch das Tragetuch bei uns auf. Das habe ich ebenfalls ausprobiert, wohl als erste im Bezirk Halle. Ich bekam damals zwar allerhand zu hören: ›Sie können sich wohl keinen Kinderwagen kaufen?‹ – ›Wir sind doch nicht in Afrika, wo sie sich die Kinder auf den Rücken binden‹. Andere mehr praktisch orientierte Leute staunten: ›Das ist eine gute Idee‹. Und ein junger Mann, der mich lange schweigend musterte, meinte dann schlicht und einfach: ›Das fetzt‹. Für mich war es tatsächlich ein wunderbares Ding, die beste Entdeckung in meinem Babyjahr. Ich schwärme dafür. Was alles habe ich nicht mit diesem Kinde im Tragetuch gemacht – $1\frac{1}{2}$ Jahre lang. Dann wurde mir der Kleine mit 13 kg zu schwer. Kinderwagen benutzte ich fast nicht.

Durch die Kombination von Tragetuch und Stillen war ich so ungebunden und frei. Ich bekam immer einen Sitzplatz in der Straßenbahn, hatte keine Kinderwagensorgen in öffentlichen Verkehrsmitteln, ich konnte sogar reisen. Wo ich hinkam, konnte ich füttern, unabhängig von einwandfreiem Wasser, Gelegenheit zum Anwärmen oder Kochen. Da setzt man sich kurzerhand in den DRK-Stützpunkt des Bahnhofs, braucht niemanden zu behelligen oder zu belästigen. Selbst im Stadtpark oder Restaurant kann gestillt werden. Man muß sich ja gar nicht so freimachen. Anlegen ist ganz unauffällig möglich, wenn man weite Pullover oder Blusen trägt, die nur an der Seite ein bißchen hochgeschoben werden. Der mit einem Häkchen vorn verschließbare Büstenhalter wird geöffnet, und die Mahlzeit kann beginnen. Die weite Kleidung oder ein übergehängtes Cape fällt dabei locker über den Säugling, der nahezu unbemerkt trinkt und nicht abgelenkt wird. Solange man ihn saugen fühlt, ist man auch sicher, daß seine Atmung nicht behindert wird. Sonst ließe er ja los.

Wir sind begeisterte Camper. Auf dem Campingplatz begrüßten viele diese Methode, weil man das Kind immer bei sich hat. Das ist sehr beruhigend für Mutter und Kind. So spricht man auch recht viel mit ihm: Guck mal hier und schau mal da ..., obwohl der Kleine natürlich die Worte nicht versteht. Aber der Kontakt ist immer da. Und auf Wasser und Hygiene war ich nicht angewiesen. Es gab keine Probleme – was will man mehr. So hatte ich nie eine Flasche und nie einen Nuckel, und er hat nie am Daumen gelutscht. (Jetzt ist er 3 Jahre alt.) Der Kleine hat seine Befriedigung an der Brust gefunden und den sonst nötigen Kontakt durch das viele Herumtragen. Er entwickelte sich ganz anders als mein erstes Kind.«

## Schwierigkeiten?

»Hatten Sie überhaupt keine Schwierigkeiten?« vergewisserte ich mich nochmals. »Natürlich ging nicht immer alles reibungslos. Wenn ich sehr angespannt war, eine Streßsituation hatte, dann war an dem Tag nicht genug Milch da. Mein Kind wurde unruhig, schrie sehr viel, ich wurde nervös, und prompt hatte ich eine Stauung. Ich mußte an die elektrische Milchpumpe in der Klinik, dann ging es wieder.

Eine Milchpumpe habe ich sonst kaum benutzt. Nur in den ersten 14 Tagen wollte ich mich vergewissern, ob die Brust nach den Mahlzeiten leer war. Später hatte ich mal eine auswärtige Verpflichtung und stellte mich darauf ein. Zwei Tage vorher habe ich abgepumpt und viel getrunken, und tatsächlich hatte ich so den Milchvorrat für diesen Tag Abwesenheit im Kühlschrank stehen. Mein Mann konnte mich nun vertreten. Mehrfach stellte ich fest, daß ich eindeutig mehr Milch hatte, wenn ich an einem Tag viel trank. An dem Tag allein unterwegs durfte ich dann nichts trinken, weil ich sonst Beschwerden bekam. Nach dieser eintägigen Unterbrechung ging alles wieder wie vorher. Man kann sich wirklich in ziemlich weitem Spielraum anpassen, wenn man sich in dieser Beziehung gut beobachtet hat. Ich kann auch in ganz anderer Weise beraten. In meiner Sprechstunde zur Nachbetreuung der jungen Mütter berichten manche stolz: »Ich habe 6 Wochen gestillt«. Meine Erwiderung ist dann: »Was – nur? – Da gibt es ganz andere Beispiele.«

Ich danke für dieses Gespräch sehr herzlich Frau Dr. med. Kursawe, Fachärztin für Gynäkologie und Geburtshilfe an der Frauenklinik des Klinikums Halle-Kröllwitz.

## Künstliche Ernährung

Aus Zufüttern wird meist relativ schnell ein vollständiges Umsetzen. Aber auch für Mütter, die aus ernst erwogenen Gründen nicht stillen

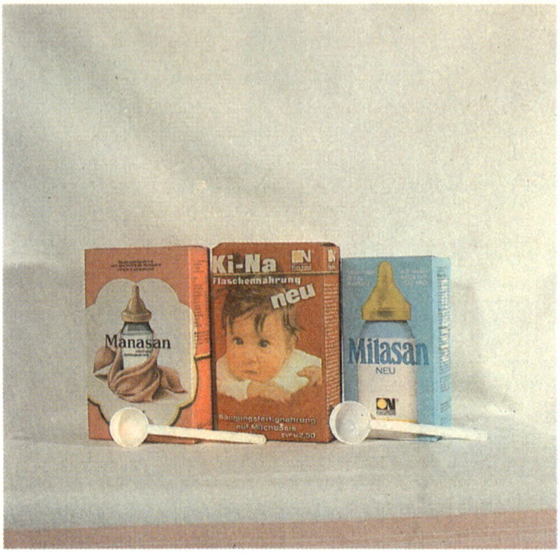

8.24 Säuglingsfertignahrungen mit zugehörigen Meßlöffeln (Anfangsnahrung und Folgenahrung)

können oder dürfen, muß es andere Wege geben. Sie werden sich diese Entscheidung sicher nicht leicht machen, wenn Sie das Kapitel über Brusternährung aufmerksam gelesen haben. Doch nicht immer erreicht man den besten Weg. Manchmal muß man den zweitbesten wählen und darf sogar dankbar sein, daß er heutzutage unter unseren Lebensbedingungen recht sicher und zuverlässig geworden ist.

Grundlage für die künstliche Ernährung ist in der Regel die Kuhmilch. Abbildung 8.25 zeigt, daß sie reicher an Eiweißen und Salzen, dafür kohlehydratärmer als Frauenmilch ist, für Kälber angemessen, die ja viel schneller wachsen als menschliche Säuglinge und daher ganz andere Nahrung brauchen. Man hat deshalb lange Zeit die Kuhmilch verdünnt (um den Eiweiß- und Salzgehalt zu senken) und Kohlehydrate zugeführt (Reisschleim und Zucker), um sie als sogenannte Halb- und Zweidrittelmilch für junge Säuglinge überhaupt verträglich und nutzbar zu machen. Vielleicht kennen Sie das noch. Von daher blieb auch bei manchen Müttern und Großmüttern die falsche Vorstellung, Säuglingsnahrung müsse sämig sein, um Sättigung und Gedeihen zu erreichen.

Diese grobe Annäherung an das Vorbild Frauenmilch ist inzwischen ganz erheblich verfeinert worden durch industriell hergestellte Fertignahrungen. Sie stehen als angepaßte (adaptierte) Milch unter dem Handelsnamen Manasan (ab 1986) für die Jüngsten und als teiladaptierte oder Folgenahrung unter den Namen Ki-Na oder Milasan zur Verfügung. Babysan ist keine Fertignahrung, sondern nur Vollmilch in Pulverform. Selbst hergestellte Zweidrittel-Milch mit Reisschleim und Zucker hat also heute unter unseren Lebensbedingungen keine Berechtigung mehr! Wer Muttermilch als optimale Säuglingsnahrung anerkennt, kann als Ersatz dafür nur eine Nahrung empfehlen, die dem natürlichen Vorbild so weit wie möglich nahekommt. Das aber ist nur mit industriell produzierten Fertignahrungen erreichbar (Abb. 8.24).

## Der Umgang mit Säuglingsfertignahrung

Sie können natürlich nicht ahnen, wieviel Forschungs- und Entwicklungsarbeit zu leisten war, wie sich Ernährungswissenschaftler und Verfahrenstechniker über lange Jahre mühen mußten, bis die Päckchen mit dem unscheinbaren Pulver in den Regalen der Einzelhandelsgeschäfte auftauchten. Es gibt aber immer wieder Mütter, die es noch besser wissen wollen als die Fachleute: »Das Zeug, nach Vorschrift zubereitet, ist ja viel zu dünn. Da hat der ja nur Plörre im Bauch und nichts, was bei den Rippen steht. Ich muß da mehr Pulver rein machen, bis das richtig sämig wird«, sagen manche. (Lesen Sie dazu über Ernährungsstörungen S. 159 und 198). »Ich habe das mit Reisschleim angedickt, sonst wird er ja gar nicht satt.« – »Ich mache noch Zucker dran, mir ist das nicht süß genug«, äußern andere. Und dann sind sie auch noch stolz auf die erzielte Gewichtszunahme, wenn ihre Babys aufgehen wie die Hefeklöße. Oder sie klagen über Verstopfung der Kleinen.

Betroffen steht man als Kinderarzt vor solcherart »mißhandelten« Säuglingen mit ihren weichen, puddingartigen Fettpolstern. Man weiß, daß sie sich weniger bewegen und häufiger erkranken als Normalgewichtige, womit sie in ihrer körperlichen und geistigen Entwicklung behindert werden. Man weiß ebenfalls, daß solche Kinder, die bereits in den ersten drei Monaten deutlich übergewichtig werden, dann im Vorschul- und Jugendalter sehr viel häufiger als andere zu dick sind. Diese Neigung wird ins Erwachsenenalter mitgenommen. Und hier ist wiederum bekannt, daß übergewichtige Menschen häufiger an bestimmten Herz-Kreislauf-Erkrankungen, an Zuckerkrankheit usw. leiden. Vermeidung von Übergewicht sehen wir auch hierbei (vergl. S. 158) nicht als kosmetisches Problem, sondern aus besagten Gründen als ein vordergründiges Anliegen vorbeugender Gesundheitserziehung.

Wie diese Zusammenhänge zu erklären sind, ist noch nicht abschließend zu sagen. Es

8.25 Unterschiedliche Zusammensetzung verschiedener Milcharten

| 100 ml enthalten in g | Eiweiß | Fett | Milchzucker | andere Kohlenhydrate | Salze | Energie kcal. | kJ |
|---|---|---|---|---|---|---|---|
| Frauenmilch (unreif bis 5. Tag) | 4,1 | 2,9 | 5,5 | – | 0,3 | 66 | 275 |
| Frauenmilch (reif ab 15. Tag) | 0,9 | 3,7 | 7,0 | – | 0,2 | 67 | 280 |
| Kuhmilch | 3,2 | 3,8 | 4,7 | – | 0,7 | 65 | 285 |
| Ki-Na neu | 1,8 | 3,5 | 4,7 | 3,0 | 1,4 | 71 | 300 |
| Milasan neu | 1,9 | 3,8 | 4,9 | 1,3 | 0,5 | 69 | 290 |
| Manasan | 1,4 | 3,2 | 7,0 | 0,5 | 0,25 | 67 | 280 |

konnte nachgewiesen werden, daß zu hohes Nahrungsangebot bei jungen Säuglingen die Zahl der Fettzellen zunehmen läßt, während dies später nur noch zur Vergrößerung der vorhandenen Fettzellen führt, was leichter zu korrigieren ist. Am besten begründet erscheint zur Zeit die Deutung aus dem Arbeitskreis um Professor Dörner von der Humboldt-Universität Berlin:

Zugeführte Nahrungsmenge (möglicherweise auch Qualität) bestimmt während der kritischen Phase der Gehirnentwicklung die Sollwert-Einstellung der zentralnervösen Sättigungs- und Hungerzentren. Diese »Eichstriche« für Hunger- und Sättigungsgefühl können in den ersten Monaten nach der Geburt fest eingeprägt werden. Einen ganz ähnlichen Wirkungsmechanismus besprachen wir bei der Geschlechtsdifferenzierung im Abschnitt »Mädchen oder Junge?« (S. 80). Der Wissenschaftler spricht hierbei von umweltabhängiger Gehirndifferenzierung. Der medizinische Laie sagt nicht weniger treffend: »Ein Vielfraß wird nicht geboren, sondern erzogen.«

Wissend um die vielen Erkrankungsmöglichkeiten und Gefahren, die sich aus falscher Säuglingsernährung ergeben können, läßt man sich als Kinderarzt in der Mütterberatung immer wieder die Nahrungszubereitung von den Müttern beschreiben. Und immer wieder erlebt man auch seine Überraschungen bei diesen so einfach gewordenen Dingen: »Der hat mir ja heute wieder Fangfragen gestellt. Ich mußte direkt scharf nachdenken, um das so zu sagen, wie es auf der Packung steht, – denn ich mache das *ganz* anders.« Sie werden mir wohl zustimmen, daß dies nicht der Sinn einer Ernährungsberatung sein kann.

## Zubereitung

Über Entbindungsklinik und Mütterberatungsstelle werden Meßlöffel ausgegeben, die Ihnen eine korrekte Herstellung der Flaschennahrung erleichtern sollen. Beachten Sie, daß es unterschiedliche Meßlöffel gibt! Immer werden Meßlöffel locker gefüllt bis zu ihrem oberen Rand, notfalls abgestrichen (Abb. 8.26), aber dabei den Inhalt nicht zusammendrücken! Kontrollieren Sie sich anfangs selbst einige Male mit der Briefwaage, damit Sie sehen, wie leicht man schon durch geringe Fehler etwa beim Abstreifen die vorgesehene Menge verfälschen kann. Damit werden Sie sicherer. Erfahrungsgemäß gerät die Nahrung häufiger zu konzentriert, auch wenn sie nicht sämig ist. Die Mütter bewundern dann die »gute Zunahme« und beklagen die Verstopfung.

*Manasan-Zubereitung.* Für 200 g fertige Nahrung werden 180 g frisch abgekochtes, heißes Wasser (etwa 50 °C) in die Säuglingsflasche gefüllt. Dann gibt man 4 gestrichene Ki-Na-Meßlöffel (= 26 g) Manasan hinzu. Das Granulat löst sich bei Schwenken und Kippen der Flasche rasch auf. Kräftigeres Schütteln wegen der Schaumbildung vermeiden. Das kann helfen, Blähungen vorzubeugen, indem nicht erst so viele kleine Luftblasen in den Bauch hineinkommen. Nahrung nicht aufkochen, deshalb peinliche Sauberkeit bei der Zubereitung: Ausgekochte Flaschen oder kochend gespülte Flaschen verwenden. Vor Fütterung auf Trinktemperatur abkühlen.

Brauchen Sie kleinere Mengen, können Sie entsprechend weniger herstellen nach dem Rezept: 2 Meßlöffel (= 13 g Granulat) + 90 ml Wasser ergeben 100 ml trinkfertige Nahrung. Andere Veränderungen durch Andicken, Nachsüßen, stärkere Konzentration usw. dür-

8.26 So wird der Meßlöffel abgestrichen

fen nicht vorgenommen werden! Manasan ist unsere modernste Anfangsnahrung und der Muttermilch am weitesten angenähert. Deshalb ist der Flascheninhalt natürlich auch so dünnflüssig wie Muttermilch! Es ist für die ersten 4 Lebensmonate gedacht. Länger mit Manasan zu ernähren ist nicht notwendig, aber ebenso wie bei Muttermilch mit entsprechender Beikost bis zum Ende des ersten Lebensjahres möglich. Manasan kann wie Muttermilch nach Bedarf gefüttert werden (s. S. 159). Ähnlich der Muttermilch bewirkt eine ausschließliche Manasan-Ernährung die typische Hemmung bakterieller Fäulnisprozesse in den unteren Darmabschnitten. Dadurch werden die noch unreifen Abwehrmechanismen des jungen Säuglings entlastet und sein Gesamtbefinden und Gedeihen stabilisiert. Die Entleerungen ähneln in Geruch und Aussehen denen bei Muttermilchernährung. Deshalb kann man auch mehrere weiche bis dünne Stühle täglich beobachten oder auch harmlose scheinbare Verstopfungen über mehrere Tage.

*Ki-Na und Milasan.* Beide sind ebenfalls in ihrer Zusammensetzung wiederholt verändert worden, entsprechend dem jeweils neuesten wissenschaftlichen Stand und den modernen Produktionsmöglichkeiten. Bei der letzten Maßnahme dieser Art wurde das mit der Bezeichnung »neu« unter dem Markennamen kenntlich gemacht. Bis zum Erscheinen von Manasan waren diese beiden Fertignahrungen das einzige Angebot für die Säuglingsflasche von Anfang an. Sie können auch weiter so eingesetzt werden, wenn Manasan nicht zur Verfügung steht. Ist das aber verfügbar (ab 1986), dann sind Ki-Na und Milasan ab 4. bis 5. Lebensmonat als Folgenahrung einzusetzen, weil die Stoffwechselmechanismen des Säuglings nun so weit herangereift sind, daß sie stärkeren Belastungen durch die etwas billigere Nahrung besser gewachsen sind.

*Ki-Na-Zubereitung.* Für 200 g fertige Nahrung 28 g Pulver (4½ gestrichene Ki-Na-Meßlöffel) in 180 g Wasser anrühren, unter Rühren kurz aufkochen, in ausgekochte oder mit kochendem Wasser ausgespülte Flasche füllen und auf Trinktemperatur abkühlen.

*Milasan-Zubereitung.* 2½ Stendaler Meßbecher (25 g) in 175 ml Wasser anrühren und unter Umrühren kurz aufkochen lassen. Flasche abfüllen wie beschrieben und auf Trinktemperatur herunterkühlen.

## Tagesmenge oder Einzelmahlzeit zubereiten?

Milch und Milchmischungen mögen auch Bakterien gern und vermehren sich darin rasch. Fertige Säuglingsnahrung – wie auch einfache Milch – verdirbt daher sehr schnell. Sie muß keineswegs erst sauer riechen oder schmecken! Es ist deshalb am sichersten, jede Mahlzeit frisch zuzubereiten. So groß ist die Mühe mit dem Pulver ja wirklich nicht.

Nur wenn Sie einen Kühlschrank haben, dessen Temperatur nicht über + 4 °C liegt, einwandfrei sauberes Geschirr verwenden, die abgefüllten Flaschen mit ausgekochten Kappen verschließen und zur raschen Abkühlung für 20 Minuten in einen Topf unter einen langsam laufenden Wasserhahn stellen und dann in den Kühlschrank bringen, können Sie 2 oder 3 Portionen auf einmal zubereiten. Rasches Abkühlen ist deshalb wichtig, weil sich gerade im Bereich zwischen 40 °C und 15 °C Bakterien besonders schnell vermehren. Das gilt natürlich auch, wenn Sie die Flasche vor einer Mahlzeit wieder aufwärmen. Sie soll so kurz wie möglich im Flaschenwärmer oder Wasserbad stehen. Nicht in der Zwischenzeit noch andere Besorgungen erledigen.

## Füttern auf Reisen

»Säuglinge sind kein Exportartikel«, sagte eine Oma und meinte damit, daß fremde Umgebung so einen kleinen Menschen erheblich beunruhigen oder gefährden kann. Die Bahn mit unvermeidlichem Schmutz, vielen Menschen (und damit Ansteckungsmöglichkeiten), ungewohntem Zeitplan (einschließlich Verspätungsmöglichkeiten) bringt eine Reihe von Unsicherheitsfaktoren mit sich, die man nach Möglichkeit vermeidet. Trotzdem kann manchmal eine Reise notwendig werden, auch mit Füttern unterwegs.

Bei Brustnahrung ist das kein Problem (s. S. 158). Bei Flaschennahrung wird ein Fehler immer wieder einmal gemacht: die fertige warme Nahrung in der Thermosflasche oder in einer gut eingepackten Säuglingsflasche mitzunehmen. Nachdem Sie gerade über Zusammenhänge von Temperatur der Milchnahrung und Bakterienwachstum gelesen haben, werden Sie verstehen, daß das eine gefährliche Methode ist. Man füllt deshalb besser kochend heißes Wasser in die Thermosflasche und abgemessene pulverisierte Fertignahrung in eine trockene, saubere und verschließbare Säuglingsflasche. Heißes Wasser ist auch unterwegs am ehesten zu bekommen. Es wird dann in die Säuglingsflasche entsprechend der erforderlichen Menge zum bereits abgemessenen Nahrungspulver gegeben, mit Verschlußkappe bewegt bis zur gleichmäßigen Verteilung und bei geeigneter Temperatur gefüttert. In solchem Falle muß man auf das Kochen verzichten. Die ideale Flaschennahrung für diesen Zweck ist deshalb Manasan – auch bei älteren Säuglingen.

Als Notbehelf kann man auch kalte Nahrung füttern – besser als möglicherweise verdorbene warme. Das gilt sowohl für die Flasche wie auch für den Fertigbrei aus Gläsern. Sie werden schlechter genommen, aber gut vertragen. Das soll keine Empfehlung für zu Hause sein!

Eine kürzere Zeit läßt sich auch mit fertig zubereiteter Flaschennahrung in der Weise überbrücken, daß man die frisch gefüllte Flasche im Kühlschrank sehr kalt werden läßt und dann bei Antritt der Reise in einer ebenfalls vorgekühlten Kühltasche unterbringt, umgeben von sogenannten Kühlakkus. Das sind flache, flüssigkeitsgefüllte Plastbehälter, die man unter Campingbedarf erstehen und einfrieren kann. Besondere Reiseflaschen gestatten zudem, auch gleich den Sauger hygienisch einwandfrei unter dem dichten Flaschenverschluß mit unterzubringen.

## Die Behandlung von Flasche und Sauger

Größte Sauberkeit ist immer wieder ein wesentlicher Angelpunkt gesunder Säuglingsernährung. Die Ablösung der Frischmilch durch pulverisierte Fertignahrung brachte aus diesem Grunde eine wesentliche Senkung der Säuglingssterblichkeit. Sorgen Sie nun dafür, daß auch auf der letzten Strecke zwischen Handelspackung und Mund des Kindes diese günstigen Voraussetzungen erhalten bleiben.

Dazu gehört:

1. Vor den Küchenarbeiten Hände waschen.
2. Den Tagesbedarf an Flaschen einmal täglich 10 Minuten in Wasser kochen (keimfrei machen). Wasser dann abgießen und Flaschen mit Öffnung nach unten in diesem Topf (der für nichts anderes verwendet wird) trocken stehen lassen bis zur Benutzung. Werden sie durch Wasserstein trüb, dann gelegentlich über Nacht mit Essigwasser gefüllt stehen lassen.
3. Der Flaschenanzahl entsprechende Sauger in besonderem »Saugertopf« 5 Minuten kochen und dann trocken in einem ausgekochten Glas mit Deckel aufbewahren.
4. Der Kochtopf für die Säuglingsnahrung soll ebenfalls nur diesem Zweck dienen.
5. Richtige Trinkwärme wird geprüft, indem man etwas auf den Handrücken tropfen läßt und kostet. Im Zweifelsfalle lieber zu kühl als zu heiß anbieten. Nie direkt aus der Flasche probieren. Manche prüfen die Flaschentemperatur an der eigenen Wange. Aber die Nahrung kann innen viel heißer sein, als man von außen fühlt!
6. Sofort nach der Mahlzeit Flasche und Sauger gründlich ausspülen und bürsten, ehe Nahrungsreste antrocknen können. Nie eingeweicht stehen lassen!

Bedenken Sie auch, daß feuchte Waschlappen und Bürsten rasch zu Bakterienquellen werden, weil sich Keime dort gut erhalten und vemehren. Also nach Gebrauch stets zum Trocknen luftig aufhängen; Lappen häufig mit in die Kochwäsche geben.

7. Neue Sauger haben kein Loch. Mit heißer Nadel muß es erst eingestochen werden, und zwar seitlich von der Spitze (Abb. 8.27), damit die Nahrung nicht direkt nach hinten in den Rachen spritzt. Der Kleine könnte sich sonst leichter verschlucken. Es soll so groß sein, daß die Nahrung abtropft, aber nicht im zusammenhängenden dünnen Strahl herauslaufen kann.
8. Die Flasche ist beim Füttern so schräg zu

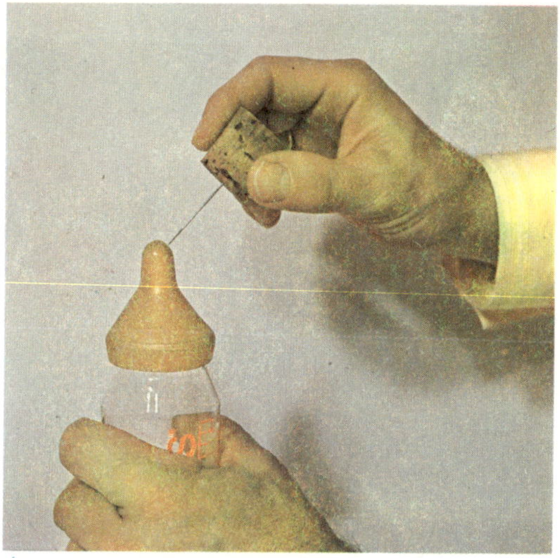

8.27 Und so stechen Sie das Saugerloch

8.28 Flasche schräg, Sauger luftfrei halten

halten, daß keine Luft mit verschluckt werden kann (Abb. 8.28). Das Saugerloch soll zur Seite zeigen, weil es sich sonst u. U. am Gaumen festsaugt.

## Menüs für unsere Jüngsten

Mit zunehmendem Alter braucht der Säugling außer der reinen Milchnahrung auch anderes, um seinen eigenen Bedarf an Energie- und Baustoffen zu decken. Entsprechend den Entwicklungserfordernissen seines Darmes werden auch festere Stoffe in Form der Pflanzenfasern aus Gemüse und Obst nötig. Er muß sich rechtzeitig an andere Geschmacksrichtungen und andere Teilchengrößen gewöhnen, um mit alledem auf längere Sicht den Übergang auf die gemischte Kost der »Großen« vorzubereiten.

Diese sogenannte Beikost beginnt teelöffelweise mit Obst- und Möhrensaft ab 6. Woche. Hautempfindliche Säuglinge können dadurch anfangs im Windelbereich etwas wund werden. Außer liebevoller Hautpflege wechselt man dann die Saftart, geht mit der Menge etwas zurück oder macht 1 bis 2 Tage Pausc. Mit Beginn des 4. bis 5. Monats wird der erste Brei erforderlich. Manche bieten ihn schon wesentlich früher an. Sie haben dann in der Regel mehr Aufwand und Mühe, bis das Füttern mit dem Löffel einigermaßen klappt, sind aber vielleicht gerade darum besonders stolz auf das Erreichte. Es gibt jedoch wirklich keinen zwingenden Grund für frühere Termine. Die konzentriertere Breinahrung kann dann eine Neigung zu Übergewicht fördern. Die Möglichkeit zu erbrechen und dabei Mageninhalt in die Luftwege einzusaugen, ist bei sehr jungen Säuglingen größer als bei älteren.

Solche »Unfälle« sind zwar insgesamt selten, man muß aber damit rechnen. Und mit Pflanzenfasern werden die Luftwege wesentlich schlechter fertig als mit reiner Milchnahrung. Warum dann ein Risiko eingehen, das keinen offensichtlichen Gewinn bringt?

Wie der Ernährungsplan zu gestalten ist, zeigt die Übersicht »Ernährung im 1. Lebensjahr mit Fertignahrung« (S. 191). Zuvor aber noch eine Frage, die sich viele Mütter stellen:

## Selbstherstellung oder Konserve?

Fertigbreie und abgefüllte Obstsäfte sind natürlich Konserven. Darin sehen manche Mütter etwas Wertminderndes gegenüber dem frisch Zubereiteten. Gefühlsmäßig übernommene Erfahrungen von der Großmutter bestärken sie darin: »Eingekocht heißt totgekocht!« Sie möchten die Mahlzeiten für ihr Kind individuell selbst zubereiten unter Verwendung frischer Zutaten – nicht nur ein Glas aufmachen.

8.29 8.30

Falls man keinen eigenen Garten hat, sondern die Erzeugnisse über den Handel bezieht, ist diese Frische keineswegs garantiert, das Angebot auch sehr abhängig von der Jahreszeit. Lange Transportwege etwa bei sommerlichen Temperaturen oder unzweckmäßige Zwischenlagerung von Gemüse, Obst und Kartoffeln können beachtliche Wertminderungen der Lebensmittel verursachen. Hinzu kommt, daß moderne Landwirtschaft im Interesse der Ertragssteigerung mit Pflanzenschutz- und Schädlingsbekämpfungsmitteln sowie mineralischem Stickstoffdünger arbeiten muß, was zu Großmutters Zeiten längst nicht in dem Maße der Fall war. All dies kann Nachteile für junge Säuglinge mit sich bringen.

Andererseits können bei küchentechnischer Verarbeitung im Haushalt schon gering erscheinende Verarbeitungsfehler beim Wässern, Garen, Abkühlen oder Wiederaufwärmen erhebliche Qualitätsverluste bedingen. Die Herstellung der kleinen Portionen mit Putzen, Reiben, Kochen, in den ersten Monaten noch durchs Sieb rühren, Andicken und danach Abwaschen des Küchengeschirrs kostet viel Zeit, die nicht mehr viele Eltern aufzubringen in der Lage sind.

Aus all diesen Gründen haben industriell hergestellte Konserven einen festen Platz in der Säuglingsernährung bekommen. In der DDR sind unter der Markenbezeichnung »Fürs Kind«® Fertigbreie, Obst- und Gemüsesäfte im Handel, die mit großer Sorgfalt durch das Zentralinstitut für Ernährung der Akademie der Wissenschaften der DDR in Zusammenarbeit mit großen Kinderkliniken und zuständigen Gremien der Lebensmittelindustrie entwickelt worden (Abb. 8.29, 8.30). Die Breie mögen Ihrem Erwachsenengeschmack nicht immer entsprechen. Dafür sind sie ja auch nicht gemacht, sondern für Säuglinge. Andererseits erfreuen sich die entsprechenden Obstsäfte solcher Beliebtheit bei »Großen«, daß sie mitunter für die Kleinen nicht immer greifbar sind. Bitte denken Sie daran, wenn Sie an den Regalen der Kaufhallen entlang gehen.

Die verwendeten Rohstoffe stammen aus Anbaubetrieben, die hinsichtlich Verwendung der oben erwähnten landwirtschaftlichen Chemikalien streng festgelegten Einschränkungen und Kontrollen unterliegen. Die industrielle Verarbeitung ergibt praktisch Keimfreiheit und einen bestimmten Gehalt an Nährstoffen und Vitaminen, wie ihn Säuglinge und Kleinkinder in den verschiedenen Altersstufen brauchen. Verarbeitungs- und lagerungsbedingte Vitaminverluste werden durch entsprechende Zusätze ausgeglichen. Beachten Sie die aufgedruckte Verwendbarkeitsdauer! Alle Obst- und Gemüsefertigbreie sind mit vier altbewährten Grundnahrungsmitteln aufgebaut, welche durchfallverhütende Eigenschaften haben. Das sind Möhren, Reis, Äpfel und Bananen. Sie geben speziell dem jüngeren Säugling gewisse zusätzliche Sicherheiten. So besehen, wird Ihnen vielleicht die verwirrende Vielfalt des Angebots verständlicher. Achten Sie aber darauf, daß der Brei »Möhren pur«, bestehend nur aus fein pürierten Möhren, nicht ohne Ergänzung für die normale Ernährung geeignet ist. Das wäre eine reine Hungerkost. Er ist ausschließlich als Heilnahrung da, die auf ärztliche Anweisung bei Ernährungsstörungen zu verwenden ist!

In Nährstoffzusammensetzung und Teilchengröße sind die Fertigbreie drei Altersgruppen angepaßt, die auf den Packungen jeweils angegeben sind. Innerhalb der genannten Altersgruppen sind die Breisorten beliebig austauschbar.

Bis das erste Breifüttern klappt, braucht es ein paar Tage. Füttern Sie zum Angewöhnen vor den Flaschenmahlzeiten 2 bis 3 Teelöffel Brei und steigern die Zahl über einige Tage, bis sich der Kleine an den Löffel gewöhnt hat. Dann gibt es entweder Flasche oder Brei, nie beides zusammen (Überfütterung!). Angewärmte und nicht ausgegessene Breie dürfen nicht ein zweites Mal erwärmt und dem Säugling wieder angeboten werden. Sie sind dafür nicht mehr einwandfrei und müssen anderweitig verwendet werden.

Beim Übergang auf gröbere Teilchen werden die Breie zunächst wieder schlechter genommen, weil ungewohnt. Die Kleinen wehren ab, sortieren im Munde und spucken aus, was Kind, Mutter und Umgebung ganz schön »verzieren« kann. Lassen Sie sich dadurch nicht irritieren. Für jede neue Kostform brauchen Sie eine Gewöhnungszeit. Solche Anpassung ist ein notwendiger Lernschritt zur Vorbereitung auf die spätere Erwachsenenkost und dient auch der Entwicklung des Kauapparates. Schon in den letzten Monaten des 1. Lebensjahres können die Jüngsten bei geeigneten Mahlzeiten aus dem »Familientopf« mitessen, indem man Brothäppchen anbietet, dünn mit Butter und fettarmer Wurst bestrichen, Kartoffeln und Gemüse mit der Gabel kleindrückt, etwas Soße und zerkleinertes Fleisch zugibt. Es darf nur nicht so salzig oder scharf sein, wie es viele Erwachsene lieben. Deshalb sollen diese lieber nachwürzen.

In der Übersicht Abb. 8.32 finden Sie einen Ernährungsplan für das 1. Lebensjahr. Dort ist ganz vorwiegend auf industrielle Fertignahrungen Bezug genommen. Wir haben Ihnen deshalb ausführlicher die Gründe erläutert. Damit haben Sie für verschiedene Altersstufen eine wissenschaftlich begründete Nahrung nach Maß zur Verfügung. Dank der staatlichen Unterstützung kommt sie Ihnen billiger als bei Selbstherstellung, vom Zeitaufwand ganz abgesehen: Glas öffnen – im Wasserbad auf 40 °C erwärmen – umrühren – direkt aus dem Glas füttern (langstielige Plastlöffel eignen sich am besten dazu). Manchen Müttern ist das Glas aber zu eng. Sie füttern dann lieber vom Teller. So einfach ist das geworden – abwechslungs- und vitaminreich auch in der gemüse- und obstarmen Jahreszeit. Die eingesparte Arbeitszeit verwenden Sie lieber, um sich mit Ihrem Kinde zu beschäftigen. Das ist für die Entwicklung genauso wichtig wie gesundes Füttern.

Noch ein Hinweis nebenbei: Vor dem Öffnen der Breigläser sicherheitshalber festen Sitz des Verschlusses prüfen. Nach Öffnen Geruch und Geschmack kontrollieren. Auf kleine Glassplitter achten, die eventuell durch unsachgemäßes Öffnen abspringen können!

Trotz der geschilderten Vorteile der Fertignahrungen möchten manche Mütter auch selbst Breie für ihr Kind kochen. Im Babyjahr haben Sie Zeit dafür, und Spaß macht es manchen auch. Auch muß man sich selbst helfen können, falls der Nachschub einmal nicht klappt.

## Kochrezepte für Selbstherstellung

*1. Reisschleim*

Für eine Flasche Reisschleim werden in 200 g kaltes bis lauwarmes Wasser zwei leicht gehäufte Teelöffel Reismehl (10 g) gerührt und unter weiterem ständigem Rühren zum Kochen gebracht. Nach 3 Minuten Kochzeit ist der Quellvorgang beendet. Eine kleine Prise Speisesalz und ein gestrichener Teelöffel Zukker (5 g) vervollständigen diese Heilnahrung. Ihre Anwendung wird in Kapitel 10, Punkt 6 besprochen. Verschiedene Reismehlsorten oder auch -chargen quellen unterschiedlich stark, so daß man dementsprechend auch etwas mehr Reismehl nehmen kann. Nur soll bei Trinktemperatur kein Brei entstehen, der dann nicht mehr durch den Sauger geht.

*2. Vollmilchbrei*

200 ml Wasser zum Kochen bringen und 16–20 g Grieß einrühren (das ist 1 Eßlöffel gehäuft voll Nährmittelmenge. Bitte zunächst einmal auf Briefwaage kontrollieren, weil Löffel sehr verschieden groß und voll sein können). 5–10 Minuten bei ständigem weiterem Rühren auf kleiner Flamme zu einem Brei ausquellen lassen. Nach Abkühlung auf etwa 40 °C 3 Milasan-Meßlöffel Babysan (30 g) und 2 Teelöffel Zucker (10 g) einrühren. Steht einwandfreie Frischmilch zur Verfügung, kann auch damit der Brei gekocht werden, was aber besonders in der heißen Jahreszeit größere Unsicherheiten mit sich bringt. Die Zugabe von Babysan-Pulver würde dann natürlich entfallen. Anstelle von Grieß ist auch Maisan in gleicher Menge zu verwenden. Es muß allerdings in kalter Flüssigkeit angerührt werden, die man vorher der abgemessenen Kochmenge entnimmt.

*3. Milchfreier Gemüsebrei*

Dafür sind in erster Linie Möhren geeignet, aber je nach jahreszeitlichem Angebot auch Blumenkohl, Rosenkohl, zarter Kohlrabi, Schwarzwurzel und grüner Salat (wie Spinat verarbeitet). Nach dem Putzen wird das Gemüse kurz, aber gründlich gewaschen – nicht in Wasser liegen lassen, um Nährsalzverluste zu vermeiden. Anschließend mit wenig Wasser dünsten und durch ein Sieb passieren oder mit einem Mixgerät zerkleinern. Bei größeren Säuglingen genügt dann schon sorgfältiges Kleindrücken mit der Gabel.

Aus Gemüsekochwasser bzw. Fleisch- oder Knochenbrühe, von der das Fett abgeschöpft wurde, wird Grießbrei gekocht (auf 200 ml Brühe 1 gehäufter Eßlöffel Grieß). Diesen Brühgrieß zu gleichen Teilen mit zerkleinertem Gemüse mischen. Auf die Größe der Mahlzeit (200–250 g) kommt es hier nicht so an wie bei milchhaltigen Flaschen oder Breien, denn an Gemüse übernimmt sich keiner. Ab 6. Monat kann bei diesem Gemüsebrei der Grießanteil durch Kartoffelmus ersetzt werden. Kartoffeln dafür in der Schale dämpfen und dann erst schälen und zerkleinern. Zur Ergänzung zweimal in der Woche ein Eigelb hineinrühren, an den anderen Tagen etwa 20 g mageres, durchgedrehtes Fleisch (Kalb, Huhn, Kaninchen).

*4. Milchhaltiger Gemüsebrei*

Vollmilchgrießbrei sinngemäß wie unter Punkt 2 kochen und zu gleichen Teilen mit Möhrenpüree (z. B. »Möhren pur«) mischen. Man erhält so einen Halbmilchbrei oder auch bei Bedarf einen Zweidrittelmilchbrei, der für darmempfindliche Säuglinge sehr geeignet sein kann.

*5. Apfel-Zwieback-Brei*

30 g Zwieback, das sind je nach Größe 3 bis 5 Stück, werden mit 150 ml heißer Flüssigkeit übergossen (Tee oder Milch, das richtet sich nach der verfütterten Gesamtmilchmenge, die an einem Tage 500 g nicht wesentlich überschreiten darf). Nach kurzer Zeit sind sie so gut aufgeweicht, daß sie mit einer Gabel zu glattem Brei zerdrückt und verrührt werden können. Etwa 50 g geriebener Apfel, gelegentlich auch Banane und 2 Teelöffel Zucker ergänzen den Brei. Anstelle von Zwieback kann man auch sogenannte Butterkekse nehmen.

8.31

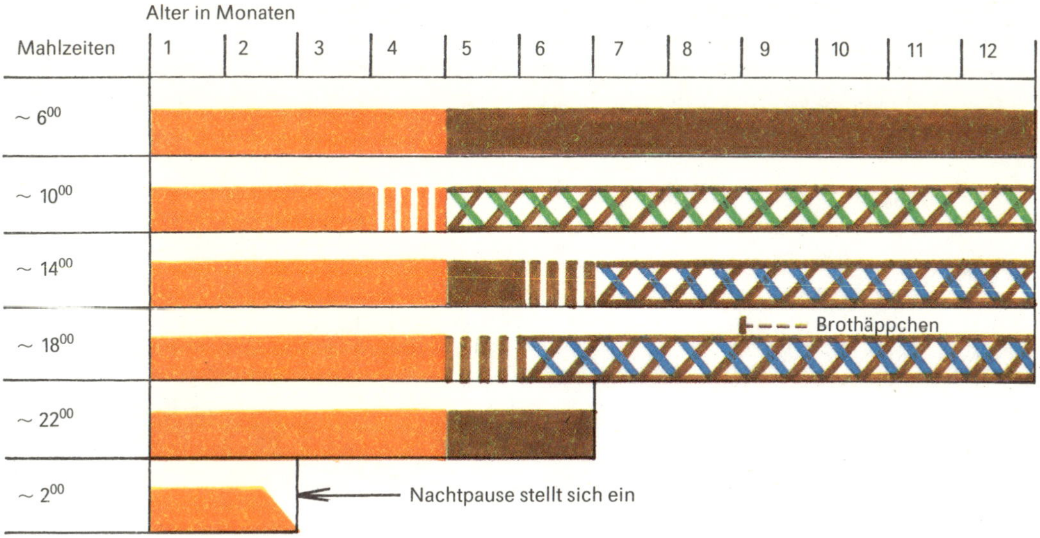


Beide sind Zugeständnisse an schnelle Zubereitung, weil sie fast nur aufgeschlossene Stärke und keine Vollkornanteile enthalten.

### Mein Kind ißt so schlecht!

Diese Klage wird immer wieder in kinderärztlichen Sprechstunden vorgebracht. Wenn es auch vielfach größere Kinder betrifft, so beginnt eine solche Fehlentwicklung nicht selten in der Zeit nach dem 1. Geburtstag. Deshalb wollen wir am Ende dieses Ernährungskapitels noch einen Blick über das Säuglingsalter hinaus werfen.

Die Flasche soll bis Ende des 1. Lebensjahres ganz abgewöhnt sein. Das bringen manche Mütter nicht fertig. »Der will doch sein Fläschchen haben, sonst ist er nicht zufrieden. Er nimmt das viel lieber als Brei oder Brot.« Verständlich ist das schon. Das schluckt sich leicht hinunter, der Magen ist voll, Kind ist satt – hat aber keinen altersentsprechenden Inhalt im Bauch. Da die Eltern gelesen haben, wie gesund Milch sei, haben sie auch kein schlechtes Gewissen. Schließlich will man ja das Beste für sein Kind. Es folgt Milch in der Tasse, Milch zum Durstlöschen, Milch im Pudding und in der Suppe. So kommt dann ein hoher Milchverbrauch von täglich ¾ bis 1 Liter oder auch mehr bei solchen Kindern zustande und wird beibehalten.

8.32 Ernährungsplan für das 1. Lebensjahr ohne Muttermilch mit Fertignahrungen:
Falls Sie nicht oder nicht mehr voll stillen können, wird bis Ende des 4. Lebensmonats Manasan gefüttert. Hierbei kann die Flasche nach Bedarf angeboten werden, sonst gilt wie bei anderen Nahrungen auch: Tagesmenge beträgt 1/6 bis 1/5 des Körpergewichts, aber maximal 800 g. Sie wird je nach Trinkfreudigkeit auf 5 –6 –(8) Mahlzeiten verteilt.
Übergang von 6 auf 5 Mahlzeiten, sobald der Säugling nachts durchschläft.
Obstsaft ist bei den modernen Fertignahrungen nicht mehr nötig, kann aber ab 6. Woche teelöffelweise gegeben werden. Ab Anfang 4. oder (besser) 5. Monat wird die Anfangsnahrung Manasan durch die Folgenahrung Ki-Na oder Milasan ersetzt und 1 Flaschenmahlzeit durch einen gemüsehaltigen Fertigbrei ersetzt.
1 Monat später 2. Flaschenmahlzeit durch milchhaltigen Fertigbrei ersetzen.
1 Monat später 3. Flaschenmahlzeit durch weiteren Fertigbrei ersetzen. Damit wird Übergang auf 4 Mahlzeiten möglich, er ist aber nicht unbedingt nötig.
Breie für die gleiche Altersgruppe sind beliebig austauschbar.
Ab 9. Monat Brothäppchen mit Butter, magerer Streichwurst, Quark, Magerkäse, ungesüßte Getränke (Milch, Malzkaffee, Tee) aus der Tasse. Gesamtmilchmenge am Tag soll 500 bis 600 ml nicht überschreiten, Milchanteile der Breie entsprechend mitgerechnet!
Bei Durst an heißen Tagen oder bei Fieber wird nur Tee angeboten, keine zusätzliche Milchnahrung! Gewichtskontrollen alle 2 Wochen in Kurvenbild hinten im Buch eintragen. Dann haben Sie eine gute Übersicht.

Milch ist aber jenseits des Säuglingsalters kein Grundnahrungsmittel mehr, sondern eine hochwertige Ergänzung. Sie verweilt lange im Magen (Sättigungsgefühl) und macht in dieser Menge mit der Zeit den Appetit kaputt. Das Kind ißt schlecht. Was die Mutter an Nahrungsmenge nicht mehr hineinbekommt, versucht sie dann durch besondere Qualität zu ersetzen. Butter wird dicker gestrichen, die Wurst nicht mehr aufs Brot gelegt, sondern eher umgekehrt. Teure, konzentrierte, ballaststoffarme Lebensmittel werden mehr und mehr bevorzugt. »Wir bezahlen das gern. Unserem Kind soll es an nichts fehlen, am allerwenigsten am Essen.« Besonders neigen solche Menschen dazu, die selbst noch die Lebensmittelknappheit der Kriegs- und Nachkriegsjahre bewußt erlebt haben. Das trifft heute in der Regel nur noch für die Großmütter zu, die aber nicht selten erheblichen Anteil an der Aufzucht und Erziehung ihrer Enkel haben. Der Kleine mäkelt dann am Mittagessen, an Gemüse, Kartoffeln und Brot immer mehr herum. »Aber iß doch, dieses Theater kann doch keiner mit ansehen ... du willst doch groß werden.« (Ein Seitenblick auf kindliche Logik: »Wenn ich esse, werde ich groß, wenn ich kekkere, werde ich wieder klein.«)

Zunächst wird freundlich zugeredet: »Noch ein Häppchen für den Vati, noch ein bißchen für die Omi ...« Dann nachdrücklicher genötigt, gelegentlich geschimpft oder auch zum Essen gezwungen. »Will dir mal zeigen, wie das gemacht wird«, sagt vielleicht der Vater mit kernigen Worten. Wie reagieren Sie, wenn Sie zu etwas gezwungen würden, was Sie nicht wollen? Mit innerer Abwehr. Natürlich geht es dem Kind nicht anders, und die ständigen Auseinandersetzungen zwischen Kind und Eltern steigern sich immer mehr. Da zu den Mahlzeiten so wenig gegessen wird, kompensiert man mit Keksen, Schokolade, Kuchen oder anderen Näschereien zwischendurch, gelegentlich auch mit einer Bockwurst unterwegs ... und wundert sich dann aufs neue, daß der »kleine Prinz« zur nächsten Hauptmahlzeit wieder mit langem Gesicht unlustig am Tische sitzt und gelangweilt den elterlichen Tiraden zuhören muß: »Nun iß doch endlich mal, sonst ...«

So wird dem Kind systematisch seine natürliche Freude am Essen zerstört. Es wird blaß und schmal. Man muß doch mal zum Arzt gehen, weil hier offensichtlich etwas nicht stimmt. Der Arzt in einer vollen Sprechstunde hat vielleicht nicht die Zeit, dieses Bedingungsgefüge aufzuklären, wenn so viele andere vor der Tür warten. Er greift mitunter zum Rezept und verordnet etwas zur Appetitanregung: Traubenzucker, Vitaminkombinationen, vielleicht eine Art Lebertran. Nun hat man die Bestätigung: Das Kind ist wirklich krank, Medizin ist nötig. Die erwähnten Präparate sind aber hochkonzentrierte Nährstoffe – ohne jeden Ballast, der den Darm ein bißchen kitzeln und anregen könnte. Im Prinzip wird die Fehlentwicklung also mit gleichen Mitteln weitergeführt.

Die Eltern kommen auf neue, freundliche Ideen: »Wir müssen immer Faxen machen, damit er ißt ... abends wird es jetzt später, weil mein Mann andere Arbeitszeiten hat, und er muß beim Essen immer Theater spielen, sonst klappt es nicht mehr.« Wie weit schließlich solche »Opfer« gehen können, zeigt uns eine Familie, in der das Kind derartig in den Mittelpunkt gerückt war, daß es nur noch aß, wenn der Großvater auf allen vieren um den Tisch kroch und dabei mit heiserer Stimme Wau-wau rief. Daß der alte Herr dabei schließlich eher an die Grenze seiner Kräfte kam als der umworbene Esser an das Ende seiner Mahlzeit, werden Sie sicher nachfühlen können.

Das sind alles keine konstruierten Beispiele! Vielleicht erscheint Ihnen die Darstellung in dieser Verdichtung etwas kraß. Das mag sein. Dafür sehen Sie um so deutlicher, wie man aus solcher keineswegs seltenen Schwierigkeit herauskommt – oder noch besser – sie gar nicht erst so groß werden läßt:

Gesamtverbrauch an täglicher Milchmenge zunächst auf 300 g begrenzen. Für den Durst gibt es Tee oder Malzkaffee. Mahlzeiten möglichst mit anderen Personen am gemeinsamen Tisch einnehmen und in üblicher Weise auf etwa 15 bis 20 Minuten begrenzen. Dabei kein Wort der Ermahnung, des Schimpfens oder Nötigens. Auch keine vorwurfsvollen Blicke aufs Kind werfen, selbst wenn es schwerfällt. Am Ende der Mahlzeit wird mit kurzem, freundlichem Kommentar abgeräumt: »Ich sehe, du hast keinen Appetit mehr ...« Dann gibt es nichts zwischen den Mahlzeiten, alle Süßigkeiten verschwinden, damit überhaupt erst einmal Hunger entstehen kann. Stimmen Sie das aber vorher sorgfältig im Familienrat ab. Falls die Großmutter oder eine freundliche Nachbarin in falsch verstandenem Mitleid die Erziehungsbemühungen mit kleinen Zuwendungen unterläuft (Pendelerziehung nennt man so etwas), reibt man sich nur auf und erreicht nicht das Ziel.

Zunächst wird das Kind bocken und etwa denken: »Das ist plötzlich alles so anders. Die mögen mich nicht mehr ... Nun esse ich erst recht nicht.« Für die Mutter kommt jetzt eine harte Probe. Sie muß vorübergehend ein »steinernes Herz« zeigen im Interesse ihres Kindes. Je konsequenter die ganze Familie bleibt, um so rascher wird das Drama beendet. Mag das Kind auch noch ein paar hundert Gramm abnehmen, das ist dann sehr schnell wieder draufgepackt. Man kann ein Kleinkind oder auch Schulkind vorübergehend etwas hungern, nur nicht dursten lassen. Aber Trinken (Tee) macht ja keine Schwierigkeiten.

Nach wenigen (meist 3 bis 4) Tagen merkt es, daß es essen darf und nicht essen muß. Das ist die entscheidende Erfahrung für den neuen Anfang. Nur in seltenen, besonders hartnäckigen Fällen muß man noch einmal 2 bis 3 Wochen Geduld haben können. Dann greift das Kind schließlich von selbst nach dem Brot. Und Sie streichen die Schnitte bitte so dünn, als wäre das Kostgeld knapp. Wenn dann die drei Hauptmahlzeiten mit dunklem Brot, Gemüse und insgesamt gemischter Kost garantiert sind, dann kann man auch wieder in der Mitte des Vormittags eine Stulle und eine Möhre zum Knabbern und in der Mitte des Nachmittags etwas Brot und Apfel anbieten. Neue Gewohnheiten schleifen sich ein, und bald ist das Essen kein Problem mehr. Das Stimmungsbarometer steigt. Die ganze Familienatmosphäre lockert sich auf, Kind nimmt zu, bekommt rosigere Hautfarbe und wird fröhlicher. Es war nicht organisch krank im medizinischen Sinne, sondern falsch erzogen, überbesorgt behandelt. Es wird nach mehreren Monaten auch wieder bis zu ½ l Milch (maximal!) bekommen können. Gelegentliche Näschereien sind dann kein Unglück mehr, wenn sie in sehr engen Grenzen gehalten werden.

Achten Sie nur darauf, daß Sie mit Ihrem Kind nicht von neuem in eine Entwicklung hineingeraten, wie wir sie beschrieben haben.

## Wie kann ich das Gedeihen meines Kindes selbst kontrollieren?

Wir zeigten Ihnen, wie man beim Stillen nach Bedarf sehr gut weiß, ob das Kind satt wird oder nicht – auch wenn man die Milchmenge nicht sieht. Sie sollten sich deshalb nicht durch ständiges Wiegen und die vielen kleinen Schwankungen der Ergebnisse verunsichern. Andererseits möchten viele Muttis doch eine sichtbare eigene Kontrolle haben, die wir Ihnen mit der »Wachstumskarte« ganz hinten im Buch ermöglichen. Diese Karte kann Ihnen nicht die Mütterberatung ersetzen, aber die Zusammenarbeit mit ihr verbessern. Hinweise zur Nutzung der Karte finden Sie auch hinten im Buch. Zunächst folgende Erläuterungen für Sie:

Es gibt große und kleine Leute, und alle können gesund sein. Die Größe des reifgeborenen Kindes ist in erster Linie von der Größe der Mutter bestimmt. Andere Erbanlagen werden schon in den ersten 3 Lebensmonaten deutlich. Obwohl Kinder dazu neigen, Körpermaße zwischen denen ihrer Eltern zu erreichen, kann auch mal ein Elternteil, ein Großvater oder ein weiter zurückliegendes Familienmitglied »durchschlagen«. So ist es manchmal nicht ganz leicht, Wachstum und Entwicklung als normal zu beurteilen und von einem Zuviel oder Zuwenig abzugrenzen. Besonders gilt das für die ersten Lebensmonate. Deshalb sind Wachstumskarten eine echte Hilfe für die Selbstkontrolle, für die Gespräche mit dem Kinderarzt und für die Früherkennung von Auffälligkeiten, die man dann natürlich auch viel besser behandeln kann.

In den ersten 4 Wochen macht man wöchentlich eine Kontrolle. Dann genügt es alle 14 Tage, später alle 4 Wochen. Bei Erkrankungen jedoch häufiger kontrollieren. So erhalten Sie einen guten Überblick und noch mehr Sicherheit für sich und Ihr Kind.

# Kapitel 9 Kleidung und Klima

Wie manche Eltern dazu neigen, beim Füttern ihrer Babys des Guten zu viel zu tun, so kann ihnen das auch beim Anziehen passieren. Sie möchten nichts versäumen, den zarten Sprößling vor Auskühlung schützen – und verpacken ihn nicht selten zu warm. Immer wieder erleben wir, daß zum Beispiel an Hochsommertagen Mütter über die Hitze stöhnen, sie bekleiden sich entsprechend leicht, tragen kurzärmelige Blusen und gehen barfuß in Sandalen. Aber ihren Kleinen ziehen sie Strampelhosen bis über die Füße an und langärmelige Stricksachen. Ein dickes Windelpaket tut das Seine, und von dem Federkissen als Deckbett können sich manche Mütter auch schwer trennen.

Sie wollen es bestimmt besser machen. Dafür müssen Sie einige Besonderheiten Ihres Babys verstehen, um ihm in unterschiedlichen Wettersituationen wirklich gerecht werden zu können.

## Babys Wärmehaushalt

Der mit der Nahrungszufuhr ermöglichte Energieumsatz ist bei Säuglingen mit ihrem intensiven Stoffwechsel, bezogen auf die Körpermasse, 3- bis 4mal größer als bei Erwachsenen. Damit entsteht auch entsprechend mehr Wärme im Körper. Sofern sie nicht für Aufrechterhaltung der Eigentemperatur gebraucht wird, erfolgt die Abgabe überschüssiger Wärme hauptsächlich über die Haut. Sollte Abstrahlung oder Leitung an die Umgebung nicht genügen, dann verschafft sich der Kleine durch Schwitzen und damit entstehende Verdunstungskälte einen zusätzlichen Ausgleich. Die hautnahe Bekleidung muß deshalb nicht nur warmhalten, sondern auch luft- und wasserdampfdurchlässig sein, Feuchtigkeit aufnehmen und abgeben können. Dem entsprechen Baumwollgewebe am besten. Das Baby muß seine Temperatur wirklich so regeln können, wie es gerade notwendig ist. Bekleidung darf dafür kein Hindernis sein, sie soll die körpereigene Wärmeregulation nur unterstützen. Wie unterschiedlich sind doch die persönlichen Bedürfnisse bei verschiedenen Umgebungstemperaturen! So hat das eine Baby durch sein dickes Fettpolster unter der Haut eine Wärmeisolierschicht, die beim anderen weitgehend fehlt, wenn wir etwa an untergewichtige Neugeborene denken. Die müssen entsprechend wärmer bekleidet werden. Arbeiten die Kinder tüchtig, indem sie schreien, kriechen, krabbeln oder laufen, erzeugen sie mehr Wärme, genau wie körperlich tätige Erwachsene auch. Wir Großen legen dann eine Jacke oder einen Pullover ab. Die Kleinen können das nicht selber tun, nicht einmal dazu auffordern. Eltern oder Pflegepersonen müssen das erkennen lernen. Deshalb einige praktische Hinweise für die Frage:

## Zu kalt – zu warm – behaglich?

Gewiß kann man sich an einigen Meßwerten orientieren: Die Zimmertemperatur sollte am Tage zwischen 18 bis 22 °C liegen, bei ganz jungen Säuglingen mehr im oberen Bereich. Auch zum Baden, Trockenlegen und Zurechtmachen reicht das. Nachts sollte die Zimmertemperatur nach Möglichkeit mit 16 bis 19 °C etwas niedriger liegen. Ein Zimmerthermometer kann mancher Mutter helfen. Aber hängen Sie nicht zu starr an diesen Zahlen. Die Temperatur in unserer Kopfhöhe, wo wir unsere Behaglichkeit vorwiegend empfinden und auch die Thermometer aufhängen, ist meist nicht die Umgebungstemperatur des Kindes. Wenn es auf dem Fußboden liegt oder kriecht, befindet es sich je nach den Besonderheiten des Zimmers, seiner Heizung und Belüftung, in oft deutlich kühlerem Klima. Wenn es sich dort aktiv beschäftigt und bewegt, kann das bei seiner größeren Wärmeproduktion sogar angemessen sein. Schläft es aber ein, muß es zugedeckt werden. Um unbemerktes Freistrampeln während des Schlafens zu verhindern, leistet ein schlafsackähnlicher Strampelsack verläßliche Dienste.

Mit kurzen Schulterträgern wird der Strampelsack dicht unter den Armen gehalten und außerdem am Fußende des Bettes mit angenähten Bändchen festgebunden. So bleibt das Kind sicher verpackt, auch bei lebhafterem Bewegen fühlt es sich nicht eingeengt und kann sich dabei in keiner Befestigung »verheddern«. Falls erforderlich, kann man darüber noch eine weitere Zudecke legen, die dann auch nicht wegzustrampeln ist.

Ob Ihr Kind temperaturgerecht angezogen ist, kontrollieren Sie bitte nicht an den Händen. Viele Säuglinge können kalte Hände haben, auch wenn sie warm genug angezogen sind. Man befühlt deshalb die Arme, die Beine oder den Hals. Bei dickverpackten Kindern im Freien bietet sich die Nasenspitze an. Auch bei kalter Umgebungstemperatur fühlt sie sich warm an, solange der kleine Körper nicht auskühlt. Die beste Kontrolle ist die Gesichtsfarbe. Bei Auskühlung werden die vorher rosigen Bäckchen blaß oder bläulich und die Kinder merklich unruhiger.

## Frische Luft und Abhärtung

»Es gibt kein schlechtes Wetter, sondern nur unzweckmäßige Kleidung«, meinen naturverbundene Wandersleute. Sicher teilt nicht jeder diese Ansicht. Aber zweifellos ist auch die Anpassung an verschiedene Witterungsverhältnisse trainierbar, nicht nur von der Bekleidung her, sondern auch vom Reaktionsvermögen unseres Körpers. Abhärtung nennt man diesen Lernprozeß. Er beginnt schon sehr früh.

Bis zur Geburt lebt der Kleine unter Verhältnissen mit praktisch gleichbleibender Umgebungstemperatur. Nach der Geburt muß er zunächst lernen, sich mit einer deutlich niedrigeren Zimmertemperatur auseinanderzusetzen. Bei günstiger Witterung können normalgewichtige Babys schon in der 3. Lebenswoche anfangen, 1 Stunde täglich im Freien zuzubringen. Frost, stärkerem Wind und direkter Sonnenbestrahlung sind sie allerdings noch nicht recht gewachsen. Nebel oder ausgesprochen feuchtes Wetter sind auch nicht geeignet. Aber sonst kann man die Kleinen in Tragetaschen oder Kinderwagen auf den Balkon, in eine geschützte Garten- oder Hofecke bringen, mit ihnen ausfahren oder – falls es gar nicht anders geht – sie auch nur entsprechend eingepackt bei offenem Fenster schlafen lassen. Im Verlaufe der nächsten 6 bis 8 Wochen dehnt man das auf 2 bis 3 Stunden täglich aus, die auf Vormittag und Nachmittag verteilt werden. Mit Mütze, am Wagen befestigtem Sonnenschirm oder später Sonnenhütchen den kleinen Kopf vor kräftiger Sonneneinstrahlung schützen.

## Warum ist frische Luft so wichtig?

Durch die bakterientötende UV-Strahlung im Freien ist Außenluft wesentlich keimärmer als Zimmerluft, falls nicht gerade durch intensiven Straßenverkehr immer wieder Staub aufgewirbelt wird. Sie zeigt eine unregelmäßige Luftbewegung, auf welche die kleinen Blutgefäße in Haut- und Schleimhaut sehr empfindsam reagieren, sich für kurze Zeit erweitern oder verengen, dadurch die örtliche Durchblutung verstärken oder drosseln, wie es für den Organismus gerade am günstigsten ist. Im geschlossenen Raum dagegen entsteht viel eher eine regelmäßige Luftströmung (Zugluft) durch offene oder auch nur undicht schließende Türen und Fenster. Diese einseitige Beanspruchung der Wärmeregulation führt zur Überforderung der Regelmechanismen und in der Folge leichter zu Luftwegsinfekten, den sogenannten Erkältungskrankheiten. Hält man sich zu viel im gut klimatisierten Zimmer auf, bleibt die beschriebene Gefäßregulation ungeübt und ist dann den Anforderungen einer normalen Umwelt nicht mehr gewachsen. »Erkältungskrankheiten« treten dann infolge Trainingsmangels häufiger auf. Wir erwähnen diesen Zusammenhang, weil Luftwegsinfekte die häufigste Erkrankung im Säuglings- und Kleinkindalter sind, auch die häufigste Ursache für Ausfalltage in Kinderkrippen und damit für berufstätige Mütter. Sie werden sich nie ganz vermeiden lassen, weil sich die Kinder mit für sie neuen Erregern auseinandersetzen müssen, aber durch systematisches Abhärtungstraining im beschriebenen Sinne lassen sie sich etwa auf die Hälfte reduzieren. Man hat dann weniger Kummer und mehr Freude am Kind. Der vermehrte Arbeitsaufwand für das »Lüften« lohnt sich immer.

### Auch für kranke Kinder

Besonders eindrucksvoll ist die Freiluftwirkung bei lungenkranken Kindern. Im Jahre 1928 hat der Kinderarzt Professor Degkwitz systematisch Säuglinge mit Lungenentzündung durch intensiven Freiluftaufenthalt behandelt. Es gab damals keine antibakteriellen Medikamente wie Sulfonamide oder Penicillin. Die Sterblichkeit war entsprechend hoch. Von 100 Patienten starben 47. Allein durch Einführung der Freiluftbehandlung konnte die Sterblichkeit auf 19 von 100 Patienten gesenkt werden, also auf weit weniger als die Hälfte. Nun unterhalten wir uns hier nicht über Krankheiten, doch zeigen diese eindrucksvollen Ergebnisse, wie wirksam Freiluft sein kann. Wir brauchen diese Erfahrungen nicht zu vergessen oder zu übersehen, weil wir heute teure und hochwirksame Medikamente haben, die ihrerseits auch nicht problemlos sind. Ich habe jedenfalls immer wieder mit Freude erlebt, wie die blassen Säuglinge mit Atemnot und entsprechender Unruhe besonders bei kalter, trokkener Luft sehr bald ruhiger wurden, einschliefen und rote Bäckchen bekamen. Das erreicht kein Medikament in solcher Weise. Wie diese Wirkung zustande kommt, können wir hier nicht im einzelnen erörtern. Aber die positiven Einflüsse auf die kranken Luftwege kommen im vorbeugenden Sinne auch den gesunden Luftwegen zugute. Vielleicht hilft Ihnen dieser kleine Seitenblick auf kranke Kinder, das besser zu verstehen und zu beachten.

### Selbst mäßige Frostgrade sind kein Hindernis

Die Kleinen werden entsprechend verpackt mit übergezogenen Wollstricksachen, Trainingsanzügen oder wattierten Freiluftanzügen (sogenannten Kosmonautenanzügen), in denen Hände, Füße und Kopf gleich mitgeschützt sind. Sonst muß man sich mit Strickmützen, Fäustlingen und Füßlingen helfen. Gesichtsfarbe, Nasentemperatur und Verhalten des Kindes gestatten dabei eine gute Kontrolle.

Man muß nur häufiger nachsehen. Lieber zwei kürzere Aufenthalte im Freien wählen als einen längeren. Umgekehrt muß bei sommerlichem Wetter entsprechend luftige Bekleidung angezogen werden, ergänzt durch eine Zudecke beim Schlafen. Gegen Hitze kann man sich u. U. schlechter schützen als gegen Kälte. Manche junge Eltern, die sich als erstes »Nest« eine Dachstube ausgebaut haben, können davon ein Lied singen.

# Kapitel 10 Fieber und Durchfall

Das sind die häufigsten Symptome, auf die junge Eltern zunächst einmal sinnvoll reagieren müssen. Sie stehen dann vor folgenden Fragen:

### 1. Hat mein Kind Fieber?

Wenn es sich zu warm anfühlt oder einen irgendwie kranken Eindruck macht, hat das Kind vermutlich Fieber. Ein Fieberthermometer kann das klar beantworten und gehört unbedingt in den Haushalt. Gemessen wird im Enddarm. Der Säugling wird auf den Rücken gelegt, mit der linken Hand werden beide Füßchen gepackt und die Beine hochgenommen. Dann das heruntergeschlagene Thermometer, Spitze etwas angefettet zum besseren Gleiten, mit der rechten Hand in den After einführen und mindestens 1 Minute so festhalten. Nun kann abgelesen werden: Zwischen 36,5 °C und 37,2 °C liegt die normale Körpertemperatur, nachmittags und abends etwa 0,5 °C höher als morgens. Über 37,5 °C spricht man von erhöhter Temperatur, ab 38 °C von Fieber.

### 2. War mein Kind zu warm verpackt?

Die intensive Wärmeproduktion der Kleinen und ihre Wärmeregulierung über die Haut kann zum Aufheizen des Körpers führen, wenn die Wärmeabgabe durch zu dicke Kleidung im Verhältnis zur Umgebungstemperatur behindert oder wenn zuviel Wärme von außen zugeführt wird (direkte Sonne, Bett neben dem Heizkörper usw.). Eine fieberhafte Erkrankung braucht daran nicht unbedingt beteiligt zu sein. Kommt sie aber noch hinzu, dann kann es recht schnell zum Wärmestau mit Überhitzung kommen. Temperaturen von 40 °C oder gar 41 °C sind keine Seltenheit. Die Höhe des Fiebers sagt nichts über die Schwere einer Grundkrankheit. Die genannten hohen Werte bringen aber an sich schon erhebliche Gefahren mit sich, weshalb man sie senken muß. Besorgte Eltern übersehen das gelegentlich, sie fühlen nur den Wunsch, einen Arzt zu erreichen, verpacken zum Transport ihren hochfiebernden Säugling in einem Kopfkissen- und Deckenpaket. Und in der heißen Sommerzeit haben wir dann in der Klinik von den Eltern hin und wieder ein totes Kind überreicht bekommen, bei dem Wiederbelebungsversuche erfolglos blieben und noch eine Temperatur von 40 °C oder 41 °C zu messen war. Also überlegt handeln!

### 3. Hat mein Kind Durst?

Der Kleine versucht durch stärkeres Schwitzen seine Temperatur zu senken. Kann der Schweiß aber nicht verdunsten, bleibt der Kühleffekt aus, und der Flüssigkeits- und Salzverlust belastet zusätzlich. Deshalb Tee anbieten. Gieriges Trinken verrät den Durst und bestätigt den richtigen Weg. Kind dann lockerer zudecken, von äußerer Wärmequelle entfernen und ½ Stunde später wieder Temperatur kontrollieren.

## 4. Muß man Fieber senken?

Höhere Körpertemperaturen können Ausdruck einer notwendigen Abwehrreaktion gegenüber Krankheitserregern sein. Von daher wäre man geneigt, die Überwärmungsbemühungen des Körpers nicht zu stören, Fieber nicht zu unterdrücken. Wenn es aber höhere Temperaturen erreicht, kann es für Säuglinge sehr belastend werden und einen eigenen Krankheitswert bekommen, ja sogar neue Gefahren mit sich bringen, wie angedeutet. Deshalb muß man dagegen vorgehen, wenn es 39 °C überschreitet.

## 5. Wie kann man Fieber senken?

Altersentsprechende Fieberzäpfchen sollten im Hause sein, damit man sich im Bedarfsfall erst einmal helfen kann. Ein solches Fieberzäpfchen gleicht natürlich nicht die Nachteile einer zu warmen Umhüllung aus und ersetzt auch nicht den Flüssigkeitsverlust beim Schwitzen. Das unter 2. und 3. Gesagte behält trotzdem seine Gültigkeit. Bewährt haben sich kalte Beinwickel, solange die Beine warm sind. Eine Windel mit kaltem Wasser tränken, kurz ausdrücken und jedes Bein einzeln einwickeln. Nach 3 Minuten wechseln, damit es kein warmer Umschlag wird. Temperatur kontrollieren. Dann Arztvorstellung.

Kommt man mit diesen einfachen Methoden nicht zu Rande, kann ein Abkühlungsbad entscheidend helfen: Würde man ein Kind einfach ins kalte Wasser bringen, würde es seine Hautdurchblutung drosseln als Schutzmaßnahme gegen Wärmeverlust und seine eigene Wärmeproduktion noch zusätzlich steigern. Die Körpertemperatur ließe sich also erst nach Erschöpfung der eigenen Reserven senken. Beginnt man aber mit einer Badewassertemperatur, die nur 1 bis 2 °C unter der eben gemessenen Körpertemperatur liegt, überlistet man diese Schutzreflexe. Nach einer Gewöhnung von 1 bis 3 Minuten läßt man langsam kaltes Wasser zulaufen und rührt ständig um, bis man in 5 bis 10 Minuten eine Badewassertemperatur von 30 bis 25 °C erreicht. Das ergibt eine schonende, aber wirkungsvolle Fiebersenkung im Bedarfsfalle.

## 6. Ernährung bei Fieber und Durchfall

Säuglinge neigen bei fieberhafter Erkrankung zu durchfälligen Stühlen, auch wenn zunächst keine Darmerkrankung vorliegt. Durchfällige Stuhlentleerungen – manchmal auch mit Erbrechen kombiniert – können ihrerseits durch den damit verbundenen Wasser- und Salzverlust zu tiefgreifenden Allgemeinstörungen führen, die man als Ernährungsstörung zusammenfaßt. Der Darm verträgt dann nicht mehr viel, würde schon durch normale Milchnahrung überfordert werden und seinen Inhalt noch schneller und noch dünner wieder abgeben. Das kann sich in kurzer Zeit steigern bis hin zu wässerig spritzenden Stühlen. Deshalb wird jede fieberhafte Erkrankung beim Füttern vorsorglich zunächst wie eine Ernährungsstörung behandelt. Das heißt, nicht noch eine Flasche Milch bzw. Fertignahrung hineinfüllen, sondern sicherheitshalber Reisschleim anbieten (Kochrezept siehe Seite 189) mit seinen stopfenden und gärungshemmenden Eigenschaften. Dann kann man abwarten, wie sich der kleine Patient weiterentwickelt. Löst sich alles in Wohlgefallen auf, baut man relativ schnell mit steigenden Milchanteilen in wenigen Tagen wieder eine vollwertige Säuglingsnahrung auf. Ist man sich darüber nicht sicher, muß man ohnehin einen Kinderarzt aufsuchen und hat mit der kurzzeitigen Nahrungsumstellung dem Kleinen wenigstens zusätzliche Darmbelastungen oder -störungen erspart. Der Kinderarzt wird weiter entscheiden. Keinesfalls darf man auf eigene Faust länger als einen Tag nur Reisschleim geben, weil das eine Heilnahrung und keine Dauernahrung ist. Anders bei Muttermilch: Hier brauchen Sie auch bei dünnen Stühlen nicht gleich unruhig zu werden. Brust oder abgedrückte Milch können weiter gegeben werden, falls ärztlich nichts anderes verordnet wird.

Die kurzen Hinweise zum Füttern gelten in gleicher Weise für Durchfall ohne Fieber, bis Sie einen Arzt aufgesucht haben. Er wird dann entscheiden müssen, ob vielleicht eine Darminfektion vorliegt oder eine andere Erkrankung. Häufiger wird es nötig sein, die Krankheitserreger mit geeigneten Medikamenten zu behandeln.

## Sachwortverzeichnis

(fettgedruckte Seitenzahlen weisen auf Abbildungen hin)

## Erläuterungen zur Wachstumskarte

Zur Beurteilung des Körpergewichts braucht man eigentlich die Körperlänge. Sie ist aber bei Säuglingen nicht so einfach exakt zu messen. Deshalb geben wir Ihnen im oberen Kurvenbild Normalwerte für den größten Kopfumfang, den Sie mit einem Bandmaß aus Ihrem Nähkasten entsprechend Abb. 6.15 leicht messen können. Das Bandmaß soll möglichst neu sein, gut am Kopf anliegen, aber natürlich nicht straff in die Länge gezogen werden. Das gäbe falsche Werte. Wenn Sie nun beispielsweise in einem Alter von einem Monat 37 cm Kopfumfang gemessen haben, dann suchen Sie diesen Schnittpunkt in der Kopfumfangskurve auf und zeichnen dort einen entsprechenden Punkt oder ein Kreuz. Sie finden diese Stelle nahe der schwarzen Kurve, welche die Mittelwerte für alle Kinder darstellt. Darüber und darunter gibt es einen erheblichen Spielraum für größere und kleinere Leute. Das ist der blau gezeichnete Normalbereich. Wer in der unteren Hälfte liegt, also kleiner ist, liegt in der Regel auch beim Gewicht in der unteren Hälfte ähnlich weit von der Mittellinie entfernt, ist also auch entsprechend leichter. Aber das eigentlich Interessante ist nicht der einzelne Punkt, den Sie in diese Karte malen, sondern die Linie, die sich im Laufe der Zeit durch die Verbindung mehrerer Punkte ergibt. Läuft diese Linie etwa so schräg wie die vorgezeichneten Normalkurven, dann hat man eine zusätzliche schöne Bestätigung für normales Gedeihen. Verläuft sie deutlich steiler oder flacher, dann kann das ein Hinweis auf eine Störung sein. Diese Frage besprechen Sie dann mit Ihrem Kinderarzt.

Jungen zeigen 1 bis 2 cm größeren Kopfumfang als Mädchen. Sie sind auch durchschnittlich etwas schwerer. Da die Unterschiede aber so klein sind, daß sie für Ihre Kontrollzwecke im ersten Lebensjahr keine praktische Bedeutung haben, verzichteten wir auf gesonderte Darstellung von Jungen- und Mädchenkurven, damit Sie sich in den Linien leichter zurechtfinden. So bekommen Sie eine gute Übersicht über Wachstum und Gedeihen Ihres Kindes im ersten Lebensjahr. Die Kurven gelten natürlich nur für reifgeborene Kinder. Für die kleine Gruppe der Frühgeborenen werden Sie in besonderen Sprechstunden beraten. Ihre Gewichtskurven verlaufen etwas anders, zumindest müssen Sie die Wochen, die ein Kind zu früh geboren wurde, von seinem Alter, was wir üblicherweise ab Geburtstag rechnen, abziehen. Es war ja entsprechend zu früh geboren. Und dann tragen Sie auch diesen Punkt im unteren roten Kurvenbild ein (ein 4 Wochen zu früh geborenes Kind wäre also im Alter von 2 Monaten beim Lebensalter von 1 Monat einzuzeichnen).